LEGAL VISION

律新社

律界卓越
品牌之道

王凤梅　主编

法律出版社
LAW PRESS·CHINA
——北京——

图书在版编目（CIP）数据

律界卓越品牌之道 / 王凤梅主编. -- 北京 : 法律出版社, 2024
ISBN 978-7-5197-8509-3

Ⅰ. ①律… Ⅱ. ①王… Ⅲ. ①律师—工作—中国—文集 Ⅳ. ①D926.5-53

中国国家版本馆CIP数据核字（2023）第212953号

律界卓越品牌之道
LÜJIE ZHUOYUE PINPAI ZHI DAO

王凤梅 主编

特约编辑 苏少波
责任编辑 陈昱希
装帧设计 贾丹丹

出版发行 法律出版社
编辑统筹 法规出版分社
责任校对 李慧艳
责任印制 耿润瑜
经　　销 新华书店

开本 710毫米×1000毫米 1/16
印张 24 **字数** 455千
版本 2024年2月第1版
印次 2024年2月第1次印刷
印刷 北京盛通印刷股份有限公司

地址：北京市丰台区莲花池西里7号（100073）
网址：www.lawpress.com.cn
投稿邮箱：info@lawpress.com.cn
举报盗版邮箱：jbwq@lawpress.com.cn

销售电话：010-83938349
客服电话：010-83938350
咨询电话：010-63939796

书号：ISBN 978-7-5197-8509-3 **定价**：98.00元
凡购买本社图书，如有印装错误，我社负责退换。电话：010-83938349

《律界卓越品牌之道》编委会

序　一

2023年6月，司法部发布《2022年度律师、基层法律服务工作统计分析》。统计数据显示，截至2022年年底，全国共有执业律师65.16万多人，律师事务所3.86万多家。与上一年度相比，全国执业律师人数新增7.68万人，涨幅超13%。律师人数超过1万人的省（区、市）有23个；超过3万人的省（市）有8个，分别是广东、北京、江苏、上海、山东、浙江、四川、河南。律师100人以上的律师事务所500家，增幅超20%。

与此同时，这两年来，律师行业高质量发展成为高频词汇，围绕律师行业高质量发展的高端论坛、课题研究、行业标准和愿景规划层出不穷。

这两个现象之间存在内在的必然联系。一方面，在宏观上，律师行业的高速发展是中国法治建设和经济、社会发展的必然反映。法治建设和经济、社会发展为律师行业发展提供了澎湃动力，并对律师行业的人员素质、管理水平、服务质量提出了更高的要求。换言之，经济社会高质量发展呼唤高质量发展的律师行业贡献智慧和力量。职业素质和服务质量低下的庞大律师群体难以有效呼应人民群众在民主、法治、公平、正义、安全、环境等方面日益增长的要求。另一方面，在微观上，律师人员和律师事务所数量的高速增长，必然带来行业内竞争。这种竞争必然在律师事务所的服务质量、管理水平、品牌影响力等方面展开。毫无疑问，这就是律师行业发展从量变到质变的过程。因此，律师事务所品牌建设与发展必然走上历史的舞台。这是律师事务所从粗放经营到差异化竞争的必由之路。律师事务所管理者是否具有品牌意识，决定了在新的历史背景下，律师事务所能够走多远和能否抢占新一轮发展的先机。

重视品牌建设、加快品牌培育、实现品牌化已经成为行业共识。品牌建设不仅是律师事务所发展的重要策略，还是律师事务所高质量发展的必然表现。虽然全行业对于品牌建设重要性的认识有了极大的提升，不少律师事务所在品牌建设上发力颇多，但是在实际开展品牌建设的过程中，仍然面临着诸多困惑与难题。例如，如何构建律师事务所品牌，如何计算、评价品牌价值，如何管理、控制与品牌相关的风险，如何确立品牌建设在律师事务所中的相对独立地位，等等。因此，律师事务所品牌建设既需要立足中国国情，总结中国式建设经验，又需要提出系统的方法论，从理论高度升华中国实践。

律新社自2015年创立以来，致力于见证中国律师行业的发展，发现和传播中国律师行业价值观，搭建法律服务消费者与法律服务提供者之间的沟通桥梁。律新社对中国律师行业发展的敏感性，与其对中国律师行业各种样态的经年深耕与深刻把握密切相关，特别是与其创始人王凤梅女士对中国律师行业的由衷热爱息息相关。多年来，我目睹了王凤梅女士为律师行业发展呼唤，为律师事务所精细化管理搭台，与律师行业协同，与新时代同步。《律界卓越品牌之道》就是其为中国律师行业作出的最新贡献。我对她为中国律师行业作出的卓越贡献表示由衷赞赏和钦佩！

《律界卓越品牌之道》全书分为三章：第一章“问道：律界品牌审思”，第二章“论道：律界品牌洞见”，第三章“行道：律界品牌实践”。其中，前两章是本书的重点。不难看出，全书洋溢着满满的问题意识。第一章“问道：律界品牌审思”，对我国律师行业的发展与品牌化进程进行了系统回顾，打造了具有中国特色的律师事务所“品牌力”体系构建法则，并对律师事务所品牌建设中的问题进行了分析，对发展趋势进行了展望。第二章“论道：律界品牌洞见”，则汇集了众多律师事务所杰出管理者对律师事务所品牌建设的亲身体会和探索思考。梅向荣的“揭开盈科的‘大’秘密”、王宗旗的“从‘对赌协议’到‘合和共生’，明炬十年打造‘西部律界航母’”、刘光超的“‘老大’不当‘老爸’，‘道可特模式’慢慢走出创新味道”……仅仅是这些标题，就会让任何稍有好奇心的业内人员忍不住去翻阅、汲取。我有幸先睹为快。我相信，这是一本理论与实务紧密结合的著作，这是一本值得每一个律师事务所管理者、每一个律师行业规制者、每一个律师行业研究者、每一个律师行业的朋友关注、阅读的著作。

是为序。

王进喜
中国政法大学法学院教授
中国政法大学律师学研究中心主任
2023 年 8 月

序　二

中国律界“百年老店”的卓越之道

选择在2022年启动对中国律所卓越之道的追问，可能也是一种时代的召唤。一如三十年前，中国律师行业首次启动合作制和合伙制改革。

1992年，第一批“吃螃蟹的人”也不曾想到，经过三十年的市场初探，这批因受益于制度改革而独具特色的律所佼佼者成为中国律所中的中流砥柱。这三十年也是中国律师服务业发展最波澜壮阔的阶段，被称为中国律界的“黄金三十年”：律师人数和律所数量都在快速增长，不仅涌现出了一批大律师，也涌现出了很多大所和精品所。

经历了三十年高速发展的行业也正面临一些全新的挑战。随着世界政治经济格局的变化，数字经济的新律动，外部客户市场正在变化；行业内，全国品牌与地方品牌的选择与应对，律所内部的代际传承与治理运营，都是必须应对的重要课题。

纪伯伦说：“你不能同时拥有青春和关于青春的知识。”一个组织和一个行业也一样，往往都是发展之后才能了解发展时所需的能力和信息。因此，我们需要通过对过去经验的总结，找到更好的发展的洞见和智慧。这就是律新社2022年启动“V品计划”，推出《中国律所卓越品牌发展报告（2022）》调研及“卓越之道”系列直播的直接原因。我们的初心是探究这三十年中那些优秀卓越的律所究竟做对了什么，这些经验如何更好地帮助法律服务行业机构和个人彰显品牌价值（Value）、提升品牌视野（Vision）、赢得品牌成就（Victory），这也是律新社的初心和使命：记录法律人前行足迹，打造精英者品牌传奇。律新社的公众号也在2021年更名为“律新V品”。

之所以从品牌切入，是因为无论是从市场竞争还是客户需求而言，律师专业服务是非标产品，需要客户产生信任才能实现合作，因此形成律所和律师的“双品牌”很重要。随着客户认知提升，以客户和行业视角为主题的数字化品牌更具竞争力，有“专精特新”标签的律师比“万金油”律师更具竞争力；越早从战略高度构建细分领域的法律服务品牌，越可能赢得新一轮发展机遇。

在律新社“V品计划”的最初设想中，我们希望探索品牌建设背后的逻辑，从而剖析律所的整体战略设计及运营管理。但在与诸多优秀的律所创始人、主任对话时，我们惊喜地发现，大家谈及的内容已远远超过了这一内涵，而进入了一个更广阔的意识世界。律新社“卓越之道”系列直播从2022年7月做到2023年7月，整整一年时间里，我和数十位中国优秀律所领军人物进行了论坛交流和直播对话，他们将几十年的奋斗心得悉数托出，既有个人的成长与成功的探索，也有组织建设的摸索与洞察，内容丰富详实，堪称中国律界管理精品MBA实战案例，让我们直观了解了中国卓越律所是怎样炼成的、卓越的人物具备哪些特征，以及个人和组织如何走向卓越的方法论。

在这种一对一的深度交流中，我感受到了这些专业人士的强大正念能量，他们的持续学习与创新能力，乐于奉献以及永远乐观向上的状态，都彰显了出色的领导力和影响力。按照能量法则和吸引力法则，正能量能够带来好运，这或许是他们取得一个又一个成就的主要原因。诚如大家在交流中谈到的一个共识：如果没有正念之道，很难有正知、正见、正行，更遑论正果。因为没有一份事业可以不经历艰辛和曲折。若无强大的信念和心力，都很难脱颖而出并历久弥新。因此，当我们在探讨任何事物的成功时，本质上都是在探讨发心和持久的专注能力。

如此一来，我们的“卓越品牌之道”探讨也进入了更大范围的“卓越之道”，渐入由品入道的高阶境界。从极致的“利他”达到“无我”，在先人后己的奉献中包容更多人与物，方能形成组织意识与规模势能，自然运化成更大的生态。当一个组织开始具有生命力，具有成长力，便有了可以长久存在的核心根基。

中国第一批优秀律所经过淬炼之后，很多都开始布局“百年老店”。中国现代律师业真正起步不过三十年，比起西方二三百年的历史而言，正是初期，三十而立，还有很多时间慢慢成长。

如何找到百年发展之路？必须遵循哪些卓越之道，才能持久成为一家汇聚好律师的好律所？我在直播交流中，会问每位嘉宾一个问题：什么是好律所？什么是好律师？如何评价？

大家的回答有很多共性，频率最高的是：对一家律所的最高评价就是受客户尊重；对一名律师的最高评价就是“靠谱”。总而言之，都是以“打造最专业的律所，成就最受人尊敬的律师”为愿景。

客户端价值、律所内部价值和社会价值是评价一家好律所常用的三个维度，要实现这些价值任重而道远。律所管理是世界级管理难题。每家律所的管理制度都无定式，目前都在不断前行中，摸索、试错、踩坑、反思、再出发，在不同阶段找到最合适的存在方式，便形成了自己的独特文化，就有了“与时逐而不责于人”的智慧与洞见。

确实，每家律所的发展都有独特因子和独特创新：有的律所管委会每年一换，照样稳定发展；有的律所有两个优秀律师愿意放弃业务转运营岗位，确保律所高效有序发展；有的律所不考核合伙人业绩，只问贡献，战绩相当卓越；有的律所将管理全部“外包”，所有律师全部专注于业务；有的律所崇尚“不打扰”，只用“质效比”“薪酬比”牵引每位律师内心的动力；有的律所不考虑制度，而以《孙子兵法》的“道、天、地、将、法”为参照，照样飞速发展……各家律所都有独树一帜的高招，敢于做独一无二的自己，呈现了百花齐放、自然演化的行业生态。

而这些独一无二的背后都有一个共同的声音：“我并不希望社会对我们的评价是一家最挣钱的、收入最高的律所，我希望他们说我们律师服务质量好，有责任感，又有爱心，这就是一个很丰富的品牌内涵。”确实，律师的工作本身并不是生产一个产品，而是通过法律服务，让社会变得更加和谐和有序，让更多的人感受到社会的公平与正义。

诚如一位律所主任在直播中所言：“伟大的格局背后其实都是善良。”英国学者麦克莱也说：“善良的心是最好的法律。”因此，当一群善良的法律人在倾心打造自己的“法治微城邦”时，就是通过法律服务的形式传递一种善意。这是最持久的动力，也是人类最崇高的感情。

由此，我们也找到了“卓越之道”对话的最大意义——对真善美的追寻，对奉献与利他的价值共识。世间最美丽的回响，莫过于再次确认，“成功，始于助人成功”是互信互助、互融互通、共创共赢的力量源泉。

衷心感谢所有参加直播的大咖们的真诚分享。我常常感叹，世间最美妙的事情莫过于与美好的灵魂对话，与智者同行，不断提升认知、格局与视野，所以我是对话的最大受益者。也感恩律新社所有伙伴台前幕后的支持，最终形成了一系列的珍贵视频和文字，以及这本精选而成的图书（由于出版篇幅所限，内容有所筛选。“卓越之道”系列直播全部内容可以在律新社“律新V品”微信公众号内查看）。这也是迄今为止中国律界关于律所管理和品牌运营的第一部三十年对话录。希望书中的这些智慧能够对每位前行者有所启发，并助力大家坚定创造美好价值的初心，接力成就百年梦想！

王凤梅

律新社创始人、CEO

2023年8月

目 录

Contents

第一章

问道：律界品牌审思

中国律师行业正在进入品牌化时代。

在行业发展早期，律师接案主要依靠口碑和人脉，只要专业能力过硬，不需要特意建设品牌，就会有很多客户找上门来。但随着律所和律师数量的增长，客户越发注重律师身后的组织品牌背书，律所组织的品牌化由此提上日程，并开始成为主潮流。从大律师到名律所，中国律界品牌建设思路逐渐清晰。专业品牌与组织品牌比翼齐飞的背后，是法律服务业进入规范化、规模化发展的标志。“无品牌不大所，无品牌不精品”已成为业界的广泛共识，品牌战略也成为律所建设的重要战略之一。

品牌化加速了规模化和专业化，其成效又助推了品牌化，形成了良性循环。中国律所正在开展更深刻的品牌化，这不仅是律所高质量发展的必然结果，也是建设中国现代化律所的必经之路。品牌力显著的律所在品牌管理、视觉呈现、专业展示、文化建设、党建引领、公益践行、品牌传播等方面均有突出的表现。本章从中国律师业的发展历程展开，探寻行业品牌化发展的脉络和律所“品牌力”构建的秘诀，分析律所品牌运营难点，展望律所品牌发展趋势。

中国律师业发展与品牌化进程

中国律师业的发展历程与律师制度建设密切相关，中国律师业的品牌化与律所管理机制的市场化紧密相连。

（一）20世纪90年代：春江水暖，创业火热

1979年，中国律师制度恢复重建。1980年8月26日，全国人大常委会通过并颁布《律师暂行条例》（1982年1月1日起施行），以“法律顾问处”国资所的形式，让律师有了组织工作平台。

1986年4月，司法部正式下发《关于律师资格考试的通知》，中国律师行业有了全国统一的准入标准。同年7月5日，第一次全国律师大会在北京召开，中华全国律师协会宣告成立。

中国第一批在国资所工作的律师没有想到12年后会迎来一次市场机会。

1992年年初，邓小平同志发表南方谈话，指明了中国改革开放的前途。1992年起，中国开始允许注册合伙制律师事务所。在此基础上，1993年，司法部向国务院报送了《关于深化律师工作改革的报告》和《关于深化律师工作改革的方案（送审稿）》，提出“大力发展经过主管机关资格认定，不占国家编制和经费的自律性律师事务所”，得到了大力支持。继之前试点成立的康达、经纬、北方、君合、环球、大地等律所之后，一批心怀理想、敢为人先的有识之士投身于创办合伙制律师事务所的热潮。

乘着南方谈话的东风，中国的法律服务业有了飞跃性的发展。“不占国家编制和经费的自律性律师事务所”在得到政策的大力支持后，冲破了法律服务

的体制束缚，激发了主体的积极性，填补了市场空白，多形式、多层次结构的专业化律师工作队伍开始形成。

在那个物质还不太丰富的年代，今日的业界大咖、彼时的热血青年们如饥似渴地研究学习，忘我地奔走在大江南北，直面一个个经济社会发展中的法律新问题，填补一个个业界空白。让这些先行者坚持在风雨迷航中百折不挠、劈波斩浪的灯塔，并不仅仅是经济利益，更有创所之初的使命感：或是源于对社会公平正义的信仰，或是来自领导的重托和希冀，或是对未来法治中国的无限憧憬……这些使命感和愿景在事业的发展中逐步完善，并成为指导发展、凝聚人心的精神内核，即律所品牌的核心。

在那个水大鱼多、乘势而上的环境中，律师更多的是在埋头做业务。律师与客户都在摸索法律服务的规则，“熟人口碑”就是最好的品牌。一些律师接受广播电视、报刊采访，担任访谈节目嘉宾，通过开设讲座、著书立说等形式扩大了知名度。大量的经典服务案例和媒体报道塑造出了一批大律师，“海派大律师”便是地域代表之一。例如，李国机律师是中国律师制度恢复后上海第一批复出的律师，创建了一家以个人名字命名的律所，在上海乃至全国律师界享有崇高的声誉。与此同时，在经济发展大潮中，一些市场服务机会也为律所崛起带来了风口。从 1980 年到 2000 年，中国的金融和房地产市场开启，“红圈所”和精品所如雨后春笋，在法律服务市场中崭露头角。

1990 年到 2000 年的黄金十年给了第一代律所开拓者们太多挑战，更给了他们无限的舞台。随着社会经济生活的发展，经济类案件逐渐增多，律师的收入和社会地位也水涨船高，越来越多的法学专业毕业生选择加入律师队伍。《中国律师年鉴》及司法部数据显示，到 2000 年，中国共有执业律师 6.8 万余人。

（二）2000 ～ 2010 年：千帆竞发，多元发展

随着 2001 年中国加入世界贸易组织（World Trade Organization，WTO），互联网企业开始蓬勃发展，越来越多的中国企业开始拓展海外市场。2000 ～ 2010 年是中国互联网公司发展及企业“出海”的黄金期，为律师拓展

了更为广阔的服务领域和服务空间。大量的精专律所在这期间诞生，并参与国际经济合作与竞争，中国律所的发展迎来了又一个黄金十年。这个阶段，律所的品牌价值和专业团队、律师的品牌价值都在市场竞争中升值，大家做品牌也逐渐从无意识到有意识、从无序到有序、从战术到战略。如在资本市场领域，服务外商投资中国和中国企业的境内外上市业务，让中国律所取得了高额的回报，积累了国际化服务经验和行业服务品牌。

中国律所也在创设和发展中越来越有品牌定位意识。随着市场经济的发展，中国公司快速成长，业务范围不断扩大，大公司、大项目的集中采购和风控需求都要求供应商具有网络化服务能力、资质保障以及品牌实力。因此，从20世纪90年代末到21世纪的第一个十年，中国律所的合并浪潮开始涌现，通过规模化来实现服务全覆盖，品牌化成为必然需求。1999年，锦联、天和、长城三家律所合并为锦天城律师事务所，其后成为上海地区的领军律所。此外，竞天公诚、金诚同达、天衡联合、联合信实等大所均进行了强强联合。

随着客户“走出去”发展的浪潮，律师行业也明确了“规模化、专业化、品牌化、国际化”的发展目标。在专业化方面，一大批专注于细分领域法律服务的律所成立，建立了差异化竞争的护城河。

2007年《律师法》第15条规定了“合伙律师事务所可以采用普通合伙或者特殊的普通合伙形式设立。合伙律师事务所的合伙人按照合伙形式对该律师事务所的债务依法承担责任”，这一规定的出台，开启了中国律所规模化扩张的高潮。

2008年，盈科提出“规模化、专业化、品牌化、国际化”的发展方针。自2009年开始，隆安、中银、德恒等律所均开启了在全国创办分所的步伐。北京成为律师行业的总所聚集地，拥有数十家分所的总所品牌成为律所规模化的分界线。

21世纪的第一个十年里，国内的法律服务业既受惠于中国入世后的经济高速发展，也历经了2003年“非典”、2008年金融危机的巨浪冲击，以及2008年北京奥运和2010年上海世博的盛世焰火。中国律师行业一边收获时代红利，一边不断规范发展，践行行业内外的社会责任，律所内部更系统、更科学的管理运营制度也在悄然形成。

规模化迅速提升了律所的品牌力，但也考验着其后续管理和文化的融合。与此同时，一体化发展也成为业内高度关注的话题和实践。如何通过运营一体化提高效率，从而实现真正的品牌一体化，是留给很多律所管理者思考的课题。

随着业务的迭代更新和律所规模的不断扩展，律所的品牌建设已经超越了简单的市场营销和案源获取的粗放发展范畴，担负起了更大的战略责任——对内，起到凝聚共识和团队的作用，通过律所文化的引领来打造品牌服务产品和品牌律师；对外，放大知名度和美誉度，形成品牌效应。

尝到品牌红利后，很多律所开始大胆投入。这一时期，各大律所纷纷入驻高级办公场所，进行高档装修、引入视觉识别系统（Visual Identity，VI）体系，也更加注重对律所文化、品牌理念和愿景等核心理念的讨论和提炼；同时积极与媒体合作，主动发布各类信息，开展各类活动。在传播领域，律所也逐渐增强了互联网和数字化意识，纷纷通过建立门户网站、在百度投流等方式开拓案源、传播品牌。还有一批律师参与建设了专业网站，用于公益法律服务和品牌传播，均有良好效果。例如，2004 年，华律网（www.66Law.cn）在成都成立，依托“问律师”“找律师”“查知识”三大核心功能，构建了广阔的法律服务品牌数据体系。随着法律服务行业规模的增长，服务律所的品牌传播机构开始涌现。

（三）2010 ～ 2020 年：规模发展，品牌红利

2010 ～ 2020 年，市场经济模式多元，移动互联网的发展让“互联网 +”成为产业发展的新动力。在律师行业，律所的组织管理方式发生了量变，千人、万人律所有了规模化发展的土壤。与此同时，律师行业的品牌红利溢出效应也随之扩大，从中国律师品牌延伸到国际律师品牌。

2013 年，为了响应国家“一带一路”倡议，国内律所加快了“出海”发展的步伐。经过近 20 年的奋斗，中国律所的国际化发展已初见成效。同时，国内区域化律所的合并渐成趋势：2013 年，30 余家律所在成都重组合并，形成明炬律师事务所；2014 年，天达律师事务所与共和律师事务所合并为天达共和律师事务所，经过近几年的一体化管理，“老字号”焕发了崭新的活力；

2014 年年底，陕西稼轩律师事务所进行优化重组，通过了 ISO9001 质量管理体系认证；2015 年，同为全国优秀律师事务所的众成仁和律师事务所与清泰律师事务所合并为山东众成清泰律师事务所，品牌效应倍增；2019 年，江苏法德永衡律师事务所和东恒律师事务所两家“亿元大所”合并形成法德东恒律师事务所，同时拥有创立于 1979 年的几十年历史和现代发展理念，其品牌气势非同一般；2020 年年底，源于契合的理念与价值观，上海博和律师事务所与汉商律师事务所强强联合，成立上海博和汉商律师事务所……

除了合并给律所带来的品牌红利外，新媒体技术的兴起也为律所品牌的发展赋能添力。移动互联网的时代红利在 2012 年前后开始显现。行业竞争加剧，自媒体的去中心化让律所更重视运营和品牌传播。一批法律自媒体大 V 涌现，律所和律师也纷纷开设微博、公众号、头条号、抖音等，有些甚至成为拥有千万粉丝的博主。

2018 年，中国法律服务市场规模突破 1000 亿元。随着中国律所的持续发展对品牌、内部管理、专业化服务外包等服务的市场需求不断增加，法律媒体、法律品牌服务机构、法律科技服务机构等新兴法律服务行业获得广阔的发展空间。专业的第三方服务机构应运而生，以专业服务赋能律所品牌。

中国律师行业得到了长足的发展，与组织建设相关的各项社会责任提上日程。党建引领、文化建设、社会公益等都列入了律所践行社会责任的重要组成部分，也成为律所社会影响力的重要构成要素。践行公益在很多律所的文化建设中蔚然成风，为其品牌文化和品牌建设带来了温馨的元素和色彩。

（四）2020 年以来：数智飞跃，高质发展

2020 年以来，随着大数据、人工智能、区块链、元宇宙等技术的应用落地，中国经济正在经历从规模化发展向高质量发展转变的关键转折期。上到国家政策，下至社会公众，都更加关注高质量发展、可持续发展和普惠价值的创造。

行业竞争的日益加剧和律所规模化扩张过程中遇到的难题也给经营者带来了冲击和困惑。规模化扩张中的理念和愿景认同、文化落地、利益分配、精细

化管理、负面舆情处理等给律所带来了很大挑战，由管理不慎或风控不足引发的负面事件会给品牌带来巨大伤害。“大而不强”“一盘散沙”等境况也困扰着大所的管理者们，许多律所纷纷进行反思和讨论，其管理模式和专业品牌建设不断迭代更新。

随着对律所品牌一体化的认知升级，一个律所品牌的背后需要有一整套运营机制的支持，才能实现稳定的品牌、稳定的服务和稳定的平台，律所的“中台”管理因此成为业界关注和研究的课题。一些律所率先通过组建外部运营公司解决管理运营难题，专业、专职运营大大提升了律所的品牌指数。

随着各大律所对组织品牌、专业品牌的构建和升级，品牌助力业务的效果有目共睹。律所的品牌价值日益展现，品牌资产不断积蓄。在品牌引领规模化、规范化方面，拥有统一、清晰的品牌有助于律所进入更广泛的下沉市场、海外市场，并让当地的分所和新进律师树立一致的理念和愿景，快速落地标准化管理和专业服务，在当地客户中建立品牌认知。在品牌保障代际传承方面，经过三十年的发展，一批大所到了新老管理层交接的节点。新老掌舵人对律所核心理念的内心认同和有效传承，是组织平稳过渡并焕发新生机的关键因素之一。

总之，通过黄金三十年的发展，中国律所的品牌建设经历了从大律师个人品牌到律所团队品牌、组织品牌乃至行业品牌的迭代升级，品牌建设方法论日臻完善。这些由初心、使命和奋斗凝聚成的，正是中国律所的品牌力量。

律师业最新发展主题及品牌规划

中国律师制度恢复重建 40 余年来，中国律师行业已经从点点星火发展为年创收近 2000 亿元的现代专业服务业。根据司法部《2022 年度律师、基层法律服务工作统计分析》显示，截至 2022 年年底，全国共有执业律师 65.16 万多人，律所3.86万多家。根据司法部《全国公共法律服务体系建设规划（2015—2025年）》显示，到2025年，全国执业律师达到75万名。随着律师人数和律所数量的不断增长，差异化必然推动品牌化。

从司法部披露的数据中可以看出，中国律所目前以中小所为主[1]；但另外一个显著的现象是规模所不断增加，而且律所的规模越大，其“虹吸效应”越强，规模化带来的品牌红利不断助推更多优势资源汇聚。与此同时，中国律所的治理能力也在不断提升，并形成了相当的品牌力。大所之大，不仅在于规模和创收，更在于文化积淀和品牌。

打造律所品牌是律所文化建设的重要工作。品牌建立非一朝一夕之功，品牌与知名度密切相关，律所知名度是在每位律师对每个诉讼与仲裁案件、每件非诉讼业务认真负责的态度和精益求精的工作中打造出来的。从知名度到品牌度，是律所对品牌打造从感性认识到理性认识的阶段。这一过程的长短同时取决于律所合伙人对建立律所品牌的认知和重视程度。合伙人共同打造了律所这一平台，律所又为每位合伙人提供了舞台，这是一个品牌共创的过程，良好的律所品牌会支持推动每位律师的工作。建立律所品牌是一个长期不懈的过程，欧美国家的著名品牌律所都有着几十年甚至逾百年的历史。

中国律所打造品牌不仅需要合伙人对文化理念的一致认同，而且需要在律所的内部结构治理、分配机制、合作机制、外部宣传、客户服务、利益冲突防范机制等方面都要制定相应的规定与措施。品牌是律所全体律师的共同身份，最强大的品牌都是从律所的文化中有机产生的。律所品牌作为一种服务品牌，如何构建，如何计算价值，如何管理、控制与其相关的风险，都需要深入探讨。

品牌化也是国际律师行业的建设主题之一。以钱伯斯（Chambers and Partners）、《亚洲法律杂志》（*Asian Legal Business*）、法律500强（The Legal 500）、《商法》（*China Business Law Journal*）等为代表的境外法律

---

〔1〕根据司法部《2021年度律师、基层法律服务工作统计分析》，截至2021年年底，全国共有律师10人（含）以下的律师事务所2.42万多家，占66.3%；律师11人至20人的律师事务所7504家，占20.52%；律师21人至50人的律师事务所3704家，占10.13%，律师51人至100人的律师事务所700家，占1.91%；律师100人（含）以上的律师事务所415家，占1.14%。

服务评级机构所发布的榜单带来了国际律师行业的品牌标准和观点，也让中国律师登上了国际舞台。这是中国律所国际化实力的呈现，也给中国律师行业带来了很多品牌化的启发。比如，汤森路透旗下的法律服务市场研究机构于2014年首次发布亚太律师事务所品牌指数榜单（Acritas Asia Pacific Law Firm Brand Index），2014年、2015年评选的是年度排名前20的律所，2016年之后则每年公布排名前10的律所。该排名以亚太地区顶级律所的品牌实力为基准，衡量律所在知名度、好感度、诉讼、并购和大额交易等五个方面的表现。

当然，国外律所榜单的形成有其历史原因。国外法律服务业的发展历史比较长，律师服务的市场基础很大，公司及自然人用户对法律服务的应用也比较了解。因此，对律师行业的研究及行业服务基础建设比较多元，行业内外对律所品牌的认知相对均衡。

近年来，随着中国企业与产品深度参与到国际竞争中，品牌建设与发展已成为我国的重大战略。2014年5月10日，“推动中国制造向中国创造转变，推动中国速度向中国质量转变，推动中国产品向中国品牌转变”被首次提出。2017年将每年的5月10日确定为“中国品牌日”。2022年2月28日，中央全面深化改革委员会第二十四次会议提出“加快建设一批产品卓越、品牌卓著、创新领先、治理现代的世界一流企业”。从中国社会和经济的发展来看，一定要大力加强品牌建设。

在世界百年未有之大变局下，数字经济成为必然趋势，品牌化成为必然战略。随着世界经济进入服务经济时代，法律服务作为现代服务业的重要组成部分，是知识经济的典型代表之一。在当前深化行业发展的新形势下，重视品牌建设、加快品牌培育、实现品牌化发展已经成为行业基本要求。

近年来，国内多地律师协会将品牌化工作列入行业发展目标。2021年4月，江苏省司法厅召开全省律师工作会议，提出坚持品牌引领，全面提升江苏律师核心竞争力。要把品牌化建设作为推动律师行业高质量发展的核心战略，推动律师服务结构转型、业态革新，更好适应现代化、产业化的发展需求。要扶植一批机构品牌，增强“龙头效应”。大力实施“名所引航”行动，要创新一批服务品牌，放大服务效能。2021年5月6日，广州市律师协会召开新闻发布会，正式对外发布《广州律师行业发展规划（2021—2025）》，“争取到2025年打造10个以上具有全国领先水平的专业化法律服务品牌”成为总体目标之一。

总之，中国律所的品牌化行动已成为必然。随着中国律所进入现代化发展阶段，一批具有现代化特征的品牌律所正在成为中国律师行业舞台上的新星。未来5年，我们也会见证更多品牌律所进入而立之年，更多厚积薄发的品牌律所将扛起中国当代律所的时代担当。中国律所品牌“风云榜”已是龙腾虎跃！

律所“品牌力”体系构建法则

品牌指的是产品或服务的象征。品牌所涵盖的领域包括商誉、产品、企业文化以及整体营运的管理。品牌是一个企业竞争力的总和，是一个主体在受众心中的主观认知。律所的品牌与其规模、客户类型、文化价值观等密切相关，承载着客户对律所及其产品的信任，体现出律所及其产品的特色。

律所品牌的构成要素包含其成立背景、目标与愿景、核心价值观、管理机制、专业能力、重要项目案例、客户口碑、荣誉、文化故事乃至办公场所、作业风格、文本呈现、传播媒介等，这些都需要经历时间的考验，逐步积累和丰满。“律所卓越品牌”是指一家律所不仅能够长期为客户提供优质的专业服务，而且能够通过各种信息传播途径增强同行、客户及社会公众对其的了解，形成专业口碑，并在市场中具有口碑影响力。

律新社是中国法律服务业知名第三方信息服务机构，旨在通过新媒体、行业研究和指南服务推进专业服务品牌化。律新社基于多年在法律服务业品牌建设领域的深耕所积累的大量行业发展资料和律所管理、品牌、公益、文化等案例，以新闻传播学、广告学、管理学等理论为指导，形成了初步的律师业品牌建设方法论，并将其提炼为律所的“品牌力”指数。

律所“品牌力”指数包含“品牌识别力”“品牌生态力”“品牌活跃力”“品牌评价力”四个维度，基本涵盖了国内律所品牌建设的近百项指标。而在当下蓬勃发展的数字化浪潮中，围绕“品牌力”指数四个维度打造律所品牌亦将更好地与数字化带来的传播新渠道、新动能结合，持续为律所品牌赋能。

律所“品牌力”指数四个维度的具体内容如表 1 所示。

表 1　律所“品牌力”建设维度一览

品牌识别力	律所 Slogan、使命、愿景、价值观等
	设计基础 VI 体系（名称标志、Logo、应用标准字系 + 标准色系等）
	宣传形象体系（宣传册、海报、宣传片等）
	管理品牌（管理体制机制、规模、创收等）
	专业品牌（专业设置、经典特色等）
品牌生态力	品牌运营（品牌战略、管理机制、预算支出、专人专岗等）
	文化建设（文化理念、文化活动等）
	专业建设（建立专业委员会，出版专业著作，打造专业课程，撰写专业报告、专业文章，举行专业活动：讲座、论坛、沙龙、直播等）
	客服建设（客户开拓、客户服务、客户维护等）
	数字化建设（数字化工具、数字化管理、知识管理等）
	党建建设（组织建设、活动组织等）
	公益建设（成立社会责任与公益委员会、公益基金、发布社会责任报告、公益活动等）
品牌活跃力	自媒体矩阵建设（网站、微博、微信及抖音、视频号、头条号、搜狐号、知乎等）
	网络传播（百度等搜索引擎收录的相关资讯总量）
	法律专业 / 行业媒体传播（采访报道、专业文章、行业报告、热点评论、活动宣发和直播等）
	传统媒体传播（参与媒体专访，担任专栏作者、特约专家 / 嘉宾、评论员等）
品牌评价力	获得行业荣誉［被党委、司法行政机关、律师协会授予荣誉或在其中任职（担任“两代表一委员”）］
	获得专业评价机构、专业媒体及榜单等荣誉
	获得第三方组织荣誉（被行业协会、商会、高校等授予荣誉或在其中任职）
	获得客户好评
	获得同行好评
减分项	被司法行政机关、律师协会处罚并通报
	被市场监管单位行政处罚并通报
	媒体负面报道

（一）律所管理品牌建设

律所的管理体制不仅是品牌建设的重要保障，也是律所品牌的重要组成部分。中国律所的管理体制大体可以分为“合伙制”“公司制”等类型，目前已有一部分合伙制律所逐步引入了部分公司制的管理模式。公司制与合伙制并非绝对对立，不同的律所在不同的发展阶段会引入相应的、合适的管理机制。律所的管理机制决定了其专业建设机制、公共案源机制、作业机制、分配机制、文化和品牌战略、品牌管理和资金、人力投入等，深刻影响着其外显的品牌表现。因此，律所打造卓越品牌的前提是建立卓越的管理体制机制。

科学高效的民主集中决策机制和一体化的管理机制保障了律所的专业化、规模化、品牌化建设，也是保障律所业务营收和品牌提升的关键内核。目前，中国的顶尖律所已普遍采用了公司制、一体化的管理运营方式。然而在过去的30年间，公司制、一体化律所是中国律所中的少数派。一般能够从设立之初就采用公司制、一体化管理方法的，大多是主要从事商事服务的律所。

公司制、一体化律所在品牌建设中具有一定的制度优势，保障了全所的品牌经费、人员、成果等的统一规范输出，避免混淆和管理中的失误，也便于外界对律所品牌形成统一的印象。比如，“红圈所”〔1〕是中国律所卓越品牌的一个集体代表，以金杜、君合等为代表的“红圈所”早在成立之初就向国际大所看齐，采取了国际律所类公司化、一体化的管理机制，并引入高级非合伙律师。从组织结构的角度可以把律所看作一个金字塔，高级非合伙律师阶层的出现改变了律师与当事人之间、同所律师之间以及全行业律师之间的基本关系，对于报酬分配计划具有重要的意义。〔2〕在分配机制上采取计点制，在全所范围内实行统一管理，用管理机制和中台服务保证律所有效地统筹资源、分工协

---

〔1〕“红圈所”以律所年度收入作为衡量标准，包括金杜、君合、方达、竞天公诚、通商、环球、海问、中伦八大律所。

〔2〕加里·A. 马内尼克（Gary A.Munneke）：《律师事务所管理导论》，王进喜等译，中国人民大学出版社2015年版，第51页。

作、打破壁垒——这种制度保障了律所能够组织大规模、大建制团队去服务一些大项目和大客户，从而保障服务品质。公司制、一体化运营的律所实现了律所平台从为律师赋能向为客户赋能的转变，其品牌力对客户选聘律所的影响更加凸显。

合伙制律所的主要管理特点则是：基本组织模型是并联模型，合伙人或者提成律师间的关系松散，各自为一个独立的业务主体和业务单元，独立承揽案件、独立承办案件、独立分享案件利益；律所主要承担行政管理职能和社会保障、税务等职能；律所的大、小公共事务共同以决定为主，较少授权分级管理；律所提成后的利润全部用于分配，较少提取公共积累和发展基金；设置管委会、监事会等机构，律所日常管理工作由主任负责，但日常主要公共支出由全体合伙人共同参与决定。

为适应律所的规模化发展，支撑律所庞大的管理服务需求，许多律所在合伙制、提成制的基础上引入了职业经理人，采取一些类公司制的管理运营机制，开展标准化的行政服务和中台运营。此外，越来越多的律所开始招募组建专职运营团队，管理机制的优化刚刚起步。

中国律所的管理运营正在经历转型升级，管理的专业化、专职化与中台建设成为当前探索的主题。能够从组织层面思考战略以及落地管理，是中国律师行业走向高质量发展的表现之一。随着不断融入现代化管理理念，中国律所还将爆发更大的潜力。

（二）律所视觉品牌建设

品牌建设的核心是建立目标受众的心智模式，虽然律所的视觉形象并不能代表其业务水平，但“第一眼”的感受亦可以在客户心中留下强烈印象。品牌形象精准传达的背后需要有明确的设计和使用规则。律师提供的法律服务因具有无形化，更有必要通过严谨、高端的视觉形象来提升其品牌形象。

首先，不同于律师的业务实力需要通过时间和结果验证，拥有优秀的 VI 体系或许是律所最直接、有效的品牌建设方式。

在律所普遍选择高品质办公场所的当下，律所的 VI 体系首先会在前台的设计中体现，作为律所的“门脸”给客户留下第一印象。此外，VI 体系还会在律所的官网、宣传片、海报、文本、商务礼品等各方面进行全方位呈现，充分影响客户对律所“气质”的感性认知。律所的品牌只有在影响消费者并被消费者记忆时，才真正拥有了品牌领导力。客户对律所品牌的感受贯穿法律服务的全过程。VI 体系为律所提供了规范化的品牌元素管理体系，律所应该根据实际需求，围绕客户体验和管理体验的提升创新使用。一流的律所 VI 设计可以通过标志造型、色彩定位、标志的外延含义、应用、品牌气质传递等要素促进品牌战略落地，累积品牌资产。优秀的 VI 设计是律所无形资产的重要组成部分。

律所 VI 设计的四大要素如下：

（1）Logo。这是 VI 设计最基础、最核心的部分，是律所形象的浓缩型符号。通过简约、生动的形象设计，传递律所的核心理念，体现了律所的内在品质，突出了律所品牌独有的个性与时代感。律所 Logo 不仅是调动所有视觉要素的主导力量，也是整合所有视觉要素的中心，更是社会大众认同律所品牌的代表。可以广泛适用于各种媒介，应用于各种材料及用品的生产使用。因此，要想拥有优秀的律所 VI 设计，必须首先拥有优秀的 Logo 设计。

（2）标准色。律所 VI 设计常利用色彩的特点改变客户与律所之间的距离。暖色系和明度高的色彩具有前进、凸出、接近的效果，让人感觉亲切自然；冷色系和明度较低的色彩则具有后退、凹进、远离的效果，让人觉得理智客观。红色、橙色给人以兴奋感，青色、蓝色给人以沉静感，白色、黑色则容易给人以紧张感，此为色彩的动静感。在进行色调设计时，动静感效果是必须考虑的因素，它可以体现律所的经营理念，改变人们对律所的认知。

（3）标准字体。也称其为“专用字体”“个性字体”等，是对品牌所涉及的主要文字和数字进行统一设计，通过个性化字体来表达品牌内涵。主要包括中文、英文、阿拉伯数字或其他文字，不同内容（如品牌名称、广告词、刊头、标题、地址和电话等）的字体有所区别、各成一体。经过精心设计的个性字体蕴藏着丰富的品牌情感内涵，是品牌塑造中非常重要的视觉元素。

（4）辅助图形。这是 VI 设计中不可缺少的一部分，能够丰富设计元素，提高视觉冲击力。辅助图形增加了设计的适应性，当色彩和字体无法很好地传达 Logo 的内涵时，可以通过辅助图形来实现。

其次，官方网站和宣传片也是律所视觉品牌建设中不容忽视的要素。随着数字化传播极大地改变了人们接收信息的习惯，官方网站和宣传片对于展示律所品牌的重要性日益提升。

优秀的律所官网 VI 能给予客户专业、可信赖的印象，为律所带来直接的品牌提升和获客可能。国内注重品牌建设的律所都会对其官方网站保持更新升级。律所宣传片可以传达律所的使命愿景、价值观、发展历程、专业实力、团队风貌、服务内容、典型案例、荣誉等并在各类媒体渠道上传播，成为客户和同行快速、全面了解律所的有效途径，日益受到各大律所的重视并成为其品牌建设的标配。

最后，宽敞明亮、富有设计感的办公环境不仅可以带给客户好感，也是展现律所发展理念的重要方式。律所办公环境建设的重要性与竞争力已经成为业界的共识。相关调研显示，律所的办公室租金成本一般占其总创收的 10% ～ 15%，各大律所均尽可能选址城市中心地段和地标建筑，并在内部装饰和功能打造上力求体现高品质。当下，很多律所都有自身独特的装修风格，其中一些甚至已经成为“网红”打卡点，深受访客们的喜爱。

（三）律所专业品牌建设

专业服务及品牌口碑是律所的立身之本，律所品牌建设归根结底是为了吸引专业人才和品质客户。“以专业树立品牌，以品牌引领行业”是很多律所品牌化的核心策略。专业品牌是客户心中律所 / 律师团队的形象。深入人心的优质品牌形象是律所 / 律师团队的重要资产，能够对其业务开拓起到非常重要的作用。

根据海茨和劳夫曼的“两个半球”理论，客户类型是芝加哥律师分化的决定性因素。服务于不同客户的律师在职业背景、身份阶层、收入、职业声望等各个方面都表现出了一定的差异。法律服务可以根据客户的类型分为两类——

服务于大型商业公司和服务于小型公司及个人，这就是律师分化的根源。律所专业品牌的塑造一般也是围绕这两类客户的需求和认知习惯展开，打造律所/律师团队的专业形象，从而吸引客户找上门来或者作为主动找客户的“敲门砖”。

很多律所一方面依赖所内的一体化建设和合作平台、知识管理系统和培训机制，不断打磨自身的拳头业务，追求极致；另一方面通过专业交流、书籍出版、榜单评级等方式，展示专业品牌、吸引优秀人才加盟、维护并拓展市场，实现了良性循环。值得注意的是，当前各家律所除了持续加强传统优势专业的建设以外，纷纷在创新领域奋起直追，紧扣国家大政方针和顺应新兴经济发展趋势，在热门业务领域提早布局。

专业影响力是品牌影响力形成的基础，但是品牌的建立绝非专业化的自动延伸。目前，律所常用的专业品牌塑造方式有如下几种：

（1）专业设置精细化，品牌识别标签化。当前，无论是综合性律所还是精专所，大家专业设置的精细化趋势均越来越明显。不仅律所的专业划分日益精细化，所内律师的执业领域也在不断聚焦、精细化。为促进所内律师的专业化发展，不少律所都规定了律师的执业领域数量，多采用“一主二辅”的形式，辅助专业通常不会超过五个。律师通过不断深耕自身的专业领域，不仅可以树立专业品牌，还能够促进所内业务转介及同行间的业务转介。

（2）建立专业委员会，整合全所专业资源。建立专业委员会可以看作律所对于专业品牌建设的进一步深化，意味着律所内部对于相关专业领域有了更加成体系、长远的发展规划，也意味着律所对于所内资源有了更加科学的整合调度。律所的专业委员会越来越承担着专业培训和品牌提升的功能，既像业务部门又像研究部门，同时又像律所的引擎，时刻带动着各个细分专业领域向前发展。一个好的专业委员会不仅可以提升律所的专业水平，还能打出影响力和声誉，提升律所的专业品牌效果。专业委员会还是各合伙人之间和各分所之间的纽带，能够使律所内部有更多合作机会，扩展所内业务市场，驱动律所发展。

（3）参评行业榜单，树立专业标杆。评级机构的评价是客户挑选律所和律师的重要参考。国内大所积极参与国际法律评级机构的评选，反映出中国法律服务市场的高速发展和激烈竞争，国际法律服务评级机构的评价信息也在一定程度上展现了律所的专业品牌力。即使榜单评价的全面性、客观度长期为业界所争论，但其强大的影响力依然不容小觑。

（4）专业活动常态化，营造专业文化氛围。律师需要终身学习，以应对不断更新的理论。从实际情况来看，律所普遍都建立了内部学习、培训或交流机制，邀请资深律师为青年律师“传道、授业、解惑”。通过讲座、培训、研讨会等多种形式，促进所内律师的相互学习与交流，将学习变成一项常规的活动，由此也形成了各家律所内部独特的文化氛围与专业文化沉淀。通过这些学习活动，既打磨了律师的专业技能、提升了律所的整体专业水平，又加强了律师间的凝聚力。

（5）举办专业论坛活动，扩大行业影响力。参与专业论坛及活动是律所展示专业能力和专业品牌、进行专业交流的最有效场景之一。通过联动客户方、研究机构、高校等，能够产生比较好的品牌效果，助力律所拓展市场。许多律所十分重视举办专业活动，并纷纷以专业委员会为依托，打造全国影响力。专业活动也成为律所凝聚人心、推进内部市场建设的重要抓手。

（6）参与专业出版，输出研究成果。专业出版是律所打造专业品牌最常用的方式。出版著作、发布报告等不仅可以系统地梳理相关知识，还可以形成专业成果，是专业人士最有品质的专业标签之一。从出版著作的内容来看，涉及业务理论、实操、案例分析等专业内容的著作最多；一些规模所除了出版专业著作外，还会出版涉及律所战略发展、管理以及人物类的书籍。

（7）推出讲座课程，展示专业实力。无论是在行业内授课，还是为客户开设讲座课程，抑或进行公益普法，都是律师专业品牌的重要呈现。如今，讲座授课不仅可以通过线下形式开展，还可以通过线上直播形式及各类新媒体平台进行传播。

（8）建立客服中心，加强客户服务。随着律所的专业服务不断升级，建立客户服务中心、深度研究和服务客户是律所专业品牌建设的必然趋势。随着“一体化”建设被越来越多的律所列入发展目标，客户服务中心开始作为中台建设的一部分，承担起律师与客户之间的连接功能。作为统一的客户管理枢纽，客户服务中心的建立能更好地解放律师，更合理地对公共案源进行管理、分配，实现律所的可持续发展。客户服务中心作为离客户最近的律所组织，将直接影响律所的专业品牌在客户心中的第一印象。

（9）服务流程标准化，服务保障品牌化。服务流程标准化是专业化研究、服务和管理的集成，有助于提升律所的服务质量，让客户在接受标准、优质、高效的服务过程中形成良好的品牌形象。梳理出清晰的专业服务流程，不仅能够展示律所的专业服务水准，而且能够让客户对整个服务过程充满信心。

（10）法律服务产品化，产品大赛品牌化。因为法律服务具有无形性，客户往往很难理解、认可其价值，希望找到性价比更高的解决方案。而法律服务产品可以从可视化、流程化方面更好地说明、体现法律服务解决方案的价值，具有客户群体细分化、服务需求高频化、服务流程标准化、存在潜在规模化市场效应等特点，对梳理思路、打造团队、拓展市场等都有显著的帮助，因此备受律所青睐。在市场竞争日益激烈的当下，法律服务产品成为律所创新的新动力。法律服务产品设计及大赛不仅能帮助律所内部凝神聚力、激发创新整合精神、打造内部市场，对外也能作为一种文化和品牌展示，让客户感受到律所的专业创新活力。

（四）律所文化品牌建设

文化是组织管理运作的重要组成要素，也是品牌建设的精神内核。现代律所与企业有一些相似之处，需要有一套现代管理制度和“法人治理结构”。但与企业不同的是，律所不仅需要“资合”，还需要合伙人之间的“人和”。一家律所要成为“百年老店”，不仅要有一代代杰出的律师、一整套完善的管理制度，还要有独特的文化。深厚的文化底蕴能让律所充满生命力，并推动律所文化进一步繁荣发展。律师作为社会主义法治工作者，其工作性质不同于一般的经营性活动从业者，而承担着更多的社会责任。为了站稳“人民律师为人民”的立场，积极向上的律所文化更是不可或缺。

律所文化作为一种无形的力量，对于律所的长久、稳定发展有五个方面的积极作用：

（1）导向和约束作用——保证律所战略规划与制度落地。律师行业具有高度的职业道德要求和社会公益属性，这就要求律师、律所不能仅以追求经济利益为目的，还要坚守行业规则、秉持独立精神、追求公平正义。为了律所的长期稳健发展，除了遵守行业主管部门、律师协会制定的相关制度、行业规范外，律所内部也需要有一定的规范准则、职业信条等，对本所的律师进行约束和引导；同时，应设置相应的纪律监督机构，对律师的业务风险、道德操守等进行监督。而除了刚性的监督外，还需要通过正确、向上的律所文化倡导和引领律师。通过所内的群体意识、舆论氛围、价值追求等，对个体的思想、心理和行为形成一种“软约束”，使之产生心理共鸣，继而实现个体行为的自我控制。因此，律所文化建设是约束和引导律师行为的重要手段。此外，在大多数律所以合伙制、提成制为主要管理分配体制的情况下，要实现所内的一体化建设、实现专业合作和合理分配，仅依靠制度和数字化运营体系不足以解决所有矛盾，积极的律所文化产生的引导和调节作用不容忽视。

（2）凝聚作用——吸引人才，促进合作。律所文化是影响雇主品牌的重要因素之一。律所之间的竞争，归根到底是人才的竞争。随着青年择业观的日益更新，薪酬不再是影响职业选择的唯一要素，职业发展前景和组织文化对青年择业的影响力日益提升。卓越的律所必然拥有富有感染力的文化，从而吸引更多优秀人才加入，促使律所向更卓越迈进。良好、融洽的律所文化还有助于调和所内的人际关系，引导大家为了同一战略目标共同协作，有助于大家在运营流程、沟通合作中达成共识，从而增强律所的凝聚力和战斗力。由于合伙制律所内不同律师之间、律师团队之间的关系普遍比较松散，通过举办律所文化活动，可以增进律师间的相互了解，从而促进内部市场的形成，达成更多的业务合作和转介，助力律师的专业化提升和律所的业务发展。

（3）激励作用——赋能业务，担负社会责任。律师作为中国特色社会主义法治工作者，在经济创收之外，更有对公平正义、社会责任和自我价值实现的追求。律所文化中对律师职业追求的阐述、对榜样模范的树立等，都为律师提供了一种精神力量，使之产生强烈的使命感和持久的驱动力，激励他们在专业上不断精进，在业务上奋发进取、开拓创新、勇担责任，以卓越的律所文化成就卓越的律师和律所。

（4）辐射作用——为品牌建设提供精神内核。品牌是时间的朋友，也是律所文化的积淀。独特的律所文化一旦形成较为固定的模式，不仅会在律所内部发挥作用，也可以作为品牌建设的主要内容通过各种渠道传播，影响社会公众、客户对律所形象的认知，形成律所的知名度和美誉度。独特、优秀的律所文化将产生巨大的品牌效应，甚至可以引领行业、社会的风气，促进社会主义法治建设的不断进步。

（5）传承作用——实现律所文化传承、创新发展。中国合作制律所蓬勃发展 30 年，已经走到了一个需要研究新老管理层传承问题的阶段。以 1992 年前后创办的有 30 年历史的大所为例，许多律所已经完成了新老管理层的交接与更替。在此过程中，对律所文化的重新讨论、梳理、阐述和强调，是实现新老管理层顺利交接的必要保障之一。一以贯之地保持积极向上的律所文化，有助于赓续律所的优良传统，保障战略方向，凝聚上下共识，促进律所进一步开拓创新。

律所文化是全体合伙人、律师和工作人员共同认同的价值观和价值取向，不仅体现在所有律师与工作人员的工作日常中，也体现在合伙人合同与章程及律所的各项管理制度与规定中。律所的文化建设不仅需要发挥文化本身的影响力和作用，还要制定相应的制度来保障其贯彻和落实。制度保障了文化的发展，发展的文化又促进了制度的健全，二者之间是一种互为补充的辩证关系，最终共同保证了律所生存与发展的生命力。

律所文化建设的主要内容包括律所发展史、发展目标、愿景、核心价值观；律所创始人及主要管理者的重要论述；律所的硬件载体、VI 体系；律所的培训体系、员工关怀活动、节日庆典活动、文化体育活动、党建公益活动；律所优秀榜样事迹的评选和宣发等。

（五）律所党建及公益品牌建设

中国律所一贯高度重视党建工作，并通过党建引领律所管理，增强内部凝聚力。公益活动能在提升律所管理水平、专业能力的同时，为律所营造良好的品牌生态力，体现律所的社会责任担当。开展党建公益活动是践行律所文化理念、锻炼律师队伍的有效途径，也能向政府、社区、客户、同行、法学院学生等群体展示律所的价值观和专业能力，在公益互动的过程中实现律所品牌的生动传播乃至案源拓展。

律所的党建工作有着凝心聚力、赋能定向的作用，是一项铸魂工程。不断加强律师行业党的组织建设，提高党员队伍和整个律师队伍的政治业务素质，发挥党支部和党员律师在法律服务中的战斗堡垒和先锋模范作用，可以为律所的管理提供根本的保障和引领。

律所作为人员流动性比较高的组织，如果没有强有力的组织制度和系统化的管理，就很难快速形成有战斗力的团队。要快速形成队伍的凝聚力，党建是最好的抓手；广大党员律师在各自的岗位上发挥先锋模范作用，也有利于律所进行专业建设、展业拓业、践行社会责任。“以党建带所建，以所建促党建”顺应了司法部抓紧筹建全国律师行业党委的重大举措，是提升和促进律所管理机制建设、文化品牌塑造、社会责任落实的基础。只有将党建工作覆盖到律所发展的方方面面，促进理论创新、实践创新、制度创新，确保律师事业始终与党和国家的事业同步前进，才能实现律所的高质量发展。

据统计，律所目前的党建活动形式包括但不限于党委共建活动、支部共建活动、党日活动、党史学习、党的重大活动 / 会议组织学习、会议精神学习、组织 / 个人荣誉表彰、主题学习会 / 讲座 / 培训、专题党课、主题文艺活动 / 比赛、参观 / 调研活动、互访 / 交流活动、支部公益活动等。

公益法律服务不仅有利于提升社会治理法治化、专业化水平，而且有助于法律人以专业服务的方式践行公平正义。〔1〕中国优秀律所在不断追求提供卓越法律服务的同时，时刻不忘以回馈社会为己任，自觉承担各项社会责任，致力于开展全方位的法律志愿服务，把公益做成律所的品牌，将初心落实到实际行动之中。

---

〔1〕 律新社编著:《没法不爱》，上海社会科学院出版社2019年版，第8页。

通过开展公益活动，律所可以向大众传递价值观，同时在公益互动的过程中实现品牌的生动传播。律师、律所参与公益活动的过程、成果和所获得的社会肯定、荣誉等，是律所品牌传播内容的重要组成部分，有助于提升律所的品牌活跃力及其在客户、公众心目中的知名度、美誉度。好的公益活动能在律所内部形成积极的联动效应，影响和带动更多律师参与。许多律所也在长期提供公益服务的过程中建设了精品公益项目，这些品牌公益项目不仅成为律所的公益标签，也成为律所的品牌文化活动之一。

（六）律所品牌传播渠道建设

好内容 + 广泛传播 = 好的品牌传播。品牌是律所的无形资产，能够让律所得以存续与传承。而律所品牌资产最大的价值就是“无处不在”——不仅在自身的宣发平台上有沉淀和积累，同时能够在外部平台（包括第三方媒体及各大搜索平台）广泛传播，形成持续不断的品牌影响力。律所的品牌传播渠道一般包括网络传播、官网、自媒体矩阵、第三方媒体及传统媒体等。

（1）网络传播：以百度指数（SEO 收录量）为例，律所的百度指数即用户以该律所名称为关键词在百度搜索后得到的结果数量。律所无论是发布在传统媒体还是自媒体平台上的品牌信息，一旦被百度收录，均会在百度指数上有所体现，对于律所官网及其他品牌传播渠道优化有重要意义。

（2）官网：是律所对外宣传的标配和重要“门面”，能够最全面展示律所形象，往往也是客户获取律所信息的第一门户。目前，国内律所官网的建设具有两个显著特点。一是在视觉呈现、内容更新方面，多数律所做到了专业且差异化的展示。大部分律所官网设计得很雅致，同时都注重展示专业化建设，如服务领域、专业人员介绍、专业文章、专业著作等；部分律所官网还展示了培训体系及课程，有效展示了专业品牌。二是在使用体验方面，各家律所官网还存在明显差异。一些律所官网的站内功能在使用的便捷性和结果的准确性上还有较大的提升空间，诸如网站安全性与稳定性存在隐患、专业领域展示与律所组织架构存在差异、专业人员展示存在滞后性、站内信息聚合准确性不高等问题。相比而言，采用一体化管理模式、配备专职运营人员的律所对其官网的维护更新更加及时到位，访客的使用体验也更好。

（3）自媒体矩阵：律所自媒体矩阵担负着品牌形象输出和数字品牌资产沉淀的使命。目前市场上的自媒体平台非常多，据调研，律所最常开通的是公众号、视频号和微博，其他诸如抖音、头条号、小鹅通、知乎、B 站等平台上也活跃着不少律所和律师的身影。律所在各大自媒体平台上开设的官方账号多用于发布日常动态、主要业绩与荣誉、活动风采、律师专业文章等，有助于其树立品牌形象、打造品牌格调、扩大品牌宣传。

（4）第三方媒体及传统媒体：律所在建设自媒体矩阵的同时，对于日常的重大事件、重要活动和所内律师的专业展示等，也经常通过行业第三方媒体进行宣传。行业第三方媒体具有较高的专业传播力和行业影响力，可以助力律所精准传达专业信息、快速树立品牌形象、全面展示品牌风采。此外，国内律所愈加重视和外国媒体的合作，积极参与钱伯斯、《亚洲法律杂志》、《商法》等媒体推出的榜单与相关调研，并合作推出相关领域的专访或展示主页。传统媒体也是律所品牌建设的重要途径。相较于信息传播速度快、参与度广的新媒体渠道，传统媒体具有更强的公信力，且更多是通过更深入的采访、调查，推出更全面、更深刻的报道。

目前，大多数律所采取了一体化品牌建设模式，在全所层面统一进行品牌展示和传播。因为官方认证内容更有分量，也能加深客户对律所品牌的了解。不过，统一建设的品牌传播方式可能难以完全展示个性化内容。对于有特色的分所、所内团队来说，建设自己的传播矩阵，形成地方影响力和专业特色影响力，也是对律所整体品牌的有效补充。

（七）律所品牌评价维度

品牌评价也称“品牌实力评价”，是指基于一定的评价体系，全面分析和描述品牌的发展特征，包括品牌战略的合理性、品牌与消费者的关系、品牌管理体系的效率、品牌营销的投入产出比等若干方面，并依据具体的评分标准对品牌的实力进行量化评分，使品牌评价的结果能够成为跨越多个经营周期，考核品牌管理绩效、了解品牌发展趋势的参照系。

对于律所品牌的评价维度应由哪些方面构成，目前行业里虽无定论，但是有相对达成共识的标准，如委托人的评价、主管部门的评价、第三方的评价、社会的评价、同行以及不同法律职业共同体的评价等。因此，“律所品牌”不仅代表广泛的知名度，而且应代表业界最高层次的专业认可度和综合美誉度，主要包含且不限于以下几方面：拥有各专业或行业内知名律师的数量；拥有如世界500强企业、国内大型企业、各行业头部企业等高端客户的数量和良好评价，以及中小企业及个人用户的良好评价；拥有典型服务案例，如在业界具有标杆意义、大标的金额的诉讼/仲裁案件或上市、并购交易项目的数量；各级司法行政单位的评价；主要法律专业媒体的持续性排名；主要法学院校毕业生的就职意向；等等。

如果集中从品牌呈现的角度看，律所品牌评价维度中最受关注的还是司法行政机关评价、榜单评价、同行评价、法学生评价和法务评价。

（1）司法行政机关评价：司法部每两年评选一次全国优秀律师事务所和全国优秀律师，这是行业内最高的综合性荣誉；各级司法行政机关、律师协会也会评选本地区的优秀律师事务所、司法行政系统先进集体等，并予以表彰。此外，各级地方党委、政府、群团组织、慈善总会等也会为在党建引领、社会公益、参政议政等方面积极作为的律所颁发各类荣誉，如先进基层党组织、文明单位、慈善公益突出贡献奖等。这些奖项是律所开展公益活动的成果，更是律所品牌传播的重要内容。

（2）榜单评价：奖项荣誉展示是效果最佳的律所品牌宣传方式之一，中国律所目前积极参与国外榜单评价，并且参评结果呈现出一些现象和规律。例如，公司并购、反垄断、私募股权、知识产权、资本市场五大业务领域的获奖律所数量最多，说明这些领域的市场潜力巨大；“红圈所”的地位并非不可动摇，只要专业过硬，每家律所都有获奖机会；京沪两地的律所仍具备明显竞争力，其他地区的律所想要缩小差距，仍有很长的一段路要走。

（3）同行评价：对于如何判断一家律所的好坏优劣，每个人心中都有不同的标准。尽管如此，有四个方面的指标已经基本成为业内共识。一是客户评价，客户的认同感是一项重要的指标。二是专业服务品质，律所的专业服务水平和能力是否突出、能否在行业赛道上占据一席之地、能否不断精进自己的专业能力等，都是不可或缺的重要考量因素。三是以客户为中心，一家优秀的律所应将客户利益放在第一位，忠于客户，成就客户的事业。四是评价标准的客观性、透明性和独立性，评价标准的设立应该从客观数据出发，由独立第三方完成，这样才能保持相对的公平性。此外，律所的社会责任、文化、价值观、良好的管理分配机制等方面也不同程度地影响着其品牌形象。

（4）法学生评价：法学生的就职意向是检验律所品牌与实力的另外一项指标。界面新闻针对法学生做的一项调研显示，在选择律所时，律师的专业程度、完善的培训体系、合理的薪酬体系是法学生最主要考虑的三个因素。此外，律所也经常采取与高校合作的形式培养法治人才，在助力专业深耕、推动公益品牌建设的同时，树立了良好的雇主品牌。

（5）法务评价：在众多国外榜单的评价标准中，客户评价是一项重要的考察指标。企业法务作为律所的主要客户，其意见将对最终的评价结果产生重要影响。而在企业法务选聘律所时，榜单评价信息又成为其重要的参考依据。因为榜单能够在一定程度上打破企业与律所之间的信息壁垒，为企业提供多维度的律所信息，帮助企业快速了解律所、准确作出判断。此外，在对一家律所了解有限的情况下，大多数法务也更愿意选聘在各家榜单中频繁出现的律所。

（八）律所风险管理机制建设

律所最大、最核心的资产是其形形色色的业务以及律所内的每一位律师，但从风险管理的角度来看，这二者也是律所最大的潜在风险来源。律师和业务都难以被标准化定义，因此也难以被量化衡量和有效保护。在风险事件造成的损失面前，二者往往都显得不堪一击。通常来说，律所的品牌形象会面临委托代理风险、信用风险、利益相关者风险、系统性风险与非系统性风险、操作风险五类潜在风险。

风险事件的发生会损害律所的品牌形象，成功的品牌形象则能对冲一定的风险。如同在金融市场中想要获取收益就需要一定的风险敞口，律所的品牌建设亦需要通过合理的风险暴露获得稳定提升品牌价值的机会。因此，风险管理的核心并非消除风险，而是利用风险。只有建立有效的风险管理机制，才能更好地保障律所品牌的持续增值。

第一，律所要了解上述五类潜在风险的具体表现形式，确保风险事件发生时能够准确识别并采取相应的应对策略。唯有对症下药，才能尽可能将风险控制在可控范围内。

第二，类比企业风险管理中的首席风险官（Chief Risk Officer，CRO），律所中也需要有相应的风险管理者，可以由专人担任，也可以由了解风险管理的合伙人兼任。风险管理者应对管理委员会审议的所有战略计划进行风险评估，为律所的品牌建设保驾护航。风险管理者在适当的情况下可以使用结构性控制加以辅助，以保护律所在风险事件的扩散中免受或少受品牌损害。风险管理最常用的方式之一就是建立“防火墙”。如设立独立的管理委员会，或对不同级别的律师和行政人员设立权限，抑或制定相关制度防止财务和关键业务信息泄露。

第三，律所要建立内部风险管理机制。具体包含两个部分：一部分即传统的合规审查，这是大多数律所都已经建立的风控制度；另一部分则是相对定量的风险预防，包括基于历史数据对不同类别风险的发生概率、预期损失、非预期损失等的预测，损失覆盖准备等。此外，执行流程也是内部风险管理机制的重要组成部分。再完善的风险管理内容规划，如果没有完整、顺畅的流程来贯彻执行，也无法发挥出其应有的价值，甚至有可能因为执行流程存在问题而加大对律所品牌形象和声誉的损害。

第四，律所特别需要处理好客户关系，委托人的投诉和索赔是对律所品牌形象的主要威胁。确保时刻提供最高水平的专业服务，准确界定委托条款并遵守约定的计费目标，都将有助于律所避免最常见的委托人投诉和职业过失索赔。此外，隐私保护也是客户非常关心的问题，更是律所风险管理的重要环节。随着案件复杂程度的不断升级和办案流程的不断细化，律所日常涉及的数据量越来越大，对于数据存储空间及其安全性都提出了更高的要求。如果律所丢失的文件或未加密的数据在法庭上公开或被媒体报道，或者含有保密信息的电子邮件被发送到错误的一方等，都将对律所的品牌形象造成相当大的损害。因此，律所需要格外重视数据及隐私保护，尽可能避免此类事件的发生。

第五，律所要建立上下统一的风险文化。除了少数采用一体化管理机制的律所之外，大多数律所都难以建立起顺畅的沟通协同机制，导致难以在全所范围内形成相对统一的风险文化。文化的核心价值在于其可以产生较强的凝聚力，而风险文化对于维护律所的品牌和声誉最为重要。律所的每位成员都是律所品牌和声誉的建设者和守护者，律所应当确保其品牌价值和预期行为在新员工及低年级律师培训期间得到清晰的传达，并在合伙人会议、业务团队聚会和年度总结会议上强化风险意识。那些试图参考企业风险管理原则，在全所范围内培育风险文化的律所，通常能最有效地保护其声誉和品牌。

律所品牌建设的不足与展望

对中国律所而言，品牌建设至今仍是一个新命题。中国目前具有品牌意识的律所占比依然较小，品牌建设程度也因地区发展不均衡而存在差距，律所的品牌建设工作依然需要制度保障和人员落实，需要各路人才不断投入研究和实践。但是，律所品牌建设的重要性已经毋庸置疑。部分品牌律所正在持续深化品牌战略，力争打造中国品牌乃至世界品牌。

（一）品牌运营中的难点与“瓶颈”

一是品牌认知不清晰。部分律所虽然坚持认为自己重视品牌建设工作，但是对于“品牌建设”和“市场营销”的概念依然有许多混淆之处。具体表现为：将市场部与品牌部合并运作，依托同一组领导、同一批工作人员和同一笔经费，品牌建设只是市场部的部分工作；将客户关系维护、案源开拓等作为品牌工作，由品牌部统一负责。

二是总分所品牌一体化运营难保障。在律所规模化发展的过程中，品牌管理的风险也在不断积累。规模所随时可能因为分所的某一负面事件而导致集体品牌受损，总分所因品牌认知不统一而分裂的案例也屡见不鲜。此外，总分所品牌运营中的一体化要求和规范化输出也考验着律所的品牌管理能力。随着律所规模的扩大，律师及团队间的利冲风险等也将导致“规模不经济”。通过吸取规模化发展过程中的教训，目前许多律所在开分所时已经放弃了加盟模式，而是采取总所直投直管的模式来保障总分所在发展理念、管理机制、作业标准、品牌建设等方面的一致性。

三是品牌建设经费保障机制未建立。虽然各大律所纷纷表态重视品牌建设，但受固有财务和管理机制的制约，多数律所的品牌建设经费不与创收挂钩，且与市场营销经费、文化建设经费等混合使用。律所对品牌建设的投入普遍低于其他商业组织。品牌建设需要长期投入，通常无法在短期内看到市场数据的提升；即使市场数据提升了，也无法直接判断是哪项品牌工作起了作用。虽然其他行业已普遍将年度品牌预算固定化，但大部分律所依然缺乏对品牌建设长期投入的共识与驱动力。毕竟，当下的合伙制、提成制律所更愿意为能够直接提升律所创收的事项买单，而不是将有限的经费投入效果不能量化、无法及时收获市场反馈的品牌建设工作中。

四是品牌运营人才缺乏。律师行业作为存在明显专业门槛的专业服务业，需要既懂专业、行业，又懂品牌、运营的人才。而具有法学专业背景的人才往往不愿从事品牌工作，具有品牌传播专业背景的人才又往往对法律专业、行业了解不足。对比其他行业，律所品牌运营岗位由于薪酬竞争力不足、受重视程度较低、上升渠道狭窄等因素，对外部人才缺乏吸引力，内部人才也流失严重。此外，尚未形成完整的品牌传播方法论体系，缺乏有效、成体系的品牌运营人才培训机制，也是目前行业运营人才缺乏的根本原因之一。因此，提升品牌运营人员的薪酬待遇、加强业务培训、畅通职业发展渠道等，都是充实并稳固律所品牌运营人才队伍的重要举措。

五是品牌传播内容的无序性和单一性。良好的品牌建设机制除了需要专项经费和专业运营人才的保障外，对品牌传播的内容也需要进行详细规划；需要各分所和各专业团队共同参与，注重收集和整理专业研究、典型案例、业绩奖项、社会责任等方面的成果，并归于同一品牌之下展示。而在当前很多律所的品牌建设过程中，不同分所和团队各自为战、独立打造自身品牌的情况普遍存在。此外，目前大多数律所的品牌传播内容偏重专业研究成果，形式相对单一，对客户的吸引力较小。因此，建议律所品宣人员充分考虑客户的信息接收偏好和阅读习惯，策划并制作综合性、多样化且易于客户接受的品牌传播内容。

六是行业品牌建设方法论及培训资源有待完善。法律服务业作为专业服务业，其品牌建设方法与一般的商业品牌建设既有共通之处，也有许多不同点。律所品牌建设的最佳方式是什么？行业对此的讨论才刚刚开始，亟待有识之士和专业机构调研和总结法律服务行业的品牌建设方法论，并形成一套可以指导实践的指南。此外，由于法律品牌运营人才紧缺，有关法律品牌运营的培训课程研发也是行业目前的刚需之一，需要各领域的专家贡献专业理论和实践思考，共同助力行业品牌建设整体水平的提升。

（二）品牌发展趋势展望

品牌建设不仅是律所发展的重要战略，也是律所高质量发展的必然表现，有助于律所集中有限的人力和资源更好地服务目标客户。重视品牌建设、加快品牌培育、实现品牌化发展已经成为行业共识，亟待专业人士及律所管理者共同为行业品牌建设赋能添力。

一是律所品牌建设战略和机制已初步建立。目前，国内一批具有品牌意识的律所已经形成了品牌建设战略——有的已建立品牌委员会或相关职能部门，有的已组建品牌运营执行团队并聘用专职品牌、市场人员进行运营。此外，还有一批律所已经搭建了比较完备的品牌中心，实现了从活动策划、执行到内容生产、传播的全链条专业品牌运营，其中不乏优秀运营案例，引起了业内外的广泛关注。

二是品牌建设对律所发展有重大助力。实现了高质量发展或“弯道超车”的律所必然重视品牌建设工作。品牌建设对律所的市场拓展、客户维护、人才吸引、规模化及专业化建设等方面均有助力。与此同时，也有部分律所因不重视品牌建设、品牌管理松散而导致品牌形象受损，或因疏于品牌维护、放任负面新闻持续发酵而导致团队分崩离析。这些都对律所的长期稳定发展造成了巨大冲击，也给全行业留下了深刻教训。

三是数字化时代，律所品牌建设方式不断创新。在传统媒体的传播环境中，律所的品牌建设方式较为单一；当下“人人都是自媒体”的数字化传播环境则大大降低了品牌传播的门槛和预算，让律所的品牌建设变得高效，传播形式丰富多样，传播力度呈几何级数放大。律所纷纷开通各类自媒体账号，通过线上直播、线上课程、线上活动、元宇宙律所等多种形式打造品牌。只要有优质的内容和专业的运营，每个品牌都有“出圈”的可能。不过，过快的传播速度也可能影响人们的判断力，效率与创新、效率与适应变化、效率与风险等一系列矛盾都需要律所去平衡。〔1〕

四是品牌运营成为律所新动力。品牌运营是未来十年律师行业竞争的核心要素。随着品牌化发展成为行业共识，许多律所已将品牌运营上升到战略高度，从制度到人员进行全面完善与升级。律所在长期发展中也会越来越认识到文化与品牌之间的关系，能够用长期主义的视角和眼光来定义律所品牌发展战略，对品牌运营人才给予足够的尊重和重视，从而真正打造“百年老店”。

五是客户对律所品牌的理解必然加深。随着中国法律服务市场越来越完善，客户对法律服务的理解也会越来越贴近本质。过去20余年间，随着中国经济的粗放式增长，律师服务也呈现粗放式发展，不需要做品牌就可以获得足够的案源。然而如今，“存在型红利”正在逐渐被精细化发展替代，品牌越强大的律所越能够得到客户的青睐。因为法律服务本身具有无形化，难以被说明和信

〔1〕 吴晨：《转型思维》，浙江大学出版社2020年版，第132页。

任；而良好的品牌能够降低客户的信任成本，增进客户对律所的了解，从而促进双方的沟通与合作。

六是律所品牌分类必然精细化。中国律所目前依然处于规模化浪潮中，未来 5 年里，依然会有大量律所通过合并做大，并因此生成新的律所品牌；而一大批精品所也会朝着专业品牌建设的方向深耕。二者都是符合客户需求和行业发展规律的律所品牌形态。随着中国律师人数的快速增长，未来，法律服务市场细分化和律所品牌细分化都是必然趋势；根据客户需求的变化，必然不断衍生出各类风格独特的律所。

七是未来 5 ～ 10 年会有更多品牌律所诞生。中国律师业发展至今毕竟只有 40 余年，未来的道路还很长，中国律所积累的实践经验将为行业未来的整合发展打下基础。一些意识到品牌建设重要性的律所正在主动加强投入，强化品牌战略，完善品牌规划，通过品牌化发展实现组织创新。此外，中国未来必将有一批新的律所走向国际化，中国律所在国际市场上将越来越具有独特的品牌影响力。

八是中国律师业第三方品牌评价多元化。随着中国法律服务市场的充分发展，未来关于法律品牌的研究、评价和服务机构都将越来越活跃。第三方机构通过行业研究、信息披露、用户调研、同行推荐等形式，不仅为行业内部提供了多维度的品牌建设信息，也为用户提供了精准的决策参考信息。因此，未来的中国法律服务市场一定更趋于信息公开、透明，供需双方能够有更多的交流空间，形成良性互动和及时反馈的良好氛围，让优质品牌持续不断涌现。

第二章

论道：律界品牌洞见

2022年，一批而立之年的品牌律所迎来30周年庆祝潮。经过30年的市场初探，这批因受益于制度改革而独具特色的律所目前已成为中国律所第一梯队中的中流砥柱，也是中国第一批经过市场洗礼的律所，其积累了丰富的品牌建设实践经验。最近10年，随着律师和律所数量增多，法律服务市场需求也不断发生变化。世界百年未有之大变局带来了数字经济的新律动，中国律所再度面临一次大有可为的品牌化机遇。

同时，律所品牌建设的新问题、新困惑也在不断涌现：律师人数持续增长，行业竞争日益激烈；法律服务供需双方之间存在严重的信息不对称，无法建立有效的合作机制；在数字化浪潮的推动下，专业品牌和行业品牌建设正成为客户的新需求……如何建立符合律师行业特点的品牌建设方法和评价标准？亟待品牌专业人士及律所管理者深入探讨，从战略高度为律所的品牌化发展布局。

为深入了解中国律所品牌建设现状及运营发展趋势，展示卓越律所的发展之道和品牌心得，总结组织品牌与专业品牌建设经验和规律，律新社于2022年7月启动了“卓越之道”系列直播，每期邀请一家知名律所的管理者，由律新社创始人、CEO王凤梅与其对话，分享其对律所管理与品牌建设的思考和探索。本章汇集的30场直播对话的实录文章，不仅蕴含着中国律界品牌领跑者们对卓越品牌建设之道的真知灼见，也是一堂堂生动的律所品牌管理案例课。

梅向荣

揭开盈科的“大”秘密

2007年，梅向荣加入盈科律师事务所（以下简称盈科），担任合伙人管理委员会主任。他高度重视品牌战略对于律所发展的促进作用，为盈科制定了“规模化、专业化、品牌化、国际化”的发展方针。在梅向荣的引领下，盈科冲出传统模式，引入职业经理人、推出多层级合伙人、践行“直投直管”等制度，让律师和律所形成利益共同体，品牌指数快速提升，在业内外均产生了巨大影响力。2020年，盈科成为全球首家单体突破10，000名律师的律所。截至2022年6月，盈科已在全国拥有104家分所，员工数已达18，000人。品牌将如何引领一家律所的规模化发展？规模大所的品牌一体化运营管理体系如何搭建？为何说品牌化是“盈科模式”的发展核心？新形势下律所数字化品牌如何打造？律所的品牌将如何为青年律师品牌赋能？“盈科模式”如何解读？

对话时间 2022 年 7 月 8 日

对话嘉宾 梅向荣，盈科律师事务所创始合伙人、主任、全球董事会主任。在他的带领下，盈科律师事务所近年来的规模化发展速度令人惊叹。截至目前，盈科已拥有 106 家国内分所、10 家境外直营分所，盈科全球法律服务网络覆盖 89 个国家或地区的 158 个国际城市。在盈科的快速规模化的过程中，鲜明的战略规划和品牌定位起到了重要作用，规模化又助推了品牌力，形成了良性发展。

王凤梅：您的朋友圈一直是盈科的品牌风向标。7 月 2 日，您在朋友圈发了一段话："你的心态决定着你的未来。向上向善的力量，逢山开路，遇水架桥。没有人有义务为你搭台修路，勇于担当，务实求进，行胜于言！"

盈科最近已经开设了国内第 106 家分所。作为一位拥有百余家分所的主任，您写下这段话的心态是什么？

梅向荣：您提到的这条朋友圈，是我在参加完金砖国家工商论坛后，走出钓鱼台国宾馆时有感而发。当今的世界面临着诸多的不确定性，对此，我想到一句话："逢山开路，遇水架桥。"

华夏五千年，人生一百年。无论是我们的民族，还是我们每个个体，总会遇到各种各样的困难。如果这个世界上所有的路都已经铺好给你走，那你还有什么价值？我认为我们要敢于担当作为，努力奋斗，用向上、向善、主动、积极、乐观的态度，去克服眼前的困难，面对自己的人生。

王凤梅：我也发现，对盈科的热爱和持续宣传是您的朋友圈的重要内容，您坚持每天发少则 5 条、多则十几条朋友圈的动力来自哪里？可以用"狂热"或者其他哪个词语来形容您对盈科的热爱？

梅向荣：我有一位关系很好的大学同学和我说过，如果我的哪一条朋友圈里没有"盈科"两个字，他就点赞，结果一年下来他点赞的次数很少（笑）。

不过，我毕竟是盈科的主任，承担着盈科代言人的职责，自然要把盈科的情况，以及我们对于一些事件的观点分享给关心盈科的领导、客户和我们的同事们，这是我的责任。

王凤梅：我们看到盈科近年来的发展数据非常可观，不仅在国内已经拥有了 106 家分所，在国际上也已覆盖 89 个国家或地区、158 个国际城市。很多朋友都对盈科的"大"秘密感兴趣，您的书也一直在行业内畅销。

2009 年，您将自己对律所发展战略的一些思考和实践经验汇集起来，出版了《如何做中国最好的律师事务所》一书，这本书至今都有很多前瞻意义。2012 年，您在北大读高级管理人员工商管理硕士（Executive Master of Business Administration，EMBA）后又出版了《律师事务所战略与发展》一书，明确了盈科的发展目标——在 2021 年，盈科成立 20 周年时建成万人大所。这个盛况我们在 2021 年都有幸见证。回头看，您如何评估战略规划在一家律所发展中的价值？

梅向荣：您提到的这两本书都是我过去的一些心得和总结。有朋友问我为何最近没有出新书，其实我正在用行动写第三本书，它应该叫《如何做全球领先的律师事务所》，这是我近 10 年的思考与实践。

我对战略的理解一直是"人无远虑，必有近忧"。做事业如果没有长远的规划、长期的目标，很难走远。对于律所、律师和团队来说，都应该要有自己的规划，要想好我们究竟想到哪里去。盈科从开始发展到现在，在战略方向上始终坚定不移。这 10 年我没有再出书，就是因为上一本书的目标足够我们奋斗 10 年，矢志不渝地朝着这个目标前进就好。

王凤梅：我在看您的书时，也反复在想为什么是您提出了这样的战略。很多人可能会觉得自己有很好的想法或蓝图，但很难能将其落地实现。您的规划与您的知识结构有关系吗？

梅向荣：确实有一定关系。我毕业于清华，在校的时候，我的专业是汽车工程，但在专业之外，我也读了很多书——农、林、牧、渔、工商、诗歌、中国文学史，甚至考古史，我都读过。毕业以后，我又在北大读了工商管理的课程，法律最早其实是自学的，现在我也在中国政法大学攻读博士学位。不同的学习背景对人会有不同的促进，比如，汽车工程学能很好地培养系统论观点；工商、社会学能很好地解答一家律所作为一个组织，如何协同、如何相互尊重、如何实现共同目标、如何分享成果等问题。

至于为何是我写出了这些战略，我自己的体会是，只有想法并不能解决问题，更重要的是行动。要把想法变成计划，然后再去做，而且要坚定不移、不怕困难。我始终认为，在奋斗的年龄一定不能躺平。

王凤梅：知易行难，梅主任的话很值得好好琢磨。今天我们主要在中国律所合伙制实行30年的背景下，即律所进入市场化发展的状况下聊品牌。在业内，大家认为律所首先是一个品牌。您也在书中提到，盈科一向重视品牌的推广和传播，更是将品牌作为事务所发展战略的重要组成部分。您从2007年加入盈科之后，采用了新打法，使盈科成为中国的现象级律所。能否给大家展开讲讲盈科的品牌战略：盈科的品牌力由哪些元素构成？盈科的品牌力是如何为盈科的规模化发展赋能的？

梅向荣：品牌极其重要。什么叫品牌？首先要有知名度，所谓“酒香也怕巷子深”。律所如何才能在激烈的市场竞争中脱颖而出？首先需要有品牌意识，品牌也代表了客户对于一个组织的综合评价。

我曾说，盈科的桌椅、场所都不重要，重要的就是两个字：盈科。这两个字就是品牌，它代表了背后的服务、质量、标准和信任。

盈科在不同的发展阶段有不同的重点，而当下的全球化时代对我们的涉外法律服务提出了更高的要求。今天，盈科向社会传达的品牌是一家全球化专业法律服务机构；而在未来，我认为应当是：盈科坚持法治的理想，也因为盈科的存在，世界将更加美好。它代表着公平、正义、向上、向善，也代表着不同国家的人在人类命运共同体中的共进和共荣。

品牌是“一号”工程、“一把手”工程。中国人有着“穷则独善其身，达则兼济天下”的古老智慧，盈科要通过品牌，告诉我们内部的同事方向在哪里，告诉外部的社会大众我们是一家什么样的律所，告诉我们的客户我们提供什么服务，告诉我们的全球合作伙伴我们怎样共同努力来创造更好的世界。这才是我们品牌的价值。

王凤梅：外行看热闹，内行看门道。律所品牌能持续发力，与律所中台运营建设密切相关。盈科率先推出律所职业经理制度，这个制度不仅对律所的管理有帮助，而且助推了品牌化。大家都认为这个制度好，但是建成特别难。您是把握了哪些规律把难而正确的事做成了？

梅向荣：律所是律师执业的机构，永远要为律师赋能。我们的中台建设本质上就是这个作用。

具体如何做，我认为关键就是要去做律师自己做不了的事情。比如以律师们的名义与院校建立合作体系，又如向商会等社会组织推荐律师去担任社会职务，再如推进律师之间的合作。盈科目前通过律师间的合作带来的业务量增长已达到了近 30%。

律所很像医院，不同专业的律师就像不同科室的大夫。但在解决客户的重大疑难问题时，就如同各科室会诊一样，需要跨专业的律师合作，来为客户提供一站式的服务。尤其是如今因为疫情，全球跨区域合作出现困难之时，盈科的全球网络的优势就更加明显。

我们持续多年对数智化体系建设的投入，在近一两年迎来了爆发。因此，我们在疫情中的工作几乎没有受影响，我们的办公与服务、客户的签约、付费与沟通全部可以在线上完成。未来，我们的客户端也将进一步开放给客户。将服务流程化、标准化、在线化，对律师的成长非常重要。

此外还有对律师的培训。律师的终身学习非常重要，拥有终身学习服务的能力将成为律所的核心竞争力。盈科对青年律师的培养非常重视，我们每周都会在全国各地开展青年律师集训营，青年律师在盈科的成长阶梯是很完整的。

王凤梅：盈科的职业经理人制度已经开始释放能量了，我们也看到盈科最近又推出了“AI 智能空间站”和“全球一小时法律服务生态圈”。这就是我们曾预测的最大的数智化律所，盈科是否在朝着这个方向转型升级？盈科如何理解数智化以及数智化品牌？

梅向荣：我们曾在 2008 年时提出“规模化、专业化、品牌化、国际化”的“四化”建设。而在最近的规划中，我们已经作出了调整，“国际化”在未来 10 年都将被放在第一位。我们希望在全球范围内，为华人华侨、留学生、中资企业、跨境公司等客户提供一站式服务。

此外，数智化时代已经全面来临，如果不跨入这个时代，就会被这个时代抛弃。我认为未来所有的律师事务所都将是数智化的。数智化带来的效率提升和过去已经完全不可同日而语，未来法律服务的世界一定是数智化的世界，这一天会来得比我们想象得还快。

王凤梅：您认为律所应当做哪些准备，才能更快地贴近数智化呢？

梅向荣：数智化有两种模式和思维。第一种是平台思维，即做一个超级的法律服务平台，但这在当下来说，对于很多律所和机构是不现实的。第二种则是深耕，即在垂直领域数智化，这是努力去做就能做到的。比如很多律师已经开始有自己的直播间，这就是垂直深耕的一种方式。

盈科的选择是打造一个平台，让客户的需求在此一站式解决，这需要长期努力与大量投资。但专注于垂直领域数智化的机构也可以与打造平台的机构共同构成数智化法律服务的立体生态，大家可以共荣共享，因为数智化的思维是融通的。

王凤梅：“黑天鹅”事件的背后往往酝酿着大变局。在您看来，这场疫情给律师行业的业态带来了哪些危与机？有人说，中国律师发展的黄金年代结束了，您对中国法律服务业的整体趋势如何评估？

梅向荣：我是天生的乐观主义者，我从来都是拥抱时代而非拒绝。时代的变迁好比听音乐，过去我们要买磁带、去线下音乐会，而现在直接在手机上参加线上演唱会就好。前些天，崔健在手机上的演唱会有 4500 万人观看，而当年首都体育场的演唱会也不过 5 万多人观看。这就是数智化带来的巨大变化。

法律服务也是一样的概念。如果元宇宙成功了，我可以复制 10 个数智梅向荣去不同的场合参加不同的会议，这样我的时间效率就会很高。过去我们的老师一天只能教 30 个学生，现在在线上一天就可以教 30 万名学生。

我们总说律所钱不好挣了、内卷太严重，但当下还有许多老百姓的法律需求没有被满足，这就是因为我们还没有适应数智化时代。数智化可以大幅降低中小企业和个人客户获得法律服务的成本，从而将更多的需求激发，这个市场量会更大。数智化法律服务时代的到来是普惠法律服务时代的到来，我们不能忽视这一点。

同时，随着法律服务的成本大幅降低，所有人都将习惯有问题找律师。市场的蛋糕做大了，我们也就不必再担心越来越多的青年律师入行会分走蛋糕。

王凤梅：就在前几日，您当选成为中国民营经济国际合作商会常务会长，您计划为推动中国民营经济国际合作作出哪些努力？中国法律服务行业在此当中将获得哪些机会？您又是如何做到在多个领域“人见人爱”的？

梅向荣：中国民营经济国际合作商会是全国工商联直属的唯一一家促进民营经济国际合作的商会，对推进中国民营经济参与全球建设起了非常大的作用。我很感谢全国工商联对我的信任和对盈科的全球能力的认可。

我很认同一个观点：要让全球华人共享祖国发展成就。海外有很多华人华侨希望参与到祖国的经济建设发展中来，但由于离开的时间较长，对国内的市场、社会环境有些陌生。盈科已经服务了 60 万余家企业，能够帮助这些华人华侨对接商业机会、促进交易、解决问题，我认为这是一个神圣的使命。中国需要一家律所，能够在海外的华人华侨、中资企业、留学生、旅游者等人群遇到法律问题时，第一时间为他们提供帮助。我们能在一小时内完成对接，这就是盈科的能力。

涉外法律服务建设，律师行业责任重大。中国法律界应该思考：当我们的企业和人员在海外遇到法律问题时，我们在哪里？他们可以向谁求助？我们中国的律师能否为其提供法律服务？这就是盈科在未来 10 年把国际化排在战略第一位的原因，这更是一种责任和使命。

王凤梅：您还没有回答您为什么“人见人爱”的问题（笑）。

梅向荣：关于这一点，可以从学习的角度来说，我学的东西比较多，所以和企业家交流时更能了解他们的困惑与困难、理解他们的喜怒哀乐，可能这样才会“人见人爱”吧。

其实参加商会、校友会等组织，大家不要想着自己一定要从中得到什么，以这样的心态一定是做不好的，应当抱着学习的心态、为大家做些工作的心态。在学校，我也会更加关注对学生的培养，包括对于一些同学创业的支持。

而诸如参加南南合作与服务贸易国际论坛对政策提建议这些社会工作，则更多要有贡献的心态，要能够将资源和大家共享，也希望这些行动能促进我们行业的发展。

王凤梅：目前，盈科在国际上也有很多盛誉。您如何看待国外律所品牌评价标准与中国律所发展之间的关系？

梅向荣：我一直以来的观点都是不要妄自菲薄。虽然英美律师行业有两三百年的历史，而中国律师制度恢复只有 40 多年，但我们接受、学习和改变的力量非常强大。在 20 世纪 80 年代，美国的律师行业也和我们今天差不多，他们也是跟随企业的全球化迈向全球。

我认为，中国作为全球第二大经济体，一定会有一家全球化、国际化大所诞生。只要我们自己想清楚方向、目标正确，一定可以实现。大家都知道，2050 年我们要实现中华民族的伟大复兴，这里面如果没有中国律师的崛起、没有全球化的中国律所，那就太遗憾了！所以，盈科的目标是要在 2035 年完成全球化，为全球的华人、中资企业等服务，我们和院校的合作也将主要集中于国际人才的培养。

王凤梅：梅主任的话让我们看到了一家律所应当有的信念、视野和格局，我也就能理解梅主任的多维事业。您在朋友圈的标注是“中华慈善总会名誉副会长、盈科律所、向荣清能汽车、盈科法学院”，您是如何规划这些多元化事业的？

梅向荣：感谢您的注意，我在朋友圈的注解确实花了心思（笑）。

首先是中华慈善总会名誉副会长，关于这点，我还是想说：一个人、一个组织，要对职业有信仰。我们选择律师这条职业道路一定是基于对法律的信仰和对社会公平正义的追求，这是我们的初心与根本，也是盈科始终的坚持。另一个坚持就是公益事业。一个人的价值并不是从这个社会得到了什么，而更多的是为这个社会作出了什么贡献。因此，能够成为中华慈善总会名誉副会长，我感到非常荣幸，也希望能通过盈科的努力，让慈善走上更法治的道路。

盈科律所就不必多言了，盈科是我的命，我的梦想就是把盈科带到全球领先。在全球律师行业中必须要有中国律师的声音，必须代表中国律师行业参与全球竞争。

向荣清能汽车则是我作为一个理工男的职业情怀（笑）。我认为，真正零碳排放的氢能汽车将是未来，我也愿意在我力所能及的范围内支持它的发展。

做法学院则是我的一个职业理想。我希望盈科法学院可以打破教学、科研和实践之间的壁垒，用这个平台邀请全球最好的老师来指导我们的学生，在数智化的品牌上分享成就、参与国家的法治建设。我国要打造市场化、法治化、国际化的营商环境，我认为核心还是法治。我们这代人对于法治要有更深的认识，我也鄙视摒弃法治理想的律师。我们只有坚持法治理想，才有执业的自豪感和荣誉感。

人生百年，我们也要向老一辈学习，为国家健康工作 50 年（笑）。因此，我们要做好健康管理，要培养好的学生，也要把好的经验和学生们分享，支持学生们的事业。中国现在有 60 万名律师，将来可能是 100 万名、150 万名。到那时，大家都信仰法治，法治是我们最好的依靠，它也能保护我们每一个人，那时的中国将多么美好！

这次参加律新社的“卓越之道”访谈，我对律新社“V 品计划”的三个“V”非常认可。“Value”是创造价值，“Vision”是美好的愿景与目标，“Victory”是创造成功，这和盈科的 Logo——由三个独立的“V”组成的“Y”异曲同工、不谋而合。在中国文化中，三生万物，边界无穷。希望盈科和律新社都能保持初心，向未来无限的可能迈进。

宋晓江

8年从8人到8000人
京师之大不止于强大中台与超级合伙精神

中国律所规模化发展中，北京市京师律师事务所（以下简称京师）是重要一员。8年内由8人增长到超8000人，5年蝉联北京市规模最大的律所，京师的快速崛起让业内赞叹，成为国内规模品牌所。京师总部130余人的强大中台支持让京师中台顺利运转，全国52家分所实现了统一的高品质、标准化服务。当“规模化”仍是很多律所发展的目标时，京师却认为，第一阶段国内规模化目标已基本完成。与此同时，一路创业的京师却从未有一位创始合伙人离开。京师掌握了怎样的发展秘诀和规律?

对话时间　2022 年 7 月 20 日

对话嘉宾　宋晓江，北京市京师律师事务所高级（权益）合伙人、党委书记。北京市朝阳区第十七届人大代表，中国伦理学会法律伦理专委会副主任，中央财经大学预防金融证券犯罪研究所副所长，北京企业法律风险防控研究会常务理事。律媒百人会“年度最佳企业家辩护人”、2016 ~ 2018 年度北京市朝阳区律师行业优秀共产党员、2019 年全国律师行业优秀党务工作者。

王凤梅：我们了解到，京师发展至今已拥有 52 家国内办公室、13 家海外办公室、400 余名合伙人以及共计 8000 余人的法律服务团队，5 年蝉联北京市规模最大律所。您能介绍一下京师的规模化发展历程吗？

宋晓江：京师创立于 1994 年，是由北师大教授、我们的老主任——黄振中律师带领几位创始合伙人创立的一家小规模的高端精品所。2014 年，老主任与几位创始合伙人共同决定，要带领京师朝规模化方向发展。于是，我们共同出资，把京师从海淀的北师大迁到了今天的京师律师大厦，京师的规模化之路也由此开启。

刚开始重组时，京师只有 8 名律师。如今，京师在北京已经有 1300 余名执业律师，在全国已经有 5600 余名执业律师。在分所设立方面，京师也是布局早、动作快，从 2014 年年中到 2017 年年末，京师的分所就发展到了 29 家。目前，京师已经有 15 家分所超过了百人规模，在当地拥有比较大的影响力。可以说，在两三年间，京师在国内的规模化就已经基本完成了。

最近一两年，许多地方所都想加入京师。但京师考虑到分所数量过多、办公室太多、人员太多，在风险控制、一体化建设、合规管理等方面都可能出现问题，所以计划维持国内现有规模，将海外市场作为未来重点发力方向。

王凤梅：2014 年开始启动规模化，短短数年就从 8 人的小所发展到如今的规模，京师的成长速度是惊人的。除了刚才提到的战略规划先行，您认为还有哪些助力规模化的关键因素？

宋晓江：一是京师拥有独立的京师律师大厦。在律所人员还很少的时候，我们就决定要拥有这样一座大楼。实践也最终证明，它为京师最初的规模化提供了重要的场地基础、物质基础。

二是党建引领。在京师，“党建引领”绝不是一句空话，它深入了京师发展的全过程，带动了京师的所建和律师队伍建设。一个组织在短时间内涌入大量新人员，如果没有强有力的组织制度和系统化的管理，就很难快速将这些人员变成有战斗力的团队。要快速形成队伍的凝聚力，党建是最好的抓手，广大党员律师在各自的岗位上也发挥了非常好的先锋模范作用。

三是京师组建了非常专业和优秀的行政服务团队。我们北京总部的行政服务团队现在已有 130 余人，细分成了 14 个部门，为 1300 余名律师提供全方位的行政服务。

四是搭建并拓宽律师发展和成长的空间与平台。尤其重视对青年律师的培养，经常性地组织开展专业培训、文娱拓展活动。

五是律师群体总体上是优秀的、高素质的群体。京师在推动社会公平正义、履行社会责任方面做了很多工作，在律师行业内有一定的影响力。这也感召了很多有理想、有追求的律师，将他们集合到京师这面旗帜之下。

王凤梅：刚才您提到党建引领，我们也知道京师开拓出了“党建 + 公益”的发展模式，京师为何如此重视党建？京师的党建与业务是如何深度融合的？

宋晓江：京师在 2017 年成立党总支，在 2018 年成立党委，支部由 3 个增加到现在的 16 个；党员人数仅北京总部就超过了 500 名。1300 多名执业律师中有 500 多名党员，已经超过了总部人数的 1/3。我本人也兼任了北京律协党建委副主任。据我了解，京师的党员律师比例在北京律所中是很高的。

在 2014 年京师正式决定规模化发展时，我们就已经形成了将党建作为规模化核心抓手的共识。党建究竟是什么？说到底就是队伍建设。党员律师要有先锋模范作用和凝聚力，在各个方面要起到带头作用。在京师的组织要求中，各种制度建设和党建活动是融为一体的。

而在党建与业务的融合方面，党建是从街道社区、周边企业、学校、医院等基层做起。按照律所主管机关和上级党委的要求开展“法律六进”，即开展普法活动，使法律进社区、进街道、进学校、进军营、进机关、进地铁。

京师的律师践行“法律六进”、深入各个基层普法的过程，也是我们发现、了解法律服务需求的过程。在近距离接触、了解各个群体的法律服务需求后，我们的法律服务产品能够更加专业化和定制化，做到有的放矢。同时，交流是相互的，接受普法和拜访的各个单位在这个过程中也深化了对京师的印象，了解了京师的专业能力，在有法律问题时自然就会先想到我们。

此外，京师的党建与专业结合还表现在我们在做党建活动的同时在做专业活动。京师刑事专业委员会在这方面非常具有代表性，该委员会由北京总部牵头，京师 52 家分所全程参与，制定了统一的、高标准的组织规范和要求。该委员会本身也由党支部领导，在委员会专业化的培训中，党支部会将上级党委的精神决策推行下去，并引导律师防控各类风险，维护律师的权益。

王凤梅：京师的党建精神落实得非常扎实。我们也了解到，近年来，京师在公益方面做了很多工作、取得了诸多成绩，请您也介绍一下。

宋晓江：做党建的过程就是做公益的过程。律所不做公益，又怎么来做党建呢？如今，京师 16 个党支部都和街道社区结了对子，让律师能真正深入社区解决老百姓的实际问题，这就是做“党建 + 公益”的过程。

作为京师的党委书记，也作为一名老党员，我对京师很多党员近年来的积极作为感到非常自豪。就拿交党费来说，京师的很多党员，包括很多青年党员，都自发自愿地多交党费，数额还不少，每年几千甚至上万元的都有。我想这也得益于公益活动对党员的教育和触动。2021 年，为庆祝建党百年，京师结合“我为群众办实事”实践活动，进一步强化“法律六进”。在普法宣传、法律咨询、法律援助、纠纷调解等公益法律服务中，京师律师的参与度很高。

另一个例子是，据不完全统计，2020 年以来，京师持续开展重点公益项目 28 项。其中，公益慈善捐赠总额共计 600 余万元，包括抗疫救灾、爱心募捐、高校教育基金、定向援藏基金等。

2021 年，京师携手北京市朝阳区检察院、四川凉山州检察院等走进凉山，为凉山儿童筹集物资数百万元，开展了 24 场法治公益讲座，惠及 1 万余人，受到了行业的广泛关注。

王凤梅：我们也了解到，京师中积极参加党建活动、积极做公益的往往是收入比较高的群体，譬如高级合伙人。您如何看这种现象？

宋晓江：对于这一点，我深有感触，也认为这当中自有其因果规律。从表面上看，参加这些活动需要耗费很多时间、精力和心血，而且没有报酬，似乎并不划算。但我认为，一个热心于律所的变化、有主人翁精神、乐于助人的人，肯定是眼界宽、心胸广、格局大、富有同情心和责任感的人，这样的人在哪里都会受欢迎。同时，党建和公益活动往往也是政府支持、社会需要的好事。律师在参与党建和公益活动时，既能获得价值感和满足感，也经常会接触到很多与我们工作高度相关的群体，如各级政府机关、公检法机关、企业单位、高校师生、社会大众等。在交往中，我们可以深入了解他们的需求、提升我们的表达，对于个人执业发展有很大帮助。

王凤梅：您说得很有道理。凡是利他的人、奉献的人、以长期主义看事情的人，最终得到的不会少。他们往往能够成为能量交换的中心、资源交流的中心，成为被大家喜闻乐见的人。

宋晓江：您说得对。我常说做律师就是做品牌、做形象、做口碑。自私自利、没有胸怀、没有格局的人，业务也不可能做好。而如果某位律师对待党建活动、公益活动都很积极，而且不论是分内事还是分外事都好好干，其口碑形象自然就不一样。我们京师的律师如果能够从京师的党建平台出发，走向社会，深入基层、扎根到群众中做“人民的律师”，这份事业就更有脚踏实地的感觉。正因如此，我始终主张律师要去做公益，并在这些活动中提升自己的综合能力和素质。近年来，京师的一批批青年律师也都是遵循这样的价值观成长起来的。

王凤梅：看来京师是在用价值观和文化引领青年律师成长。这也让我想到，做品牌要扎根，只有扎根才能成长出有实力的品牌。当然，京师作为一家规模大所，除了有党建引领和专业服务之外，还需要通过中台建设将品牌有效地贯彻到各个分所当中，形成合力。您能否简要介绍一下京师的管理架构？

宋晓江：京师的管理由党委会负责全方位领导，把握大局和方向，管委会负责律所的整体管理经营。京师的一大特点是党委会和管委会人员高度重合，只是在各个层面的分工有所不同。

当然，党委会下面设有专门的办公室，由专人来负责相关的工作；各地分所也是精挑细选，安排有党务行政经验的负责人来负责党建工作。京师的党建办公室有权协调京师的所有行政部门来参与党建相关工作。京师一直以来还有个传统，即优先保证党建经费，其他经费都可以节俭。

管委会方面则下设执业纪律委员会、分所协调管理委员会、文化品牌委员会等，并设有市场部、风控部、分所协调部、文化品牌中心等十几个职能部门，用中台建设来保证品牌的统一性。

此外，还有一项制度是京师品牌和管理统一性的重要保障——分所设立时，其行政、风控、品牌文化、人力资源、财务等方面的人员都要到京师总部轮岗几个月。京师对于行政团队的各个岗位也有非常细致的管理制度，明确每个人的职责。总部的行政团队会有专人对前来轮岗的同事进行带教，确保来轮岗的分所同事们能够在工作中完全掌握京师的制度和要求，他们回到各自的分所后就可以层层复制，把京师的理念、品牌和服务贯彻下去。所以，京师的一体化和总分所联动做得很好。

王凤梅：谈到分所管理，我们知道，京师在不久前成立了通州分所。京师为何会在同一座城市设立分所？您又为何要亲自负责通州分所的筹建工作？

宋晓江：同城设分所，此前是没有先例的。但京师之所以决定在通州设立分所，是看到了通州作为北京市委、市政府着力打造的北京城市副中心的战略价值。2012 年时，北京就提出了要把通州打造成为城市副中心，并作为纾解北京城市功能的重要目标。前几年，北京市委、市政府也迁到了通州。随着四套班子各个机关的大批人员入驻，以及大量企业、金融机构等的迁入，通州的城市建设、征地搬迁乃至后续的招商引资等工作都需要法律服务。

此外，通州曾经是北京的远郊区县，律师人数相对较少。在京师通州分所入驻前，通州当地的注册律师只有四五百人，很难满足通州作为城市副中心建设的法律服务需求。面对通州当下和未来快速增加的法律服务需求，原有的律师力量不足，像京师这样的大所就有责任到那边设立分支机构。京师优先布局在通州就是为了响应北京城市副中心社会经济文化全方位发展的需要。京师党委会、管委会在综合考虑后，决定把我这个老同志派去担任通州分所的主任，而且我住得也近（笑）。未来几年，我的目标就是要把京师通州分所办好，真正能够为通州的发展贡献法治力量，这也是我们律师的使命和职责。

王凤梅：我们还了解到，京师全国体系共有人大代表和政协委员近 60 人，您本人也从 2022 年起担任北京市朝阳区第十七届人大代表。您能否介绍一下京师全国体系的人大代表和政协委员的履职情况，以及他们是如何履职的？

宋晓江：律师作为代表、委员，通过人大、政协参政议政，在拓宽自己视野的同时，也应当为社会经济文化发展发挥更多的作用。

近年来，多名京师律师分别当选不同市、区（县）的党代表、人大代表和政协委员，他们在履职尽责的过程中充分发挥专业优势、职业优势和社会优势，关注民生、深入调研，积极围绕各级党委政府中心工作和经济社会发展热点难点问题提出切实可行的意见建议，彰显了京师律师履职尽责、履职为民的责任担当。据不完全统计，2022 年，京师全国体系的律师中共有各市区级党代表 2 人、人大代表 14 人、政协委员 39 人。他们在 2022 年地方两会中携 80 余份议案、提案参会，内容涉及营商环境、司法改革、社会民生、新业态发展等热点话题。

这表明京师的律师正在被各级党委政府、社会公众广泛接纳和认可，也让京师的律师更多地走入群众中，更好地进行参政议政工作。

王凤梅：能够为各种业态的发展建言献策，本身就代表着京师专业覆盖的广度和深度。从业务角度来看，您认为有哪些业务领域可以称得上是京师的特色或优势业务领域？

宋晓江：优势专业的本质要靠人才。京师目前拥有 8000 余人的专业服务团队，集中了很多优秀的律师，其中很多是海外深造学成归国的博士，也有很多是拥有注册会计师、税务师等资格的高学历复合型人才。这些人才为京师的发展起了很大的引领带动作用。

要论京师的优势业务领域，首先是在刑事辩护领域，京师非常具有竞争力。在过往的很多重案要案里，都有京师律师参与的影子。

同时，在行政法律事务领域，如征地、搬迁、行政诉讼等，我们既是很多地方政府的法律顾问，也代表老百姓在合法合理的维权上做了很多工作。

在婚姻家事、劳动社会保障、房地产建设项目等业务上，因为京师的快速发展，大量青年律师加入后，这些业务做得比较多，也逐渐成为我们的优势项目。或许有人觉得做这些项目听起来不够“高端”，对此我并不认同。什么叫高端业务？把老百姓的事解决好了，就是高端业务。青年律师应当扎根于群众，把老百姓服务好。

当然，在知识产权、公司法律事务、破产重组、金融与资本市场业务等领域，京师近年来也做了很多比较好的案件。总体来说，我们在 13 个专业领域、18 个行业领域都做得比较好。

王凤梅：看得出来，宋书记确实对京师的专业如数家珍。您不仅是京师的党委书记和高级合伙人，也是刑事辩护和重大商事诉讼领域的一位资深律师。在您看来，京师是如何为律师的专业能力赋能的？

宋晓江：对此我最有感触的就是京师从发展中期至今，培训都做得很好。在我的印象中，京师超 300 人参加的大型培训至少有 20 场。2016 年至 2018 年，我们邀请最高人民法院法官来律所讲课 8 次。我印象特别深刻的是，有一年，北京师范大学中国企业家犯罪预防研究中心和最高人民检察院在京师联合举办了 3 天的培训活动，每天都有四五百人参加。

同时，在业务拓展过程中，我们自行组建了专业队伍来为律师赋能，例如说前面提到的刑委会。京师的刑委会是全国一盘棋，由总部来搭台，对京师全国的刑事律师进行全覆盖，我们会组织丰富的专业研讨、案件分析活动供青年律师学习。

同时，为了助力青年律师发展，京师专门成立了青年律师工作委员会。由总部牵头，把京师全国的青年律师连接到一起，专门进行培训。

王凤梅：京师近年来已经开始发力涉外业务，也已经在海外设立了 13 家办公室〔1〕。您前面也提到，京师在国内的规模化已经基本完成，这是否意味着国际化将成为京师下一个阶段的重点战略？

---

〔1〕　截至2023年10月为14家海外办公室。

宋晓江：近两年我们的海外战略受到了一些影响，但国际化的方向并没有改变。我们第一家海外办公室是 2015 年于波兰创立的，可以说很成功，这家办公室还承办过“一带一路”的相关会议。2015 年以后，我们在欧洲其他国家和非洲相继设立了不少办公室。

目前，京师有 10 余位律师入选了北京市涉外律师人才库。此外，在 2021 年中国国际服务贸易交易会上，京师在法律服务专题展上与多家律所集体亮相，充分展示出我国优秀涉外法律服务机构的良好形象。未来，中国在国际上的地位会更高，对国际事务的参与会越来越多，对外开放力度会越来越大。所以，国际化仍是京师未来发展的方向，我们要把它做好做实，形成我们在海外的完整的服务体系。

王凤梅：疫情确实给我们的行业带来了很大的变化和影响。在您看来，新冠疫情给律师行业的业态带来了哪些危与机？京师有哪些布局和举措来应对不确定性时代的挑战？

宋晓江：疫情的这 3 年，特别是 2022 年的疫情，对京师，特别是北京总所，影响很大。

不过，疫情虽然影响重大，但也是机会，只是看我们如何应对和适应。对京师来说，疫情使我们在线上办公、线上开庭的新技术、新系统、新平台方面做得更加完善了。

此外，疫情带来的影响也会让社会各个方面都深入思考，在规划、政策引导、新型业态打造、生活方式、工作方式等方面都会带来新变化，产生新行业，制定新规则。如果我们律师有判断力和眼光，提前涉足这些新业态和新方式，或许将会获得新的机会。

王凤梅：宋书记对于危与机的认识也给我们带来了新的思考。我们最后还是回到京师的话题，您前面谈到的种种，都让我们觉得京师的背后有高人（笑）。您认为京师的核心竞争力是什么？您如何评价京师这个团队？

宋晓江：关于京师的核心竞争力，我们自己也进行了很多思考。前两年，有一位党校的领导来京师考察，在听取了我们的汇报后，他给出的判断是：京师的核心竞争力就是党建。具体就是五个力：引领力、组织力、服务力、影响力、生产力。

说到底，京师的核心竞争力就是通过党建来进行队伍建设的能力。

而谈到京师的团队，我认为很难能可贵、也让我特别感动的是，10 位创始合伙人今天都还在京师。我们在一起，从青年人奋斗到中年人，再到如今头发也开始白了，但我们依然如亲兄弟一般。这样的凝聚力，我认为就是京师的合伙人精神。这样的精神与凝聚力也影响了我们下一批的合伙人后辈。如果没有这种团结、奋斗的精神，以及大家对未来共同的预期、眼光、格局和包容性，我想京师也无法取得今天这样的成绩。

我把京师的合伙人精神总结成“共担、共创、共享、共荣”的精神。什么叫共担？我们最早的合伙人投资京师律师大厦的勇气和共同担当就是共担。而后，我们共同创造价值，也共同享受京师创造的成果。这个享受成果不是指我们分多少钱，而是指共同享受做一件大事的愉悦。共荣，就是珍惜京师的荣誉。可以说，京师合伙人对于京师品牌的爱护就像爱护自己的眼珠。就算偶有矛盾，大家也都会有大局意识，共同维护京师的品牌与荣誉。

王凤梅：10 个人，用 8 年的奋斗，把京师干成了如今这样的规模大所。您们 10 位的梦想和在行业中的自我实现确实令人感动，也让我很有共鸣。京师的“魂”是党建，“道”是合伙人精神，这“魂”与“道”构成了京师的品牌内核，也和我们“V 品计划”的“3V”——彰显品牌价值（Value）、提升品牌视野（Vision）、赢得品牌成就（Victory）非常契合。非常感谢宋书记与我们分享京师发展的卓越之道，让我们共享行业发展的专业、规律和成果，能够联手建设法律服务业更良性的生态。

吴　革

中闻人如何建设法律人微城邦

读书人应该怎么当好律师？怎么办好律所？“民主办所”的理念如何落地？近年来，北京市中闻律师事务所（以下简称中闻）发展迅速，2020年成为北京市规模前五的律所，也给出了一个读书人办所的样本。带着建设“法律人微城邦”理想一路走来的中闻，坚守的初心是什么？经历了怎样的蜕变？中国法律服务市场的需求还远未被充分发掘出来，律所未来在抓住机会的同时，要警惕哪些“弯路”？

对话时间　2022 年 7 月 28 日

对话嘉宾　吴革，北京市中闻律师事务所主任、常委会主席、创始合伙人。任北京市第十四届政协委员，中国法学会案例法学研究会常务副会长，中国刑法学研究会第三届理事会理事，中国残疾人福利基金会第五届监事会监事，中华海外联谊会第五届理事会常务理事，北大、清华、人大法学院法律硕士导师。获得首届“全国优秀律师”荣誉称号。他是影响性诉讼评选活动发起人，主张通过个案促进法治，积极参与各类社会法治活动。

王凤梅：上次在北京参观中闻的新大楼时，看到了非常壮观、气派的办公设施，也听吴革主任谈到了对中闻发展的远大规划。目前这些规划推进得如何？您如何看待律所选址对品牌建设和发展的影响？

吴　革：很多律所都有自己选址的标准，比如有些大所倾向于选择在城市地标建筑附近。中闻这十几年来基本上就在北京东二环、核心政务区附近，按照方便律师上班、客户来访的原则进行选址。我们在 2021 年“五一”搬迁至北京市东城区朝阳门北大街 9 号泓晟国际中心。

从品牌角度来看，首先要塑造“看得见的品牌”。中闻的新办公大楼按照设施现代、功能全面、环境高雅、艺术品位的要求，打造了 2 楼一整层 3000 多平方米的会议中心。会议中心拥有 29 个符合律所工作需要的会议室，还有一个阶梯式的学术报告厅——银河厅，这也是我们律所常委会的辩论大厅。在大楼的 2 层，我们拥有独立入口、挑高 40 多米的大厅，大厅布置了中闻品牌的 Logo、艺术品以及展示“中国律师百年”和“中闻律师廿年”的 60 米文化长廊。大楼的 2 层为服务完善的会客中心，3 层、5 层、23 层为中闻律师的办公区，这为中闻律师的会客、学习、研讨提供了一个非常好的环境。作为一家在北京办公的大型律所，中闻的办公环境符合接待贵宾乃至大使级外宾的要求，力求体现国际水平，代表中国律所的形象。

除了硬件建设外，2022 年在中闻的管理层会议上，我们确定了三项发展战略规划。

一是“立足中国，服务全球”的发展战略，推动中闻的国际化发展。

二是继续推进“智慧中闻”建设。中闻一直以来都在努力加强对数据的应用，提高数字化建设水平，充分利用大数据、云计算、移动互联等技术加强“智慧中闻”建设，提高客户、律师线上的体验感。

三是加强中闻的专业化发展。最近几年，中闻的规模化发展比较快，能成为全北京规模增长最快的律所之一，其实我们自己也比较意外。中闻从来没有刻意地追求规模化，我们追求的是“稳进办所”，规模的扩张是根据发展的需要产生的。

规模起来以后，中闻更关注专业化的发展。律师加入中闻以后，能获得更好、更快的成长，这才是最根本的。我们所有的制度建设、环境改善，终极目标都是赋能中闻律师，为客户创造更多的价值。

王凤梅：您创建中闻时提出建设“法律人微城邦”，这个微型理想国在不断发展中成长为一家 1800 余人的规模所。中闻在规模化发展中坚守了哪些初心和原则？

吴　革：记得 2000 年的时候，江平教授曾在中国律师大会上说，中国什么时候能出现百人大所？20 年过去了，从百人大所到千人大所，再到万人大所，中国律所的发展与所处的时代密切相关。有了国家发展、社会法治发展，才有律师业的发展、律所的发展。应该说，我们这代法律人赶上了好时代。

每一家律所的发展都有自己的路径。中闻一直坚持一种理想主义的情怀，而不是过度商业化。早在 21 年前中闻成立之初，看到有的律师在《法制晚报》《北京晚报》上刊登律师广告，我们的合伙人就坚持：中闻的宣传一定不是去报纸上做硬广告，一定是靠业务、学术能力和服务的口碑相传。

“法律人微城邦”的理念可以上溯到古希腊城邦时代。中闻在创所之初提出建设“法律人微城邦”这个口号，是对我们自己的要求。作为一个律师，以追求公平正义为目标，我们首先要相信和实践自己秉持的信念和原则。在律所内部的管理创新和关系处理上，要落实法律人的这些基本信条、做好内部建设，想方设法实现法律人应当追求的东西，团结更多有共同理想的人。一屋不扫，何以扫天下？如果我们法律人不从内部做起，建设一个有力量、有信仰、有生机的生态和业态，如何能被别人看得起？也就更妄谈建设法治中国。所以，我们一直坚持首先从自己做起、从律所内部做起。

王凤梅：您曾说“制度创新是中闻发展壮大的不竭动力”，请问中闻是如何实践您的创新理念的？有哪些制度创新？产生了哪些价值？

吴　革：中闻在 2011 年合并了几家律师事务所，合并的过程中发生了一些矛盾和冲突，这使我认识到，律所合并没有取得预期的目标是因为我们的制度供给不足，要进行制度的创新，才能够包容更多的律师。

律师都很有制度意识，但是每个律师对制度的理解、期待是不同的，律师又极具批判意识。别看那时我们只有一两百人，但想说服律师们接受一个新的制度、达成一个新的共识是相当困难的。于是在 2013 年，我们花了半年时间研究国内、国际的律所制度和管理经验，然后开始起草中闻的制度。制度草案形成之后，我们开始在合伙人中征求意见。当时我们有 50 名左右的合伙人，召开了十几次会议，经过充分讨论和磋商，最后呈现出 1/3 的人支持、1/3 的人观望、1/3 的人表示要离开的“三三制”的状态。这个制度的改革力度相当大——取消合伙人等级、取消提成律师、取消个人团队，从提成制转变为一体化管理，可以说是“动了大家的奶酪”。

在新制度的实施过程中，我们采用认可的人先行先试，其余的人给半年、一年过渡期的方式。经过不断辩论、争吵、磨合、改进后，中闻的公共团队从当时的 20 余人发展到现在的 1000 余人，合伙人从当时的 40 余人发展到现在的 400 余人，顾问达到上百人，业务增长了十几倍。实践证明，新制度得到了大家的接受和支持。新制度实施后的 8 年里，中闻的领导机构经历了 5 次换届选举，仍然坚持改制后的制度基本稳定。我们出版了《因你而不同》一书，记录了这个鲜活的过程。

所以，一家律所的制度创新不是直接复制别人的成功制度这么简单的事情。对于一家已经有数百人的律所来说，制度的改革创新很不容易。通过中闻的发展历程，我们认识到，管理、制度创新是律所发展取之不尽、用之不竭的动力源泉。

律所的发展不是靠资金，主要是靠人以及人的服务。而人的主体责任感、责任心的不断提升，都需要靠相应的制度来激发。律所有好的制度环境，就能得到更好的发展。管理创新的空间无限，可以根据不同的发展时期、不同的业务类型进行多样的管理创新。当矛盾产生的时候，我们不应该首先从人身上找问题，而应该从制度上寻找更大的空间，找到合适的制度，问题就能迎刃而解。

王凤梅：中闻十分强调“民主办所”的理念，如何把握民主决策与律所管理、决策效率之间的平衡？

吴　革：这是一个很好的问题。大家都觉得民主协商会影响管理效率，我个人觉得这个判断不一定是真命题。因为制度创新是无限的，人的思维可以达到的高度也是无限的。比如互联网思维，互联网就是一个集体智慧的结晶。民主就是集众人之智，众人的智慧一定比一个人决策来得更优。事实上，人类历史越来越进入众人智慧互动的时代。民主就是如何调动大家的智慧，但这中间需要找到一个合适的方式方法，形成习惯和传统。

有时候感到民主不能解决问题，可能是没有按照民主的方式来实施，人的主体性没有被真正激发起来。真正的民主会激发效率，会找到更好、更快的解决方法。因此，中闻的律所管理理念非常强调“民主办所”，即尊重律师的主体地位和创造性。这种主体意识能让大家更加负责任，中闻的400余位合伙人都在“操心”律所的发展。大家感受到这种氛围，觉得中闻好，不需要营销，自然就会纷纷邀请同学、亲友加入中闻。我们在管理上的许多问题也是这样解决的。

民主应该是最有效率的事情，是人类从大自然中汲取的智慧。中闻也在通过不断地迭代、改进，不断完善制度，让我们内部的民主彰显出其应有的力量。

王凤梅：作为中国影响性诉讼评选活动的发起人，请您谈谈执业历程中有哪些推动法治进程的影响重大的事件？

吴　革：2013年之前，我的主要精力不在做律所，而在做公益。我的很多创新在法学界还是很有影响的。比如，第一，我参与发起了“中国影响性诉讼”

评选活动。从 PC 时代到移动互联时代，以个案推动法治的“中国影响性诉讼”一直都是法学界的重要评选。现在关于“影响性诉讼”的学术研究也非常多。

第二，在 20 多年前，我也是律师从事公法领域研究的开创者之一。我觉得律师协会应该关注公法。从北京律协到全国律协，均设立宪法与人权委员会，我都在担任这个委员会的主任。

第三，我参与开创了中国法学会案例法学研究会。

第四，我还有一个创新是倡导召开“中国互联网法治大会”。这个会议现在由中国互联网协会继续举办。

我还做过公益律所。我喜欢创新，过去 20 年我所倡导的事情都被证明是有价值的。2013 年之后，我的主要精力就回归到律所管理创新上。

王凤梅：新中国律所发展 40 年，您认为有哪些管理思想是值得借鉴的？

吴　革：我觉得中国从北洋政府创设的中国现代律师制度以来，还是有很多好律师。比如，做过律师的中共一大代表董必武，为中国劳工事业牺牲的第一位律师施洋，“七君子事件”的沈钧儒、史良，包括最近去世的张思之大律师，他们都是中国律师的楷模。

至于律师事务所，中国真正开始办合伙制律所的历史还很短，我认为中国律师事务所的管理还处于初期阶段，我没有看到哪一家律所可以成为标准或者榜样。无论是头部大所还是精品所，都还在努力探索中，律所的管理制度走向成熟可能需要一代人甚至几代人的努力。我们要伴随着中国的经济发展，找准自己的定位，做好律师、做好律所。

此外，在中国做好律所还不够，全球化时代，中国律师在国际上的服务能力、服务影响力还很薄弱。我们的中国律所要像中国企业如华为一样，争取产生全球影响力。

当然，国内当前做大做强的律所，彼此之间有很多可以借鉴之处。希望律新社可以搭好平台，让我们有更多交流的机会。期待到新中国成立 100 周年的时候，我们国家实现了中华民族伟大复兴，中国律所在国际律所当中能有举足轻重的地位。

王凤梅：执业 30 年来，您一直笔耕不辍，出版了非常多的书，写作了《中国律师政策探源（1921—1949）》《影响性诉讼是中国律师的新主张》《中国影响性诉讼（2005—2018）》《社会需要“三个律师”》等著作，在业内广为流传。请您给大家分享一下，如何在百忙之中抽出时间坚持写作？如何实现专业与管理“比翼齐飞”？有什么建议可以给到青年律师？

吴　革： 这些著作大多撰写于过去从事案例研究的时候。我觉得做律师，内心的追求是做一个知识分子、一个读书人，乃至成为一个学者。你读这些书籍、研究这些案例，自然会发表观点。

我给自己树立了“三个一”的目标：第一，能够办一件案子，这件案子可以推动中国法治的某些进步；第二，能够写一篇文章，这篇文章可以在多年后仍然具有参考的意义和价值；第三，能够参与办一家律所，这家律所可以发展成为“百年老店”。这是我的从业愿景。

其实，我们律师给朋友、客户展示的是读书人的一面，而不是掮客、商人；我们用知识为客户创造价值，而不是靠关系或者其他。青年律师在做职业规划的时候，完全可以把自己的目标设定为要成为一个专业化的律师、一个学者律师。大家不断治学的过程，就是不断打磨自己的品牌、发挥影响力的过程。

律师也有自己的治学优势，我们执业的过程就是研究的过程。通过研究接触到法律事件、社会矛盾，总结出其中的原则性问题、规律，从而影响更多的人。而研究成果本身也是律师的个人品牌。中闻把律师的专业著作、书籍都集中起来，用玻璃柜展览，这既是做律师的品牌，也是做中闻的品牌。

王凤梅： 有一种说法是中国律师业的黄金期结束了，未来的竞争将加剧。您如何看待行业发展趋势？有哪些机会和挑战？

吴　革： 预测数据显示，中国律师业在 2025 年将会有 75 万名律师，而我认为很快会有 100 万名律师。其实我们需要更多的律师，我的判断是中国目前的律师数量还远远不够，律师行业还有更广阔的发展空间。

不同的时代对律师的需求是不一样的。很多年轻律师苦于找不到案源，或者说刚开始执业，得不到客户的信任。但是我们也看到，很多客户找不到合适的律师，他们更痛苦。就像医生和病人一样，律师眼里的一个小案子，对客户而言可能是一个天大的案件。这中间有一个很大的问题，即我们如何让律师懂客户的需求、懂社会的需求。

年轻律师往往是知识多，但不一定具备应有的实践能力，这与法学院的教学、律所的培训也有关系。光拥有法条知识无法解决当事人的问题，律师应具备“技艺理性”“实践理性”，这种理性是要通过实践的磨炼获得的，知识不能自动升华为“实践理性”。

资深律师为什么可以很快抓住案件的要点？很大的因素是因为其思维判断模式是“图形判断”，通过多年的场景积累，实践理性就体现出来了；而年轻律师还在进行逻辑层面的思索，花了很多时间却抓不住要点。因此，法律思维是“实践理性”“技艺理性”，而不是单纯的知识，所以计算机难以取代律师。律师业每年迎来这么多优秀的年轻人，法学院、律师协会、律师事务所应该有经验丰富的律师，通过言传身教、精品小班课，让年轻律师感知到资深律师是怎么判断案件、怎么与当事人交流、怎么帮当事人做解决方案的，这非常重要；要让年轻律师尽快实现从知识到“实践理性”“技艺理性”的转变。

中国有 14 亿人口、千万家企业，这个社会利益多元的时代需要律师为各个权利主体提供优质的法律服务，而社会对法律服务的需求还远没有被充分发掘出来。我曾经给司法部、发改委写过建议，我提出，中国的法治建设短板在哪里？我们看到立法、司法的重大进步的同时，也应该看到对于老百姓个人、公司而言，法治建设要落实到能让每一个老百姓在个案中感受到法律的公平正义，还是需要通过律师的服务来实现。主管部门正在扩大律师队伍，也是注意到这种法律服务需求还远远没有得到满足。

另外，我认为，中国法律服务业未来的发展也要反对一些东西，比如律师和律所过度商业化、过度规模化的倾向就值得警惕。商业化的危害很明显，律师不能等同于商人。过度的规模化会给中台、后台带来压力，当规模化成为商业模式，律所只是通过律师赚取利润，我觉得这是很危险的。

我们还要反对资本对律所的介入。靠钱生钱，把律师当成赚钱机器、把律师流水线化，这对于律师的成长也是很不利的。

所以，我们既要看到广阔的市场发展前景，也要看到大家在探索律师业发展的过程中暴露出的问题，要把握发展的方向性问题。我们这个行业不可以支持高额利润，不可以追求过度扩张，不可以只为少数人服务，还是要行稳致远。

王凤梅：感谢吴主任把这些年的思考和管理经验进行了无私的分享，干货特别多，对律所管理很有启发。吴主任对趋势的判断，用流行的话讲，也治愈了我们的“精神内耗”，对整个行业如何把握发展大势、迎接挑战，同时防范危机，都提出了很多的建议。这不仅是中闻的“秘密”，也是吴主任多年研发的个人成长和组织建设的“秘密”！

杨　光

20年探索“一体化”机制
打造“独一无二”兰台品牌

律所需要打造怎样的机制才能成为一个生生不息的平台？“我们想做一家独一无二的律所。”兰台律师事务所（以下简称兰台）创始合伙人杨光这样定位兰台的目标。兰台在20年的成长之路中，始终坚持探索、践行、优化一体化的运营机制，并且从这种机制中获得了蓬勃的力量，启动了适度规模化。目前，兰台已有16家办公室、500余名律师，创收稳步增长。无论是内部探索形成“不打扰”的有序管理文化，还是外部形成“高效一体化”的服务品牌，兰台都已经确认了这套机制的有效性，并在成立20周年之际出版了《机制的力量：律师事务所管理模式与实践》一书，成为行业里的律所管理新品牌。兰台的一体化机制是怎样形成的？一体化机制给他们带来了怎样的力量？

对话时间 2022 年 8 月 3 日

对话嘉宾 杨光，法学博士，兰台律师事务所创始合伙人。中国国际经济贸易仲裁委员会仲裁员，北京仲裁委员会仲裁员，最高人民检察院行政民事监督案件专家委员会委员，中国证券业协会证券纠纷调解员，中国期货业协会争议调解委员会委员，北京市朝阳区律师协会会长。

王凤梅：兰台最近出版了《机制的力量：律师事务所管理模式与实践》一书，我很喜欢序言里的一段话："竞争的最高境界，就是合作。只有合作，才会生生不息。只有合作，才有无限可能。只有合作，才可迭代更新。只有合作，才是生存之道。"这本书出版后给兰台带来了哪些效应？外界对兰台的品牌理解有了怎样的变化？

杨　光："合作是最高境界的竞争。"这是我们出版这本书的目的，我们希望打造一个不一样的机制，在市场上引发一些不一样的探讨。兰台追求一种更加擅长合作的机制：合伙人与我们合作，我们给合伙人赋能。

这本书出版后，很多客户更加了解我们了。我们在推广这本书的过程中，也得到了很多客户的反馈和想法。现在法律服务行业都在说一体化，但到底什么是一体化？怎样发展一体化？我想兰台可能是抛了块砖，希望能借此给行业带来启迪。这就是这本书给我们带来的一些效应。

用"机制"在市场上说事、说品牌，兰台算是做在比较前面的。现在有很多事务所发展得很快，但兰台希望走一条不一样的路。兰台的品牌和兰台的名字一样，柔和又坚韧，包容的同时又比较有原则。

王凤梅：书中提到了兰台对一体化的理解，其精髓在于团队之间的合作机制。这与我们常规理解的各团队独立作战有何区别？请您介绍一下兰台一体化团队机制是如何运作的？

杨　光：兰台对"团队"的理解同其他事务所的理解不太一样。大部分律师事务所是由各个合伙人带团队组成，而兰台是由事务所统一配置来组成作业力量。一家事务所最重要的资源就是作业资源。作业资源怎么去搭建？这是《机制的力量：律师事务所管理模式与实践》一书研究的问题。

在兰台的机制中，有13个团队，包括知识产权团队、金融团队、争议团队等，每个团队都有一位牵头合伙人和一位主管律师。在兰台，合伙人下面没有任何一名属于他的律师，也没有任何一名属于他的私人助理或者秘书。如果合伙人在兰台开发了一个客户，我们会针对客户的需求，将业务分配给不同的专业团队去完成。这样做的好处是客户体验到的都是兰台最专业的服务，这就是我们为什么能很快成为客户律师库中服务量排名靠前的律所。

这种模式同时可以给合伙人赋能。比如，不做知识产权业务的合伙人也可能认识有知识产权业务需求的客户，然后交由兰台的知识产权团队为客户提供专业的服务。这样，不做知识产权业务的合伙人也被赋能，使其能将接触到的知识产权作业资源转化为客户。这就是兰台机制与其他律所不一样的地方。

兰台的一体化机制使我们在很多专业领域里竞标的时候，能够配置到最好的律师，这叫“配置作业资源”，就像田忌赛马一样。我们可以跨团队、跨专业、跨领域、跨地域配置。比如疫情期间，北京不好出差，我们所有出差的业务都是由南京团队完成的，南京团队的作业律师完成现场的出差尽调，北京团队的作业律师则在线上帮忙写文件。

王凤梅：兰台的一体化机制提出了“四个统一”，即“统一收入、统一支出、统一收益率、统一配置作业资源”。“统一配置作业资源”由谁来负责？“统一收益率”这个概念该如何理解？

杨　光：兰台是由团队的牵头合伙人和主管律师负责配置资源，主要是由主管律师负责。主管律师是兰台宝贵的财富，他们都在兰台工作了7年以上，具备标杆能力、制造能力、统筹能力等7种能力，他们是兰台的制胜法宝。

但主管律师这个角色其实是机制本身倒逼出来的。配置作业资源只有两种方式：一种是每个专业团队都安排人去配置，另一种是全所都由一个人去配置。全所都由一个人配置的实现可能性比较小，所以我们就按照团队来配置资源。

只有作业资源配置发生障碍的时候，管委会才会出面，在全所范围内重新调配作业资源；管委会有时也会出面调度人力。所以，配置作业资源的含义特别丰富：一个是根据客户的需求去配置，另一个是根据作业律师本人的特点去调配，这在时间、空间、个体上都能体现出配置的效益和效能。

兰台按专业团队分工去作业，就必须解决合伙人的疑虑。我们先在经济上提出“统一收益率”，这就要求创收高的合伙人作出一点牺牲。统一收益率意味着集约化使用作业资源。我们测算了兰台合伙人的收益率，比市场上大多数合伙人的收益率要高，最高曾经达到65%，虽然疫情期间有所减少，但也在50%以上。

当然，也有一些合伙人就愿意单打独斗，那也没问题，我们有另外一套补充机制，他们可以自己成立一个团队。我们希望通过对比来看两套机制的长处，取长补短，最后慢慢磨合，把一体化机制打造得更好。

王凤梅：在“统一收益率”的前提下，兰台是如何激励律师及合伙人的？

杨　光：事务所的人分为两类，一类是合伙人，另一类是作业律师，这两类人的激励路径完全不一样。合伙人接受的是市场激励，他做得好，他的客户和市场就多，即使我们统一收益率，他拿的奖励仍然比其他合伙人多。兰台在做一体化的过程中，会尽可能减少对合伙人的干预，合伙人根据自己的专业特点、性格特点、社会资源特点进行市场开发，他们的所有奖惩都由市场来完成。

对于作业律师，兰台会对其进行三个方面的锤炼：一是专业能力的锤炼。作业律师会饱和性地从事某一类专业的业务，这样，他就能比团队制作业律师得到更多的锤炼。二是沟通能力的锤炼。作业律师面对的不是团队制里的某一位合伙人，而是兰台有不同的合伙人。合伙人的性格各异、能力各异、交往方式也各异，作业律师在和各位合伙人沟通的过程中，就会受到不同的沟通训练。三是作业律师能直接得到最好的锤炼。在团队制里做律师，团队制合伙人的天花板就是团队律师的天花板。而在兰台，专业能力最强的那位合伙人的天花板才是作业律师的天花板。

兰台还有一个七级律师晋级制度，其中包含了25个评价小项，规划了非常清晰的晋级路径。我们有每周质效比评价、月度评价、年底360度评价等。

兰台对作业律师的培养、培训是在整个事务所的层面上进行的。

王凤梅：兰台这套特殊的机制是借鉴后改善而来的还是自己的首创？

杨　光：是我们自己独创的。十几年前，我们就在探索一个合适的机制。我们尝试了计点制，但计点制涉及对合伙人的评价，自评和他评之间永远有交叉和矛盾。真正的计点制是一个特别好的制度，但当把“创收”作为最重要的指标时，就已经脱离了计点制的本意，最后慢慢异化为合伙人联合体。所以在这种情况下，我们又改成了合伙人联合体。

但在2002年兰台成立的时候，北京已经有1000家律师事务所了，合伙人联合体也很难做。我们的客户没有别人多，品牌也没有别人强，再实行这个制度，就只能是跟在别人后面跑。所以，兰台不愿意单纯地去走这样的一条路。于是我们思考：有没有一条路能集约化经营，把事务所最核心的资源统一起来去配置？

当时，正好瑞典最大的律师事务所——维格（VINGE）律师事务所到访兰台。我问他们是一个什么样的机制，他们介绍说，维格的作业资源是统一安排的，然后分专业团队去做。这给了我们很大启发。后来，我们就开始琢磨怎样去配置、怎样让合伙人心甘情愿地把团队交出来。我们慢慢琢磨出了首先要从利益方面下手，商业机构的改革只有让利和分权才能开展下去。

知易行难。大家都知道集约化使用作业资源是最好的，机制设计也很容易，但是把它落实下来太难了。这种机制对管理人的消耗要远远高于其他机制的律师事务所对管理人的消耗。我们为了把这个机制落实好，做过很多尝试、做了很多动作，但均收效甚微。后来，我们改了另外一套动作，即“不打扰”，再后来又引入“质效比”“薪酬比”等，形成了用内心去牵引每位律师做好的一个路径。

我们的一体化其实也夭折过好几次，因为冲突很激烈。当多样化目标综合交织在一起的时候，到底怎样才能完成？我总结了六个字——“软文化、硬措施”。没有软文化、硬措施，靠倡导、靠文化、靠培训、靠会议都很难做到。我们现在主要是靠一些硬性的措施来保障，用内心去牵引每位作业律师向上、向善、向强、向优、向专。

王凤梅：您说的“用内心去牵引”具体是一种什么样的方法呢？

杨　光：就是我刚才提到的“硬措施”。兰台有一个工作日志制度。我们要求每一位作业律师认真详细地记录自己从事的每一项工作。我们的工作日志分为两大类，一类是有效工作的小时数，另一类是琐务工作的小时数，这是兰台所一切管理的基础。

在记录的基础上，我们开发了三个“比”。一是“薪酬比”，即薪资与作业价值的比值。如果一个作业律师完成不了其薪酬比，就意味着这个岗位的设置有问题，或者这个作业律师的工作能力有问题，又或者任务调配有问题。薪酬比让作业律师的成绩变得透明，这样一个类似于市场化的指标就会牵引着作业律师高效作业。二是“单个案件的质效比”，即合伙人带来的单个案件的作业成本与收益价值的比值。这对合伙人来说是一个科学的考量，能够评判其市场方向是否正确。三是合伙人“全年的质效比”，即全年的作业成本与合伙人作业创收的比值。这几个“比”环环相扣，成为内在的牵引，让大家不断地审视和调整自己。

工作日志是数据管理的基础，年底的360度评价是针对作业质量的评价。数据评价加上质量评价，形成了兰台的“16字方针”——数据评估、主观评价、精准激励、提高待遇。这16个字体现了兰台的管理措施和对作业律师的培养战略。

王凤梅：记好工作日志，对内可以评估，对外可以展示可视化的服务流程，这听起来好像不难。您觉得其他律师事务所也可以使用这种策略吗？

杨　光：现在市场上的律所收费方式有两种，一种是按小时收费，另一种是按项目收费。按小时收费的律师事务所里，律师都会把工作日志记好，但是按项目收费的律师事务所里，记好工作日志的律师就比较少见了。因为如果单纯是为了将客户服务的过程可视化，不一定要通过工作日志来完成。所以有的律师事务所的工作日志记录得不好，有的律师事务所基本不用OA系统，就是这个原因。

兰台用工作日志是有管理目的的。我们能通过工作日志得到数据，不仅有质效比、薪酬比的数据，还可以发现哪个行业的客户贡献率高、哪个专业的客户贡献率高，这些都可以成为决策的依据。

王凤梅：在规模化方面，兰台现在有多少家分所？规模化战略如何推进？

杨　光：兰台现在有 15 家分所，我们希望在 2022 年年底达到 20 家分所。我们想做有品质的规模化。我们和每家分所签约的时候，都会有一个 3 年的观察期，分所建设时设有“五个统一”——统一财务管理、统一品牌管理、统一知识管理、统一利益冲突原则、统一党建。我们希望每家分所在管理过程中能够逐渐地走向一体化，但是在分所目前的建设过程中，大部分合伙人还是先实行合伙人联合体，然后再向一体化转移。我认为这种现实状态其实很难实现规模化。

但是也有条件成熟的分所可以直接和总所一体化，比如兰台南京分所就是直接总分所一体化的。也有些分所希望和总所一体化，但因为各地的市场不一样，期待也不一样，所以要有一个 3 年的观察期，通过观察、比较，然后权衡。兰台现在的分所布局越来越谨慎了。

王凤梅：那么现在从总分所协同的程度上来说，您觉得兰台的品牌一体化是不是已经实现了？

杨　光：协作和品质我觉得已经达到了一致。我们先通过“五个统一”来把控风险和作业品质；同时，总所作为作业资源中心，所有分所做不下来的业务拿给总所做的时候，都享受总所的一体化收益率。一体化有个好处是给所有的机构和人增加了一个无限的连接点。兰台就相当于一个非常有品质的生产加工中心，所有的业务我们都能做好，并且能够让市场的机构、个人享受到一体化的收益率。

现在大家都在说“赋能”。“赋能”这两个字其实很沉很重，律所能不能赋能？凭什么赋能？这就是很多律师事务所都在说的“打造中台、后台”，但是大家从来不说打造前台。前台是什么？前台就是作业资源，前台太难打造了，如果没有一个很好的利益调配机制，律所打造不了前台。但是兰台把前台打通了，只有作业资源打通了之后，我们才能说真正地为合伙人赋能。

兰台不仅在品牌上赋能，也在业绩上赋能，最重要的是在作业支持上赋能。兰台的 13 个专业团队基本涵盖了市场上所有的专业领域，在竞标、投标过程中都没有障碍。

王凤梅：您觉得后端培养律师和前端招募合伙人相比，哪一个难度更大？兰台有没有什么激励机制，让前端和后端的人才都愿意来？

杨　光：就合伙人而言，兰台打造了一个“五来机制”——可以来、应该来、愿意来、留下来、发起来。兰台实际上是个插口，任何人都可以在这儿插电产生收益。

兰台是一个真正的平台：对客户而言，是一个服务的平台；对市场人士而言，是一个创收的平台；对作业律师而言，是一个成长的平台。所谓的平台化，最后的落脚点还是资源。兰台不需要再经过谈判，已经告诉大家收益率和作业资源的内容，是一个透明的、全方位响应的平台。

当然，很多团队制律师事务所和联合体律师事务所目前做的规模都比我们大，品牌也比我们好。因此，兰台要想和他们在市场上竞争，就要与他们合作。兰台是一个平台化的机构，能够与任何一个律师、部门、律师事务所进行合作，我们有无穷的合作机会和空间。

王凤梅：兰台专业发展的重点目标是怎样设计的？认为未来是应优先发展专业领域的专业度还是行业领域的专业度？

杨　光：兰台的目标是成为一家均衡发展的律师事务所，我们希望它是一家规模化的律师事务所，希望它能在市场中的所有专业领域都有一席之地，没有盲点。

我们认为，专业中的专业度和行业中的专业度同样重要。比如，现在我们说的合规，有纯粹数字产业领域的合规，也有央企的合规，这是分行业的；同时，它也按照所有制分。所以，打造一家规模化的律师事务所，必须在各个领域都保持着自己的专业度。能力的打造是最重要的，市场每天都在发生变化，唯一不变的就是能力。无论是按所有制分、按专业分还是按行业分，不变的都是“专业”。“专业”永远是一个律师最本质的东西。

王凤梅：兰台对文化建设和品牌战略是怎样理解和实施的？

杨　光：我们的文化建设、品牌建设都是围绕制度建设来的。兰台的制度很少，只有两大制度：一个是作用于作业律师的“薪酬律师职级晋升制度”，另一个是作用于合伙人的“合伙人二次引导制度”。

“薪酬律师职级晋升制度”的目标就是让作业律师一年一个台阶、一步一个脚印。围绕这个制度，兰台出台了很多文化方面的软性制度，比如关于职业化发展的意见、关于兰台的“五条常识”等。围绕着怎样让合伙人全面发展、受到市场欢迎和尊重，我们出台了“合伙人二次引导制度”，其中包括合伙人的行动纲领等。

“软文化、硬措施”，我们要用硬性的措施去贯彻制度，更要用软性的文化让制度深入人心。一家事务所的制度建设如果没有人文的力量，那这家事务所就没有什么特点。文化这个东西说不清、道不明，无时不在、无时不有，它每天围绕着我们，无影无踪、无声无息，但确实存在。所以我经常用老子《道德经》里的一句话来形容兰台人：“豫兮若冬涉川；犹兮若畏四邻；俨兮其若客；涣兮其若凌释；敦兮其若朴；旷兮其若谷；混兮其若浊。”这句话适合我们每一家律所、每一个人的样态。我觉得每家律所都应结合自己的机制特点，追求合适的文化氛围。

王凤梅：您能用简短的一句话说一下兰台的品牌定位吗？

杨　光：我们的品牌定位就是：做一家独一无二的律师事务所。这个“独一无二”包含很多寓意，比如管理上有特点、人文上有关怀、气质上既敦厚又空灵……

王凤梅：您觉得将来的中国律师行业会是怎样的一个发展状态？

杨　光：中国文化决定了中国律师行业的发展和全世界任何一个国家都不一样。中国律师行业这一二十年来的飞速发展导致了极端扩容，法律服务供给过快对行业产生了特别深刻的影响：竞争加剧、收入降低、分化加剧……

我觉得，今后除了规模所、品牌所和精品所外，其他大部分的律师事务所都可能会是一种“生存”的状态。这种“生存”的状态并不是不好，全世界的法律服务行业都是由5%的规模所加上95%的中小所构成的，这些中小所也会有其作用，“美美与共、各美其美”是这个行业应有的生态。但如果一家律师事务所想做得特别好、想脱颖而出，我觉得可能也只能通过打造规模所或者有特色的专业精品所来实现。

王凤梅：对于律师行业解决现在的一些问题，数字化经济有没有新的解决方式或者方案？律师行业的数字化运用和数字化品牌资产如何积累？

杨　光：从管理的角度来说，兰台一直在尝试用数据来管理事务所。数据化是必然的趋势，能够帮助我们把模糊的认识清晰化。

从服务能力的角度来说，数据化更是一种启示。今后凡是数据智能开发做得好的事务所，都将极大地提升竞争能力，这种竞争能力是人力、人脑所达不到的。

关于法律服务行业被人工智能替代这一问题，有人说法律服务可能永远不会被人工智能替代，我觉得这不好说。如果前端都是人工智能的产品，当后端发生问题的时候，人工智能就解决不了了？我对这个存疑。

我觉得人工智能是一个比较宏大的命题，但有一点是可以确定的是，人工智能对法律服务行业的影响是至深至远的。

王凤梅：非常感谢杨光律师给我们分享的干货，我们既听到了兰台的“术”，也听到了兰台的“道”。无论是在组织运营、团队管理，还是在事业开拓中，我们都要“道术相融”，这是兰台带给我们的启示。

韩德云

兼容并包、和而不同
中联“N+1”模式发力全国品牌强所

一家“总所”与一批“分所”几乎同时诞生的律所，如何做好全国规模化？把地方品牌所转变成为全国品牌所是一条必走之路吗？由前中世律所联盟部分成员发起的上海中联律师事务所（以下简称中联）在2021年10月开业时，即宣告拥有10家分所、1000人规模，全国分所数量在短短大半年时间内增至20家。其在国内首创的“N+1”运营模式为何受到各方关注？中联的诞生和发展与律师业独特的品牌认知及管理模式密切相关，如何解读中联的新模式？

对话时间　2022年8月8日

对话嘉宾　韩德云，中联律师事务所全国管理委员会主席。1978～1982年西南政法学院师资班哲学专业本科学习至毕业，后在美国洛杉矶加州大学法学院获研究生学历。1995年发起创办西部第一家以留学生为主的律师事务所"重庆索通律师事务所"，并于2021年通过吸收合并转换成为中联重庆办公室。韩德云律师系国务院特殊津贴专家，曾任重庆市律师协会会长（2011～2019年），是中国律师界唯一一位履职20年的全国人大代表（第十届、十一届、十二届、十三届全国人大代表），目前还担任重庆市新的社会阶层专业人士联合会会长等职务。

王凤梅：您放弃了有26年历史的重庆索通律师事务所创始人身份，成为中联律师事务所全国管理委员会主席、重庆办公室执行合伙人，这个新身份给您带来了哪些新变化和新感受？

韩德云：很多朋友曾在私下问我，索通律师事务所在重庆的发展整体非常不错，各项业绩指标长期排在前三名，为何2021年突然说放弃就放弃、说转换就转换了呢？

就如我在1995年放弃大学老师身份下海创办律所一样，今天放弃一个知名的地方律所品牌，和其他来自全国的优秀合伙人一起创办"中联"这个崭新的全国律所品牌，对我而言都是在开启一次新的创业，我的心情与20多年前创办索通律师事务所时差不多。

之所以这么做，其实并不突然。一是因为中国合伙制律所经过近30年的发展，正面临一些全新的挑战。其中最大的挑战就是律所品牌的发展应该地方化还是全国化，这需要律所主动选择应对。尤其是在最近十几年，规模大所的品牌全国化逐渐成为一种趋势的情况下，这种选择应对更显迫切。二是因为20世纪90年代创业的律所几乎都面临新老交替的问题。对早先地方律所的创始人而言，如果地方律所无论规模多大、做得多好，未来都可能会被全国品牌律所取代,那么我们该如何向年轻一代交班？是等律所做不下去了再考虑转换，还是要年轻一代在守旧中传承发展？也许最好的做法就是顺应趋势、主动出击，在品牌转换中为年轻一代开创更大、更广阔的平台。所以，我和索通律师事务所其他创始人都选择了这样一个崭新的身份，主动做了一次迎接趋势、拥抱未来的转型。这次转型既是为了我们自己，也是为了年轻一代，因为未来毕竟是年轻人的。尽管已经转换了一年多，但此刻你问我的内心感受，我觉得仍可以用“兴奋”两个字来表达。

王凤梅：果然创新创业能让人和组织焕发新活力！中联是国内首家在联盟发展基础上形成的新品牌，提出的“N+1”品牌经营模式与联盟的品牌运营方式有何异同？官宣后的这半年多来，这种独特的模式在发展过程中取得了哪些成效？遇到了怎样的挑战？

韩德云：大家知道，中联的前身是中世律所联盟。作为第一家国际大所与国内精英律所共同发起的律所联盟，中世律所联盟成立于 2007 年，2021 年 10 月因为中联的诞生而终止。早在中世律所联盟创立初期，有志于律所联合发展的联盟创始人以及一批国内外优秀律师就坚定地认为联盟应该走紧密发展的道路。即使后来选择了半紧密的发展模式，也始终未曾忘记要走向更紧密的联合发展。毕竟联盟本身并不是一个经营实体，采取的律所 + 联盟“1+1”双品牌合作方式也只是通过联盟为各地律所提供一种品牌增值服务而已。今天中联选择的“N+1”模式把原来各地成型的律所品牌进行了转化，大家都在放弃原来地方品牌的基础上，以共创、共建、共享的方式打造一个崭新的全国品牌，真正实现了一个品牌下的紧密型发展。

在一个品牌下运营分布全国各地的律所，需要融合更多元的价值要素，也必须构建一个更加紧密融洽的一体化管理平台。只有这样，转化为中联品牌的各地方律所的竞争力才会更强、发展前景才会更好。

为此，我们仔细研究了全国性规模大所近年来的发展路径，发现他们大致相同，基本可以归纳为“1+N”模式，即先有一个较大且对市场有引领能力的总所，再通过总所到各地设立分所，向各地输出品牌，实现规模化发展。而中联的“N+1”模式，我们在品牌创立前没有“总所”，法律意义上的“总所”和各地分所几乎同时设立，在未来相当长的一段时间内可能也没有足以带动分所发展的总所。我们把多个地方的律所同时整体转换为一个品牌下的机构，这样一方面，能把原来在联盟框架下合作积累的一些经验和传统继承下来；另一方面，按照法律法规对全国性律所的要求，在“总所”中建设一个极具包容性的管理总部，同时尽可能尊重和保留各地律所差异化发展的特色与业绩。因此，“兼容并包、和而不同”就是我们希望这种模式对全国性律所运营路径作出的一种新探索和尝试。

我们早在酝酿中联时就提出了“10 千 20”的官宣亮相计划，即开业就成为在全国拥有 10 个办公室、1000 名执业律师、人数排名位列全国前 20 的规模所。经过一年多的筹备，2021 年 10 月，中联在上海顺利官宣亮相，圆满实现了这个目标。客观来看，仅从速度上说，中联能够在这么短的时间内构建这样一个规模，而且能够在东部、中部、西部地区做到比较均衡地分布，非常不容易。目前，中联已获审批和正在审批中的分所数量达到 20 家，执业律师达到 1200 余人，合伙人超过 300 人，已经超过了原计划的全国规模化初期指标。

在这个过程中，我觉得有三个因素非常重要：

第一，有早先合作的相应基础。原来的中世律所联盟各地成员所有最长达 14 年的合作往来历史，这是今天中联各地合伙人能够较快形成共识、走到一起的重要原因。

第二，得到了主管机关的大力支持。这里尤其感谢上海司法行政系统对我们的大力支持，上海各级司法部门在各方面都给予了我们非常开放、温馨和便捷的帮助。

第三，初步探索并走出了一条独特的分所转换设立路径，即采取整体吸收合并的方式转换，让原来成建制的地方所可以将所有人、财、物和业绩较为顺畅地一次性全部转入中联品牌。

这当中，主管机关的支持是最重要的。可以这样说，中联无论是在上海还是在各地已开设的分所，都离不开司法行政机关的大力支持。我想，这就是中联目前能顺利实现官宣亮相目标的三个重要因素。

至于挑战，我认为也有三个方面：

第一，以成建制的地方所转换为主设立分所有其好处，但也有非常困难的一面。老所转新所，尤其是百人以上的区域规模大所，需要其合伙人（尤其是老一代合伙人）有强大的自我变革意识和动力，以及对未来发展趋势的一致预见和判断。否则说易行难，很难启动。

第二，各地对全国品牌所发展趋势的认识和认同程度不同。尤其是全国性品牌所基本集中选择落地在北京和上海，这使个别希望保护本地优秀品牌的主管部门不太会主动采取开放态度。因此，我们在个别省市还需要非常耐心地与主管部门沟通，才能得到理解。

第三，当下各地的法律服务市场中已有很多全国规模大所，随着大所之间的竞争加剧，要在短期内快速做成一个既有规模又有品质的新品牌，的确面临很多不确定性。尤其从 2021 年开始，叠加了经济下行带来的行业增速放缓，压力越来越大，这也给新品牌的内部整合和磨合带来了更大的困难。

王凤梅：听韩律师这么一说，我感到中联在规模化道路上的快速发展的确难能可贵、来之不易。那么，中联下一步继续实施规模化目标的路径和措施有哪些？

韩德云：中联的全国规模化路径十分清晰，我们有三个关键词——“统一市场”、“整体战略”和“一体化平台”。这三个关键词代表了中联全国规模化发展的路径和措施选择。

首先，“统一市场”是指我们需要统一布局一个全国规模化市场。中国法律服务市场是一个潜力无比的巨大市场，但这个市场实际上是由若干区域市场组成，由此形成了差异化明显和特色鲜明的区域特征，以及不同区域市场之间严重不均衡发展的现状。基于上述认识，我们对“N+1”的“N”进行了一些限制。中联作为全国品牌所，原则上将按照省（直辖市、自治区）级行政单元来划分不同的区域市场，尊重区域市场的特点和相对独立性，尽量避免和减少区域内的利益冲突。我们在一个区域市场中只设立一个一级分所性质的办公室，而区域内的二级分所则由该办公室来决定设立和运营。我们为全国统一市场总体布局的目标是最多打造 30 个左右的办公室，争取把每个办公室做大、做强、做好，并早日成为所在区域内的头部律所。

其次，实施“整体战略”。对所有市场主体而言，战略成功是最大的成功，战略失败是最大的失败。我们为中联制定了一个为期 10 年的品牌发展整体战略，包括最近两年做什么、未来 3 ～ 5 年做什么、在可预见的中远期未来又做什么。我们不仅有总目标，也尽可能清晰地描绘前景，更尽可能谋划确定不同战略实施阶段的小目标和措施。在确定打造更多区域头部律所这一总的战略目标的同时，我们也明确坚持和保证规模与品质同步提升的方向。我们认为，整体战略目标和阶段策略的清晰明确，加上执行措施的坚定有力，才是打造一个既有规模又有品质的全国品牌大所的关键。说到做大，最忌讳的就是好大喜功、散兵游勇，我们要尽力避免想到哪里走到哪里、走到哪里做到哪里。

最后，建立一个“一体化平台”。我们充分认识到全国法律服务市场差异化、不均衡发展的特点和现状，所以我们若要实现从差异化走向一体化、从不均衡走向共同发展，务必针对不同发展阶段和不同区域市场需求，以差异化发展为动力，做好各地“统一”与“自主”的事权区分，尤其注意把握好共同发展的节奏。一体化平台的建立不是一步到位的，我们不能简单地理解“一体化”，以为一体化就是一致化、齐步走；更不能简单地冒进行动，以为全国品牌就是把区域差异化消除掉。我们必须尊重和针对各地市场不均衡发展的现实和实际情况，确定我们的全国一体化进程，把握好共同发展的节奏。

王凤梅：中联总分所的品牌一体化进程如何推进？据说中联正在进行“模范办公室”建设，所谓“模范”指什么？具体表现在哪些方面？目前进展如何？

韩德云：对我们而言，中联品牌的一体化进程中最重要的就是管理机制的一体化。我们注意到，现有的全国大所都是“1+N”模式下的总所主导分所的发展模式。其中，多数提成制律所虽然也在采取管理一体化措施，但各地分所机制依然松散，差异巨大；公司制律所的全国一体化程度可能天生较高，但在各地的规模竞争力不均衡，而且在全国规模化发展中遭遇了很多无法面对和适应差异化发展的“瓶颈”。对新生的中联而言，由于我们的“N+1”模式并非总所主导分所发展的模式，我们始终在考虑，要在推动一体化的过程中找到并建立我们自己对“一体化”的全面理解和有效运作的组织构架。“N+1”模式中的中联没有实际运行的“总所”，也无法围绕“总所”来主导各地办公室的运营。因为中联现有的各地分所不是由“总所”开设，而是由各地原中世律所联盟的地方所转换而来；包括我们在法律上的“总所”——上海中联律师事务所，在我们内部也是作为一个办公室（一级分所）来运营的。我们清醒地看到，平行化结构的优势与短板并存。一方面，这种模式便于各地办公室充分自主发挥各自的特色和特长；另一方面，中联若不能建立起合规而有效的组织架构来推动各地办公室管理机制的一体化，就容易在聚合优势力量的同时无法有效发挥优势的作用。我们要在各地办公室的平行结构上打造一个总部，通过这个总部，以“总所”的名义来实现对中联全国事务的共同决策、共同管理和品牌共享。因此，打造出一个能带动和推动全国一体化进程的总部机构而不是一个总所，是“N+1”模式走下去的关键。如果各地在架构上完全平行，而又没有一个强有力的、具有全国管理功能的总部机构，那这个一体化可能就完全无法开展。这样势必导致“一地不强，多地不强，大家都不强”的窘境，也无法成为一个可持续发展的模式。

所以，中联的品牌运营路径和策略是：一个品牌，分类管理；区域自治，全国协同；多元共享，一体化运营。按照这个设计，中联设立了一个负责全国一体化运营的管理机构，即中联全国管理总部。目前，这个管理总部有 4 个决策和执行机构，并下设了全国运营服务中心作为中联全国的运营平台。运营服务中心承担全国协同管理服务的功能，具体跟进落实全国管理总部的所有决策决定。中联希望通过这样一个“全国管理总部 + 运营中心”的组织架构，来指导、协调、推动和促进全国各地办公室的运营管理和发展。

“模范办公室”项目是中联全国管理总部正在进行的一个律所指导性管理机制范本。这个范本通过收集吸纳各地办公室优秀管理特色、借鉴全国大所成功经验，并围绕中联战略目标来实现全国协同管理。推出这个项目的本意，是在尊重各地差异化发展的基础上，确立一套符合中联实际的全国一体化管理标准。在推动执行这些标准方面，我们的工作节奏是首先要促进各地管理理念和机制“趋同”，然后在“趋同”的基础上逐步走向“一致”，既不搞盲目的“一刀切”，也不搞脱离实际的概念“一体化”。现在这个项目已基本完成了对全国各地办公室的管理专项调研，争取在年内形成一个范本框架，再用一年左右的时间完成各地按“模范办公室”标准进行管理机制调整完善的工作。“模范办公室”项目完成以后，将有利于全国管理总部更好地指导各地办公室通过分类管理方式，施行一套既尊重差异化发展，又能促进品牌共享的律所运营管理体系。

在项目的具体实施过程中，我们的工作目的非常明确，就是从推进各地办公室管理机制趋同出发，让各地办公室充分开放，相互借鉴、取长补短，尽快朝着区域头部律所的目标迈进。为此，我们非常注重对各地办公室的各种管理做法进行收集比对和分类分析，尽可能找出对区域市场发展具有普遍指导意义的某种规律性的东西。当然，中国法律服务市场的区域差异之大，一旦具体深入进去真的超出想象。比如，东部市场有共性，中部、西部市场也有共性，但不能说在东部市场行得通的东西就一定是最好的，也不能说中部、西部市场的一些做法就必定是落后的。对我而言，推进这个项目让我受益匪浅，并且更深刻地感到，全国大所的规模化发展没有一成不变的套路，对任何路径的简单照搬、模仿和攀比可能都是盲目的，任何所谓的模式一旦定型，就意味着过时和落后。

我认为，未来法律市场的竞争主要是大所之间的竞争，更主要体现在管理机制上的竞争，即看谁能通过完善管理机制，最终在区域市场实现规模与品质同步发展。中国今天的全国律所品牌发展，优势在管理机制，“瓶颈”也在管理机制。最后究竟谁能发展得更大、更好，完全取决于管理机制的突破。

王凤梅：律所管理的突破确实要实事求是、兼容并包，中联的文化中也把“包容”放在了第一位。如何理解中联“包容、合作、进取、开放”“成为中国律所创新发展的探索者和实践者”“成就伙伴事业、让法律予人尊严”等事业理念？中联如何将这些理念落地实施？

韩德云：首先，中联事业理念的产生，是我们参与中联品牌创造的这一批创始合伙人，尤其是“70后”“80后”的年轻人，非常在乎并推动的。让我很感动的是，在这批年轻人的坚持下，我们花了很多时间来讨论中联的理念，探讨我们要实现一个怎样的办所目标。这个目标并非多少人数规模、多少创收的指标，而是希望能够凝聚和激励一代又一代律师长期坚守乃至为之终身奋斗的价值观。

这些价值观既包括“包容、合作、进取、开放”这些当年我们在联盟合作期间倡导的价值导向，也包括我们最新达成并提出的“成为中国律所创新发展的探索者和实践者”“成就伙伴事业、让法律予人尊严”等价值导向，我们把这些事业理念视为比规模、创收、发展更重要的精神财富。

至于落实所有理念的最好方式，我觉得就是行动。比如“成就伙伴事业”怎么实现？就是在各种行动中，大家都能展现出中联律师相互协同、无私支持的利他主义精神。对于一家全国大所而言，最好的行动不是业务合作，不是共同办案，而是基于同一种价值导向的文化活动，我们需要一波又一波的集体文化活动来承载和展现我们的事业理念。比如，中联成都办公室的前身——四川矩衡的小伙伴们多年坚持在阿坝藏族羌族自治州的一个小学做公益活动。2021年年底，中联刚一官宣成立，这个活动即成为中联全国各地集体参与的公益项目。各地的青年律师纷纷参与公益募捐，并派出代表在大雪封山之际，长途跋涉去学校送温暖。这虽然只是一个小小的公益献爱心活动，但确实把中联律师的价值观以及对事业理念的追求落实到了行动中。接下来，我相信，践行价值观的最好体现仍然是创新开展更多的活动。在一个中联品牌下，全国各地不断开展丰富多彩的文化活动，将在更大范围内展示中联律师相互支撑、相互支持、共创未来的精神风貌。

王凤梅：中联的品牌建设战略和品牌特色是怎样的？您认为律所品牌建设有哪些关键点？文化建设对律所管理运营和品牌传播起到怎样的作用？

韩德云：中联的品牌特色其实是在原中世律所联盟比较成功运行的基础上传承、转换和不断创新而来的。具体而言，就是充分尊重和发挥各地的区域优势，利用全国一体化品牌的平台通道，帮助大家成为区域头部律所，同时把各地办公室的优秀业绩和好的做法迅速糅合到中联的品牌建设当中，从而不断夯实出一个“包容、合作、进取、开放”的中联品牌形象。

律所品牌建设是一个外延广泛的概念，涵盖了管理机制、市场营销、业务拓展、知识管理，也包括人才培训、行业引领能力塑造等，不同阶段的大所面临着不同的品牌建设重点。以我个人的经历体会，我认为，很多刚从法学院毕业的学生直接做执业律师其实存在一定的能力差距。如何规范而又快速地提高他们的能力，避免人才断代，是现在全国律所的规模化发展面临的最大挑战。一家品牌大所只有建立起多层次且富有实效的培训机制，才能源源不断地培养出一代又一代的优秀律师。另外，律所品牌建设的最直观部分总是体现在文化建设上，尤其是文化活动组织上。现在很多律所的管理总体比较松散，法律服务市场不成熟，律师和律所的挂靠机制普遍，律师行业存在很大的随意性和流动性。因此，文化建设是巩固律师凝聚力的重要载体。不要小看一个又一个小小的篮球赛或趣味活动，每一个活动都代表着律所的一份活力，代表着律所品牌对律师的号召力和凝聚力。

王凤梅：中联的中台建设有何特色？如何保障总所的高质量行政、运营、品牌机制和服务在各地办公室落地执行？

韩德云："中台"的概念在互联网企业用得比较多，我觉得用在律所管理上可能很时髦，但并没有那么准确。在提成制律所中，律师团队的挂靠制决定了团队是一个单独的作战单元。无论是律所的中台也好，还是后台也罢，关键看律所能给律师团队提供多少有价值的辅助支撑。而律所能给律师团队提供多少辅助支撑，受制于律所与律师团队的基本分配机制，受制于法律市场本身发展的不成熟。就中联而言，中联是通过全国管理总部 + 全国运营服务中心来承载"总所"功能的，全国运营服务中心是我们的全国一体化运营平台。同时，我们的各地办公室也都设有运营服务中心，负责各区域市场包括二级分所设立和管理在内的事务，具体包括行政人事、品牌宣传、市场营销、OA 管理、律师培训和文化活动等的组织运营。大量的律所事务和活动都属于区域性事务，将由各地办公室的运营机构和专兼职运营人员根据各区域市场的特点去组织开展。

中联全国一体化平台的功能是在"N+1"模式下，集中保证对全国性事务的决定执行和对各地办公室运营工作的指导协调。全国性事务由全国总部管理机构决定，比如管理机制一体化的标准和流程，制定利冲处理、品牌营销的相关规则，以及以信息共享为主的知识管理标准和流程等。中联全国运营服务中心不属于任何一个办公室，人员不一定要多，但一定要有良好的理念、优秀的执行力，能够站在全国高度，统筹协调对各地办公室的运营服务。现阶段，我们对全国运营服务中心的建设仍处于磨合探索之中。对我们而言，把各地的运营机构逐步整合起来，把全国性事务的决定逐步落实下去，推动实现全国性资源的融合调度，并非一朝一夕可见成效。循序渐进，逐步增进全国一体化管理的内涵，尽量减少各地办公室在律所管理中走的弯路，让现有加入中联品牌的各地办公室做到存量不减、增量有加，是我们最应该做到的。

王凤梅：近期，上海中联（兰州）律师事务所正式获批设立并执业。在缩小东部、西部法律服务市场差距，推动全国法律服务均衡发展的过程中，中联如何看待中部、西部法律服务市场的潜力？未来在助力区域发展中有哪些规划？

韩德云：客观上看，由于区域经济发展不均衡，我认为，东部、中部、西部法律服务发展的不均衡性不仅是当前的现状，还将是长期存在的现实。最近，我们看到全国品牌所因为各种原因在中部、西部开的分所较多，这个现象或许是一个好的开端，但并不当然缩小东部和中部、西部法律服务市场的差距。区域市场的差异化发展是我们必须重视的主要市场特征。引领法律服务的主要市场还是在东部，比如证券和资本市场业务越来越集中到东部律所，而这些业务的引领者又主要集中到了少数律所。但是，我们在中部、西部也看到，有些专业律师团队仍然是这个领域的佼佼者，比如我们刚刚成立的中联兰州办公室。

展望区域法律服务市场的差异化发展，我们还需要有更长远的眼光。比如，法律服务的主要领域就是诉讼代理，而在法院四级职能改革完成后，大量的一般诉讼案件在中级人民法院便终审了。所以对于区域市场的诉讼需求而言，这些需求不仅将始终存在，而且将继续大量增加。中部、西部法律服务市场原来的空白点多、发展潜力大、门槛相对较低，当中部、西部经济发展起来后，法律市场的发展还会更快地提速扩展。中联的“N+1”模式在全国布局的过程中，不仅特别注重市场区域化和差异化发展的特点，而且更希望通过建设更多区域头部律所的方式，用全国一体化发展的合力，把东部、中部、西部的区域市场一并做好、做实。

目前，我们在中部、西部布局时，不仅仅考虑如何争取用好差异化本身带来的动力，更在谋划从满足大片区市场差异化发展的需求出发，推出更多更有效的趋同发展措施，从而务实地推动我们在全国一体化发展的进程。

王凤梅：中联各地办公室中有很多都是原来的当地精品强所。放弃原有品牌、转换中联的新品牌后，各地律所原有的专业优势如何更好地发挥？业务如何协同？

韩德云：专业服务是法律服务之本。我们希望按照分类管理原则，包括市场分类、律师分类、业务分类，来做好、做实我们的各地办公室，深入拓展好各个区域市场。我们不会在同一个区域市场设立两个办公室，同一区域市场内的二级分所将由各地办公室决定设立和管理，力求最大限度地减少内部利冲和竞争。中联保持全国一个市场由若干个区域市场组成的统一性，保持各地办公室以专业发展为龙头，稳步推进当地市场综合发展的布局，并大力引导他们做好以分类管理为主的管理机制调整完善。

以我自己这么多年对行业和律所发展的观察，我认为，中国律所发展得好不好、能否实现专业化，主要还是看有没有做好分类管理。现在很多律师接到什么业务就做什么业务，混合型个体经营的律所是肯定无法实现专业化的。中联希望帮助各地办公室逐步做好分类管理下的专业分类分工，实现一定程度的接办分离和内部合作交换。对中联全国管理总部而言，未来在帮助各地办公室做好、做实区域市场的同时，逐步推动全国跨区域市场的业务合作交换、打造全国范围内的新型业务拓展空间、做好全国范围内的业务协同支持，也是一件需要尽快启动和加快着力的工作。

王凤梅：您如何看待现在国内和国际的律所、律师评价标准？

韩德云：律所实行合伙制改革后就是一个市场主体，执业律师提供法律服务的最终属性也是一种市场服务。最终市场主体运营得如何、律师服务得如何，不是律师、律所自己能说了算的，也不全是主管机关可以决定的，而始终应该交由市场来评价和评判。

中国律所的市场化进程与国际接轨还不到 30 年。从国际上的经验来看，第三方评价不仅很重要，而且是必要的。就像银行贷款有信用评级，由于信用评级需要产生了第三方信用评级机构一样。按照律师行业的发展规律，国际上的这些评价方式和经验不仅有其合理性，更有一些规律性的东西，比如指标体系的设计，值得我们借鉴。不能简单地否定国外评价机构对律所、律师的评级、评价。

中国法律市场化发展到今天，我们不仅需要国内评价体系、评价机构、评价标准的出台，也需要更多对整个法律服务市场提供培训、信息服务等的第三方机构。律所作为市场主体，需要更多元、更开放的评价机构和评价体系，让更多当事人在选择执业律师时有多种选择、判断媒介和标准，这在客观上有助于提高整个行业的专业服务水平和品质。

王凤梅：作为一位履职20年的全国人大代表，您积极履职建言，提出立法建议上百件，其中很多在全国都有影响。您觉得律师作为法律人参政议政，最终要实现什么价值？

韩德云：笼统地说，就是一句话——律师作为一个不断发展的法律职业，要学会在中国特色社会主义市场经济体系建设中展现法律专业人士的价值。大家都说市场经济就是法治经济，法治经济离不开法律人的参与。我们很高兴地看到，今天的律师群体已经成为中国特色社会主义法律工作者中的重要组成人员。随着司法改革的继续深入，律师队伍不断壮大，相信未来律师作为法律专业人士、法治工作者，在实现社会公平正义方面能够发挥越来越大的作用。我觉得这也是我们继续追求未来的价值所在。

王凤梅：现在行业里有两种观点，一种认为行业的黄金发展期已暂告一段落，另一种则认为行业的长期发展应该没有问题。您如何看待当前律师业的前景、机遇和挑战？

韩德云：律师行业正在发生前所未有的重大变化。我担任重庆律协负责人多年，平时也特别留心观察全国律师行业的变化、各地律所管理的变化，甚至律师业务类型和操作方式的变化。我有以下三点感受：

第一，从2022年开始，新的律师从业规模又正以超乎寻常的速度扩张。为此，我们应该客观、理性地看待这种扩张的两面性，做好相应的调整准备。

第二，律师行业的人均创收和总创收增速开始放缓，乃至下降，这将为行业的未来带来一些新的矛盾和更多的不确定性。与此同时，律所的全国规模化发展程度前所未有，大所更大，小所更小。对于大所，尤其是对全国大所而言，怎样面对区域差异去实现全国一体化运营？怎样在满足现行法规的情况下实现真正的合伙制管理？需要更多严肃的思考和行动。

第三，法律服务的形式变化对行业监管提出了新要求，律所管理不规范矛盾依然突出，一些前所未有的新挑战不断出现。比如，律所参与招投标时，“价低者中”越来越被接受；而新兴科技、大数据使用、网络营销等给行业持续带来的刺激又将如何影响行业未来的发展？这些都值得我们继续关注。

总体来看，我认为在这些挑战面前，行业前景依然值得期待。每当想到任何发展都是机遇和挑战并存时，我们就对未来更加充满信心。

王凤梅：感谢韩律师的精彩分享，为大家对中联的发展和创新进行了细致的解读。再次表达对韩律师和中联创业团队的钦佩，相信韩律师凭借自身多年对行业的观察和深度思考，可以带领中联探索出一套更好的制度体系，让更多律师在这个平台上绽放自己的才华。

韩德云：感谢律新社，感谢凤梅总！中联是一个新生的“婴儿”，目前，我们的很多想法还很粗浅，我们将抱着学习、学习、再学习的态度，向走在前面的全国性大所学习。就我个人的体会，一家优秀品牌律所，不经过八年、十年的奋斗，还不能说初见成效；一个优秀律师团队，不经历一些风风雨雨，也不会成长壮大。作为一家新生的全国性品牌律所，中联的发展刚刚上路，也拜托大家多多关注我们，继续对中联全国各地的办公室给予关注、关爱。

田庭峰

申浩17周岁，创新一直在路上

17 年厚积薄发，上海申浩律师事务所（以下简称申浩）形成了上海中心大厦 75 层与港汇恒隆广场 36 层“一城两翼、东西联动”的双办公模式，上海总所的执业律师超 400 人，成为能为客户提供“专业化、多领域、全方位、一站式”法律解决方案的大型综合性律师事务所。此时的申浩为何提出“适度规模化”？走过 17 岁的雨季，申浩将迎来的“高考”是什么？为何说“律所首先是一个品牌”？律所品牌如何做“势”？申浩的“云办公计划”“合作律师”“同业协作”构想如何助力律所突破发展“瓶颈”？

对话时间 2022年8月10日

对话嘉宾 田庭峰，1999年律师执业，2005年创办上海申浩律师事务所（以下简称申浩）。现为上海申浩律师事务所主任，上海市WTO研究会副会长，上海市静安区人大代表，上海国际仲裁中心、上海仲裁委员会等10家仲裁机构仲裁员。

王凤梅：您的朋友圈中有很多关于律师执业的观点和申浩发展的价值观，例如，七夕节当天，也即申浩17岁生日的前一周，我们看到您在线上主讲“律师展业”系列沙龙。此时此刻，17岁的申浩正处于一种怎样的状态？

田庭峰：17岁，客观上讲，对于律所而言是一个比较关键的转折时期；如何转折将是比较大的挑战，不像刚开始创办律所的时候，无知者无畏。就像17岁到25岁是我们人生中一个非常重要的发展阶段一样，我认为，未来3～5年的发展情况将对申浩的整体发展起到非常重要的作用。十七八岁的青年将迎来人生中的高考，而申浩也将迎来律所发展中机遇和挑战并存的“高考”。

王凤梅：我们注意到，今天您是在上海中心的办公室与大家见面，这里风景非常美，确实也如申浩现在所处的位置——登高望远。我在讲课中也经常引用您的一句话：“律所首先是一个品牌。”今天请您再和大家分享一下，如何理解这句话？申浩的品牌理念和品牌建设有哪些机制？

田庭峰：我经常说一句话：“任何人都打不过趋势。”我是2003年来的上海，当时上海大约只有1万名律师；到今天，上海律师总人数已发展到3万余名，全国通过法律职业资格考试的人数已超过100万人。

首先，我认为，随着整个律师行业规模的急剧扩张，品牌化是行业的内生要求。现在中国的法治环境已经与我1997年参加律考时有了天壤之别，当时连《合同法》都没有。随着依法治国进程的推进和社会经济各方面的规范化，律师行业原来“只有大律师，没有大律所”的观念已经改变，许多规模大所在社会上的知名度正在逐步提升。

其次，企业客户对法律服务的需求产生了变化。客户希望在同一家律师事务所里完成法律服务的全过程，但又不是由同一个团队来完成。当下企业的法律服务需求涉及公司架构、知识产权、劳动人事、采购供应链管理等方方面面，这种情况很像我国 20 世纪 90 年代的医疗健康行业三甲级医院的品牌化进程。例如，现在在上海，希望治疗皮肤病，就要去华山医院；如果骨折了，就首选六院。律所和医院一样，提供的是非标产品，更加需要客户对机构产生更高的信任。在这种情况下，律所的品牌建设就会更加重要，律师行业出现了律所和律师“双品牌”的概念。

所以，申浩顺势而为，提出了“律所不应该只是个平台，首先应该是品牌，是一个组织”的理念。申浩在 5 年前组建了品牌文化部，我们的定位是：律所做“势”，合伙人做“市”，专业律师做“事”。律所层面做的是“势能”的“势”，不直接产生利润，也不会直接产生客户的法律需求。因为律师行业是专业服务业，我们将提高律所的专业度、美誉度的工作同步作为品牌文化部未来长期的工作重点。

我认为，如果律所内真的想做成一件事情，一定要有组织保障、经费保障和人员保障。我们同时要考虑品牌文化部同事未来的职业发展。申浩品牌文化部同事的入职门槛其实远远高于实习律师，他们的工作也十分辛苦。如何保障这些人员在他们最青春、最好的时候，能够愿意付出、认可这份工作的价值，并且能够坚持下来？申浩为此出台了制度保障措施。品牌文化部人员定岗大概是 36 个月，工作几年之后，如果转型成为专业律师，律所会从制度上保证他们的未来，这样也可以保证律所的品牌工作是可持续的。此外，我们还有一系列的制度保障。

在此，最重要的是整个申浩自上而下都要意识到品牌工作的重要性，并且愿意投入。申浩每年在品牌上的投入在 300 万元到 500 万元，与我们的创收形成一定的比例关系。

王凤梅：申浩过去 17 年的分所建设过程体现了厚积薄发的规律，目前上海总部的律师人数已增长至 400 余人。您在 2020 年提出控制分所扩张的节奏，您如何看待适度规模化？

田庭峰：在过去的10年里，整个律师行业最波澜壮阔、最为大家所公认的行业红利就是规模化。每位律师都是一个发光体，当把所有发光体聚在一起的时候，就会产生彼此成就的效应。所以律师事务所发展的第一步往往就是定义规模化、平台化，这是时代赋予律师行业的红利。

但任何一件事都会遵循“微笑曲线”。在依法治国的背景下，律师行业也迎来了强监管时代。这两年，大型律所被索赔的事件屡见不鲜。我经常在思考一个问题：为什么国内的三甲级医院不敢在全国大范围地开设分院，而律师行业为什么敢？我觉得主要是因为之前的整个社会、当事人对律师行业都比较宽容，随着行业的发展，强监管是对的。

在这个大背景下，律所作为专业服务机构，它的品牌到底是什么？这是值得我们去思考的。品牌包括知名度，但更重要的组成要素是美誉度。而美誉度来自哪里？美誉度来自申浩每一位律师的专业体现——能够为当事人带来专业价值。

当年我刚做律师的时候，“万金油”律师是最吃香的，但是现在情况不一样了。当下，客户进步的速度超过了我们进步的速度。在这种情况下，单纯扩大规模带来的品牌影响力远不及通过专业提升带来的品牌美誉度更重要。因此，申浩选择不再急速地去扩大规模。

此外，申浩2022年最重要的任务是讨论律所内部规则的建立与完善。如何有效地整合规范？这会涉及申浩全体律师的共同利益。如果不夯实律所的基础建设，规模扩张就可能带来非常大的风险。如果一家律所的专业美誉度丧失了，就很难再挽回。

我觉得品牌在专业美誉度上的体现，就是申浩最差的律师的专业程度将决定整个申浩律师事务所的专业美誉度。所以申浩在上海的律师人数要严格锁定在500位以内（不含外地的城市合伙人），然后不断地提升专业度和法律服务的最低标准，进而实现“成为一家值得客户信赖与尊敬的律所”的目标。

王凤梅：说到创新，申浩在2021年提出的“云办公计划”引起行业关注。这个制度的治理模式是怎样的？请田主任给我们介绍一下。

田庭峰：申浩在租上海中心 75 层的时候就在思考：未来律师对办公的要求是怎样的？

首先，律师是一个自律、理想主义、追求自由的群体。现在，律师的主力人群已经逐渐转为“80 后”和“90 后”。作为在互联网时代成长起来的第一代人，他们对办公室的需求整体上在下降，只需要一台笔记本电脑，在星巴克里就可以解决物理上的办公问题。律师选择来到办公室，更多的是为了讨论事情、召开会议等。

其次，律师行业最主要的服务还是在客户端。大家如果一定要到办公室去，其实很大程度上还是因为没有解决客户端的信任问题。现阶段，很多律所仍是“商场模式”的受益者，把律所当作商场一样，用办公室的“高大上”解决信任问题。我个人认为这是获取客户信任的初级阶段，未来这种信任会加入很多其他元素，包括律所宣传片等。

值得思考的是：时代的需求是什么？当下，通过法律职业资格考试的人越来越多，执业律师人数也在不断增加。而律师行业提供的是非标产品，在这种情况下，客户将如何作出选择？这就需要依靠我们刚才谈到的品牌影响力。许多有志向的律师面对上海高额的房租成本、执业成本和较远通勤距离，仍旧咬牙坚持在上海执业，我觉得很大程度上是因为在上海能够接触更多的案件，从而积累更丰富的经验。很大程度上，专业度取决于经验。我们这行有句俗话：“法律的生命不仅仅在乎逻辑，更在乎经验。”在大城市执业的律师在初期会很难，但是一旦坚持七八年以后，收入就会直线上升，这就是经验带来的附加值，是专业度带来的收益。在这种情况下，“云办公室”就解决了执业成本的问题。我们希望吸引一批有专业能力的律师来上海执业，进而能够成为其家乡和上海之间的一个纽带。

最后，客户随着对律师行业了解的加深会明白，上海某律所的分所律师其实不是严格意义上的“上海律师”，其还是当地的律师，是当地律师与上海律师之间的一个桥梁。那么，我们完全可以通过“云办公室”的概念，由分所律师更好地发挥这个桥梁的作用。申浩的“云办公计划”能对分所的专业及其他各个方面实行总所的统一标准，进而更好地为客户服务。

王凤梅：申浩如何通过中台建设和数字化手段保障“云办公计划”？协作效率如何？

田庭峰：任何一个组织的资源都是有限的，无论是人力还是财力。目前，大部分律所面临的问题基本上是相同的。但是因为每家律所都有各自的历史沿革、时代背景、组织架构，所以即使面对相似的问题，也不存在一个放之四海而皆准的解决方案。

第一，因为资源有限。申浩觉得律所房租成本的合理区间应在5%左右，封顶是10%。当律所能够将房租成本控制在5%左右，就会有更多的能力去做更有价值的事情，比如请律新社制作宣传片。

第二，在这个过程中更加需要做中台。我经常跟很多人普及一个观点：“规模化律所用于IT的支出应该大于房租，这样才是最正确的。”因为所有高频的经验都将以转化为技术的方式出现，这是数字经济带来的必然结果。律所在数字化领域的投入成本一定是很高的。

第三，律所本质上是一个经营实体，要以市场为导向。律所中台建设的两大衡量指标是内部市场和外部合作。现在律师行业使用的软件更多是管理软件，而规模化律所需要的是一套交互软件，以实现律所内部团队之间专业化分工的交互及外部合作的需求。申浩现在为什么选择适度规模化？其实就是集中精力解决律所的规则，首先从线下解决，然后逐步搬到线上，这个过程大概需要3～5年。

王凤梅：申浩提出了“合作律师”的概念，请问“合作律师”背后的底层逻辑与具体体现是怎样的？

田庭峰：其实申浩“合作律师”的概念已经提出来多年。大概在2005年创立初期到2009年，申浩是一家公司制的律所。2010年，申浩经历过两次比较大的人才流失。当时我们就意识到：在没有强大的专一门类的法律服务和拥有超级客户的前提下，走公司制是不太适合的。所以我们的试验应该算是失败的。不过毕竟从申浩走出去近30位律所主任，我们也算是为行业贡献了很多人才（笑）。

2010～2011年，申浩搬到上海交通大学的校园里继续探索，当时我们觉得还是要尊重行业的本质。我认为，律师行业还是要更多地侧重于合作，一起把蛋糕做大。申浩的提成可能更多的是一种内部的绩效量化、薪酬考核的方式，而律所的本质应该是律师之间的合作，并且这种合作的诉求会越来越强。因此，申浩从公司制治理直接改为“合作协议”，这既符合行业的本质诉求，又突出了我们的目标是着眼于未来合作。在 2013 ～ 2014 年的时候，申浩就提出了“合作律师”的概念，提出了“分工交换，彼此成就”的理念，并且逐步成为申浩的价值观之一。

大家彼此成就，未来能够共赢——“合作律师”大概源于这样一个概念。现在借着申浩成立 17 周年之际，也给大家讲讲我们所的“老底”。

王凤梅：申浩未来在专业领域的发展战略是怎样的？

田庭峰：为什么律师行业过去 10 年最大的红利是规模化？因为当有了规模化以后，就能够自动形成内部市场。通过律师之间的信任背书，案源能够得到有效增长。我们可以注意到，许多规模化律所的专业度提升很快，实际上是有赖于其内部市场之间的整合。申浩上海总所有望在 2023 年 1 月实现律师人数达到 500 的目标。未来，申浩的“高考”将是专业化提升。

申浩成立 17 年了，但我们的专业委员会一直处于筹备状态。申浩专业委员会的评选标准非常严格、非常慎重，进入专业委员会的律师从专业度、公心到社会影响力都要能够足以代表全体申浩律师，能够引领整个申浩专业度的提升。专业化和国际化是申浩下一步最大的课题。我计划 10 月去伦敦和新加坡，为申浩下一步的国际化做准备。

对标北京律师，上海律师如何能够胜出？我觉得就是专业化和国际化，除此之外别无他途。我一直劝小城市的律师尽量去其能够到达的最大城市里执业，因为大城市的律所里有足够的分工、足够的专业内容。专业化要有市场、客户基数作为支撑，而这些需求都集中在大城市。我个人认为，未来上海律师人数可能会达到 5 万人，为什么？因为上海律师是服务长三角乃至全国、全世界的，而绝不是仅仅只服务于上海的 3000 万人。

所以对于申浩而言，未来的 3 ～ 5 年是一个时间窗口期。能不能抓住机会、迎难而上，其实是我们面临的挑战。

王凤梅：我们也看到在2022年的疫情形势下，申浩提出发展“同业协作”。这是出于怎样的考虑？合作机制是如何设计的？

田庭峰：这是个“不吃全鱼”的时代。我认为，当前行业规模化红利的峰值已经出现了，未来将会逐步削弱。为此，申浩提出“律师是律师最好的客户，律所是律所最好的伙伴”这一理念。

首先，大家会注意到一个有意思的现象：律所办公场所的集中度越来越高。以上海为例，律所主要集中在陆家嘴、南京西路、徐家汇三个区域，据说仅金茂大厦里就有14家律师事务所（不含外资）。为什么行业集中度这么高？其实就在于“同业合作”的需求。比如，一个破产业务可能会出现多方客户都需要律师的情况——破产管理人、债权人的律师，债务人的律师，重整方、银行等金融机构的律师……一个项目可能需要五六家律所参与。客户肯定会相信专业人士的相互推荐。

其次，申浩已经放弃了大规模建设分所，那么我们将如何与其他已经拥有众多分所的规模化律所抗衡？其实抛开这个思路，合作是未来的大趋势。“君子不言私利，私利自在其中。”2022年，申浩对外宣布：全中国的律师如果需要查询上海企业的工商内档的，都可以通过申浩免费查询。到目前为止，我们已经帮助200余名外地律师免费查询了上海企业的工商内档，相当于帮助他们完成了200余笔业务。赠人玫瑰，手有余香。很多律师向我们反馈说，如果未来申浩的律师需要在他们的城市查询企业的工商内档，即使需要“跑步前进”去工商局查询，他们也愿意为申浩律师代劳。这是一个多么好的正向互动！这就印证了互联网时代的一句话——“互联网时代最大的利己就是利他”。

王凤梅：您认为一家好律所的标准是怎样的？一位好律师的标准是什么？

田庭峰：观点可以是犀利的，但标准一定是通用的，所以我这个答案也许会显得比较中庸一点（笑）。

我认为，对一名律师的最高评价就是“靠谱”。法律服务是“多因一果”，所以申浩的口号并不是“帮你打赢”，而是“成为一家值得客户信赖与尊敬的律所”。我要求申浩所有律师在提供法律服务时，要让客户觉得“靠谱”。在申浩，其他的事情都可以协商，但一旦涉及品行问题，一定是一票否决的。

至于律所的评价标准，我认为，第一个维度可以从“律所是否能够不断产生优秀的专业律师”来评价。律所的服务对象是律师，能不能提升律师的专业度、提高律师的小时费率，同时让律师可以“简单工作，快乐生活”，这是评价律所的一个内部标准。

我最近看到一篇文章，提到我们又有 3 位律师同行不幸离世，其中最年轻的才 30 多岁，最年长的也才 50 多岁，这值得我们整个行业警惕。律师都想增加自己的收入，但如果无法提升专业度和小时费率，唯一的办法就是花费更多的工作时间，而过度疲劳是很危险的。有的律师现在的工作时间已经接近 12 小时，对此，我的内心很不是滋味。律所要能够让律师工作得更有价值，能够可持续发展。我曾经阐述过衡量律所对于律师的价值的六个维度，其实这六个维度的中心价值就是让律师更轻松、更专业地挣到钱——这是评价律所价值的第二个维度。

律师事务所本质上也是一个社会组织，当下的每一个组织都一定要衡量自己在向社会传递什么样的正能量，这是评价律所价值的第三个维度。申浩很重视是否在经营过程中向整个社会传递了申浩律师的正能量，是否彰显了靠专业可以让自己活得更好，并且能够给行业、社会带来正向的力量。

客户端价值、律所内部价值和社会价值就是评价一家好律所的三个维度。当然，要实现这些价值同样任重而道远。

我刚才说 17 岁的申浩只是走进了雨季，未来，申浩还会迎来 18 岁的成人礼，迎来更多的考验。随着时代的进步，只要方向不变，方式可以不停变化。申浩一直在探索中，并将持续向着既定的方向前行。

卢　刚

区域强所发展之“道”与稼轩能量法则

仅用10年时间就成长为区域强所，陕西稼轩律师事务所（以下简称稼轩）找准了怎样的定位与特色？越来越多大所进军陕西，“原住民”稼轩何以塑造、保持优势？“利、势、权、情、心”，稼轩用人之道的精髓何在？稼轩又将如何打造团队专业能力、夯实自己发展的基石？循序渐进、顺势而为。谈到稼轩10年的成长，陕西稼轩律师事务所主任卢刚表示：“稼轩只是在自己的能力范围内做好自己能做好的事。”从80人到400余人，稼轩参照“道、天、地、将、法”，把握时机、发挥优势、聚合人才。稼轩像一位温文尔雅的君子，不疾不徐、从容有度，却将每一步都走得温和又坚定。每一个选择的背后，都蕴含了稼轩不一样的哲学思考。

对话时间　2022 年 8 月 12 日

对话嘉宾　卢刚，陕西稼轩律师事务所主任。毕业于西南政法大学，执业25年。主要专业领域为能源矿产、房地产、建设工程等方面。连续多年为石油、天然气、煤炭及有色类大型企业提供常年法律服务；在房地产和建设工程方面，卢刚律师对土地一级开发、建设工程各阶段常见法律纠纷处理等方面有深入的研究，长期为诸多大型房地产开发公司以及建筑公司提供优质的常法或专项法律服务。

王凤梅：今年是稼轩成立 10 周年，首先在此向稼轩表示祝贺！稼轩仅用 10 年时间就成长为陕西知名大所、强所，您认为稼轩的发展符合当初的规划节奏吗？请给大家介绍一下稼轩目前的定位和特色。

卢　刚：在我看来，稼轩成为西部地区的规模所和头部所的目标实现了，但是成为强所的目标还远远没有达到。我们只是在本地、在个别专业上相对来说强一点，成为真正的强所一直是我们追求的目标。

2012 年稼轩刚成立的时候，只有我们老主任带着一个团队；到 2014 年稼轩重组的时候，8 个团队的 80 余人才聚集到了一起。那时，我们也没想到稼轩能达到现在仅西安所就有 400 余人的规模。

稼轩的定位和特色在重组的时候就有一个明确的设定。概括一下，就是“4 个定位”和“1 个愿景”，即成为一家受尊敬的、客户高度认同的、可传承的、以商事业务为主的规模化律师事务所。从定位和愿景可以看出，在专业上，我们主打公司业务，目标是得到客户的高度认同；在发展上，我们想做到能传承，而不是“一股独大”；另外，规模化是我们必须面临的课题，所以我们把规模化也列进来。这就是稼轩 1.0 版本的目标和定位。

2018 年以后，稼轩从市场的追赶者变为被追赶者，客户体量也达到了相对饱和的程度。所以，我们把稼轩的定位作了一些修正。比如，在市场定位上，我们要把蛋糕做出去。但是怎么做？是走出省还是在省内向下深耕？我们用了将近两年的时间讨论这个问题，最后还是选择了一条比较稳妥的路——根据自己的能力来做。稼轩在陕西有一定的影响力，向下深耕更符合实际，所以我们商定了 2.0 版本的定位，即在省内深耕，把蛋糕做大。

当然，向下深耕也有一些具体打法。我们第一期的目标是在陕西有条件的地市设立 4 家分所，现在已经布局完成。接下来，律所战略委员会通过与分所不断交流，会根据当地的行业发展和客户情况，制定每家分所独特的打法，帮分所把蛋糕做大。

王凤梅：您之前提起过“稼轩不强求马上一体化，采取的办法是循序渐进、顺势而为”。在当下许多律所都在加速推进一体化的时候，您为何会有这样的考量？

卢　刚：这几年“一体化”非常热，稼轩也一直在关注这个趋势。实际上，我的团队一直在尝试一体化，在近 4 年的时间里，我们也经历过一些酸甜苦辣。我不否定一体化，但我对其保持着比较保守的观点。

第一，从适用的范围和基础上来说，一个好的果子对土壤、光照等的需求是很高的。一体化是一个非常好的“果子”，但我们需要关注它适用的范围和土壤。“一体化”和“提成制”不是绝对孤立、非黑即白的关系，我认为，在二者的中间一定有一个适合绝大部分律所生存的地带。因此，我们要取二者之中，把它们平衡好。

第二，从本质上来说，我认为一体化只是律所管理的一种方法和路径，而不是管理的目的，管理的目的是得到成果。

第三，从管理的“术”和“道”上来说，一体化在“术”的层面。要做一体化，就要对制度进行大规模的修改，这个过程很可能会触及根本。这个“根本”是什么？是合伙人之间的互信。我们有没有必要为了管理制度的优化而丢失合伙人之间的互信？这是我一直比较慎重的原因。

我认为，一体化有“一个中心、两个基本点”。“一个中心”是指合伙人之间的互信，这个是最重要的；“两个基本点”是指“财”和“权”，合伙人能不能舍财？能不能放权？如果做不到这两点，一体化就很难进行下去。并不是所有人都能像墨子那般“兼爱、非攻”，没有这样的境界，一体化其实很难实现。

首先，稼轩希望通过团队的专业化来推动一体化的进程，专业化是一体化中很关键的一点。稼轩的每个团队基本上都有 1 ～ 2 个主要的专业方向，我们引导他们把主导方向做好，保证客户量、业务量饱和，其他律师也为他们提供相关专业方向上的客户。

其次，利他是利己的，春秋时期道家慎子提出过这个观点，“自利”要通过“利他”来实现。这些年，稼轩一直将“利他”作为连接理想和现实的一个手段。稼轩比较自豪的一点，就是这么多年来，我们的公众号基本上在每个工作日都有一篇律师原创专业文章。写作就是一种“利他即利己”的方式。律师通过写文章展现自己的专业，其他人看到文章后受益，同时，律师也完成了营销。

另外，稼轩也在尝试打通内部的合作通道。在陕西的大所里，稼轩目前做得比较好，但通过内部合作达成的业务量还远远没有达到 20% 的基本标准，我们正在逐步接近。

总体来说，稼轩进行的是合伙制下的一体化尝试。我们要实现一体化的一些功能，在不伤筋动骨的情况下，循序渐进、顺势而为。“循序渐进”里面有个“序”，“顺势而为”里面有个“势”，分别体现了《周易》里面的“时”和“位”。我们要抓住时机，在合适的时机、位置做合适的事。稼轩根据“时”和“位”选择打法，把一体化的优势一步步融进现有体制。一体化的果子我们还没有结满，但是我们也结出了一部分，而且会慢慢地越结越多。

王凤梅：卢主任的一番话让我们从一个更大的视野考评律师行业的管理体制问题。最近，稼轩的第四家分所——西咸新区分所正式获批成立了，稼轩在陕西的布局进一步拓展。您如何看待律所规模化？下一步，稼轩是否有走出陕西、打造全国性规模所的规划？

卢　刚：目前来说，我们还没有这一规划，因为稼轩一直希望去做自己力所能及的事。稼轩的长跑队很厉害，我们有几十名律师都能跑全马，所以我经常拿长跑举例子。如果我们要用最佳的状态跑完马拉松，一定要根据自己的能力决定配速，不要前面跑得很快，最后中途退场。

稼轩现在的状态是，可以向下设立分所的，那我们就设立分所。我们 4 家分所所在的地区——榆林、宝鸡、延安、西咸，是目前陕西经济体量靠前的几个地区，也是法律需求较为旺盛的区域。至于要不要进一步向外拓展、在省外设立分所，我认为现在稼轩的能力还没有达到，那就先放着。做好能做的事，其他的顺其自然。

王凤梅：目前，稼轩在品牌的定位和呈现上是怎样的运营方式？稼轩是否建立了相应的中台团队来支持品牌的打造和运营？

卢　刚：在我个人看来，品牌和中台的关键是效益。稼轩和稼轩的每一位律师都是一个能量场，我们在不断地向外释放能量。当所有的能量汇集到一块，就成为稼轩对外展示的能量。这个能量是专业的、积极向上的，还是负面的，取决于稼轩所有人。

另外，稼轩 1.0 的时候没有提“品牌”，那时我们提出了“五化”：专业化、团队化、标准化、信息化和溢界化。溢界就是跨界，除了专业之外，我们还要考虑给客户提供更多的服务。在稼轩 2.0 以后，我们在品牌打造这一块的目标越来越明确和细化，这是因为我们有了越来越规范和成熟的运营团队。现在，在后台服务已经做得非常不错的情况下，稼轩也考虑把中台的一些功能发挥出来，比如全所客户资料的汇集、律所知识成果共享等专业方面的实践。

除此之外，我们还有一些文化建设方面的培训与活动，比如新员工入职培训、拓展、秋游、手游大赛、寻找最美工位、稼轩 Vlog 大赛等。让大家通过培训了解律所，通过活动认识律所，通过光影定格与律所的美好瞬间，这是文化建设很重要的一个环节，实际上也是中台建设的重要内容。

合伙制律所最大的问题就是律师跟行政的匹配不可能达到一体化。稼轩西安现有 400 余人，但整个运营团队不到 20 人。如果大规模招人，律所的成本会增加。不过稼轩有一个好的做法——我们有大量的品牌文化工作是由志愿者完成的。我们有十几个民间团体，如足球队、篮球队、书法协会等，他们都有自己的活动，运营中心会给予辅助，但主体运作还是由社团自身来完成。

王凤梅：陕西作为资源大省，矿产能源资源丰富，相关企业众多，相关法律服务也存在巨大需求。您本人正是能源矿产领域的法律专家，您认为这些先天的区位条件为稼轩的发展带来了怎样的优势？稼轩又采取了哪些手段来把握区位优势，从而形成良性发展？

卢　刚：陕西区域的煤炭、石油、天然气三大类矿产在全国都很有影响力。其中，煤炭资源与内蒙古、山西形成三足鼎立的局面。而我们设立榆林分所就有将稼轩对于能源企业的服务优势辐射到榆林的想法。

就石油与天然气来说，陕西长庆油田和延长石油加在一起的原油当量，大约相当于两个大庆油田。所以陕西煤油气相关的企业非常多，这对陕西的律师来说是一个巨大的市场。《孙子兵法》里提到“道、天、地、将、法”，我把它联系到律师行业，发现也很适用。对于能源行业来说，它的发展之“道”已经存在了。“天时”在哪儿？新能源的出现、“双碳”目标的提出都是我们必须抓住的“天时”。同时，我们又有“地利”——目前，陕西能源企业的业务稼轩都在做，这些企业现在面临着清洁能源转型，所以其中孕育的市场机会非常多。稼轩还有另一个优势，即拥有一个位于上游专业的科技成果转化团队。企业做清洁能源要靠技术，要把专利落地，这一块稼轩也有经验。最后就是“将”，“将”是人才，我们也要发挥人才效应。

王凤梅：我们看到，稼轩近三年连续荣登钱伯斯《亚太法律指南》“公司/商事”领域（西部/陕西）第一等律师事务所，同时荣获《亚洲法律杂志》中国（ALB China）十佳西部本地律所，连续六年荣获 ALB SSQ 年度中国最具潜力律师事务所和年度中国西部律师事务所大奖提名。陕西是近年来中国律所蓬勃生长的一片乐土，您如何评价陕西法律服务业的快速发展？面对很多大所相继在陕西设立分所的竞争，稼轩怎样保持领先？

卢　刚：其实稼轩保持领先的优势现在并不明显，只能说是到达了头部所的地位。目前，稼轩对在西安的律师人数发展有一定的考量，不能过多。因为人数过多会带来管理上的难度，利冲问题会特别明显，所以我们也在找平衡点。我们要把稼轩西安的业务做强，这是一个从规模化往强所再转变的过程。

陕西律所有几个阶段发展，其中有两个关键的年份。一个是 2014 年，在 2014 年之前，陕西律所的执业律师人数规模最多时也不到 100 人。2014 年，海普与睿诚、仁和万国与九州同分别合并，这让陕西原有的律所感到了危机。我认为，这对陕西律所发展的整体推动来说是功莫大焉。另一个年份是2017年，省司法厅于2017年开放了外地律所来陕西开设分所的许可。外地分所的进入对陕西本土律所的冲击特别大，但任何事情都有两面性，在冲击的同时，也倒逼本土律所要创新、要发展。这期间，稼轩虽然也有一定程度的人才流失，但我们认为，只要吸引认同我们的律师就够了。稼轩一直秉持这个理念，所以整个内部的气场是通的，就如《黄帝内经》说的那样，阴阳调和。如果律所内部是通畅调和的、团结的、相互传达善意的，我们就不在乎规模上有多少人。

稼轩不敢说要保持领先，但一定要始终保持危机感。任何一个组织都有自己的发展规律，“道”是始终存在的。组织发展到最高点的时候，其发展速度会维持一段时间，但随后就会下降、下滑，这是自然规律。稼轩未来也会有这一天，但是现在我们还在争取向上走。

王凤梅：最近有特别多设立分所的现象，这背后其实就是品牌化。您怎么看品牌战略？全国的品牌战略与区域的品牌战略有没有冲突、先后，或者非此即彼？

卢　刚：我个人认为，这不是非黑即白的，要根据时间的发展选择适合自己的方式。各大城市设立的品牌所分所非常多，发展到现在形成了一个平衡的局面。有些省份可能品牌所分所要强一点，有些省份则是地方所特别强，比如杭州的天册、六和等。总体来说，各省排名前十的律所里，品牌所分所和本土所基本上做到了“五五开”或“四六开”的程度。这个平衡说明市场对本土所和品牌所分所都有需求。品牌所分所的优势可能是一些“高大上”的业务，比如在陕西，本土所做不了IPO。这是证监会的要求，本土所去做IPO很难通过，而金诚同达、大成、锦天城等律所的分所来做则相对容易通过，这种劣势是本土所无法回避的。但本土所也有自身的优势，尤其是现在民事案件立案标准的提高。整体来说，我个人的观点就是不纠结品牌所分所和本土所谁更强，存在即合理。我们根据存在，做我们能做的，把我们自己的优势发挥出来。

王凤梅：您之前谈稼轩的人才观时，借用了隋朝王通的“利、势、权、情、心”。请您详细说说稼轩引入人才有什么标准？同时，稼轩是如何保持对人才的吸引力的？稼轩对青年律师的培养又有哪些具体的实践？

卢　刚：稼轩在人才方面有“选、育、用、留”四个环节，每个环节都有我们自己的标准。比如在“选”上，王通的“以利相交，利尽则散。以势相交，势败则倾。以权相交，权失则弃。以情相交，情断则伤。唯以心相交，淡泊明志，友不失矣”是稼轩在选用人才时考量的一个标准。此外，还有赫兹伯格的双因素理论——我们会看年轻律师首先考虑的是动力因素还是基础因素，基础因素实际上就是物质因素；动力因素则是精神层面的，比如成功后的成就感、办好案子的满足感等。

稼轩在引进人才时严格贯彻“严进宽出”的标准。人才进入稼轩的时候是“降格”的，即达到高级合伙人标准的，进来后先做普通合伙人；达到普通合伙人标准的，进来后先做提成律师，这就要求引进的人才需真正认同稼轩的文化理念等。而当人才离开的时候，我们要求行政工作人员务必在半天时间内为其办完所有手续。

王凤梅：从用人观上，我们是不是也能解读稼轩热衷于为社会作贡献这件事？这是不是也是稼轩内部培养价值观的一种方式？

卢　刚：从稼轩重组开始，我们就定了一个强硬的制度，这在稼轩是不多见的。因为我们在稼轩发展的过程中没有提到制度，这与我们的认知有关。我们一直认为制度只是一个补充，因为“制度立所”实际上是把“道、天、地、将、法”的顺序更改了，把“法”放到了最前面。稼轩一直在思考：制度、文化、思想这三个层面，依靠哪一个立所更好？文化源于思想，源于合伙人的价值观，这就形成了稼轩的愿景、使命、价值观以及稼轩的特质，所以我们提出“思想先于文化、文化先于制度”。而前面提到的硬性的制度，即高级合伙人创收的 1% 要无条件地注入稼轩爱心基金中。

稼轩在成立之初就设立了两个基金，一个是发展基金，另一个是爱心基金。爱心基金的用途有两个方面：一是对外，自 2015 年以来，稼轩便开展敬老爱老、捐资助学等公益活动。2019 年新冠疫情暴发后，稼轩的捐款金额在西安律所里位居前列。二是对内，所内律师及行政人员都有 2000 ～ 5000 元的额度，用于本人或直系亲属住院等。虽然钱不多，但也算是所里的一点心意。除此之外，年轻律师进所后，如需租房、买房、装修或者买车，律所也可以提供30，000元以内的无息借款。

王凤梅：前不久，陕西省正式通过了新版《陕西省律师条例》，其中正式允许持有某些资格证书的非律师人员成为律所合伙人。您对这件事怎么看？它会给陕西律所的发展带来哪些积极因素？

卢　刚：我个人对此持谨慎乐观态度。首先，我认为这个制度是非常不错的，对于律所未来的发展、吸引不同类别的人才有促进作用。但在具体实施的过程中，如果太放开，可能会出现失衡的状态。比如，在提到会计时，其使用了"等专业人士"的表述，如果把"等"理解得宽一些，可能一些有会计师证但不从事会计事业的人想资本输入投资律所的话，也可以通过合伙人身份加入。在这一点上，未来应该怎么把控？我估计国家也会有相关考量。同时，我也觉得它是一个突破，对行业整体的发展、对客户服务来说都是非常好的。

王凤梅：您如何看待国外评价机构对中国律所的评价标准？您认为好律所、好律师的标准有哪些？

卢　刚：首先，律师行业需要客户或者第三方来进行评价，我个人认为现在的国际评奖是可行的。从评奖机构来说，钱伯斯、ALB、《商法》、The Legal 500等评奖机构的标准、范围、结果总体上是比较有说服力的。但这些评奖机构只是从规模、专业度等方面进行评奖，目前尚无法评价律所的文化等，因此也存在一定的欠缺。

我对好律所、好律师的看法可能与其他律师不太一样。在专业度这一块，我同意他们的观点，但除此之外，我还有一点别的看法。我认为，一家好律所不一定是头部所、规模所，而是凝聚了一帮人，他们在律所很开心地工作，他们每天愿意来这家律所工作。

评价好律师的时候，除了专业、认真、尽责等，我认为在生活上也要有一个评价。我们工作是为了什么？工作就是为了更好地生活。我们不能把自己打造成一个铁人，拥有三头六臂，能够24小时为客户服务。我们有家庭、小孩，要有足够的时间去陪伴他们、享受生活。要做到这一点，就必须有所取舍。现在律师行业焦虑的人很多，我认为做好自己就行，为什么非要强求做得特别好？

如果努力了也做得不好，能总结经验也是一件好事。因上努力，果上随缘。

所以我的观点是，好律师要兼顾工作和生活，幸福感要强、焦虑要少。律所也是一样，除了给大家提供平台、让大家在专业和客户上有所收获之外，律所的文化要让大家愿意来，这是管理者应该追求的一个方向。有些律所可能只有十余人，但是内部其乐融融，我就认为它是一家非常好的律所。我们不仅需要规模化的律所、精品化的律所、一体化的律所，也需要使绝大部分律师幸福的律所。把这些律所都打造好了，我们这个行业的业态就会更好。

王凤梅：非常感谢卢主任今天的分享，不仅让我们看到了律所的发展脉络，更剖析了脉络背后的"术"和"道"，对我们在历史发展的潮流中如何用更宽广的目光、更智慧的方法解决过去的问题、确定未来的发展方向有很多帮助。

杜晓军

比照“三甲医院”，打造有高度专业分工的鑫诺

律所最适合对标发展的是什么组织？三甲医院！创立16年来，定位为精品专业所的北京市鑫诺律师事务所（以下简称鑫诺）已经有400余位律师、8家分所。最近，他们打破一向低调的风格，“高调”宣布：要比照“三甲医院”，打造有高度专业分工的鑫诺。在这一目标的背后，他们探索到了什么规律？能让多名离开的律师选择再度归巢，9对夫妻共同选择在此执业，这是怎样的一家“神仙律所”？鑫诺的大客户众多，如何在专业上赢得“国”字头机构的广泛认可？“鑫诺”的名字源于“季布一诺”，意味着高度诚信。所以，鑫诺全面升级打造有高度专业分工的律界“三甲医院”值得关注！

对话时间　2022 年 8 月 15 日

对话嘉宾　杜晓军，北京市鑫诺律师事务所高级合伙人、业务指导委员会主任，北京市律师协会第十届、第十一届台港澳侨专业委员会委员。从事专职律师工作超过 25 年，现为多家央企、国企、上市公司、大型民企的常年法律顾问。从 2018 年起主讲的《世界也许从此不同》系列讲座至今已举办五期，主题均系在热点事件发生后第一时间从法律角度予以详细解读。比如，2018 年 4 月 25 日的《从中兴困局谈中美贸易战》、2018 年 12 月 26 日的《从同股不同权制度谈双重股权架构》、2019 年 6 月 3 日的《从华为困境谈中美贸易战中的法律问题》、2020 年 4 月 7 日的《从瑞幸咖啡事件谈中概股危机》、2021 年 5 月 14 日的《香港法律制度浅析》。曾多次为中国钢研、中国移动、航天科技、华能集团、首钢国际、京城机电等央企、国企做讲座或培训。

王凤梅：鑫诺通常给人低调的印象，但其实是不折不扣的实力强所。请杜主任简要介绍一下鑫诺的发展历程、主要业绩以及特色，让大家全面地了解一下。

杜晓军：鑫诺确实一直比较低调。2005 年 12 月，鑫诺由从知名律所独立出来的几位资深律师创立，至今没有进行过任何形式的商业宣传。16 年来，鑫诺一直处于稳步发展的态势，从以下几组数据可以体现：截至今日，鑫诺总分所执业律师人数共计 445 位；最近五年，总所律师年人均创收持续超过 100 万元；自成立以来，律师人数与业绩的年平均增长率始终保持在 10% 以上。在业务发展的推动下，鑫诺自 2016 年 12 月开始，在国内陆续设立了 8 家分所。在发展壮大的过程中，鑫诺逐步确立了自身的特色和优势——鑫诺律师始终坚持“诚信为本，专业立身”，主要服务客户为大型的央企和国企，优势和重点领域比较突出，业务指导独树一帜，“行政天团”提供着星级服务。具体可从以下四个方面体现：

一是疫情当下，鑫诺仍稳步发展。总所今年在原办公楼的基础上扩租3000平方米，现总面积近6000平方米，律师人均办公面积达到25平方米，处于行业前列。新办公区全面升级了律所的基础设施，设置大、中、小型会议室数十间，能够满足律师会客、线上开庭、会议、接待等各方面需求；设置多功能休闲体验空间、KTV、棋牌室、乒乓球室；前台接待区采用多功能咖啡厅形式，引进星巴克装修风格，免费提供咖啡、茶饮、轻食、水果等；办公区视野开阔，同时实现接待区和办公区分离，设有餐厅、休憩区、电话间、打印室等。全力为律师和客户创造温馨舒适的办公、洽谈环境，展现一流的律所形象，让同事们回到办公室后能有"家"的感觉、体验到工作的快乐。

二是鑫诺持续加强对青年律师的培养扶持和帮助。律所统一采购北大法宝数据库和Alpha数据库，采购招投标信息以便利同事拓宽案源；律所提供公共案源，帮扶、指导年轻律师承接重大疑难案件；律所还实行了困难律师以及病患律师财务帮扶政策、实习律师案例考核协助措施、女律师的权益保障措施等。

三是鑫诺的文化氛围团结活泼，拥有自己的足球队、篮球队、羽毛球队、高尔夫球队、长跑队和摄影小组，并取得了不错的成绩。足球队在2021年的北京市律师协会"北京律师杯"足球联赛中，以8胜3平0负的战绩获得季军，并在最近举办的中国职工足球联赛司法系统赛区中已连胜两局。

四是鑫诺有几组有趣的数字可以与大家分享：曾因各种原因离开鑫诺，数年后又重新回归的律师有9位；之前在鑫诺某个团队做律师助理工作，独立后仍然选择留在鑫诺执业的律师有17位；在鑫诺的行政人员中，通过法律职业资格考试后转岗从事律师工作的有3位；夫妻同为鑫诺执业律师的有9对。这四组数字多多少少可以体现鑫诺作为一个大家庭所具有的特殊吸引力。

王凤梅：看来鑫诺的吸引力确实有很多"证据"！那么，鑫诺用什么样的方法保持吸引力？鑫诺的管理机制和特色是什么？未来的发展规划又是什么？

杜晓军：鑫诺成立至今，所有高级合伙人仍然坚持在业务一线。严格而言，鑫诺并不存在真正意义上的管理人员，就是一群志同道合的人走到了一起。目前在管理方面，都是律师们在兼职奉献，其中既包括高级合伙人、合伙人，也包括普通律师、助理以及行政人员，充分诠释了鑫诺“传帮带”的律所文化——老带青、老带新、老带小并不局限于业务层面，还体现在诸如律所管理等方面。

2018 年 11 月，鑫诺改制为特殊的普通合伙制律师事务所。现在的基本管理架构为：在鑫诺党组织的领导下，由高级合伙人会议决策，律所管理委员会、业务指导委员会、职业纪律委员会、未来规划委员会 4 个工作委员会并行。

党总支书记由具有多年党务工作经验的律师担任，党总支下辖 4 个党支部。

4 个工作委员会的主任由具有丰富经验的高级合伙人担任，委员多由中青年律师担任，委员会秘书由年轻律师担任。同时，各工作委员会还邀请了所内的前辈律师作为顾问。律所管理委员会负责总分所的建设和管理、人员引进、文化建设等工作；业务指导委员会负责收结案审核、律师年度考核、利冲审查和协调、证券业务及破产业务内核、敏感案件报备、疑难案件研究、专业委员会和业务部的管理、律师业务管理制度的建设等工作；职业纪律委员会负责律师职业道德和纪律规范的宣传教育、受理客户投诉、受理律师投诉、投诉查处和处分制度建设等工作；未来规划委员会负责律所宣传、品牌建设、律所发展规划等工作。

行政服务中心主任自鑫诺创办之日起即负责律所的行政工作，经验丰富。其带领的行政团队积极为全所律师提供行政服务，实行倒班制度，保证律所从早 8 点至晚 7 点都能够满足律师的工作需求。在鑫诺，我们称这群可爱的人为“行政天团”。除此之外，鑫诺还设有律师服务中心，主要负责协助有需求的律师制作标书、复印案件材料、文件资料传送、卷宗装订归档等一般性及辅助性工作，让律师从繁琐的事务性工作中解放出来。

王凤梅：律所的专业度是由人才决定的。鑫诺长期服务于央企、央媒和政府机关等客户，而且有 3 名律师担任全国律协专委会主任、委员，足以证明鑫诺在专业化上的实力。请您介绍一下鑫诺在专业化建设上的策略和成就。

杜晓军：鑫诺的专业化建设主要着眼于以下四个维度：

（1）律协工作维度：在全国律协，鑫诺有 3 名律师曾担任或现担任全国律协公司法专业委员会、民事专业委员会、律师教育工作委员会的主任或委员；

在北京律协，鑫诺有 63 名律师担任北京律协各工作委员会、专业委员会的主任或委员。在专业律师评定方面，2021 年 1 月，北京律协公布第一批北京市专业律师名单，共 211 人，鑫诺占了 37 个名额。鑫诺此次被评定为专业律师的总人数，以及在公司法、建筑房地产、知识产权三个专业领域的获评人数均位列北京参评律所榜首。

（2）内部专业化建设的维度：鑫诺设有 13 个专业委员会、3 个研究中心、10 个综合业务部、16 个专业业务部。各专业委员会和研究中心是鑫诺设立的专业性研究型机构，主要负责开展相关专业领域的业务研究和研讨活动、协助业务指导委员会开展全所律师的业务指导工作，同时承接对外的专业交流活动。各业务部是鑫诺设立的对外宣传展示机构，旨在适应市场需求，细分律师执业方向、发挥律师执业专长、彰显律师专业优势、推进律师专业分工，同时兼具部分团队的管理职能。

（3）司法机关组织的专业化维度：2007 年和 2018 年，北京市高级人民法院两度公布破产管理人名册，入选律所分别为 65 家和 41 家，有 35 家律所两次入选，鑫诺便是其中之一。2022 年 1 月，北京市司法局发布了《北京市公共法律服务项目（产品）目录（2021 年）》，53 家律所申报的 124 个法律服务项目入选；其中，鑫诺有 9 个项目入选，是入选项目数量最多的律师事务所。

（4）客户服务维度：鑫诺能够赢得人民日报社的长期信任，担任国务院国资委和住建部的诉讼代理人，为中国建筑集团等大型企业服务。截至今日，总所的执业律师已达 224 位。虽然合伙人队伍已经过半，但我们并非在短时间内迅速扩张和崛起，而是多年来稳步发展、稳中求进、苦练内功、精于专业、勤勉尽职的结果。

王凤梅：专业培训是律所提供高品质专业服务的重要保障。鑫诺内部的“鑫诺谭”是一种怎样的培训交流机制？鑫诺在培训和知识管理方面有哪些机制和经验？

杜晓军：“鑫诺谭”是鑫诺的一大特色和亮点。因为鑫诺注重专业分工和合作，虽然没有从整体上完成一体化，但一直要求律师找到、挖掘并打造自己的专业优势、专业定位。业务指导委员会下设 13 个专业委员会、3 个研究中心和16个专业业务部。全所律师已形成专业学习交流和合作的氛围和机制，“鑫诺谭”是各专业委员会和业务部的一个交流平台。

“鑫诺谭”设立的初衷是为所内的案例研讨、公众演讲提供一个展示平台。“鑫诺谭”活动至今举办已逾百场，通过培训、讲座、座谈、模拟法庭或邀请高校教授、各界专家学者前来授课等形式，进行专业学习和业务交流。这既是老律师对年轻律师进行“传帮带”的体现，也是年轻律师展示自我和锻炼自我的平台。鑫诺希望这一平台能够多为年轻律师赋能，并助力他们提升自身的业务能力。从2022年开始，如果没有特殊情况，每周五下午都会固定举办一期“鑫诺谭”。

王凤梅：鑫诺已在深圳、重庆、南京等8个城市设有分所，并正在筹备海南、郑州分所。您如何看待律所规模化？鑫诺的规模化发展规划是怎样的？

杜晓军：鑫诺开设分所起步比较晚，第一家分所成立的时间是2016年12月。我们的目标是在国内重点区域布局，首先考虑一线城市，同时对标最高人民法院的6个巡回法庭所在地，即深圳、重庆、南京、西安、郑州和沈阳。分所设立力争做到水到渠成、顺其自然，这是基于目前全国律师业务及市场发展不均衡的考量。鑫诺不刻意谋求在现行条件下的全国布局，也不会刻意设置执业律师人员目标，并没有律师执业人数的发展规划。

王凤梅：鑫诺引入人才的标准是怎样的？如何保持对合伙人的吸引力？

杜晓军：关于鑫诺的人才引进以及保持对合伙人的吸引力，我想从三个方面阐述：

一是人才引入标准方面，相比创收能力，鑫诺更看重律师的人品和专业。合伙人的收入并不公开，我们不在律所内部制造业绩压力，在收入差别方面不搞“内卷”。所有合伙人、高级合伙人的收入均不与身份挂钩，也没有设置任何相应的年度创收任务。

二是弥补业务领域空白方面，鑫诺更注重团队化引入，提升鑫诺在重点领域的专业化，以填补我们的业务空白。比如，鑫诺在涉外法律服务方面比较薄弱，我们非常欢迎在这一领域有专长、建树的同行加入。

三是财务政策制度方面，我想这也是很多律师比较在意和关注的地方。鑫诺多年来一直实行“逢五提款”制，即每月的5日、15日、25日是律所的自动提款日，无须律师本人申请，由财务人员主动操作完成。

王凤梅：鑫诺的制度让律所内部井然有序，外部客户服务颇有口碑，为专业服务品牌加分。那么，鑫诺的品牌战略和品牌建设工作是如何规划的？您认为品牌如何为律所发展赋能？

杜晓军：鑫诺始终将自身定位为精品所和专业所，2005年成立伊始，就布局在北京西长安街的首都时代广场，努力为客户提供优质、高效的法律服务。

鑫诺的前期品牌建设主要靠律师专业技能提高和客户服务质量管理，人才引进和客户拓展是靠传统的口碑相传。鑫诺的管理委员会、业务指导委员会和职业纪律委员会的负责人都坚持在一线执业，都是各自专业领域内比较勤奋的律师，鑫诺的网站和公众号也都是一线的执业律师在义务维护。

我们对话的主题是“打造律师事务所的‘三甲医院’”，我想在此引申一下。举个例子，一个身患严重疾病却没有任何医疗资源的人为了治病，可能首先想到的就是慕名前往一家三级甲等医院，去相应的科室挂一位主任医师或副主任医师的就诊号。对于绝大部分患者来说，这是一个基本动作。而三甲医院各个科室的划分、具体职称的评定，无疑极大地方便了普通患者的就医选择。相较而言，当今律师界由于信息不对称、评定标准不统一、评定机构的权威性存疑等问题，导致一般客户或者普通老百姓时常面临选择性困难，而一旦盲目选择又可能带来不良的法律结果，最终拉低整个律师行业的信誉和威望。因此，鑫诺一直尝试向大型医院学习，学习医院的重点科室建设，学习医院的专科门诊、特需门诊和专家会诊体制，努力打造律师界的“三甲医院”。

王凤梅：专业化的稳定发展也需要文化的支撑。我们注意到，鑫诺在文化建设上也很有成就，比如高度重视党建引领、积极奉献公益，历年来获得了许多荣誉。鑫诺的党建和公益有哪些特色？党建、公益与业务如何实现深度融合？

杜晓军：党建方面，鑫诺高度重视党建引领，在全北京律所之中率先将党的领导写入律所章程。鑫诺党总支于2019年成立，下设4个党支部，现有在职中共党员100名，目前正在筹备成立党委。自2017年以来，鑫诺党组织多次获得市、区两级“优秀律师事务所党组织”“党建规范化示范点”“党建创新项目”等荣誉称号，所内多位律师获得北京市和西城区优秀共产党员、先进党务工作者和“党建之友”等荣誉称号。

社会责任方面，鑫诺有 2 位律师分别担任区人大代表和政协委员，还有 12 位律师分别为三个民主党派的成员。其中，高级合伙人方志远律师曾任民进北京市委常委，民进中央社会与法制委员会副主任，北京市政府第六届、第七届、第八届特约监察员。方律师曾分别主笔多个专栏，通过各种形式无私、无偿地帮助了无数人，并对完善取保候审制度、改革招投标管理制度、改善律师执业环境、改革干部制度等方面提出过立法建议，相关提案、建议达数十份。高级合伙人李小波律师对《民事诉讼法》《妇女权益保障法》《法律援助法》《北京市物业管理条例》《北京市垃圾分类条例》《北京市接诉即办条例》的修改均提出过立法建议，其作为两届西城区政协委员及民进中央委员，多次获评参政议政成果一等或二等奖项。

公益活动方面，鑫诺积极参与法律援助和慈善募捐公益活动。鑫诺律师与北京市法律援助中心、部分区司法局的法律援助中心等共 14 家法律援助服务单位合作，平均每年提供法律援助 500 余人次，服务时长达 4000 余小时。鑫诺为“邻里家”便利店的 680 余名小时工追讨薪资提供全程法律服务，被西城区司法局和西城律协授予“法律援助专项特别贡献奖”。鑫诺律师参加了律师到社区活动、“大手拉小手”一对一捐资助学公益项目、北京共青团星光自护“守护健康，聚力同行”百千万行动等，被共青团北京市委授予“热心公益事业单位”荣誉称号。

鑫诺在党建和公益方面的成绩也折射在了具体的业务领域。目前，我们担任着多家党媒党刊的常年法律顾问，包括人民日报社、人民网、《求是》杂志社、《前线》杂志社、经济日报社等。其中，鑫诺为人民日报社提供常法服务已有 9 年。

王凤梅：鑫诺确实参与了很多社会公益，这与律师的视野也有关系。只有视野广阔，专业之路才会更宽广。我们注意到，您在执业多年后选择去德国法兰克福学习深造。您如何评估留学对法律人的学习经历和专业提升的影响？如何看待中国律师与国外律师在专业服务能力上的差异？

杜晓军：中国在法律法规建设方面受德国和法国的影响比较大。2021 年是我国的民法典元年，《民法典》于 2021 年 1 月 1 日起施行。这部《民法典》总共 1260 条，看上去很多，但 1804 年颁布的《法国民法典》有 2281 条、1900 年开始施行的《德国民法典》更是多达 2385 条，这两部民法典的制定时间分别比我们早 216 年和 120 年，其条文数量比我们多出上千条。如果体现在对律师实务的影响方面，就是律师的业务领域在进一步细分。而国内律师在专业领域的细分和专业定位上还存在非常大的差距，尤其在一线城市，所谓的“万金油”律师很多。我也注意到，截至 2022 年 6 月 30 日，司法部公布的全国律师执业人数为 60.5 万人，全国律师事务所总数为 3.7 万家；预计到 2030 年，我国律师总人数将达到 100 万人。这意味着在未来的 8 年里，每年都将增加 5 万名左右的执业律师，这是一个不小的数目，会对今后律师的执业目标和执业方向产生非常重大的影响，也对当今的律师提出了更高的要求。因此，我们要及早为自身在法律服务市场上做好定位，并尽早深耕自己的业务领域，强化自身专长，努力做律师界的“专科医生”。为此，鑫诺一直在努力打造律师事务所的“三甲医院”。

我个人认为，律师是一门要求从业者博学的行业，眼界开阔至关重要；同时非常强调在此基础上的实践经验，所谓“读万卷书不如行万里路”。每位执业律师都应高度重视办理日常业务时的借鉴学习、沟通和分享。

西方法律业务在复杂程度、行为规范、流程细节等方面，与国内法律系统还存在较大的差别；西方的高等院校实行“宽进严出”的政策，也影响和改变着年轻学子们的求学心境。因此，有意赴国外留学深造的法律人士需要有充分的心理准备。

王凤梅：作为民商事法律服务领域的专家，您如何看待这一领域未来的发展新机会？鑫诺是否正在布局传统优势领域之外的业务领域？

杜晓军：鑫诺非常关注律师市场的未来发展以及新兴领域的业务机会，并对应以下三个业务领域分别成立了三个研究中心。

（1）合规领域：2021 年 4 月，鑫诺聘请了合规专家顾问——北京大学教授陈瑞华、中国人民大学教授李奋飞、北京师范大学教授彭新林、北京易华录股份公司法务负责人周治成，共同为鑫诺的合规业务助力并提供理论方面的支持。

（2）大数据领域：2020 年 9 月，鑫诺受邀参加北京市大数据立法专题会议，提出的两项数据交易创新制度被纳入了立法研究；2021 年 3 月，北京国际大数据交易所成立，鑫诺作为唯一的法律服务机构，参与发起成立北京国际数据产业联盟。

（3）碳中和领域：鑫诺高级合伙人展曙光律师及团队承担了《宁夏回族自治区碳达峰碳中和促进条例》的研究、起草工作，该条例是国内第二部地方双碳立法；国家发改委对展曙光律师牵头提出的“关于尽快出台理顺输配电价结构的过渡性措施，解决增量配电网发展堵点的建议”向鑫诺发出了书面回应，并表示了积极认同和高度肯定。

此外，在移民领域，随着近几年中国人口增速放缓，人口年龄结构断层加剧，老龄化现象趋于严重；作为全球的第二大经济体，中国未来不排除会逐步放宽对境外优秀人才引进或移民到中国的相关政策，而移民业务往往也会衍生或伴随着商业投资、房地产买卖等业务。因此，我个人认为，未来移民中国的法律业务存在一定的想象空间。

王凤梅：您如何看待现在国内和国际的律所、律师评价标准？您认为好律所和好律师的标准是什么？

杜晓军：到目前为止，鑫诺从未参与过任何境外机构组织的关于律师、律所的排名和等级评选，主要出于以下三点考量：

第一，鑫诺认为，中外的法律制度不同、法律服务的专业标准不同。因此，境外机构的评定依据有限，标准也不一定合理。

第二，鑫诺主要的服务对象大部分是央企、国企、党媒党刊、科研机构，客户群体决定了我们涉及的许多业务需要为客户保密。因此，鑫诺的部分相关业务以及财务数据不能够完全公开，不具备参与境外机构评比的基础和条件。

第三，鑫诺认为，对律所或律师进行评优的唯一标准应当是客户评价。

我们认为，至少应该从以下三个方面进行基础评价：

一是诚信。鑫诺的团队文化一直秉承“季布一诺，君子九思”的原则，始终将“诺”即诚信放在第一位。鑫诺自成立以来，从未受过司法机关和律协的处分或处罚。

二是专业化水平。鑫诺认为，律师的业务能力和执业水平乃律师的立身之本。只有具备高超的专业化水平，才能够为客户提供优质的法律服务。

三是鑫诺注重为客户提供尽职尽责的法律服务。多年以来，鑫诺的律师一直强调和秉承“勤勉尽责”这一职业素养和服务要求。

鑫诺认为，律师作为中国法律职业共同体的一员，在做好本职工作和服务客户的同时，也肩负着中国特色社会主义法治建设的重任。律师要致力于积极参与国家的法治建设，履行一定的社会责任，并愿意为此付出长期不懈的努力。

最后，我谨代表鑫诺全体同仁欢迎凤梅总和律新社的朋友们在方便的时候莅临鑫诺参观指导，一同围窗小坐，远眺京城美景，共饮一杯星巴克。所谓“青山一道同风雨，明月何曾是两乡？”

华晓军

坚持33年“一体化”品牌
君合发力“新四化”目标

一家律所从建立第一天起就坚持对标国际律所组织建设，坚持“公司化”和“一体化”管理，坚持高端商事服务品牌定位，而这一坚持就是33年。创立于1989年的君合律师事务所（以下简称君合）在这些坚持中，融合“君子合而不同”的文化，形成了令同行钦佩的“一体化”品牌影响力。近年来，国内越来越多的律所认识到“一体化”的价值，陆续躬身入局时，方知“一体化”建设的难度非同一般，因此对君合也更加钦佩。那么，君合的“一体化”经验可复制吗？未来更有竞争力的律所有哪些特征？

对话时间 2022 年 8 月 25 日

对话嘉宾 华晓军，2012 年加入君合，现担任管委会主任。1994 年毕业于西北政法学院法律系，曾由司法部派遣赴英国和香港进修，2000 年获英国肯特大学国际商法硕士学位（卓越）。曾在两家国际知名律所工作近 12 年；在从事国际和国内律师服务的近 30 年里，他代理了众多知名跨国公司在中国境内投资、基础设施项目融资和复杂并购交易，特别是在外资战略投资中国 A 股上市公司及其相关重组领域拥有傲人的业绩。此外，他也为许多大型国有企业的境外投融资活动提供法律支持，在水务、交通、矿产、汽车、银行、建筑和消费品等行业拥有丰富的经验。多年来，他连续被钱伯斯评为国内领先的并购和银行及融资业务律师。

王凤梅： 我们注意到，近年来，君合十分关注环境、社会和公司治理（ESG）业务领域。8 月 21 日，您代表君合与北京绿化基金会一起宣布中国首个由律所发起的碳中和专项基金成立，展示了君合在社会责任和业务发展方面的许多新布局。您担任君合管理委员会主任已经 2 年了，个人最大的变化是什么？您对律所管理有了哪些新思考、新布局？

华晓军： 首先感谢业内同行对君合和我本人的关注。这一年多来，我个人最大的变化就是脱离了业务，成为一名全职的管理合伙人。对于一个从事了几十年律师工作的合伙人而言，放弃业务并不是一个非常容易作出的决定，但这是我个人必须要作出的选择。当个人的客户业务和事务所其他紧急公共事务同时摆在你面前的时候，到底给哪一个事务更高的优先级，这将是一个艰难的抉择。

在公司化、规模化的律师事务所发展的过程中，常常会遇到这样的困局：是要搞合伙人自我管理，还是搞职业经理人管理？是采取专职管理，还是采取兼职管理？这不仅是中国律所面临的问题，也是国际律所普遍面临的问题。每家律所都会有各自的解决方案，我也观察到一些国内律所采取了职业经理人管理的模式。但无论采取哪一种模式，其中的滋味甘苦自知。

过去这些年里，我一直都在做律所管理方面的工作。2015 年，我进入君合管理委员会后，承担了市场部、IT 部等条线的管理工作；在这之前，我在国际律所的中国代表处及全所的专门委员会的层面参与过管理工作。

担任君合管委会主任以后，我对律所管理，特别是对未来律所的发展有了更多系统化的思考和更多的总结与提炼。比如，过去我并不会过多考虑“公司化”和“一体化”之间的关系，而现在作为君合的“掌舵手”，我需要更多地思考如何让君合的公司化和一体化运作得更为顺畅，通过“修炼内功”来提升君合的效率。

我认为“公司化”侧重描述的是律所“公司化”的组织架构，以及合伙人之间“成本共担、利润共享”的股东化的经济关系。而“一体化”则更加突出了律所中央化、整体性的管理系统。“公司化”是制度框架和底层基础，“一体化”是管理模式和外在表象。

此外，我还在思考怎样的公司化律所才能在未来更具竞争力。我总结了“四化”：人员规模化、业务流程化、管理专职化、运营数字化。这些虽然都不算是真正意义上的新认识，但可以说是精练后的系统化、理论化的认识。

王凤梅：您提到的“四化”确实都是大家特别关心的话题。君合一直是业内标杆型的“红圈所”，给人的传统印象是高冷范儿。不过最近两年，我们看到君合有了一些“出圈”话题。比如《令人心动的 offer 2》节目，君合的史欣悦律师因为节目而火出圈外，他最近出版了《自洽：在不确定的日子里向内看》，肖微律师也为他写了推荐语，让大家看到了君合的另外一种品牌活力。您怎么看现在的君合品牌元素和君合主流文化？

华晓军：说实话，我觉得我们还是很高冷的（笑）。在对外宣传的方式和尺度上，不同的时期，针对不同的市场和竞争态势，我们会选择不同的策略。但不管策略是收还是放，都只是表象；君合的内在，即君合品牌的内核，始终没有改变。

律师业务在与时俱进，律师行业的宣传方式也需要与时俱进。一家公司的品牌在不同的时代、不同的时点，传播的策略、手段和方法会因时而变。可能在十年、二十年前，君合更多地依靠口碑、人际传播和传统纸媒进行品牌传播。而在新的时代，仅仅依靠这些方式是远远不够的。当下，互联网是最具传播效果的平台，腾讯更是门户网站中的翘楚，这是我们选择合作《令人心动的offer 2》的原因。这是一次脱离法律“窄众群体”传播，利用互联网平台进行大众传播的新尝试。但无论传播方式、方法、渠道如何变化，始终是用娱乐的外衣包裹了严肃的内核，其内核——君合品牌的调性（或者定位）并没有发生大的变化，依然秉持在法律专业领域追求卓越的理念。在《令人心动的offer 2》节目中，我们也可以看到，虽然是综艺性质的节目，但是并没有在内容上走“家长里短”的路线，仍然契合了君合高端商业化律所的定位。

王凤梅：在品牌内核不变的基础上，在表现形式和途径上增添流行元素，效果是能让更多的人，尤其是年轻人了解到君合的文化，这确实也是一种品牌建设的创新。君合的品牌建设非常有章法，这是一体化建设的成效体现之一，很多律所都想学习。君合的品牌建设有何独特规划？如何评估品牌一体化带给律所发展的价值？

华晓军：君合品牌管理的一体化首先得益于君合从一开始就选择了公司化、一体化的路线。君合在1989年建所之初就定下一体化、公司化的管理路线。现在很多律所对君合的模式很有兴趣，也在积极尝试一体化，但是也觉得很难学、学不像，其实主要的原因还是在于转型困难。如果一家律所从一开始就选择公司化、一体化的路线，可能就不会遇到转型过程中的那么多困难。

当下市场上绝大多数律所采用的是传统合伙制，这种传统模式与生俱来的弊端就是律所平台上的公共服务少，合伙人各自为战，由此也就造成了律所形象千人千面的情况。

在君合，我们从一开始就走了“一体化”的路线，合伙人在平台上所接受的是统一的、标准化的服务，自然就更容易形成一致的品牌认知。这种品牌认知的形成其实是潜移默化的，他们向客户传递君合的品牌形象也是一个潜移默化的过程。君合的品牌建设策略更多的还是这种潜移默化、润物无声的运作。也可以说，君合的品牌建设就是一体化平台建设和运营的一个缩影。

在品牌建设的规划方面，君合并无非常独特之处，我们的做法和别的律所可能也并无二致；如果说结果上有一定的差异，那是得益于在执行层面贯彻得更为彻底。这就是依靠君合公司化、一体化管理模式的保障。

品牌建设并不局限于市场营销，而是一个系统化的工程。市场营销只是前端，后端则包含了更为广泛的内涵，如律所的人员素质、业务质量、社会责任等，这些才是我前面所提到的君合品牌的内涵。市场营销的技术和手段可以根据时代和市场变化来调整，但是君合品牌的内核在过去的 30 多年里却保持始终如一。这是不容易的，要靠制度来保证，要靠十年如一日的坚守来维护。

君合的一体化品牌与我们人员的招聘标准、薪酬待遇等都是相关的；人员素质决定了业务的质量，进而决定了品牌形象。业务创新、一体化业务管理体系、培训体系、风险防控机制等律所管理的日常，都会对我们的品牌形象产生直接或间接的影响。

当然，我也不是要否定前端市场营销的努力和付出。前端的精耕细作能在短期内迅速提升君合的获客能力，推动客户通过接受服务来感受君合的品牌内核，实现品牌与效益之间的转化，这是市场营销带来的直接价值。

王凤梅：您也提到一体化管理是君合品牌战略的保障，也是发展战略的重要体现。君合在最初就选择了一体化的发展路线，现在行业里都在热议一体化，您觉得君合的一体化优势主要有哪些？为何大家很难学？中国律所一体化的难点在哪里？

华晓军：君合的“一体化”是真正的一体化。整个事务所的 12 个办公室（3 个境外办公室、9 个境内办公室）都按照一套统一的标准和体系运行。无论你在哪个办公室、哪个业务组，君合都只有一个统一的成本中心和利润中心，所有人的利益都是紧紧地捆绑在一起的，一荣俱荣，一损俱损。

具体来说，君合的“一体化”体现在日常管理的方方面面：

第一，人事管理的一体化。君合的招聘、人员的薪资标准都是统一的，实施三级九档，每一个级别对应一个标准的薪酬，只根据不同办公室所在地域的消费水平和人力成本进行微调。当然，最近一年多以来，为了适应市场的变化，君合在标准薪酬上安排了一个浮动体系，也对年终奖金和奖励工资政策做了一些调整，拉开绩优（good performing）和绩差（bad performing）律师之间的收入差距，以进一步激发律师的生产力。但不管怎么变化，君合在合伙人和律师的招聘体系、薪资标准、考核和晋升的标准上都是统一的。

第二，财务管理的一体化。君合有统一的预算和费用管理、统一的成本核算、统一的利润率，这些都是财务管理一体化的表现。以合伙人的市场费用为例，在传统合伙制、提成制律所中，每位合伙人的市场费用都是各自的成本；但在一体化的平台上，就不是这个概念。我们发现，往往业务做得很大、收入很高的合伙人是最没有市场开发费用需求的。如果简单地以创收的某个百分比去决定合伙人团队的市场开发费用，就会导致最需要市场开发费用投入的那部分处于成长期的合伙人的市场费用是最少的。在一体化的平台上，君合可以把市场开发费用放到一个公共的资金池里统筹使用，对于一些处在成长期的合伙人进行 2 ～ 3 年的倾斜性投入。用数字化系统的数据分析来考量这些市场开发费用投入的效益，并进行调整，真正把有限的资源用到有需要的合伙人身上，这就是“一体化”的优点。

第三，物资管理的一体化。在君合，无论是在北京、上海还是广州，办公用房的装修标准和分配规则都是一致的，不会因为创收的高低而产生办公用房的面积、公共资源支持上的差异。无论是在总部还是二线城市的分所，办公室的 IT 基础设施、物资采购和配置标准也是一致的。

第四，市场管理的一体化。统一的品牌形象和营销策略、统一的市场经费使用机制、统一的合伙人推广和市场活动组织，这些都是君合市场管理一体化的表现。在传统合伙制律所，客户的私有化属性非常明显，合伙人在市场开发上的竞争关系大于合作关系，而这种情况在君合是不存在的。君合有统一的客户关系管理（CRM）系统，由市场部来统一调度和使用客户数据。通过内部合作产生增量业务也是市场管理一体化带来的一个实实在在的好处。

第五，知识管理的一体化。我们有专业的知识管理团队，实施统一的律师培训体系、统一的知识分享系统。在传统的律所里，合伙人倾向于守住自己的“一亩三分地”，主观上很难有动力把自己的专有技术分享给其他人；而在一体化的平台上，君合实现了每位合伙人专业领域的“一主二辅”。通过专业化来推动内部合作，并保证合伙人不会在知识的分享上“各划城池”。君合内部有一些机制来激励大家进行知识分享，律师如果参与了内部培训，无论是作为主讲人还是听众，都可以记录为非业务小时，由此来得到一个更高的评价，并从年终奖的评定上得到一个更合理的回报。通过不断地分享，可以让大家的知识储备、知识水平都达到一定的标准之上。

第六，最高层级的“一体化”的表现，我认为就是客户管理的一体化。最高层级的客户管理一体化除了统一的客户数据管理以外，还要有统一的客户分层和资源分配的体系，最典型的一个表现就是客户的“机构化”，即客户丧失了私有化的属性，他们不再是某一位合伙人的客户，而是整个事务所全体合伙人的客户。到目前为止，在这一点上，君合也还在不断探索中。

王凤梅：对于一体化建设，君合探索了 30 多年，其中很关键的一点就是分配机制。为了推进更科学的一体化机制，君合曾经有一个非常著名的“实验田”项目——对分配机制、管理机制和技术系统进行实验。请问“实验田”是否还在继续？

华晓军：从 2015 年至今，“实验田”已经走到了第 7 个年头，参与人数从最初占全部合伙人人数的 70%，到现在基本上接近了 80%。可以看出，“实验田”是有生命力的，但这个“两制并行”的状态可能会长期存在。

君合君合，君子之合。对于君合而言，确保稳定是一个更重要的课题。在做任何改革的时候，我们都不希望改革是过激的，不希望造成内部的撕裂。既然有 80% 的合伙人选择加入“实验田”，在“实验田”部分计点制的机制下来运行，显然，他们是认可并受益于这种机制的；同时，也还有 20% 的合伙人更愿意在完全绩效制的模式下来运行。以“实验田”所占据的人数优势来强行推动两制合一，不符合“君子之合”的文化精神，我们希望能够寻求“田”内和“田”外合伙人之间的最大公约数。

因此，“实验田”在君合内部还在继续深化，我们也尝试在运行过程中逐个解决问题。也许我们找到的并不是一个非常完美的解决方案，但是应当说，我们是“摸着石头过河”理念非常坚定的支持者（笑）。

王凤梅：君子之合，要追求“人和”和“事合”，这也道出了律师行业的心声。近几年，业内都比较追求“一体化”，“一体化”的难点到底在哪里？

华晓军：“一体化”的难度主要体现在两个方面：

一是启动之难。要做“一体化”，首先要具备做“一体化”的内部和外部条件。客户和市场是一体化的外部驱动力，有怎样的客户和市场，就有怎样的律所。在不具备外部驱动力的时候，如果仓促上马，就是“无本之木、无源之水”，注定是要失败的。只有当外部客户具有多样化、综合化的法律服务需求，并且此类有高端综合化法律服务需求的客户达到了一定的数量，也愿意为律所高质量的服务支付更高费用时，律所做“一体化”才有成功的可能。单纯依靠内部的驱动力去做“一体化”的尝试，我觉得是不可能成功的。业务合作是“一体化”的内在驱动力。当律所的合伙人队伍达到了一定的规模，形成了专业的分工，工作质量上比较一致，相互之间有信赖，才会有这种内部合作的需求。内部和外部两个条件缺一不可。

以君合为例，在外部，我们有足够量的高端客户，要求我们提供跨业务条线、跨专业领域的综合性服务；在内部，我们通过日常管理，保证合伙人之间的业务水平和业务质量比较一致，有信赖关系，比较容易形成交叉销售和合作关系。这些都帮助我们跨越了“启动之难”。

二是落地之难。一体化的律所不仅要在理念上得到大家的认同，同时需要建立一整套完善的管理体系和制度规范，并在发展过程中不断调整和打磨。用制度和管理打通律所运作过程中的人力、资金、客户、业务、知识、数据等生产要素，让这些生产要素在内部非常流畅地运转，这样“一体化”才能平稳落地、生生不息。

专业服务机构的管理难度确实要高于一般的工业或者商业企业，基本上可以说是一道世界性的难题。为什么？因为能成为律所合伙人的基本上都是精英，而且律师的本职工作就是维护客户的利益，在维护自身利益方面自然也是毫不含糊。所以，想管理好精英，一定要建设相应的制度体系；并且作为制度的建设者，一定不能有私心，不能从短期的利益考量，一定要本着公平、合理、可持续的原则，从制度上真正地解决合伙人日常合作过程中的问题，以及事务所日常管理过程中各种资源的配置问题。如果能做到这些，就能突破一体化的“启动之难”和“落地之难”。

王凤梅：这根本不是“术”上的事，这是“道”上的事，先要做到“无我利他”。前面您也提到，君合有9个境内办公室和3个境外办公室。怎样简单概括君合总分所的关系？如何保障总分所人、财、物的统一管理？

华晓军：君合整体的定位是做一家精品律所，我们瞄准的是高端市场的高端法律服务需求。所以，君合并不要求二三线城市的分所做出很大的规模。当地市场的高端业务需求量是有限的，因此，我们在当地的团队不需要维持一个大的规模。当有高人力需求量的项目上马时，君合可以用“一体化”的优势，从一线城市的团队调度富有经验、知识储备也非常充分的律师来支援，从而让在二三线城市的客户获得更好的服务品质和服务体验。同时，分所由于高端业务体量相对稀缺，比较难以进行专业化建设，我们也可以把分所的同事调度到一线城市的高端项目上，让他们有机会去学习和成长。

王凤梅：君合作为国内具有顶尖专业声誉的律所之一，在规模化上保持了相对克制。您如何看待规模化？保持品牌形象与规模化扩张之间是否存在一定程度的矛盾？

华晓军：在规模扩张上，君合确实始终采取了一种比较谨慎的态度。到现在为止，我们还是坚持不搞加盟制、不搞简单的兼并吸收，还是采取内生式的发展模式。君合的基本战略定位是“做国内最好的中国律师事务所，做一家精品化的律师事务所”，因此，规模适度扩张就可以了。君合关注的是头部市场的头部业务，这些业务的容量是有限的。因此，我们的规模做得再大，不见得就能取得更大的市场份额，反而会在我们内部造成利益冲突等棘手的问题。

未来几年内，我们在规模扩张上的关注点是在补齐业务短板方面。比如，君合在某一个业务链条上缺了某一个领域的专家，我们会积极吸纳外部相关领域的专业人士来补短板。此外，我们也关注到一些相对新兴的业务领域，如破产重整业务、ESG业务等。在这些新兴的领域，君合一定会引入外部人才。

王凤梅：涉外业务一直是君合的传统优势业务领域。近年来，疫情和日趋紧张的国际关系是否给君合的涉外业务带来了冲击？君合未来是否会更加聚焦国内业务？

华晓军：确实，君合从建所之初就始终把自己的业务重心放在了跨境法律服务方面。从我们的实际业务收入的构成来看，2020 年，来自境外客户的收入占比首次低于来自境内客户的收入占比。

随着市场、国家经济的发展，每家律师事务所都需要不断调整自己的业务定位和策略，君合也不例外。过去两年多来，因为疫情、中美关系、俄乌冲突等因素的影响，一些从事涉外业务的律所，其业务量均出现了下滑，君合也难以独善其身。面对这种冲击，君合势必要在国内客户的开发端加大投入。但这并不代表君合整体的业务方向会发生大的转变，因为跨境法律服务仍然是我们的核心竞争优势。未来，无论是在外商直接投资（Foreign Direct Investment，FDI）还是代表中国企业走出去的“一带一路”项目上，君合都会继续加大投入。同时，我们也会在纯境内业务这个板块中投入更多的资源，“两条腿走路”。

王凤梅：君合的数字化基础很强大，肖微律师曾评价您：“在技术使用方面，华晓军律师研究颇深，走在前列。”您给君合带来的技术革新有哪些？您认为未来中国律所的信息化有哪些机会？数字化律所如何实现？

华晓军：肖律师对我有点过奖了。提到律所的数字化，我认为基本上可以分为业务的数字化和管理的数字化两个方面。

在管理工具的数字化方面，在我管理 IT 部之前，君合就构筑了以国际同行验证过的、大型的、成熟的商业软件体系为核心的数字化管理系统。这些核心管理系统的使用，对我们业务的运行效率起到了极大的提升作用。

如何利用好这些核心管理系统产生的大量业务和管理数据，做一些定制化的开发，是我接手管理以后需要做的。我们开发了君合的律师评价系统和 CRM 系统。这个 CRM 系统不仅仅是传统意义上的客户数据库，还包括了市场费用审批、项目申报和媒体申报、市场活动、客户精准营销等系统，实质上是我们市场营销工作的一站式平台。通过这个量身定做的平台，我们可以实现众多的营销管理功能，比如，实时分析每一位合伙人的市场费用投入和产出之间的关系，让市场费用的审批变得有据可依。

2022 年，君合又打造了自己的知识管理系统（KMS）。除了专业知识的管理，KMS 还复合了培训、市场开发资料分享等功能。所有的培训资料，无论是文字还是视频，都可以在这个平台上一站式获得。平台上还分享了经过市场部美化的法律服务建议书、对外培训演讲的 PPT 等，免于合伙人在同样的主题上浪费时间。以往因为保密，很多律所制度没有公开，而通过 KMS 系统，我们一方面使内部人员可以根据需要随时查找制度规定，另一方面对制度进行了赋权管理，并使用个性化水印，防止机密泄露。

KMS 中还集合了许多业务工具的入口，如法律数据库、企查查、画图工具、翻译软件，以及资本市场业务部的专用工具、知识产权部门的专用工具等。我们可以一站式地从 KMS 切入这些办公资源。这些数字化手段能够极大地提升君合内部的运行效率，并对业务端产生推动作用。

在管理工具方面，我们还采购了阿里商旅系统，减少了律师出差垫钱、秘书报销贴票等环节。同时，通过使用报销机器人实现发票的自动扫描、验真查重和数据采集上传功能，大大节约了秘书和财务部的人力。对于律所而言，第一位的成本就是人力成本。通过这些技术化的手段，既提高了生产效率，也提高了利润空间，这就是管理数字化带来的好处。

在业务办案工具的数字化方面，君合曾尝试开发人工智能的法律尽调产品和法律翻译产品。说实话，开发没有取得成功，我也比较惭愧。未来，我们会更多地倾向于在市场上发掘一些能够契合我们业务需求的成熟软件。

王凤梅：君合的未来规划中，发展的重点方向有哪些？

华晓军：谈到君合未来的重点方向，大概有以下三个方面：

第一，把重心放在平台建设上，着力提升君合的整体竞争力。面对国内外政治经济环境的变化和疫情带来的挑战，我们还是要通过练好内功来赢得更多的客户。

第二，在业务层面，除了优势领域以外，君合要着力在处于相对竞争劣势的短板业务领域奋起直追，并在一些比较新兴的业务领域取得先发优势，如合规、ESG、医药医疗等方面。

第三，在律所管理层面，君合还是要强调深化内部的数字化管理体系，通过深化 KMS 建设、更大范围地采用机器人自动化等技术手段来提升内部运营的效率。

王凤梅：您如何看待现在国际和国内对于律所和律师的评价标准？您认为好律所和好律师应该有怎样的标准？

华晓军：提到评价标准，国际上的法律行业专业媒体对于律所的排名评奖都有自己的一套体系方法，或是人员规模，或是 PPP，或是 RPL……这些指标往往只能从一个角度来评价，而不能够揭示一家律师事务所真正的全貌。

在我个人看来，评价好律所应当有一个黄金标准，即能够匹配和客户项目需求相适应的团队，可以在平台上最大限度地调度最优质的资源，以贴近客户对于专业服务的需求，给客户提供最专业的意见。

相对应地，好的律师自然是能够提供高性价比且有效的解决方案，能够切实为客户解决问题的律师，而不是当客户提出一个问题时，永远只能告诉对方法律是如何规定的律师。当法律把客户的某一个想法否定时，能否另辟蹊径，找到其他的解决方案？这个解决方案是否合法合规，并且能够满足客户的商业目的？能做到这样的律师，才是好律师。

王凤梅：一切以客户服务和客户满意为依准，这也是君合一贯的理念和价值。感谢华主任的娓娓道来，把君合 33 年来的初心、制度创新、一体化建设的思考和成果，以及数字化、品牌和文化建设的秘诀都毫无保留地与大家分享。让我们一起通过分享激发更多的思考，推动全行业共同的高品质发展。

王宗旗

从“对赌协议”到“合和共生”明炬十年打造“西部律界航母”

两个“五年计划”稳步进行，四川明炬律师事务所（以下简称明炬）是如何成长为四川头部强所的？在与全国性规模大所的专业化竞争中，明炬如何突围并实现专业品牌的蝶变？在分所众多的情况下，明炬通过怎样的管理秘籍，形成了强大的凝聚力、向心力？创业9年，从“对赌协议”到合伙人普遍认同的“合和共生”管理模式，明炬已发展成为拥有21家分所、律师人数超过1000人、合伙人人数超过100人的西部大所。明炬有自己的坚持：坚持“一拖三”和“强制转介”专业化制度，坚持“传帮带”的发展理念，坚持公共律师服务于公益事务……“合和共生”的管理模式，让明炬坚定而有力地跨入下一个10年。

对话时间 2022 年 9 月 1 日

对话嘉宾 王宗旗，四川明炬律师事务所主任，擅长刑事、公司、行政等法律业务，在同行业中享有较高知名度。现担任中华全国律协常务理事，四川省刑法学研究会副会长，国家检察官学院四川分院检察教官，四川省法官惩戒委员会委员、四川省检察官遴选委员会委员，四川省委政法委法律顾问、四川省政府行政复议委员会委员、四川省立法专家，成都市律师协会会长、成都市政协委员、成都市法学会副会长，成都仲裁委员会委员，西南民族大学、西南石油大学等院校兼职教授、硕士生导师，西南政法大学本科教学工作审核评估专家组成员。

王凤梅：明炬这两年的发展非常快，成了西部律师界的"航母"律所之一，最近还启动了新址装修。如今，明炬已是名副其实的区域强所。您怎么看待明炬的发展？未来明炬规模化的发展方向是什么？

王宗旗：规模化是明炬创立发展的"三化"目标之一。所谓"三化"，就是规模化、品牌化、专业化。基于创立时的"合并""重组""强强联合"等独特的律所基因，明炬对"规模化"及其衍生出的律所"做大"与"做强"的辩证关系的认知非常清晰。不管是在初创时还是在当下，我们都认为，"做强"必先"做大"，"做大"的必然趋势便是"做强"。规模化是律所做大、做强的基本标志，应当体现在律师人数、合伙人人数、分所数量、总创收、人均创收、办公场所、设施设备等方面。

目前，明炬已经成立了 20 家分所，律师总人数接近 1000 人，总所律师近 500 人，合伙人人数超过 100 人，总创收连续两年超过 2 亿元。明炬的第三个五年规划中有三个"小目标"：一是要达到律师人数的"两个 1000"，即总所、分所律师人数均达到 1000 人；二是要实现川内分所的全覆盖，并在西南地区的省会和部分中心城市完成布局；三是要实现 10 亿元以上的总创收。为了实现这些目标，明炬投入了数千万元进行新址装修，并将于 2022 年 10 月迁入位于成都天府大道核心区域的中国太平大厦办公。新址办公区有四层楼，近万平方米，功能齐全，设施先进，相信这将成为明炬二次腾飞的起点。

王凤梅：明炬在西部能有这么快的发展，与地域环境也有关系。王主任同时是成都市律师协会会长，从行业角度来看，四川乃至西部地区的经济结构和法律服务市场之间有什么关系？目前西部有哪些发展机遇？

王宗旗：明炬只是一个区域大所，这是目前对明炬比较客观实际的定位。这个定位决定了在当前及今后很长一段时间内，明炬都要思考和研判自身所在区域的城市定位、经济形态及结构、服务市场等外部因素。

律所的发展与其所在地域的市场容量、服务类型、行业特征等方面有着极为重要的内生关系。相较于西部其他地区，成都的优势在于：一是其为国家中心城市、成渝地区双城经济圈核心城市；二是综合实力在西部省会城市中比较靠前，区域吸附能力强；三是经济、生态等资源优势强，市场大，人才吸引力大。这些优势决定了它不只是一个省会城市、内陆大型城市那么简单。目前，四川和成都在国内的地位还没完全凸显出来，但成都已经被年轻人称为国内的"卷都"，这既体现出成都市场具有巨大张力，也显示出成都市场竞争的激烈和某种程度上的无序。

明炬始终坚持通过将蛋糕做大，以规范有序、差异化竞争来面对压力和挑战。我认为，四川和成都未来的机遇将更多在经济浪潮及区域规划的重组和调整中显露端倪，比如电子产业、互联网、新能源及涉外等领域。

王凤梅：明炬大部分的分所布局于四川省内，第一家拉萨分所也大体上属于西南地区，但特别地成立了一家上海分所，这是出于怎样的考量？

王宗旗：布局国家中心城市是明炬规模化的步骤之一。上海是中国最大的城市之一，是国家的经济、金融中心，上海分所的成立是明炬走向全国的重要一步，是明炬跳出"舒适圈"、胸怀新抱负的组成部分。在上海能站住脚、能发展，就不用为其他城市设分所的前途问题发愁。当然，上海分所的成立也有一定的偶然性与机遇原因。上海分所的建立、运营只是个开始，今后我们将在北京等其他国内重要城市布局，以较高的标准和姿态走向全国。

王凤梅：明炬的总分所关系在投资、管理和分配上有何特征？

王宗旗：明炬的总分所既相对独立又联系紧密。分所的设立一般采用选择当地影响力较大的律所加盟、律师加入等方式进行，在投资、管理、分配上遵循一致行动、利益均沾、共同发展等理念。我们坚持总分所之间的“地域转介”等制度，使分所的案件来源不是简单的“1 + 1”，而是“N + 1”。

明炬对于分所设立的基本要求有：第一，分所的负责人必须成为总所的合伙人，这样能解决管理和利益平衡问题。第二，分所的人数原则上应达到20人以上。在我们四川的市、州，20人以上的律所已经算得上较大规模的律所。第三，分所负责人在当地具有影响力，并且有创新精神，最好在当地律师协会的重要岗位上任职。第四，分所必须有3～5个专业领域的律师，且水平在当地领先。我们诚挚欢迎有实力、有情怀、认同明炬理念的各地优秀同行加入明炬大家庭，共筑“明炬梦”。

王凤梅：看来明炬在“人合”上已经很有心得！记得明炬在设立之初，曾签署《建所大纲》，后来形成了具有明炬特色的一体化管理和发展机制。您也曾多次提到“合和共生”的理念，请您介绍一下“合和共生”的内涵，以及“明炬模式”的管理架构是如何体现这种内涵的。

王宗旗：“合和共生”从字面上解释，是指明炬作为合并重组的大所，应当在“合而为一”及“和谐共处”两个层面上都做到共同生存与发展。“合”是明炬创生的独特本质与历史演进过程，体现统合性、集体感；“和”是明炬发展的境界与追求，是“合”的进化阶段，是一种价值生成与体验，同时体现和谐、融洽与浑然天成。

“明炬模式”管理架构中的多处都体现了这种“合”与“和”。从《建所大纲》中对事务所合伙人重要程度的表述，到专业化的制度设计（如“一拖三”“强制转介”“利冲解决”等），都系统地体现了这一理念。“明炬模式”也好，“合和共生”也好，都是明炬在长期的发展经验中自然总结出来的。

王凤梅：明炬并非传统的提成制律所，请您介绍一下明炬在分配机制上的特色。另外，明炬“公共律师”的工作成效如何？

王宗旗：明炬的分配机制与律师的工作模式直接关联。除合伙人外，明炬将执业律师分为合伙人团队律师、公共律师、提成律师三种类型，薪酬分配制度也依此分类。所以，明炬在分配机制上的特色就是多元的利益分配模式。在贯彻多劳多得的同时，注重平衡各方利益，尤其是平衡律所利益与律师利益，以促进律所的可持续发展。比如，我们规定将合伙人创收的5%、律所年度利润的30%列入发展基金，这些强制规定确保了明炬发展理念和战略规划的落地实施。

公共律师则是指明炬公共业务部聘用的律师，借鉴公司制进行管理，实行考勤考评制、级别工薪制。明炬的公共律师按照授薪标准划分为7个级别，分别对应7个档次的薪金。公共律师除负责所内公共案源和事务所承担的公益性、政府业务的办理，如法律咨询、政府窗口值班、同心法律服务团等，还通过内部实行的购买服务制，“明码标价”为其他律师和团队提供有偿支持。公共律师对于明炬的发展壮大和品牌推广起到了不可替代的作用，明炬获得的社会荣誉大多与公共律师的参与、付出有关。

今后，我们将更加注重公共律师在业务办理与公益法律服务之间的平衡，增强公共部业务组成的厚度与力度，使公共律师成为提成制律师学习和羡慕的对象。

王凤梅：那您觉得这样的机制是不是可以复制？在其他的所里面，也可以配备这样的工作机制？

王宗旗：在规模所配备公共律师是适当的。因为公共律师，按照明炬的定位，主要以公益服务为主，又为其他团队和其他律师在力量不足的情况下提供服务。它既是一种补充，又是一个特色，是我们作为大型所为公益服务的一个特殊的机构，也是学习“公司制”律所的一种方式。

我举个例子。比如我们所中标服务的成都市人民政府的“12348法律服务热线”。这个法律服务热线，要求24小时分三组到四组值班，我们所会投入25名律师，持续一年的时间，为市民进行法律咨询服务。如果不是公共部的公共律师，其他的提成律师、团队律师，根本没有时间这样服务。所以公共律师的地位和作用是比较重要的，其存在有相当的合理性。

王凤梅：以律所为主体，设置公共律师，对外可以承接这些具有公共服务性的业务，也会使律所的一体化程度越来越高。据您所知，还有哪些所有这样的制度吗？明炬现在有多少人在做公共律师？以年轻律师为主吗？

王宗旗：公共律师的制度像明炬这种特色设立的所是比较少的。但是我认为，在公司制的律师事务所几乎都采取公共律师制度，不过那种公共律师的含义和明炬这种情况的含义是不一样的。

明炬的公共律师以青年律师为主，有近 30 名，但是有一个问题，公共律师分一级到七级，大概要花 7 年时间，才能达到七级。工作中比较突出，比较优异的律师，可能会被其他合伙人挖走。这也是需要探讨、解决的问题。我们需要源源不断地补充血液，以确保公共法律服务的服务质量。目前明炬也在研究怎么发现人才、留住人才，给他们晋升渠道的机制。

王凤梅：明炬现在有近千名律师，青年律师的占比大概是多少？明炬给青年律师提供了怎样的培养和晋升机制？

王宗旗：青年律师是明炬的未来。明炬历来重视对青年律师的培养，注重梯队的形成。我们对青年律师的培训包括两阶，即实习和青年（初阶）律师培训。我们在教育培训方面成立了专门机构，逐步走向高阶、专题化，试行了小班制、收费培训等精品化、有偿化、实战化的培训模式。

至于青年律师的晋升，无论是党委、管委会、监事会成员的选任，还是“两专委”主任、副主任的任职，或者是青年律师的引进计划，包括合伙人的吸收与晋升，我们都规定了青年律师应占人数的比例。目前，明炬总所执业律师中，40 岁以下的青年律师占 68%；108 位合伙人中，青年律师占 35%。

2022 年，明炬设立了执行委员会，将管委会对律所的管理职能如数划归执行委员会负责。执行委员会都是“80 后”“90 后”，经合伙人大会“信任投票”后，实行“召集人轮值制度”，让每一位委员都能尽情地施展自己的才华。半年来的实践，证明我们的决策是正确的，可以说，明炬已经从制度和结构上避免了管理层的断代，为二次腾飞奠定了最坚实的基础。

王凤梅：跟青年合伙人在一起，他们的思维以及对律所的管理的认识，与我们老一辈管理者是碰撞多还是共鸣多？

王宗旗：还是碰撞多。青年律师与我们老一辈在思想理念、创新精神、容错机制方面不一样。但是有一点，因为明炬通过 9 年的打造，我们形成了“三结合”的模式。我们经过信任投票的六七位执行委员会的委员都是非常优秀的，必须要得到过半以上合伙人的信任，才能脱颖而出，他们代表了明炬的未来，我们合伙人会议里老的创始人这么做的出发点是，希望他们能在 1 ～ 2 年之内迅速成熟起来，承担明炬下一步发展的担子，希望他们能再干 20 年！

王凤梅：专业化是律所立身之本。明炬坚持走专业化路线，不同专业领域的案件受理有一定的边界，确保案件能够由相应领域最专业的律师来处理。对此，明炬有“一拖三”制度和“强制转介”制度，请您介绍一下。

王宗旗：“一拖三”制度和“强制转介”制度是明炬重要的制度设计，直接关系到专业化的进程。

“一拖三”制度，是指一、二级合伙人（含其团队成员）只能在律所设定的 14 个（原为 13 个）业务门类中选择 1 个门类为主营业务、3 个门类为辅营业务，剩下 10 个门类的业务只能强制转介绍给其他申报了相应门类业务的合伙人，至少必须与这些合伙人合作。“一拖三”制度能够强推律师的专业化分工。明炬不是这种制度的开拓者，但一定是这种制度的坚定执行者。目前，明炬有二三十位合伙人只做一门业务了，充分证明了这种制度的生命力。随着全所专业化的推进，我们将进一步压缩每一位合伙人的业务门类，可能会直接变为“一拖一”制度（直接要求“一”，没有“拖”）。因为当今法律服务市场的竞争，必定是专业人才之间的比拼。

“强制转介”制度分为业务转介与地域转介。业务转介，是指在“一拖三”制度下，合伙人不能代理“1+3”项业务以外的业务，于是产生了不属于其业务范围内的业务的强制转介。地域转介，是指合伙人的业务在总分所之间的强制转介。

有一句老话是“律师的最大客户是律师”。“把同行发展为自己的客户”是明炬在筹建时就喊出的口号，现在同行们都比较认可这个理念。“强制转介”制度充分整合了律所内部、总所与分所之间的案源资源，助推了合伙人之间形成团结协作的精神，避免了所内律师之间的“内卷”，实现了案源律师、转介律师、客户之间的“三赢”。

王凤梅：您刚才提到制度的“强制性”，碰到当地的案子一定要跟当地明炬的分所合作，如果案源人不愿意，有什么办法约束？

王宗旗：这个制度主要是适用于合伙人与合伙人之间，明炬的合伙人和合伙人团队的创收占了明炬总创收的 85% 以上，这个制度对其他律师主要是倡导性的。那么对于合伙人而言，第一，他没有什么机会违规，如果违规，介绍信都可能开不出来；第二，如果是悄悄地把这个业务办下来，一经发现，这部分收入将会被全部没收。如果这样的情况出现两次，属于内部的违约，构成开除合伙人的条件，后果非常严重。所以，目前所有的合伙人都很重视、遵守这个规则。

王凤梅：您刚才也说了，目前一些合伙人，在“一拖三”制度引领下，已经通过聚焦一个专业，实现了专业水平的提升。可以举例子说明，怎样把一个专业做得更好吗？

王宗旗：比如以知识产权专业为例，除了作为知识产权本身的专业门类以外，它有很多边际、很多交叉的领域。包括专利代理非诉领域等。明炬有一位高级合伙人张峰律师，被亚洲法律杂志（ALB）评为“亚洲前 15 强知识产权律师”；他也是四川省、成都市知识产权专业委员会的主任，他的主专业是知识产权，同时他也十分注重通过讲座、出版等对自己专业进行输出和品牌宣传。由于他专业强，当事人经过他的接待，才感受到竟然有这样专业的律师！因此，经过他亲自代理、操作，使介绍者、承办者、服务者形成了三赢。这也促使其他合伙人更加聚焦于自己的专业。

王凤梅：刚才您提到律师在专业上聚焦形成了一些专业服务品牌，明炬接下来的专业服务布局是怎样的？

王宗旗：目前，明炬已经形成一定影响力的业务领域或类型有刑事辩护、知识产权、土地征迁、医药大健康、社会稳定风险评估、税务、婚姻家事等。

在前不久举办的第一届成都律师法律服务产品创新大赛决赛中，明炬占据了前 10 强中的 4 席。今后，明炬将继续在优势业务领域努力深耕，并在金融证券、财税、各类非诉及涉外等领域加大孵化与扶持力度。

王凤梅：您刚才提到了成都律师法律服务产品创新大赛，我们也注意到，现在的法律服务产品设计已经开始技术化、标准化、流程化。因而很多青年人在选专业的时候会有困惑——是跟着一位老师傅慢慢磨炼技艺，还是进入法律服务产品序列，学习流程标准，才能跟上未来的趋势？

王宗旗：我对此还是持比较传统的观念。我认为，前三年选师父，三年以后选平台、选专业。

现在青年律师最大的问题是案源，经验和收入等都是小问题。如果没有案源，没有大量的业务机会去实操、锻炼和积累经验，这三年就荒废了。没有施展的舞台，即使是博士生，也有可能下降至普通的本科生甚至大专生的水平，一身武功全部作废。所以我坚持认为，前三年选师父最重要。这个师父能把你带好，给你案源，让你有事儿做，有机会施展拳脚。

而三年之后，就可以静下来思考一下是不是应该选专业了。选好专业，有了一身本领，自己能养活自己后，再锻炼几年，到具备成为合伙人的条件时，平台就决定了你能走多远。这是我的观点，可以供青年律师参考。

王凤梅：明炬在这 9 年的发展中是如何做品牌定位的？有哪些经验和心得可以向大家分享？

王宗旗：明炬的第一个五年计划是“活下来”，第二个五年计划是通过规模化奠定我们“三化”的发展基础。为了规模化，我们允许了多种分配模式、多种律师工作模式的存在，这个一直有争议。很多人说“提成律师是万恶之源”。但是我们探索下来，不是那么回事，合不合适，自己知道。所以我们最初的定位是先解决规模化的问题。

当我们团队有了人，就可以分专业，可以静下心来把一门东西做精、做好、做透。所内有了若干个“工匠”、若干个专业人士以后，就会形成品牌。大家会注意到：这个案子是明炬做的，那个案子是明炬代理的，那个地方演讲的是明炬律师，那个地方获奖的也是明炬律师……品牌化一定是建立在规模化和专业分工上的。

前两个五年计划的基本定位是要做区域性的强所和大所。我们现在已经成为四川最大的律所之一，已经有独具风格的品牌力、号召力和客户黏性，也凝聚了人心。

明炬的第三个五年即将到来。在新址搬迁及二次创业的关键节点，明炬将在品牌定位上更加大胆、方式上更加创新，赋予明炬品牌全新的价值和意义。

王凤梅：当明炬拥有今天的数据和成绩的时候，说起来似乎是比较轻松的，如果时间倒回到过去，想再追问一下，王会长当时有没有过迷茫、退缩的时候？

王宗旗：我还真没有退缩。也许我自己关着门的时候，可能会有这么一闪念的打退堂鼓。但是我在团队面前，从来没有过退缩，因为我是明炬的牵头人。我可以向在线的朋友们交个底，当时明炬创始合伙人都在 45 岁左右，也是有着十多年经验的律师了。律师都是“人精”，为了防止大家中途退缩，把加入明炬当成一个事业来对待，当时我们就写了一个“对赌协议”，所有的合伙人书面承诺，把明炬作为我们这一生执业的最后一站，除非你退休了，才能离开明炬。规定了合伙人 5 年之内不能退伙；合伙人的纠纷必须内部来解决等条款，正是这种凝聚力让明炬能够活下来。因为有这些背景，我没办法退下来，我必须顶住。

王凤梅：关于未来法律服务业与技术之间的关系，您是否认为我们传统的法律服务还是有很大的空间可以发挥？

王宗旗：一定是这样的。你看几年前，资本介入的律师事务，想实现网上案源转化的项目，现在都销声匿迹了。真正能活下来，做大做强的，都是坚持了传统的业务方式。我觉得法律服务是“人定胜天”。法律服务是一个综合评判的过程，这个研判过程中人文因素非常多，不能被轻易代替。当然，我们在业务发展过程中，要学习借鉴机器人数字化、产品的系统化等理念，但是，做事方式、人文关怀、客户体验等，不是冷冰冰的网络机器能够解决的。我的观点是：人和机器相比，人定胜机器人。

王凤梅：您如何看待国外评价机构对中国律所的评价标准？您认为好律所、好律师的标准有哪些？

王宗旗：中国律师制度发展到现在，还处于起步阶段。我们对于律所、律师的评价还没有一套完整、科学的体系。对于国外评价机构目前对中国律师、律所的评价标准，要一分为二地看待。一方面，只要是具备权威性的评价，都可以代表律师、律所一定的水平和价值；另一方面，还是应该树立、培育、发展我们自己的科学评价标准和体系。

对于好律所、好律师的评价，一定是某种程度上的价值评价。因此，评价标准一定要具备客观性，应当是业界的共识，如不能违规违纪、被处分等。

我认为的“好”，大部分是传统的价值，如专业水准高、诚实守信、勤勉尽责等。如果非要排序，我认为是：万分守信，恪尽职责，可靠平台，相当水准。

此外，我还想补充从 1996 年开始进行律所管理至今，我的两点体会：

第一，所有的品牌所、国际所，都是由本土所发展而来的——这给予了我们坚持和发展的自信。

第二，我始终认为，做律师是职业选择，做律所则是理想和价值的选择。如果没有认识到这一点，就不要去做律所管理。因为只有具备这样的意识，把做律所当成事业，律所才能发展，所有跟随你的人才有希望。

刘光超

“老大”不当“老爸”
“道可特模式”慢慢走出创新味道

“公司制”“‘专业化＋行业化’双向驱动”“独立总部”……北京市道可特律师事务所（以下简称道可特）走的每一步都出人意料，却又在情理之中。作为最早走上“公司制”与“一体化”道路的律所之一，道可特心有猛虎，又细嗅蔷薇。“我们不怕慢。”道可特创始合伙人刘光超说道。道可特人静观天时，巧取地利，抓住每一次机会，走出了一条敢为人先之路。“道可特模式”究竟是怎样的一种模式？争做律界“华为”的目标背后有着怎样的理想？道可特如何解读疫情和经济发展的新形势给律师行业带来的“危”？又如何破局、寻找其中的“机”？

对话时间　2022 年 9 月 5 日

对话嘉宾　刘光超，北京市道可特律师事务所创始合伙人、主任，毕业于北京大学，先后担任中华全国律师协会理事、北京市律师协会理事、朝阳区律师协会会长等行业职务和中国经济 50 人论坛及中国金融四十人论坛企业家理事、朝阳区人大代表等社会职务，曾荣获全国优秀律师及北京市优秀律师等称号。

王凤梅：谈到“道可特模式”，大家的第一印象是“创新”。近年来，道可特发展迅速，6 年间人数增长了 20 倍，业绩也增长了 12 倍。您认为道可特蓬勃发展的背后，最重要的关键词有哪些？与一体化的驱动力有什么关系？

刘光超：我认为道可特发展的关键词有两个：一是“顺势而为”，“势”是行业的大势。这几年，行业进入了整合的高峰期，进入了从“乱”到“治”、从初期向规律发展过渡的阶段。这时，律所整合、新品牌的推出在我看来是“大势”，必然有一批律所会崭露头角。“势”还指“势能”。比如在公司化、专业化等方面的坚持，这就是在“蓄势”，积累到一定时期后，就会促使我们有相对高速、高质量的发展。二是“守正出奇”。我理解的“正”，实际上是正道、规律，就是道可特对专业化、一体化、信息化、产品创新等方面的坚持，它给律所带来的价值体现在发展速度上，这就是“出奇”。道可特没有刻意追求规模化，只是在确定战略之后，坚持往前走而已。

王凤梅：道可特在 2003 年创立之初便开始践行一体化管理，您当时的初心是什么？这些年来坚持“公司制”“一体化”的优势有哪些？

刘光超：“一体化”最重要的一个特点，就是把律所作为一个整体。“一体化”有很多层级，比如 100% 的一体化、上下完全的一体化、总部一体化和分所个性化相结合等。道可特在成立之初并没有那么远大的目标，只是觉得实施“一体化”律所可能更容易活下来。

刚建所的时候，道可特只有 3 位合伙人，我们首先想到的是团结，自然就选择了非常朴素的“一块儿”来做。慢慢地，这个模式给我们带来了意想不到的好处。比如，客户很喜欢这个模式，同样的成本下，他们可以享受到几位合伙人的共同服务；律师也很喜欢这个模式，尤其是新加入的律师，他们可以跟着不同的合伙人学习，能够利用律所的所有资源。这些收获是我们在一开始没有想到的。后来我们总结提炼，认为“公司化”应该既包括“一体化”，又包括“企业化”，这逐渐丰富了我们对“一体化”“公司制”的认识。

我曾经在企业做管理工作，对做好一家企业的要素有一定的体悟。我希望律所能像一家公司一样，有战略、产品、市场等，这是一种较好的整合资源的方式。所以我引入了公司中一些合理的元素，希望能在律所中发挥作用。

王凤梅：道可特在“一体化”建设中解决了哪些困难？

刘光超：律所规模小的时候，“一体化”很简单，所以现在很多一体化的律所都做成了精品所。但当“一体化”想要往“规模化”转变时，就存在问题了。

现在，道可特对“一体化”做了一个改革。真正的“一体化”，是全所在品牌、市场、人才等各方面共性的一体化与团队、分所的个性化的有机结合。“一体化”并不代表全所计点制，或者在全所范围内打通所有边界。

相对地，道可特保留了团队内部的计点制。道可特也有提成，但提成只是第一次分配的手段。就好比 600 个人在 1 个锅里吃饭，这对大家的要求很高。所以道可特分成 20 个“灶”，这 20 个“灶”背后有一个强大的“中央厨房”，这就是道可特理解和践行的“一体化”。

当然，一旦规模化初步实现后，道可特会逐步把内部各个“灶”之间的隔断打破，重新融合，最终走向更加紧密的“一体化”。

王凤梅：“一体化”的目标是统一调度资源、服务好客户。道可特在业务管理以及案件作业分配方面有怎样的机制？

刘光超：“一体化”的本质是要实现“客户一体化”。道可特现在的模式是把律所业务分成两种：一种是合伙人的存量业务，即每位合伙人在加入道可特时就已经拥有的客户；另一种是增量业务，包括整个律所市场化的客户、招投标的客户等。这些新增的客户成为道可特全所的共享客户。除此之外，我们把每位合伙人存量客户中的一部分，即规格比较高的、全国性的客户开发为共同的大客户，我们称之为实现“对客户系统化的深度二次服务”。

机制保障了一体化的客户共享，任何一家分所的合作伙伴加入后，都能享受到全所的客户池。道可特通过融合全所的客户达成“客户一体化”，大家的利益便分不开了，各个平台、各个“灶”之间的泥巴和隔阂也就没了。

王凤梅：道可特启动适度规模化以来，天津、济南、太原、上海、海口、哈尔滨、深圳、武汉、成都等 10 个办公室相继成立，其他国内国际办公室正在筹建中。从精品专业所转型为综合规模所，道可特是怎样推动规模化建设的？如果说 2016 ～ 2020 年是道可特适度规模化的五年，那么 2021 ～ 2025 年按照“五年规划”的说法，将对规模化进行深化和细化，道可特在规模化方面有哪些目标和行动？

刘光超：这两年规模化的发展比我们预期得要快，按照道可特的五年规划，2025 年要完成 20 家分所的设立，我觉得不成问题。

但是我们做分所与其他的律所不太一样，我们要求一个所一定要在当地有三个合作伙伴才能成立道可特的分所。如果这个所找不到合作伙伴，总部可以给他找两个合作伙伴帮他凑对，跟他们共同经营和管理这家分所，我们称之为“控股直营”。

道可特对分所设置的地理位置也有一定的要求，我们会从 GDP 排名前 30 的城市、6 个巡回法庭所在地、省会城市、国家重要战略城市去考虑。原则上，每个省只设 1 家分所。在我看来，如果想保持整个所的规格和质量，就必须在数量上牺牲，所以我们坚持适度规模化。

道可特把事务所分成三个级别：支柱型分所、特色型分所、窗口型分所。如海口分所就是窗口型分所。它设置规模比较小，是示范和促进国际合作的一个窗口。上海、深圳、北京、成都、西安是支柱型分所，无论是当地的经济总量，还是在道可特整个体系中的重要性，都是支柱型的。我们希望，支柱型分所的规模一定要达到百人，并且在三五年内就要进入当地的前 30 名或前 50 名，这样才能够满足客户真正的需要。有些以数字经济为主、以文化为主的地区，我们会把分所打造成特色型分所。

王凤梅：从 2021 年到现在，道可特在 10 个月内完成了 5 次合并，道可特在合并过程中有什么整合的秘诀？是如何实施“一体化”的？

刘光超：道可特有两种合并方式，一种是建设分所的模式。我们希望在当地找到好的团队，以团队的形式吸收，这样分所会更有战斗力和竞争力，也不会破坏当地律所的平衡。另一种是结构化合并，或者说补差式合并。道可特在与大器、达晓等合并时，都是以知识产权专业发展为主要背景的。道可特在资管、投资、私募等方面很强，但在知识产权方面不强，这就需要通过合并优秀团队来补差。这种补差式合并源于互相需要，道可特较好的顶层设计和相对成熟的运行模式，缩短了大家共同奋斗的路程。用补差的思维去做大律所，同时进一步合理化结构，这是道可特北京办公室合并的思路。

王凤梅：相较于多数律所以“总所”为“总部”统管全国分所的思路，道可特将“管理运营中心”从北京办公室独立出来，保障分所体系的管理运营。这个思路的关键是什么？如何理解道可特管理运营中心、总所、分所之间的关系？道可特的控股直营分所模式有何不同之处？

刘光超：我认为这是道可特制度的核心，也是“道可特模式”有别于其他律所管理模式的最重要的内容。北京所在法律上是总所，但不是总部。在道可特，全国各地的分所都是平等的，大家和北京所之间不是“父子关系”，而是“兄弟关系”。全国所有办公室里愿意在全国布局的合伙人都可以来到总部，作为总部共同的合伙人。道可特的总部除了合伙人之外，还有管理、投资、运营、服务等功能。总部设计有两层结构：

一是权益结构，即愿意在总部参与投资、权益承担等的合伙人，这是总部权益合伙人。二是管理层面，总部有管委会，目前有 9 名委员；管委会下设 5 个委员会，相当于上市公司董事会下面的各个委员会；这 5 个委员会在总部还设有 10 个中心，覆盖了所有办公室，由专职的管理人员组成。到 2025 年，这 10 个中心的专职人员要达到 80 人，并覆盖全国的分所。

王凤梅：以“专业化 + 行业化”双向驱动，道可特在专业领域树立起了口碑与行业地位，请问道可特在传统优势领域有哪些专业化建设举措和成果？未来重点关注的业务领域有哪些？

刘光超：在道可特没有推动规模化之前，我们做了很多尝试，当时初生牛犊不怕虎，莫名其妙地就选择了金融资本里以私募这条线为主的业务领域。直到深入业务，我们才知道这里面水有多深、竞争对手有多强。当时我们的对手全是“红圈所”，于是我提了一个口号：小规模、大团队、高规格。主任带团队服务，肯定是高规格；一个团队 50 个人，肯定是大团队。我们就这么跟“红圈所”PK，一路误打误撞。只要把专业做好，客户是认的。

但是慢慢地，我们认识到专业化只是一个方面。律师擅长某个领域的服务模块，是以产品为中心而不是以客户为中心的，想要以客户为中心，必然要做行业化。

2017 年开始，道可特跟另外的一个平台——绿法国际联盟研究院合作，推出了 8 个行业的法律健康指数，涵盖这些行业涉及监管、立法、市场、竞争等各个方面的法律元素，从那时起，我们就已经有行业化的思维了。

实际上，专业和行业是纵横交错的，它们不能互相替代，所以我们现在是两条线在走。所内，每个合伙人可以选“一主一辅”2 个专业模块和 2 ～ 5 个行业模块。我们会通过这两个维度来划分合伙人，每年也会推一些专业上的好产品，或者增加对新兴行业的关注。未来，我们可能会有一些行业化的服务中心，配合专业委员会，从两个维度来打造服务体系，鼓励研发，鼓励创新，这就是道可特规划里很核心的一个要素——“研发型律所”。

总部每年拿出几十万元举办产品创新大赛，现在已经举行了三届。获奖产品的奖金就是产品在市场落地的费用，也是对他们创新的鼓励。其中，涌现的一些产品已经实现了落地，也带来了收益。

我认为，市场需要一个方法论：不断地去研发产品，不断地被同行知晓、被同行模仿、被同行超越，最后这个产品由蓝海走向红海，被市场淘汰。我们鼓励大家用这种方法论把自己变得强大，维持与客户之间高水平的对话能力。

王凤梅：作为一家“创新型”“研发型”的律师事务所，道可特在法律服务产品线开发和跨界发展及法律行业生态圈建设等方面，有哪些成效和规划？

刘光超：道可特总部十大中心里面有两个中心涉及这方面的事情，一个是业务指导与管理支持中心，我们在鼓励大家用更现代化的方式去获客，比如，通过渠道、平台、系统、数字等方式获客。另一个中心更偏向产品端，叫知识管理与产品研发指导中心。这两个中心，带动了道可特的整体发展，它们改变了内部的生态和获客方式。我们希望在保存合伙人自己传统获客模式的同时，创造另外的获客模式为合伙人和律师赋能。

我希望有一天总部的这些中心和各个办公室对应的相应部门，能够形成一个网络和体系，把道可特提倡的“研发型律所”和“运营型律所”真正做到位。

王凤梅：道可特诞生于2003年“非典”危机之后，穿越过危机，您如何思考疫情和经济形势下律师行业发展的“危”与“机”？道可特有哪些应对措施和前瞻布局？

刘光超：疫情带来的压力放大了律师行业本身客观存在的困局。我认为，行业里有两个矛盾，一是律师不断增长的被赋能的需求与律所落后的运营管理能力之间的矛盾；二是客户渴望的、真正适应和满足他们需求的法律服务与律师行业贫乏的产品供给能力之间的矛盾。这两个矛盾不是因为疫情才有的，而是因为疫情被放大了，大家的困顿也都因此而起。我觉得这两个矛盾是可以逐步解决的，但需要形成行业共识。

不过，客观地说，客户们也希望有一些研发和服务能力更强的律所为之服务。可能疫情减少了人际活动，资源型的业务会减少，但专业型的业务会增加，这也给我们带来了新的机会。

王凤梅：道可特一直在创新中，道可特的“442定位”又提出了一个博采众长的创新发展模式：40%像“红圈所”，40%像传统规模所，20%像创新型律所。请问如何理解这一定位的规划和希望达到的目标？如何落地实施？

刘光超：我第一次提到“442定位”是在我们内部的一次合伙人分享会上。当时，很多合伙人希望我回答一个问题：“道可特到底要走向何方？”我说，道可特不可能成为异类，但也不能被复制。

我们选择的这三个要素，实际上是有内在逻辑的。40%像“红圈所”，证明我们要做一家高品质的律所，只有这样，才能真正获得最优质客户的信任和认可；40%像传统规模所，传统规模所之所以能够自然发展，是因为其本身具有包容性，现在，很多传统规模所的后劲还是很足，这是行业积淀下来的财富，是前辈对行业的贡献，我们一定要传承；20%像创新型律所，是因为我们必须要有自己的东西。合伙人问我："创新为什么不是 80%？"我觉得 20% 已经足够了，如果有人说"这 20% 是道可特创造的"，那我们就很厉害了！

"品牌""规模""创新"是律所的三个灵魂，我们要把它们糅和在一起。如果不这么做，就会违背规律，就会被淘汰。

王凤梅：道可特提出要建设律界"华为"，推行"全员持股"制度。请问现在这一模式推进得如何？是否已产生人才吸引效应？

刘光超：这是我们的梦想，目前正处于最初级的阶段。我觉得一家律所的最佳状态，是所有人都与这家律所有关系。我们在分配的结构上、权益的设置上用了现代化的手段，目前正在从三个方面逐步向这个梦想靠近：

其一，实现全所合伙人都可以参与总部的建设，即总部是向全所的合伙人开放的。

其二，在北京，我们已经开始把分红权拿出一部分，向所有人、所有部门开放。我们有二次分配机制，第一次分配是合伙人内部计点，第二次分配是事务所层面的盈利共享。我认为，盈利是所有人贡献的，应该有一套机制让大家共享。当蛋糕越来越大的时候，它是非常具有诱惑力的。

其三，把律所的股份模拟成一种股权，我们把股权激励给到管理层、运营管理的核心层和特别优秀的合伙人。这是把股权、权益逐步给大家共享的一种通道。

我们在内部用这三种模式模拟公司的运作，通过激励和分配方式的变化实现共享。

王凤梅：道可特引入了职业经理人进行律所管理，职业经理人主要负责的业务板块有哪些？道可特任用职业经理人的人才标准是怎样的？

刘光超：道可特引入了职业经理人，这与我们强调的总部建设、运营、管理是相辅相成的，它是制度设计的一个支撑。道可特对经营管理人才求贤若渴。我认为这个行业不缺好的律师，但缺好的律所运营管理者，并且不止缺一个，而是缺一批。

道可特在这方面也做了一些努力。我们职业经理人的来源有两类：一是从市场上招募进来培养；二是内部人员的转化。这实际上是律师的新的职业选择。

我觉得律师有三种发展方向：专业型、市场型、管理型。很多律师不愿意做管理型，认为管理是成本、是服务，没有收益和晋升通道。我希望在道可特打破这样的界限，能有一批人走上经营管理的岗位。

我们需要用一些非律师的思维去解决管理经营问题。目前，我们的管理人员有来自媒体的、企业的，有上市公司的财务总监，有央企的总经理。这些管理人才来到道可特以后，确实给我们带来了一些变化。

王凤梅：道可特的品牌传播令人印象深刻，您本人也亲自抓品牌工作。道可特的品牌管理决策和执行机构是如何设置的？您认为律所品牌建设成功的关键点有哪些？

刘光超：首先，律所的品牌不是造出来的，而应当有内容支撑。但是有内容不一定有好品牌。我认为，差异化、美誉度和传播度构成了品牌的传播。差异化就是要有特点，要有不同于别人的地方。但是仅有差异化也不行，还要形成美誉度，即让别人认可、接受，而且推崇你的差异化。除此之外，还要有传播度，这种传播需要借助各种方式。

我们的逻辑是，战略放在前端，往下依次是品牌、产品、市场、销售、客服。所以，品牌是连接战略和市场的中间部分。现在很多律所的品牌都只是“展示型品牌”，我们希望能做到“获客型品牌”或者“获利型品牌”，即品牌可以让律师认同、让客户认同，这才是好品牌。

王凤梅：您如何看待现在国内和国际的律所、律师评价标准？您认为一家好律所的标准是怎样的？一位好律师的标准是什么？

刘光超：我认为，国内和国际评价型媒体的存在、发展和崛起是律师行业崛起的表现，同时是行业内竞争加剧的表现。我觉得存在三大遗憾：一是主管部门和律协对此的引导依然不足；二是有些机构不够负责任，发表简单拙劣的评价也是对行业的不尊重；三是国内尚未出现特别好的评价型媒体。

我理解的好律所有两个标准：一是能吸引和留住好律师，二是能让优质客户信任和委托。而好律师只有一个标准，就是获客能力和获客层次的不断提升，这对律师的品格、创新、服务等都提出了要求。如果有一天，获客能力和获客层次下降了，律师就要承认自己老了。

廖鸿程

仰望星空又脚踏实地的“新生代”律所乾成

致力于打造新生代法律服务品牌，北京乾成律师事务所（以下简称乾成）有哪些愿景和创新？在争议解决领域的专业化建设中，乾成有哪些思考和创新？乾成律师在法律代码化、合约智能化应用与复杂交易纠纷预防问题上积极进行探索创新，孵化的创新项目“帮瀛诉讼投资（TPF）”平台是怎样的创新模式？乾成创设了哪些培养助力机制，助力青年律师走上专业化道路？“家国情怀”如何助推新生代律师开创不一样的视野和事业？

对话时间 2022年9月20日

对话嘉宾 廖鸿程，北京乾成律师事务所主任、党总支书记，帮瀛纠纷解决机构、帮瀛多元化纠纷解决数智平台创始人，中国人民公安大学纠纷解决智能化研究中心名誉主任，中国政法大学客座教授，北京青联副主席。先后荣获“全国优秀律师”“北京市优秀律师”“北京市律师行业优秀共产党员”“北京青年榜样•时代楷模”等荣誉，受邀参加中华人民共和国成立70周年阅兵活动、建党100周年庆祝大会、纪念“五四运动”100周年大会。

王凤梅：乾成自2011年创立以来，十余年里发展得非常快。最近关注到廖主任的朋友圈有好几条关于乾成新生代律师的视频短片，非常有意思。您如何定义新生代律师？您觉得新生代律师应该具备哪些能力？如何理解乾成打造“卓越的新生代法律服务机构”的品牌愿景？

廖鸿程：创所之初，乾成的创始合伙人们基本都是“80后”甚至“90后”，于是我们创造性地提出了“新生代”这个概念。党的十八大以来，随着国家治理体系和治理能力现代化水平的提升，孕育了一批中青年律师，他们有专业的精神、精湛的技术，有敏锐、务实的态度和爱国的情怀，这一群体被我们称为“中国新生代律师群体”。他们具备三个时代特征：政治站位高、涉外能力较强、创新能力强（特别是应用法律科技的能力强）。乾成过去的十年，就是围绕中国新生代律师的这三个特征来推动律所发展的。

王凤梅：刚才谈到“新生代”的定义，廖主任进行了很好的阐释。定义只是一个规划，最重要的还是行动。我们关注到，乾成北京总部2021年迁至北京财富中心，新办公楼享有北京CBD核心区的广阔城市景观，环境非常美，尽显“新生代”的前沿风范，这和乾成的品牌理念也是契合的。乾成的品牌建设有何独特规划和特色机制？

廖鸿程：我是蒋勇律师的徒弟，蒋勇律师和天同对法律服务业的贡献是多方面的，其中很重要的一点是，让法律服务业能够自己发声。这是我从师父身上学到的，但乾成做得还不够。

在品牌建设中，我最想做的事情是把我们的做法准确地传递给行业和新生代，把乾成推动法治建设的使命、“建设新生代新型法律服务机构”的愿景，以及“爱与创造”的价值观正确传播出去，让律师、同行及我们的客户、政府领导认可。为此，我们进行了许多尝试。

乾成通过打造律师文化和温情化服务等输出品牌形象。2021 年我们搬到财富中心，在软硬件上全方位下功夫。在办公场所的设计上，我们希望能给律师营造优质舒适的工作环境，给客户带来良好的体验。乾成想为在高强度、高压力下工作的律师们创造有温度的行政服务，还争取为律师提供就医、就学、居住证、户口办理等更深度的关怀。

王凤梅：品牌和行政服务也需要资金和决策机制的保障。乾成在成立之初就选择了一体化的发展路线，您认为一体化的优势有哪些？有什么辅助机制？未来，管理机制还会有哪些创新的方向？

廖鸿程：制度是一家律所的立所之本。我不认为有什么制度是普遍适用于所有律所的，律所应该在合规范围内，为创造属于自己的特色进行不断尝试。现在，行业内已经做了很多尝试，颇具成果，希望这种探讨可以永续。

乾成十年前开始实践一体化，在这个发展过程中，我们越来越觉得，如果被一个规则或概念框住，比如公司制、一体化、提成制，反而不利于发展。后来我们就淡化了这个机制的提法和束缚，该一体化工作的必须一体化，该有市场活力的必须有市场活力。最后只有一个原则，就是怎样更有利于律所和律师的发展，有利于乾成在行业和社会当中的贡献最大化。乾成确实是实现了相当程度的一体化。

乾成从十年前开始实践一体化，如今确实已经达到了一定程度，但我更愿意将其称为“乾成模式”，即在统一的理念、使命、愿景、价值观的前提下，在风险控制的工作中，必须一体化；而在团队组建、专业业务部门设立、市场拓展、法律服务创新、社会价值创造等方面，大家可以放手去做，最大限度地发挥主观能动性。

青年律师是新生代律师的主体，在对青年律师的培养上，乾成不拘一格，充分满足他们最核心的需求，即有活干、有能力、有物质保障。律所着力在案源支持、案源拓展、作业流程标准化和培训机制上为青年律师提供助力，并尝试建立一个青年律师专业化补助基金制度，对于有决心长期从事某一类专业领域的律师，在执业发展初期给予他们一定的生活补助，助力他们走上专业化的道路。我相信，在未来，他们会通过专业收获来回馈律所。

王凤梅：您在乾成成立十年时提出“适度规模化”，并计划在乾成的“三五”期间引进高素质专业人才，使乾成规模总数超 1000 人。您如何看待适度规模化？在规模化发展中乾成坚守了哪些初心和原则？

廖鸿程：“律所规模化”是这几年行业内特别火的一个词。国家现在倡导，律师最需要涉外能力、行业创新能力，乾成在保持新生代律师三个时代特征的过程中也意识到，如果没有适度规模化其实很难实现这些目标。乾成适度规模化的起步比较晚，花了两年时间从三四十人发展到了三四百人，速度很快，也非常感谢行业对乾成的认可。

乾成不是为了招人而招人，而是为了“寻找人”，想寻找一批真正能够与新生代律师概念相符合的青年。在这个过程中，我们也希望通过数字化及真诚的服务、富有竞争力的政策和“家国情怀”的理念，吸引有相同理念的优秀人才。乾成虽然提出了在“三五”期间实现千人的目标，但我们还是会有节奏、有质量地发展。

针对新生代律师，我们设立了一套制度，对不同阶段加盟的人才给予不同的政策。随着乾成的规模化和专业化，以及影响力的提升，它的含金量会不一样。

王凤梅：这个规划其实就是找一批志同道合的新生代律师，而不是简单的人的聚合。2022 年 9 月，乾成太原分所成立，成为北京之外的第 7 家分所，请问乾成总分所之间的关系是怎样的？如何保障总分所人、财、物的统一管理？

廖鸿程：总分所管理是一个有难度的命题，乾成也算不上有很好的机制。过去的几年，通过 7 家分所的实践，我认识到，分所主任应该是第一位的，必须是志同道合的伙伴，是乾成使命和价值观的认同者。

另外，乾成总所将最大限度地支持分所，为其助力和赋能。这些年，我们凭借扎实努力的工作，积累了大量优质的客户和业务来源，如农夫山泉、福耀玻璃、字节跳动、物美等。我们希望各地分所也能承担一些业务，让乾成的服务和理念更好地传播到全国各地。

当然，关于分所的管理策略，总体来说，“该一体化的必须一体化，该市场化的必须市场化”，这个原则不会变。

王凤梅：乾成有这么多好客户，专业水平可见一斑。“用产品思维做律所专业化建设，打造新生代专家律师‘产业链’”模式，请问乾成专业化建设背后的底层逻辑与具体体现是怎样的？

廖鸿程：十年前的“服务客户”和今天的“服务客户”，内涵已经大不相同。随着数字化的发展，那些高度同质化、标准化的工作可以通过非律师，甚至机器就能完成。客户对复杂的特别是可以创造价值的工作的需求越来越大。法律服务行业也存在供给侧矛盾。现在我们的客户已经不需要律师告诉他某件事背后的法律逻辑是什么，对他们来说更重要的是“事情如何依法解决”。

我们发现，现在要用项目管理的思维来做案子。法律服务工作需要法律分析、商业调查、咨询、行业逻辑、资源整合、进程管控等综合能力，律师本身很难做到全覆盖，这种情况下，如何整合同行合作资源、专家资源，用项目管理的思维来做案子，用合法的方式实现案件目标，是我们需要思考的问题。

随着社会的发展，客户的需求越来越高。国家也要求法律服务行业解决问题的能力要越来越强，对律师的要求就是提高服务能力，最主要的是解决问题的能力和创造价值的能力。

律师事务所应该进行数智化赋能：标准化程度太高的，就应该让机器去做；超出承办律师专业范畴的业务，就应该通过数字化平台、智能化工具寻找到所内甚至所外能够给予专业支撑的伙伴，或者更有力量的第三方予以支持。

当下，律师的服务及其他的技术细节层面上的服务都是本分，还需要做好专业创新。

王凤梅：刚才聊的是一个通用的方法论，那么乾成未来在专业领域的发展战略是怎样的？

廖鸿程：乾成的战略定位非常清晰，就是建设以纠纷解决为主要业务领域的综合所。纠纷解决是一个挺大的领域，从目前的发展趋势来看，专业需要再细化，把这种看似传统的业务做透，创新性地发展它的模式。

比如，乾成孵化的“帮瀛”多元化纠纷解决数智平台，就是典型的将传统争议解决业务做深做透之后的产物。它解决了如何将一个案件项目化，如何为“项目”匹配最合适的律师组合、匹配最合适的专家解决团队，在整个过程中为作业赋能。一切有利于纠纷解决的方式都应该在乾成得到实践。

我们在进行法律科技的模式创新过程中，包括和北京市、浙江省的实践项目，其中一个非常重要的课题就是如何预防纠纷。“数智枫桥”可以称为政法第一品牌，是它真正引领着从事纠纷解决的律师如何从源头预防纠纷的产生，以及采取非诉讼、多元化手段高效化解纠纷矛盾。其实我非常认同蒋勇律师使用的“无讼”一词，在未来的路上，我们也会沿着他指引的方向坚定地走下去。

王凤梅：都说“律师是律师最好的客户，律所是律所最好的伙伴”，尤其在 2022 年疫情形势下，律师和律所都在积极推进“无界合作”，乾成是否也有相关合作机制的设计？所内在案源分配和专业协作上有哪些好的机制？

廖鸿程：不管是行业内还是所内，我一贯主张应该最大限度地互相合作、互相分工，在这个前提下，才有专业化可言。

目前我们主要是借助“数字乾成”管理平台，通过对所内律师的客观业务数据分析，由系统搭建的“团队—案件”匹配算法、先行完成案源的合作匹配推荐，让最合适的人去做最合适的业务。通过事务所整体的政策，把可标准化的一些分配机制先固定，为允许律师之间商量的部分留出空间，后续我们希望能将“数智乾成”平台开放给全行业使用，将匹配算法中“团队”扩展到乾成之外的律所，实现跨所推荐、跨所合作。

对行业内而言，我认为“云律所”“无边界的律所”一定会蓬勃发展。所以我们也希望乾成第二期的数字系统能够将更多的律所、机构相互链接起来，从而更好地服务客户。

王凤梅：说到创新，乾成律师在诉讼投资、法律代码化、合约智能化应用与复杂交易纠纷预防问题上在积极进行创新探索，这些努力和成绩充分体现了乾成新生代律师拥抱科技前沿、勇于创新的时代精神。乾成孵化的创新项目“帮瀛诉讼投资（TPF）”及帮瀛平台引起行业广泛关注。这个创新模式是怎样的？请廖主任给我们介绍一下。

廖鸿程：就像“无讼”一样，“帮瀛”虽然由乾成孵化，但从法律上看，它依然是一个独立运营的平台，面对和服务的对象是全行业的律师和客户。

“诉讼投资”也即国外的“第三方资助”（TPF），这项业务在国外的仲裁领域被广泛使用，但在国内的发展比较慢。简单理解“第三方资助”，就是将仲裁案件视作一个具有未来收益的项目，由除了当事人之外的第三方，以投资形式，为当事人承担维权所需的仲裁费、律师费等前期成本，后续如果被资助方确实得以维权或止损，视为投资成功，第三方可根据约定收取一定的投资报酬，反之则视为投资失败，相关前期成本不需要被资助方返还。国外的 TPF 并不一定适用于中国，所以我们提出要将 TPF 中国化。在中国化的过程中，我们发布了 TPF 规则，就是在中国的环境中如何选择该项业务的游戏规则，比如中立性、合规合法性、对案件的干预限制等，目前这也是国内第一个真正意义上开放的规则。

这两年，我发现也有不少国内的同行开始在这个领域实践，尤其在经济受疫情冲击的市场环境下，诉讼投资确实能解决当公平正义遇到资金困境时的维权问题，让律师更有力量，让当事人的目标更容易实现。

在这个领域中，除了 TPF 以外，我们还在深度实践在线纠纷解决（OVR）。我们觉得在更多标准化的业务类别中，通过将相关法律法规代码化、将标准流程自动化及去人工化采用在线的纠纷解决方式，让更多非诉讼的调解、仲裁机构发挥作用，让整个纠纷解决体系变得更完整。

创新之路，知易行难。希望乾成孵化出来的多元化纠纷解决数智平台能够赋能更多律师，能够有更多客户通过这个平台解决问题。

王凤梅：那您是如何看待我们中国律所行业的数智化的呢？您认为未来中国律所的数智化有哪些机会？数智化律所如何实现？乾成如何通过数智化手段

提升律师协作效率？

廖鸿程：我认为，中国的法律服务业数智化过程很难。第一，资金、科技、人才的投入真正靠的是律师本身自发的投入。第二，作为有组织的、系统性的商业实践，对于律师这个推动者的要求很高，包括知识结构、社会资源整合以及对公司组织体系的治理驾驭能力等。第三，客户的支付能力在变弱，而诉求却越来越高。这三个难度叠加后，法律科技的发展难度可想而知。

法律科技的发展虽然艰难，但我认为，危机之下还是蕴含巨大机遇。现在法律服务业相较于其他平行产业，数字化、智能化程度都还比较低，但可提升的空间非常大。从全球范围看，法律服务行业数智化已经有了十多年的实践，积累了很多试错经验。政府、社会、客户各方面的需求十分巨大，律师行业的数字化和科技带来的红利才刚刚开始显露，随着律师行业人数的增加，尤其在新时代包容、创造、创新的环境中，相信在未来十年内，行业数字化的空间将会非常广阔。

我认为数字化的过程要循序渐进，要先解决好行业的信息化问题，再逐步向大数据、人工智能、区块链等迈进，15 年甚至 20 年磨一剑都不为过。

王凤梅：廖主任非常不简单，您在 2019 年受邀参加纪念“五四运动”100 周年大会，同时还是中华人民共和国成立 70 周年阅兵活动特邀观礼嘉宾，2021 年又受邀参加建党 100 周年庆祝大会，成为极少数的连续 3 次受邀参加新时代三大历史性重大活动并现场聆听习近平总书记教诲的“中国新生代律师”。乾成十分重视党建工作，荣获了“全国律师行业先进党组织”称号。乾成的党建品牌在行业内颇具影响力，请介绍下乾成在党建公益工作中的创新和特色。

廖鸿程：我认为，党建是律师行业发展过程中最重要的事情，律师行业做好党建有利于业务发展。乾成坚持旗帜鲜明地开展党建工作，这与我个人也有一定关系。我中学时期就做学生会主席，19 岁入党，已经有 23 年的党龄，在思想、行为上深受党的教育。能够现场见证纪念“五四运动”100 周年大会、中华人民共和国成立 70 周年阅兵活动、建党 100 周年庆祝大会，我感到非常光荣，也激励我更好地开展乾成的党建工作。

乾成新生代律师的第一个特征就是政治站位高，更加关心国家的发展，关心党和国家的工作大局，热心公益事业，积极参与社会治理，提出务实建议。新生代律师应该是习近平法治思想的全面认同者、认真学习者和忠实践行者，用我们律师独特的价值，为全面建设社会主义现代化国家和民族复兴提供法治力量。

在具体的落实过程中，新生代律师必须完成组织要求的规定动作，这是对党忠诚的基本条件。同时，作为新生代律师，在党建方面要有创造力。乾成提出了新生代新型两新组织，具体做法还需要研究，需要更多的人去实践。乾成与中国人民公安大学联合成立了纠纷解决智能化研究中心，从理论和实践结合的角度，系统地研究批量、类型化、法院不好处理的纠纷；同时，乾成和浙江省就新时代“枫桥经验”的数智化发展也合作创办了很多类似的公益项目，正在进行系统性地推进。

党建工作和其他工作一样，也需要经费保障和团队支持。乾成成立初期就确立了一项根本制度，把每年利润的一部分比例作为党建基金。2021 年 6 月 22 日，乾成专门成立了法务创新基金，以此支持和中国政法大学等高校合作，并计划连续十年举办中国新生代律师论坛，并以此论坛为载体，把法律服务业当中先进的、创造性的做法归纳整理起来。

律师行业把党建做好，是有利于业务发展的；党建引领业务发展，是无时无刻不存在。

王凤梅：我们可以深刻地感受到，乾成在思想站位上是很高的。但事实上我们同时要面对很多现实的情况。您如何看疫情后法律服务业的“危”与“机”？

廖鸿程：疫情已经深刻影响了所有人。律师行业也不会置身事外。2022 年影响尤其巨大。实际上这也给我们敲响了一个警钟。有人开玩笑说，你们律师行业是不是经济越不景气，业务越多啊？这个话，首先，从数据上看是不对的；其次，从价值观上看也不对。律师行业必须有自己的担当，要跟各行各业一起去克服、面对这件事，更拼搏，更勤勉地去工作！

我们要更加跟上国家大势、科技前沿去发展，比如数字化问题，用科技赋能更有利于客户。只有跟上时代的潮流和大势，才会更安全。

面对困难，我们要有艰苦奋斗的心理准备。无论是在继续坚持创新、创业的过程中，还是服务客户的过程中；无论是在生活还是其他角度，都要更好地控制成本，为未来几年做好储备。在危机中寻找机会，大家还是要充满信心的。

在危机中，律师行业也应该主动担当，把信心传递给更多的人。律师作为当事人可以依靠的力量，应该要有真能量和担当，在我们的具体个案的服务过程中，让更多的客户、百姓感受到我们对于国家制度优越性的信心，以及解决好当下复杂情况的信心，让更多共克时艰的力量汇聚在党和国家的领导下。

王凤梅：国内和国际上有很多对律师律所的评价标准，您如何看待？您心目中一家好律所的标准是怎样的？一位好律师的标准是什么？

廖鸿程：我个人认为，我们律师首先要能够养活自己，其次在精神层面上要有价值感。既帮助了客户，又有利于社会，可以称为好律师；在此基础上，如果还能推动制度的建设、产业的发展、社会治理能力的提升，那就是律师中的典范了。

现在中国有 60 多万名律师，几万家律所，我真心觉得，大家都应该以宽容的心态来看待。站在一个更高维度来讲，只有抱有这样宽容的评价和认识，我们彼此之间才能融合得更好，发展得更好。

最后，我想说的是，今天我们交流的内容都是我真心实意的想法。我们是这么想的，也是这么做的，乾成“仰望天空，脚踏实地”的做事状态是真的。我们也希望能有更多真正志同道合的伙伴，一起来乾成喝茶交流，共创事业。

徐　猛

不必纠结爬“金字塔”
万商天勤的“电路板”更香

行业风云变幻，如何脱颖而出？走过26年的万商天勤律师事务所（以下简称万商天勤），选择了“平台”与“赋能”两大关键词。何种独具特色的管理体制，让万商天勤的律师能够专注于业务本身？“赋能型”的组织、平台，如何支撑万商天勤的专业化、规模化发展？不断创新、打造“法律服务生态圈”，万商天勤取得了哪些成效？什么样的文化氛围，让万商天勤的内部合作畅通无阻？

对话时间 2022 年 10 月 14 日

对话嘉宾 徐猛，万商天勤律师事务所创始合伙人。1993 年开始执业，是证券、金融、投资、商事争议领域的资深专家。在长达近 30 年的执业过程中，徐猛律师出色地承办了多个企业改制、债转股、股票发行上市、债券发行、不良资产处置、并购投资项目，代理过多起海事海商、借贷融资、投资合资、信用证、知识产权侵权案件，以高效、优质、专业的服务赢得了同行和客户的广泛赞誉。现任中国国际贸易仲裁委员会仲裁员、北京市律协讲师团讲师；曾任北京市律师协会理事、中国红十字基金会监事、乐普医疗独立董事、原国家工商总局外聘专家、中国民航工程评审专家。

王凤梅：在外界的印象中，万商天勤是一家虽有名气却颇为低调的律所。在 26 年的成长中，万商天勤经历了哪几个发展阶段？对自身的定位是什么？

徐　猛：万商天勤于 1996 年在深圳起步，当时成立的是广东万商律师事务所，后来大家看到的“万商天勤”，是由“万商”和“天勤”两个字号合并的。十几年来，我们经历了两次合并，最终有了今天的格局和字号。如今“万商天勤”这个名字已经用了十几年，我们的事务所也扩大了很多。合伙人也好，其他年轻的小伙伴也好，都已经完全认同了“万商天勤”这个品牌，认同了万商天勤的文化和管理模式。

目前我们法律意义上的总所是北京办公室，但是，我们专门设立了一个专业运营管理团队，这也是万商天勤在管理上的特色。

我本人执业已有近 30 年，做合伙人超过了 23 年。在这个过程中，我们发现，传统意义上的律所就是靠合伙人来管理的，无论是管委会也好，还是专业委员会也罢，都得让律师投入大量时间在管理工作中。但是大家都知道，律师是法律专家，却大概率不是管理专家，对于人事、财务、利益分配、业务整合、IT、运营等方面，统统都是外行。但既然要管，律师就会对话语权有要求，由此就会有分歧、争执。

我们能看到不少这样的案例：一家很优秀的律所，因为合伙人之间的争执最终分家了。如果要追究产生争执的原因，恐怕极少是因为专业上的纠纷或学术上的不服气，多数是因为管理上的分歧，背后往往是一团乱麻，一笔糊涂账，个中有很多辛酸苦辣。

在这方面，万商天勤认知和反思得比较早。我们很早就认识到，律师的时间非常宝贵，应该把时间和精力用来服务社会、服务客户，不应再耗费在这些原本就不擅长的管理事务上。所以，我们提出要让专业的人来干专业的事，把律师的精力省出来。就好比一家医院，主刀大夫最重要的就是在手术台上的那几小时，前后工作都不需要他来操心。我们也希望打造一个这样的平台，能为律师提供高效的后台支撑，让他更专注于法律服务本身。

这样做的好处是，尽可能减少合伙人在管理上的摩擦，有助于事务所的内部团结。现在，万商天勤值得骄傲的一点是，我们合伙人之间的氛围特别好，融洽、团结、协作都达到了空前的高度，彼此非常亲热。大家有团队的概念，但没有门户和帮派，而且都在积极寻求合作，互相分享机会、产品和知识。

出于这些考量，我们决定成立万商天勤专业运营管理团队，股东是律所全体合伙人，再从社会招聘专业的运营管理人员，将律所委托给他们管理，让他们来为律师提供所需的服务。

这个思路和许多律所要搭建强中台、强后台是差不多的，不同的是，在律所内部搭建的中后台最终仍然由管委会来管理，依然需要某一个或几个合伙人去分管讨论，最终矛盾还是没有解决；而万商天勤的管委会只负责律所的决策、战略方向，其他运营问题都不管。这样，管委会和各地执委会的主要精力都在业务上，不会把精力花费在事务所内部的鸡毛蒜皮上。

好比律所要做一个茶杯，过去，要做成什么款式都得耗费律师的时间来讨论，现在只需要让专业运营公司来做就好。合伙人没有耗费一分精力，但做到了原来做不到的高度。我想这一点值得大家思考。

王凤梅：看来在万商天勤做合伙人很幸福，不用操心这些专业之外的事，您觉得这种机制在行业内是否可复制呢？

徐　猛：当然可以复制，但有个困难。

很多律所的创始合伙人或资深合伙人，总是不愿意放弃自己的权力。我认为这是一种很复杂的情感，一方面，律所是我创立的，我对它有责任、使命和担当；另一方面，权力欲也会作祟，让你不愿意放手。其实，如果创始合伙人们能想明白这一点，能够把管理工作放给更专业的同事，我认为反而是轻装上阵，迈出了一大步。这一步迈出去了，剩下的事就容易了。

传统的律所管理模式是“金字塔模式”，越往上越窄，塔顶的空间很小，大家都努力地往上攀爬，因为越往上才越有资源。但我们现在做了一家专业运营管理团队，把管理权给出去了，大家再往上爬就失去了意义，反倒是要“接地气”，要和律所内其他团队去交流协作，互相介绍客户、业务和资源。我把这种模式称为“电路板模式”，我们这些律师都是电路板上的一个元器件，有的合伙人是集成电路模块，大一些；有的是一个二极管，小一些。但不管你是大还是小，插在这个板上就都有电路通给你，你就会获得能量。大家协作起来，就会变成一个模块、一个部门，成为一个业务的领军人物。在“电路板”上获得能量，会比往“金字塔尖”爬要容易得多，空间也大得多。

这就是让万商天勤的合伙人们开心的地方，因为他们的空间很大。当空间足够大时，大家就不会觉得与人相处很难。一家平台化的律所，好起来就不只是让塔尖的三四个人好，他会让更多人越做越好，因为平台是可以无限延展的。

所以，我的建议是，做律师要放大视野，做事情要回到初心。大家可以回想一下自己做律师创业时的初心是什么，我想大多是想要成为受人尊敬的律师。尊敬从何而来？是从你的专业而来，而非你的职业地位。如果我进入了律所，精力反而不足以支持我做一个好律师，只能做一个管别人的人，自己的业务却荒废了，这岂不是一个悖论？所以，还是那句话：律师的精力特别宝贵，大家不要浪费。

王凤梅：在聊到这些话题时，徐律师一直笑容洋溢，看来是真的感到幸福。我们看到徐律师办公室里有一幅少男少女开汽车的画，我很好奇是什么事能够让徐律师在办公室里放这么一幅画，跟您幸福的感觉有没有关系？

徐　猛：其实这幅画并没有什么特别的含义，它是我的一位画家朋友送的。我们办公室有很多画，过去我几乎每年都要带团队去看画展、艺术展，带大家看画，也是为了陶冶大家的情操。我希望给年轻人传达这样一种信念：律师首先是一群传播正能量的人，我们要对生活充满热爱。我们这些老律师也要对年轻律师、律师助理充满关爱，这样就能传递正能量，大家工作就很有激情。

所以我经常对青年律师们说，我们工作是为了生活，我们活着不是为了工作。所以我不希望他们每天都加班到晚上 12 点。如果人手少了，我愿意增加人手。当然我也不能容忍你在上班的时候不认真，这是两回事，我们要有特别认真敬业的态度，但是并不需要你像奴隶一样工作，连生活的空间都没有。这也是万商天勤现在的氛围和文化。

王凤梅：我们应该热爱生活，才能更好地工作、更好地为当事人服务。您也提到了万商天勤的文化，万商天勤在这个板块又是如何做好平台，构建核心文化的？

徐　猛：在事务所层面，万商天勤倡导三大文化："读书人文化""家文化""容融和合"。

所谓"读书人文化"，是指我们倡导律师要在工作中保持读书人的秉性，继续勤奋学习。万商天勤特别排斥和反感一类人：一张口就是"我认识某某局长、某某院长，你这事交给我就行了，也甭问我什么法律问题"。这样的人，我称为"江湖骗子"。作为律师，我们必须要和当事人说清楚是非利害，说清楚对错到底在哪儿，然后咱们再谈要不要请我做你的律师，再谈你愿意付出多少费用、我愿意接受多少费用，最后再谈合作。做到这些的前提，就是你要作为一个读书人，依然保有对知识的尊重和追求。

所谓"家文化"，就是我们同事之间要有一种家人的感觉，年长的律师和年轻律师之间，既是师徒，又是兄弟。年轻律师把前辈看作师长，有任何问题都可以向其请教，我们年长的律师也要关心年轻律师。

所谓"容融和合"的文化，是指万商天勤的合伙人和律师们相互包容，在包容的前提下实现团队、业务、部门、地区的融合。大家的人际关系和气、和睦，在这样的氛围中展开合作。在"容融和合"的状态下，律师们能够认识到彼此的价值，就会增加跨部门的协作。

在专业运营管理团队的推动下，万商天勤的青年律师培训、专业团队培训、部分地区招商都做得有声有色，近年来获得的奖项也变多了。有两组数据让我感到很骄傲。

第一，万商天勤员工的平均工龄非常长。我们成立了26年，如今依然能找到很多26年前就留下来到现在的员工，很多当年的助理、秘书如今都成长为合伙人。

第二，万商天勤的老客户很多，服务时间也很长。我们有一大批服务了超过20年的客户，服务了26年的客户也不少，服务5年以内的都只能算新客户。

按照2021年的数据，万商天勤的700多名工作人员中有近500名律师，服务了4000多家客户。这个数字看起来很少，但2021年在疫情的影响下我们依然实现了逆势增长。我觉得这就是万商天勤稳健风格的价值。

王凤梅：万商天勤是如何保持对人才的吸引力的？对青年律师有哪些培养和扶持机制？

徐　猛：我很喜欢和青年律师打交道，目前我也是万商天勤青年工作委员会的总顾问。

一家律所要有未来，必须要靠年轻人。万商天勤目前有大批合伙人是“80后”，他们代表着万商天勤的现在。他们这一批人以及他们的“徒弟”，才是万商天勤未来20年的潜力所在。

据我所知，现在万商天勤口碑还算不错。在法学生选择实习和就业的律所时，据说孩子们有一个自己的“白名单”，我们是在“白名单”当中的（笑）。

万商天勤在招募年轻人的时候，并不只看学历和学校。我们会看年轻人的硬实力，如在校的成绩和各项技能。但更重要的还是软实力，软实力当中的首要要求就是对律师职业的热爱，我们会反复确认这一点，要让年轻人清楚自己为什么要做律师。律师是一个很辛苦、困难很多、诱惑也很多的职业，如果没有对这项事业的真正追求和热爱，是很难坚持下来的，更何况律师还要求你要能够高质量、高效率地完成工作。

万商天勤的选才是大浪淘沙式的，最终留下来的人，我们都很满意。有人老说青年律师难带难教，我们当年觉得“80后”律师难教，“80后”律师如今觉得“90后”律师难教，但其实，每一代人中都一定有非常优秀的人才，每个青年律师也都一定能找到自己擅长、喜欢的领域。

万商天勤的梯队建设很完善，我们虽然没有文字上的“师徒制”，但一直强调对青年律师的“传帮带”。我一直认为“老师傅”们要像“带孩子”一样引导青年律师，既给他空间，又要扶着他；要给他一定的包容，要教业务，更要把他们带上正道。

我一直认为，律师对社会的认知是从他第一个打交道的客户开始的，每个客户对律师的认识也是从他接触的第一个律师开始的。所以，我们彼此都要珍惜对方。对很多客户来说，你是他接触的第一个律师，你一定要让他相信世间有正义，你的专业有价值，你要去启发人内在的善意。

我 2021 年在长沙讲课时，为青年律师总结了 6 个字：“正知、正见、正念。”

所谓“正知”，是你要获得正确的知识，有正确的知识源、信息源。在“正知”的基础上要产生“正见”，要有正确的见解、观点、结论。比这两个更重要的是“正念”，要有正确的念头，遇见当事人后，你的第一想法应该是他遇到了什么问题、我的专业能否帮他解决问题，而不是能从他兜里掏出多少钱。律师如果失去“正念”，最终就会失去“正见”，甚至变得“人不人鬼不鬼”。

王凤梅：近年来，律所行业里的规模化浪潮风起云涌，万商天勤对此的思考是什么？

徐　猛：律所发展到一定阶段，一定会有规模化的需求。但是在做大的过程中，往往会发现，简单“做拼盘”是不行的，因为会面临文化冲突，比如，用谁的品牌、谁来分管哪一块，变成了相互制约的关系，结果就是合得快散得也快。

我认为想要做规模化的律所，本质上要回答一个问题：我为什么要规模化？我规模化以后能不能做好做强？

万商天勤规模化的定位是强调内生式发展，例如目前北京办公室 80% 的合伙人是从我们的“徒弟”中提起来的。我们对内部的提拔和外部加入的合伙人没有设置创收门槛，但坚持必须有两位合伙人推荐的保荐制度。专业能力优秀的青年律师，即便暂时创收不高，我们也鼓励他们去独当一面、成为合伙人，这样他们就有创收的动力。事实上，很多年轻律师在成为合伙人后，创收都成倍地增长。这就是万商天勤的模式，我们给年轻合伙人的不是压力，而是动力。

王凤梅：万商天勤一直在法律服务领域不断创新，从打造创新服务到建设法律服务生态圈，有怎样的规划和成效？

徐　猛：如今律师行业的创收已经超过5000亿元，背景是中国经济的创新发展。律师如果不学习新知识，就会跟不上我们正在快速成长的客户，最终会被淘汰。这也正是万商天勤倡导“读书人文化”的原因之一。

万商天勤一直鼓励团队沿着最新的业务线发展，针对新兴业务，我们新成立了数字专业委员会、双碳专业委员会、文娱专业委员会。从管理工作当中解放出来后，我们的合伙人、律师们就有更多的精力集中在“做好律师”这件事上，反而更能创新了。现在，我们有团队在做碳交易的绿色贷款，也有团队在做新能源汽车合规，潜在市场非常大。

近期我们组织了一场内部的创新产品大赛，有50多个团队提供了法律服务产品，其中20多个产品进入了决赛，我们用了一天时间路演、讲解这些法律服务产品。总而言之，万商天勤的律师们守正出奇，守住传统的优势业务，同时顺着新的产品、新的业态去找到自己的服务特色。

王凤梅：万商天勤是如何实现自身品牌资产的沉淀与传播的？

徐　猛：过去，我们这一代人谈到“口碑”，总觉得“酒香不怕巷子深”。如今不能再说这句话了，酒好，就更要让它的香味飘出去。互联网、新媒体等手段的出现，也给我们的品牌宣传插上了新的翅膀。

其实这并不矛盾，“酒好”依然是品牌能够立起来的根基。传播手段是要让更多人愿意来尝第一口，你的酒好，他就会继续尝第二口；酒不好，别人尝一口就跑了，这时玩命宣传反倒是不好的事。

我把万商天勤的品牌理念归纳为：不做名不副实的事，不做夸大其词的事，要做让大家有认同感的事。

最近我们北京的青年律师做了一件让我很开心的事。9月9日，我们很多青年合伙人和公益组织合作了一个“99公益节”活动，在长安街、王府井都能看到相关宣传。我并不是因为他们宣传自己这件事本身而感到高兴，而是因为这些青年律师明白了自己要参与到社会公益中，做公益这件事本身就会为律所的形象加分。我并不希望社会对万商天勤的评价是一家最挣钱的、收入最高的律所，我希望他们说万商天勤的律师服务质量好，有责任感，又有爱心，这就是一个很丰富的品牌内涵。

大家如今都应该意识到，一个好律师，本身就是在为律所的品牌加分。万商天勤一直在努力培养更多的好律师，让客户给他们好评价，让亲戚朋友给他们好评价，让社会给他们好评价。这些给律师的好评价，最终会汇聚成对万商天勤的好评价。

王凤梅：您作为一名资深律师，却对互联网大数据时代的前沿技术非常敏感和重视，一直致力于推动万商天勤的数字化建设。请问数字化建设在万商天勤的运营发展中起到了怎样的作用？

徐　猛：信息化系统在律所当中的应用已经很多了，如各种信息服务平台、案件查询系统等。这些话题如今已经不新鲜了，律所也开始聚焦数字化。

对于数字化，我将其分为两部分构想。第一部分是和业务相关的，我们要成立研究数字企业、数字生态圈的专业委员会，了解他们的内在业务，分析他们的法律服务需求，这也是我们正在开拓的一大新业务领域。

第二部分是律所本身的数字化，我认为它将是一个虚拟化的律所。我们传统的法律服务仍然受边界的影响，虽然一个北京的律师去服务一个广州的客户是没问题的，但是更多业务肯定是找广州本地的律师更方便。现在我们可以通过视频直播的方式去交谈，而我设想的未来，比现在这个场景还要友好：客户，来找我咨询案件，我们俩应该会有一个更加虚拟化的会面场景，可能是等身的全息影像，客户问的问题也会直接在旁边闪现出参考资料和法条。

当然，这不是律师事务所投资建设的范围，我们也是作为用户来思考应当选择应用哪些数字产品，而不是自己去开发。万商天勤希望在当下十几个物理办公室的基础上，增加一个虚拟的办公室，它能够把我们全国的力量集中起来。这可能需要等待人工智能、数字孪生等技术的继续进步，还需要一些时间和过程。但律师必须要追到经济与技术的前沿去，必须要有这样一种内在的学习热情。

范凯洲

联而盛展，新锐大所联盛“广结善缘”树品牌

2022年4月，原分属江苏省苏南、苏中不同市区，各自在当地法律服务行业名列前位的冠文律师事务所、法舟律师事务所、江豪海信律师事务所、申越律师事务所四家律所及其分所，正式合并成立江苏联盛律所事务所（以下简称联盛），江苏地区一艘全新的法律服务“航空母舰”正式起航。作为一家资历深厚的“新锐律所”，合并后的联盛并未“水土不服”，而是通过专业委员会的统一建设，迅速实现了资源优化、知识共享、业务集约，专业服务水准进一步提档升级。多所跨地区合并，联盛的一体化之路如何使其“无缝对接”？背靠江苏市场，联盛如何打磨专业，迈向更宽广的世界舞台？不远万里把分所开进西藏，背后透露出联盛的何种价值判断？“广结善缘”为何是联盛品牌建设的“法宝”？江苏联盛律师事务所主任范凯洲将为您娓娓道来。

对话时间　2022 年 10 月 21 日

对话嘉宾　范凯洲，江苏联盛律师事务所主任，1991 年毕业于中国政法大学经济法系，曾任江苏法舟律师事务所创始合伙人、主任，现任联盛律师事务所主任。执业伊始，范凯洲律师主要处理民商事纠纷案件，从中认识到“防患于未然”的重要性，后致力于帮助当事人建立“防患于未然”的理念及行为规则，并主要担任企业的法律顾问，根据自己在办理及研究有关案件中的经验、教训，以及自己对企业、其所属行业及社会的了解和研究，帮助企业建立规则、筹划企业发展、解决出现的纠纷。现主要提供战略策划和重大项目操作、疑难复杂民商案件代理及刑事辩护、危机管理和处理。南京市现届政协委员，曾任无锡市连续二届人大代表。曾被评为“人民满意的律师”“全国优秀仲裁员”等。2001 年在江苏省司法厅、省电视台举办的“江苏省律师电视辩论大赛”中获得“优秀辩手奖”，并作为江苏省律师代表参加中央电视台举办的“全国律师电视辩论大赛”。

王凤梅：请您谈谈冠文、法舟、江豪海信、申越四家拥有各自历史积淀和实力的律所强强联合成立联盛的契机及经过，联盛未来发展的愿景又是怎样的？

范凯洲：在机遇与挑战并存的社会法治环境下，如何融入发展大局是摆在所有律所面前的课题。

合并前的法舟律师事务所曾连续十几年在无锡地区排名前列，发展势头良好。但在发展过程中，我们逐渐意识到，现在的律师事务所不应再单纯地只提供某一种法律服务，应该是法律服务产品及其他相关服务的集成，以综合性、立体式的处理思维帮助当事人处理疑难复杂案件，为当事人提供“未雨绸缪”式的法律服务。

所以，律师事务所的发展必须趋向规模化、专业化、品牌化。江豪海信律师事务所、冠文律师事务所、申越律师事务所三家律所也有着同样的发展需求，于是我们通过四所合并，优势互补，为律师提供更好的发展空间，为当事人提供更全面的法律服务。

目前，联盛已经拥有 11 家分所；未来，联盛计划在 2023 年年底，实现在江苏省 13 个地级市的布局。我们目前有 300 余名律师，到 2023 年年底这一数字要达到 500 人以上，全部人员达到 700 ～ 800 人。海南和北京等地的分所也在筹划当中。

专业永远是联盛的根基。联盛自成立后，已设立了近 20 个专业委员会。联盛强调的核心要素是“专业 + 团队协作”，我们希望在实现规模化的同时既保证“量”又保证“质”，通过专业委员会的实体化建设，让联盛的律师有自己的专业品牌，也加强我们律所的专业品牌。

王凤梅：联盛作为法律服务“航空母舰”，在整合后形成了怎样的管理机制？在市场拓展、作业分配、品牌建设等工作中如何实现“一体化”协作？

范凯洲：合并后的联盛在继续巩固和提升各自原有专业领域优势的同时，通过刑事、合规、建设工程与房地产、行政法与政府法律事务、破产与重整等 17 个专业委员会的统一建设，形成资源优化、知识共享、业务集约的运行机制，规范法律产品和服务标准，实行统一管理、统一培训、统一品牌的推广体系，促进专业服务水准的提档升级。

联盛的主要合伙人执业年限都已超过 20 年，有着精深的专业素养和深厚的执业经验，联盛要把大家统合在一块，做到规则下的利益平衡，并建立起统一的战略规划和愿景。目前，联盛内部已达成共识，要做江苏本土第一律所品牌，要在中国法律服务行业的历史中留下属于我们的一笔。

大家都知道，律所必须形成一体化、规模化，才能产生更大的价值，这个价值不仅是经济价值，更多的还是品牌效应。但在融合过程中，我们会遇到很多困难，需要做出一定取舍。在一致的愿景下，很多联盛的资深合伙人，也是联盛各个专业的领军者们，都愿意放弃自己的一部分权力和利益，来共同推动联盛的一体化建设与协作。

事实上，我们正在感受到一体化和规模化带来的好处。我有一位在北京办精品所、服务过多家央企的大学同班同学告诉我，近年来在很多央企的招标中，规模大的律所逐渐拥有了更大的优势，我们自己在招投标的过程中也有此感受，规模和品牌对于招标的重要性也在提升。

另外，规模化律所对于专业的打造有帮助。律所有了一定规模，才能进行专业的分配与集成、进行必要的合作。特别是在疫情防控的背景下，如果在各地设有分所，会使业务办理更加便捷。

此外，规模化带来了实际利益。规模化律所可以形成集成效益。一般而言，律所的分配比例差异最多在 2 ～ 3 个百分点，但是形成规模后，最后分配的净额可能大于原来会计计算出的净额一两个点。有了集成效益，律所合伙人及管理层就可以将更多的精力放在向外积极拓展业务领域上，而不是在内部斤斤计较如何“分蛋糕”。

律所主任有了让渡权益的姿态，其他成员就能感受到你的诚意。执业 20 多年来，我从来没有要求律所或任何一个律师确定经济指标。我希望“来日方长、厚积薄发”，并将这作为我们的口号，通过一个自然的积累过程进入更好的发展状态。到了我这个年龄，一是要考虑把自己律所的平台搭建好，让我们的伙伴特别是我们带出来的年轻人得到好的发展；二是要力所能及地为社会做些事，这不是大话，是我们的初心；三是要为自己的家庭和家族做些事，让他们感受到你的努力给他们带来的福利。把这三块做好了，自然也就“功成”了。

王凤梅：联盛的发展战略是如何制定的？成为江苏省内的领先大所后，联盛未来有哪些规模化、国际化布局？

范凯洲：联盛在组织架构上设有合伙人会议，其下设战略委员会，战略委员会的成员是联盛合并前的四大律所主任和主要合伙人，为联盛制定发展战略是我们最重要的工作之一。

联盛的战略制定绝对不是空穴来风，它来自我们多年从事律师行业所获得的专业经验，也遵循着“市场为先、当事人需求为先”的原则。

当然，战略需要前瞻性和领先性。我认为，每三年，社会的政治、经济和科技会发生一些跨越性的变化，我们一定要未雨绸缪，考虑到现有的科技、金融等方面的未来发展，来制定战略。

联盛的战略也立足于我们的专业发展，特别是当下的创新性专业。比如我们正在筹备建立的海商海事、环保等领域的专业委员会。当然，联盛并不希望专业变成我们的“桎梏”，即专业精致主义产生的局限、制约，我们希望以法律为根基，打造包含金融、投资等服务的“法律 +”联合体，提供更加综合的法律服务。

联盛律师目前在江苏省南京市、无锡市、泰州市、南通市、宿迁市、淮安市等地已设立分所，同时在江阴、宜兴、靖江等重点县市设立分所，并正在强化上海分所、适时筹建其他外省市分所，包括将国际的有关资源与江苏各地有效联结，筹备联盛律师德国分所。

我们将更好地挖掘我们的专业服务能力和综合服务能力，以及我们与多个行业的战略合作伙伴形成的共同体、联合体，拓展“立足江苏、辐射长三角、融合国际”的新型法律服务生态圈。

王凤梅：您深耕江苏法律服务市场多年，有怎样的感受？

范凯洲：江苏各个地区都诞生了一批优秀的精品律所，我认为：第一，无论是精品所还是规模所，任何时候都依托专业实现领先优势。撇开专业，律所及律师都是“无本之木”。

第二，在为当事人考虑时我强调“防患于未然”。就如《鹖冠子》中所说，扁鹊从来不认为自己的医术最高明，他认为他的大哥不让别人生病才是最高明的。这么多年来，我更多的是在向扁鹊的大哥学习。如果把律师比作医生，我们一方面要会做疑难复杂的大手术，另一方面也要做好保健医生。

第三，我一直强调，律师要有两大能力，其一是学习能力，对政治、经济、科技、金融等方面的知识要不断地学习；其二是敏感性和决策能力。过去常说“秀才不出门，能知天下事”，律师要善于获得信息，才能帮助客户预防风险。执业至今，我参与了几乎所有无锡市原处级以上干部的刑事案件，从中了解了很多问题和陷阱，在保护当事人隐私的同时，我也告诫我的顾问单位和朋友要提防这些陷阱。目前，我们正在研究一项叫“刑事风控顶层设计”的新型业务。过去，律师在刑事案件中的工作主要是辩护，而我要做的这个业务是“防患于未然”，我们想把它做成全国第一。

新的商机或者新的空间无处不在，需要根据自己的能力去力所能及地参与。

我们有时也会帮助当事人在投资项目中作有关判断，这个过程也会锻炼律师的法律思维、管理思维，提高律师的综合能力。

第四，用努力和专业能力去积累资源。这么多年来，在无锡、在江苏，我和团队帮助很多人处理了很多复杂案件，我也担任了政府的专项法律顾问。基于专业能力，我们赢得了当事人的信任，积累了很多资源。

第五，江苏省处于对外开放的前沿，有大量的海外企业、中外合资企业需要法律服务，这也对我们的涉外法律服务能力提出了更高要求。联盛有很多海外留学归来的人才，其中包括司法部、江苏省评定的涉外律师领军人才，我们办理了不少典型案例。江苏是制造业大省，和德国有着很深的业务关联，我们有很多德资企业客户，也有客户正在德国建立业务，这也是我们筹建德国分所的重要原因。

王凤梅：作为民商事、合规方面的专家，范主任如何看待企业合规这一热点领域的发展前景？

范凯洲：改革开放以来，由于我国经济高速发展，经济社会日新月异，相关的配套机制具有一定的滞后性，导致部分企业或者个人通过不合规的方式从事生产经营。但是，在全球经济一体化的背景下，企业在激烈的市场竞争中面临的经营风险越来越高，市场机制将越来越完善，营造高水准的法治化营商环境将是必然。

企业必须积极自查整改，剔除不合规业务，建立合规化管理以提升自身核心竞争力，从而有效控制风险，促进企业的健康、可持续发展。

王凤梅：联盛律师引入人才的标准是怎样的？在人才的吸引、保留、培养和发展方面有何机制和保障措施？

范凯洲：律师人才培养机制是联盛律师品牌塑造与文化传承的重要基石。联盛律师一直以创新传承的远见关心扶持青年律师的发展，与各大知名高校法学院携手共建，推进律师人才梯队建设。当然，联盛对于人才同样有要求，我们并不是很看重青年人才的学历出身，但非常看重他对法律的信仰和对法治的追求，以及他的灵性和悟性。

律师在执业初期，普遍面临收入低、案源少、生活压力大等实际困难，我们以高于当地平均水平的薪酬待遇来吸纳优秀的青年律师，以包容多元的文化为青年律师“搭台赋能”，从培养理念、管理机制、执业路径、专业建设、品牌发展等层面对青年律师培养进行系统规划和设计。

除此之外，我们不断优化律所的文化体系建设，形成所内共享、互助、传承的文化氛围，让律师在工作和生活中切实感受到集体的支持和温暖，增强律师从业信心，扶持律师实现快速成长。联盛的合伙人在和青年律师的交往中是没有任何遮掩的，我们非常愿意和年轻人分享自己的办案心得。只要不涉及隐私，联盛合伙人及资深律师的办公室门日常敞开，我们很欢迎青年律师来旁听资深律师们讨论案情，也会要求旁听的青年律师及时阐述并书写工作要点和感想。这样的培养模式，对青年律师能起到很大的砥砺作用，一般经过两年左右时间，他们就能成长为有实力、有根基的专业律师。

王凤梅：2022 年 7 月 30 日，联盛西藏吉隆分所正式设立，这是西藏日喀则市吉隆县有史以来第一家律所。是怎样的契机促使联盛到西藏的“无律师县”开设分所？

范凯洲：联盛律师一直活跃在公益法律服务领域。吉隆县律师资源匮乏，我们设立联盛西藏吉隆分所，以法律援藏，切实承担起律师的社会责任，共同推动社会法治的进步和发展，这也是我们一直以来践行的公益初心。

作为律师，我们要追求实现自己的经济价值，更要追求实现自己的社会价值。联盛平时就在坚持做力所能及的公益，不仅是捐款捐物，更重要的是运用专业知识和技能帮助人们解疑答惑，并在此过程中传播法律。律师需要有对法治的信仰，而当相信法律、尊重法律的理念成为一种共识进而成为一种常识时，法治就会最终形成。

在西部一些相对落后的地区，人民群众对于法治和法律服务的渴望和需求是不容忽视的。此前，已有联盛律师在青海的“无律师县”进行援助，此次中央号召进藏援助，我们也第一时间报名，并在派遣援助律师的基础上更进一步，成立了联盛西藏吉隆分所。

这件事对我们律师也是一种修行。当地海拔很高，条件也相对艰苦，除了驻点律师外，我们战略委员会和管委会决定，派遣青年律师前往当地支援，党员优先，每人轮值两个月。对于青年律师而言，这是一次非常难得的锻炼机会，我们也会给予他们经济上的支持。

王凤梅：从几个经典区域强所品牌到全新的“联盛”品牌，联盛虽继承了原各所的团队和品牌地位，也必将会打造属于联盛的新的统一形象。请问您心目中联盛的品牌形象定位是怎样的？所内在品牌建设上有哪些投入及保障机制？

范凯洲：联盛合并成立后，我们当时提出了三个口号：专业化、规模化、品牌化。我作为律所主任，专门负责品牌工作。我们成立了品牌宣传部，还专门聘请了资深媒体人出任品牌总监。

我自己对于品牌的感受，一是专业为魂，传播为辅；二是广结善缘，润物无声。

从第一点来说，品牌基于专业能力，但也要根据科技进步、媒体变化来更新传播手段。目前联盛的微信公众号、抖音号、视频号都已开始运营。借助媒体平台，我们可以针对热点事件发声，也可以撰写、输出以专业为核心的文章，彰显自己的专业能力，打造品牌。

从第二点来说，曾经有位朋友测算，联盛前身之一的法舟律师事务所在无锡市内外的宣传资源价值起码在 1000 万元以上，但实际上我们支出的相关宣传费用不到 10 万元，绝大部分是多年的朋友为我们提供的赞助支持。

我们是如何实现“花小钱办大事”的？其实很简单，就是广结善缘。我给大家分享一个故事，曾有一位领导造访我的办公室来咨询问题。这位领导告诉我，他在吃早餐时和夫人交流这个问题，他的小孩听到以后就问：“爸爸，你为什么不去找法舟律师事务所呢？”他很好奇，一个孩子怎么会知道找什么律所呢？于是他就问了孩子，结果孩子是在公交车上看到了我们“专业、勤奋”的标语，就记住了我们。

这件事情的缘起，其实是因为我们多年来为有关广告商做了很多很好的法律服务工作，对方为表示感谢，就给我们做公益宣传提供赞助。这就是通过广结善缘的方式，从而润物无声地推广了我们的品牌。像这样的例子还有很多。

我经常提起一句话，这句话是我的祖母常对我说的：“你不把钱当钱看，钱就自然而然会来找你。”这句话就是教导我不要过分追求金钱，金钱不是快乐之源；你如果只有金钱，也得不到别人的尊重；最终受惠的人，一定是能够给他人带来帮助的人。这么多年的执业经历，让我感受到的最大愉悦，就是我能不断保持生命的激情，遇到很多新奇复杂的事情时，我能把它解决好，给遇到这些事情的人带来帮助，这种快乐是难以言表的。

王凤梅：对于塑造律所品牌，您有着自己的感悟，那在您看来，界定好律所、好律师的标准是什么？

范凯洲：我认为，一家律所能否被称为“好律所”，一名律师能被评价为“好律师”，最重要的标准是看他是否推动了法治进步、是否带来了社会价值。

我 1991 年毕业于中国政法大学，在当时的时代背景下，我认为，我们那一代人学法律的出发点，不是为了找一份体面的工作、获得优厚的收入，而是更有非常强的推动中国法治进步、社会进步的使命感和责任感，立志要为社会多做点事情。在我自己的观察中，这一批法律人无论是选择进入公检法等机关内，还是选择作为律师在社会上进行法律服务，很多人虽未言表，但至今依然保持着这颗赤子之心。我想这也是我们的国家、社会能够不断向前发展、进步，遇到一时的困难都能够共同克服的一大原因。如果一家律所或一个律师丧失了对法律的敬畏和对法治的追求，就算他业绩做得再好，也难以称为好律所、好律师。

我常对我的律师伙伴们说一句话：不要让我们的子女嘲笑我们。要让他们懂得我们在努力为他们创造更好的生活、更好的社会，无论将来他们是否继续走上法律工作者这条路，我们都要引领他们保持这样的初心，继续为整个社会的发展提供正向的能量。

当然，对于好律师，我个人还有一项标准，这项标准也是我们联盛在青年律师的培养中非常重视的，就是律师一定要有一种“尊荣感”。这种“尊荣感”并不是要律师觉得自己比其他人在地位上更高贵，而是要让律师尊重自己的职业、尊重自己的理想，在言谈举止、装束气质、为人处世各个方面，都要保持自己的“尊荣感”。正因如此，我们对青年律师的服务制度、报酬保障上都提供了不错的标准，这就是希望青年律师在自己执业之路刚开始时，不受迫于经济压力，走好自己的律师之路。

陈　臻

30年深耕能源环境行业 阳光时代“能量”整合与穿越周期的秘诀

“想到能源环境，就想到阳光时代”，这是业内对阳光时代律师事务所（以下简称阳光时代）的说法。深耕能源行业30年，阳光时代始终以先行者的姿态，敏锐把握能源行业的发展风向。阳光时代不仅是律所，更是受能源和环境行业客户信任的专家，被誉为“中国能源和环境领域最专业的律师事务所”。阳光时代出于怎样的考量，从成立之初就坚定地选择了“专注于能源、环境、基础设施领域的行业律所”的战略定位？面对行业周期，阳光时代如何破局，保持着源源不断的生机和活力？独特的考核计点模式又为阳光时代的管理带来了怎样的优势？

对话时间 2022 年 12 月 5 日

对话嘉宾 陈臻，阳光时代律师事务所创始人、主任，兼任中国电力企业联合会法律分会副会长、中国能源法研究会副会长、中国能源研究会可再生能源专业委员会副主任、中国能源研究会碳中和产业合作中心专家顾问、中国绿色供应链联盟绿色金融专委会专家、中国能源研究会能源监管专业委员会委员、浙江省政府立法咨询专家等。连续多年被钱伯斯评为“能源与自然资源”“环境法”“公司与商事”领域的业界元老；曾负责多项国家电力体制改革及立法课题，担任《能源法》《电力法》立法专家组成员，对国家电力体制改革、可再生能源、核安全、新能源及节能环保领域政策法律有前瞻性与开拓性的研究，是业界公认的顶级能源与环境法律实务专家。

王凤梅：近期很多人谈到“一家律所如何穿越周期”，今天我们就请陈主任来跟我们讲讲，深耕30年，作为专注于能源、环境、基础设施领域的行业律所，阳光时代是如何来抗衡周期的？

陈　臻：作为能源电力行业的一家律所，阳光时代对“周期”这个词感受更深，对我们而言，这个周期就是国家宏观经济的周期。

阳光时代在服务领域里选择了一个跟国家宏观经济周期密切相关的能源行业，也就是说，国家宏观经济对能源行业的影响是会直接波及事务所的。我们有的合伙人也有过一定的疑惑：阳光时代会不会因此抗周期能力不强？因为我们也经历过多次低谷的考验。但是目前，随着碳达峰碳中和目标的提出，能源行业面临巨大的发展转型，让阳光时代显得生逢其时。

阳光时代刚成立时，其实是“无知者无畏”，这主要基于我个人的专业背景。我是恢复高考后的第一批大学生，本科是浙江大学电力系统自动化专业，那时对国家现代化和工业化有一种淳朴的情怀，怀着“振兴中华”的心愿走出校门、进入电力行业。我 1988 年纯属出于兴趣考取了律师资格，20 世纪 90 年代初，浙江省经济发展和能源供应短缺的矛盾十分突出，工厂经常停电，在这种情况下，国家急于引进外资建设电力项目。浙江有很好的港口资源，煤炭运输方便，但当时非常缺乏熟悉国际项目融资业务的律师。国外事务所抛出来的合同文本、交易架构等，国内律师都闻所未闻。正好我的研究生专业是经济学，这帮了我很大的忙，让我这个半路出家的“拼命三郎”在法律服务行业站稳了脚跟。

做了律师以后，我一开始想的事情很简单，每天就是一个个项目、一份份合同、一个个条款，对它们一个字一个字地推敲。一直到 2005 年，阳光时代经历了几番波折，也完成了几个大项目后，我才开始思考组织发展是需要制定战略的。当时我报名参加了清华的一个学习班，得到了一些启发。从 1995 年到 2005 年的 10 年，我把自己的理工科思维完全转变成了律师思维，后来再用十年又把自己的律师业务思维进化到了律所管理的思维，到现在，我仍然在律所战略发展的思维上修炼，也继续在具体的法律服务前沿挑战。

王凤梅：阳光时代的合伙人分配机制为“考核计点模式”，这样的机制有何独特优势？

陈　臻：就好比“和尚分粥”的故事，作为创始人和律所主任，早年我一直很简单地把“先人后己”作为指导思想。这个指导思想也许并不是最科学的，假如阳光时代是个非常大规模的、有几百个合伙人的律所，这种指导思想可能就不适用了。

阳光时代把自己定位为一个服务于能源环境和基础设施领域的专业律所。合伙人不是可以随便找拼盘的，早期的合伙人基本上是我们内部自己培养的，到后来才逐步引进合伙人。我们从一开始就实行了品牌资源与客户资源共享的公司化管理模式，利益分配就无法像独立合伙制那样井水不犯河水，怎样让分配制度激励大家保持“正己守道、相互成就”的价值观，是一个很挑战人性的题目。

当年考察了几家国外国内律所的 lockstep 计点制之后，我们也开始试行计点模式，规定合伙人律师从多少点起步，以后每年增加多少点，最后大家按点数比例分红。试行了 3 年以后发现行不通，因为这种模式的先决条件是合伙人彼此的能力要旗鼓相当，进步的速度要比较一致。但现实条件下，不同合伙人的市场能力、交付能力、领导团队的能力确实有差距。

经过了3年计点制的尝试，我们发现，每年固定上涨计点但创收能力不增长，必然会面临发展“瓶颈”，于是3年后我们又重新定义了计点制。这个点数不再按照年数增加，而是每年按综合业绩来考量，包括价值观、市场开拓，业务创收也不能仅看数量，也要考虑创收的结构（大项目大客户的占比）、人才培养的贡献等。

阳光时代一直倡导合伙人带头做好交付。重要的项目、疑难的法律问题要求合伙人亲自负责完成，这成为一个强制性的考核指标。在人员结构配比上，我们注重按项目组合团队，给客户以最好的体验，同时给青年律师接触不同业务和得到不同合伙人律师指导的机会。

我们的工作目标一直是：一方面把项目做好让客户满意，另一方面通过大项目培养团队。但其实很多人都在悄悄回避一个根本问题，就是我们愿不愿意培养出比自己更有能耐的人？怕不怕后来者居上？我们对这个问题的答案可以说是非常明确的，我们一切的努力是要让一代比一代强；应该鼓励比我们更能干的合伙人扩大市场影响力，鼓励这些合伙人去培养比他们更能干的高级律师，这才能使律所发展生生不息。

我们的计点模式下，合伙人中的最低点数和最高点数相差在5倍之内。这个计点模式体现了能力越大贡献越大，可能是不太公平的，背后的底层逻辑是希望所有合伙人都能树立“合伙人团队共建一个平台”的观念。我们关注的不单单是创收业绩指标。不搞团队提成，当然只是我们的一个尝试，任何分配机制都只是次优解，没有最优解。

王凤梅：作为一家专业所，阳光时代目前已经在北京、上海、广州开设分所，律师总数也一度达到百人，未来是否有规模化发展的规划？如何看待“规模化”与“专业化”之间的关系？

陈　臻：阳光时代走的是适度规模化的道路。

其实，规模化和专业化之间并不矛盾，专业化并不代表就是很小的精品所，而规模化发展得太快，我们也会担心不够实力。我希望各地都能有很好的律师团队进入新能源法律服务领域，我也祝愿这些同行能够迅速成长起来。说不定有一天，他们会觉得阳光时代的平台挺吸引人的，那我们也有可能从竞争关系转变为合作伙伴。

我总觉得律师和医生有较大的相似性。召唤我们律师日夜兼程的不仅是赚钱，更是职业本身的专业性、趣味性、挑战性，以及与旗鼓相当、灵魂有趣的人切磋的快感。这些都是很难用金钱衡量的。

当然，平台的扩张也很重要。中国老一代的合伙人们很快就要退出江湖了，新一代的合伙人也会在历练中越来越成熟，未来律所的进一步规模化还是很值得期待的。

王凤梅：阳光时代在能源领域多次获得钱伯斯等评级机构的荣誉，也常常在项目竞标中与“红圈所”同台竞技。作为一家专业所，阳光时代为何能在一众规模所中脱颖而出？

陈　臻：阳光时代是“行业领域里的专业所”，我们的愿望是成为客户首选律所。我们针对这个行业里的客户做了一些深入研究，了解他们的发展战略、主营业务所需要的相关行业知识以及特定的法律、合规体系。

我本人是学电力系统出身的，但 40 年前的知识和现在的技术差别巨大，只有不断学习，才能够跟进客户的业务。换位思考，客户也不喜欢律师只给自己讲法律风险和法律条文，况且能源环保领域中常面临的是政策问题，如果只是照搬法律法条，客户会觉得你没有真正解决问题。比如，我们在环境公益诉讼中代理被告时，会协助客户从企业发生污染的工业流程上寻找发生污染的原因，从国家环保技术标准的历史沿革去寻找依据。

对于非诉项目，律师不仅要了解客户的业务，还要了解国家行业管理的政策。比如，光伏行业早 10 年是一个有国家补贴的行业，于是投资者疯狂投资，等到补贴取消后，很多投资者的利益就会受损。如果把这件事完全放到法条里来说的话，应该要保护投资者的利益。但是，基于阳光时代在这个行业长期的经验积累，我们比较了解国家从立法、修法到实践的整个过程。因此，我们更加注重事先的风险控制，与客户共同寻找解决方案。

阳光时代经常是去帮助客户提前研究政策动向，提供决策参考。如果律师的工作只是比较机械地给出法律意见书，客户看完很可能不知所措，所以阳光时代主张站在客户的立场，与客户并肩战斗，助力客户实现“商业利益最大化，法律风险最小化”。

最近10年，我自己带领的环境资源能源业务研发中心越来越成熟。这个研发中心不以创收为目的，而是律师团队的一支支持力量，包括通过行业研究、立法政策研究、研究课题、组织研讨活动等，为企业、政府建言献策。正是因为我们的专业性，很多客户在遇到行业特色专业法律问题时都来找阳光时代。

王凤梅：阳光时代以过硬的专业实力打响了自己的品牌，您认为专业所在品牌建设的过程中会遇到哪些问题？专业所与规模所相比，在品牌建设的思路上有哪些区别？

陈　臻：做品牌是一门很深的学问。现在“酒香也怕巷子深”，我希望将来客户会慕名而来，更多的是“非君莫属”而不是价低者得。但我也鼓励更多年轻的合伙人走上前台唱戏，我帮他们敲锣。阳光时代的业务领域相对来说比较窄，受众也比较少。以行业为出发点，我们设立了新能源、油气、电力电网、生态环境、基础设施五个事业部。在品牌宣传上，新能源事业部谈“风、光、地、热”，油气事业部谈天然气和氢能，生态环境事业部谈“水土固废气”等，用事业部的品牌直接与客户连接。

同时，我们按照为企业客户提供全过程服务设立了公司与投融资业务部、项建与环资业务部、国际业务部、争议解决业务部，还设立了合规业务中心、国企改革研究中心等。对客户而言，从前期的投资到后期可能遇上的诉讼，阳光时代都可以为他们进行“一条龙”的法律服务。我们是从客户角度出发来设计业务结构和业务产品的，在品牌宣传上也是这样安排的。

王凤梅：阳光时代“业务前台、数据中台、管理后台”的新模式为律所的管理与发展带来了哪些改变？在“数据中台”的建设过程中，阳光时代在“数字化”建设方面有哪些创新实践和发展规划？

陈　臻：阳光时代的数字化，将近20年一直在迭代建设的过程中。“数字化”并不是一个时髦或者好听的东西，它是一个工具，也是一种思维方式，希望掌握了工具，可以大幅提高律师的工作效率，提高律所经营管理的效益。

但是对于律师行业来说，这里面也存在一定的矛盾。因为我们律师的服务严重非标，需要提高非标度才能提高议价能力；而数字化要的是标准化。人对人的非标服务和数字化先天存在矛盾。所以我们经常用的一个词是“数智化”，“智”给我们带来更多的是工具上便携，而不是降低我们产品的非标，让其变成标准化、简单可复制的服务套路。

业内有不少年轻人都在探讨这件事，我也仅仅只是一孔之见，也还在探索能不能给律师做出手到擒来的、更便捷的工具。其实我也有担心，害怕我们的律师变成“百度律师”，因为现在有啥不知道的，网上一搜就是各种答案。

阳光时代从2004年就开始设计律所的数字化工具平台。那时候，我把编程工程师叫到身边，跟他坐在一起聊了很久，把我能够想象到的功能一句一句讲给他听，最后由他写成代码。而且早在2002年，我就将工程管理中的项目管理应用到律师业务里，这是很别出心裁的。项目管理的目标就是在有限的资源边界下追求质量最优，并且项目团队成员是为了一个项目目标组合在一起，并非直接的上下级关系，更不是老板跟伙计的关系。在不久的将来，阳光时代很快就要推出新一版的平台工具，会比我们现在用的更智能、更便捷。这都反映了我们在追求数智化的路上不断创新。

王凤梅：2021年，阳光时代参与了全国首单碳中和服务信托的设立，您如何看待这一领域未来的发展？在“双碳战略”下，您对阳光时代未来的业务布局有何展望？

陈　臻：其他律所也有一批积极探索碳中和领域的律师，我也经常关注他们的研究。过去，做电力市场的律师很少，现在，业内也有不少律师开始钻研这一方面的业务。对于这个框架下的一系列新型商业模式，客户、企业、政府都还在摸索，我们作为法律服务工作者，既微不足道又不可或缺。

现在有很多律师都很困惑，“碳中和”提出那么久了，好像只做了新能源替代传统能源，完全“碳中和”的法律服务单子并不多。我们需要看到的是，这是国家的战略引领，不是一蹴而就的，会有较长的转型时间。就像光伏业务，阳光时代从2009年就开始投入力量，一直到2017年前后才蓬勃发展起来。“碳中和”也有一个这样的过程，它是一个很大的概念，目前集中在新能源、低碳能源开发建设领域，但未来会向交通、建筑、制造业等各个行业渗透。

王凤梅：阳光时代如何培养“行家型”律师？发展初期所提出的“打造 4 个‘四分之一’业务团队”的目标如今有了哪些新变化？

陈　臻：阳光时代的行家型律师培养道路很长，成本巨高。早年我们希望加入阳光时代的律师有一定的行业兴趣，一部分人同时有工程学科或财经学科的背景，或者有较好的英文工作能力。同时要求他们有一定的国际视野，能深入理解一些国际上的文献，为客户提供更好的服务。现在我们通过安排四年级以上的骨干律师加入行家型律师的研修营，鼓励学习行业政策背景，实务中把行业知识与法律知识结合起来理解，从而逐渐更有效地服务客户。

我希望，将来高校的本科生可以先学其他学科，研究生阶段再学法律知识，这样更有利于培养复合型人才做律师。我也建议高校要提高法硕含金量，下功夫打造这个学科。阳光时代也一直在和高校合作，尝试培养复合型人才。从事律师行业不容易，学海浩瀚，因此我们要有终身学习的志趣。

王凤梅：您认为一家好律所的标准是怎样的？一位好律师的标准又是什么？您觉得律所应该朝哪个方向前进？

陈　臻：在如今的商业社会，一家好律所还是要保持一点职业的清高，不忘初心，保持专业精神。和医生类似，律师应该积极致力于纾难解困，不可以只利用法律条文的知识不对称来谋取高昂的律师费。

总的来说，我认为一家好的律所能为一群律师构建一个有自由又有纪律、有管理又沟通无障碍的组织平台，最大限度地调动人的自律和自觉心，让每个勤奋好学的人都能有所收获。并且，我希望律所能多一些乐观、向上、有激情的人，希望年轻合伙人能够养成读书、思考、学习、分享的习惯。我很羡慕东方甄选拥有一批超级积极乐观的、做啥都想要做到极致的年轻人。我希望阳光时代的整体精神面貌未来也是这样的。

曾铁山

“讲政治、重专业、比奉献”
华商的匠人精神与文化初心

从区域强所到全国大所，华商律师事务所（以下简称华商）只用了短短3年，飞速发展的背后，是华商近30年稳扎稳打奠定的坚实基础。“讲政治”意味着紧跟时代步伐，“重专业”是铭记于心的立身之本，“比奉献”是代代传承的不变初心。不同阶段不同的文化价值观如何影响着华商的发展变革？人数2000+的规模大所如何在激烈的人才竞争中保持优势？粤港澳大湾区独特的地理位置给华商带来了怎样的挑战与机遇？全国首家由律师驱动的合规中心、元宇宙研究中心、区块链及NFT业态研究中心的创立，透露了华商怎样的专业化建设思路？

对话时间　2022年12月8日

对话嘉宾　曾铁山，华商律师事务所党委书记、执委会主任。华中科技大学法学博士。现任中共深圳市委法律顾问、深圳市委宣传部法律顾问、深圳市公安局法制处法律顾问、深圳市光明区委法律顾问、深圳国际仲裁院仲裁员、广东省律师协会理事。曾担任湖南省岳阳市政协第七届、第八届委员会委员。从业15年，主要执业领域为资本市场、上市、重组并购、公司治理、投融资、重大案件争议解决。长期担任深圳市委及其下属部门、岳阳市人民政府深圳办事处、深国际多家旗下公司、招商局集团、中航集团、天马微电子股份有限公司、中国宝安集团股份有限公司、中国联合网络通信有限公司广东省分公司和深圳市分公司、中国建设银行深圳分行、中国农林低碳、国农科技等多家政府部门、事业单位、央企、500强企业及上市公司的法律顾问。

王凤梅：2023年，华商即将迎来建所30周年。三十而立，大有可为，华商的发展中有哪些里程碑式事件？

曾铁山：华商是1993年成立的，总部在深圳，明年就将迎来30周年。在华商的发展历程中，有几件事可以说是里程碑式的事件。

第一件事是1993年华商律师事务所成立。华商是中国第一批合伙制律师事务所之一。第二件事是华商在2008年被全国律协评为“2005～2007年度全国优秀律师事务所”。第三件事是华商从2014年开始向全球布局，并在粤港澳前海合作区成立了全国第一家香港与内地合伙联营的律师事务所——华商林李黎律师事务所。第四件事是在2019年，华商开始实施全国性规模化扩张战略。

2019年以前，我们的战略基本上是华南区域性的律师事务所；从2019年扩张开始，到现在已经正式设立了44家分所，其中6家正在筹建，在ALB人数超过2000的律所排名中，华商排名全国第十三名。目前，华商有各类专业人员 2000 多人，其中合伙人律师 256 人，执业律师 1500 多人，从 2019 年至今，华商基本上实现了从区域性所向全国性所的跨越布局。

王凤梅：成立之初，华商确立了“保密、承诺、礼貌、沟通”的所训；如今，华商倡导新时期的核心价值观，“讲政治、重专业、比奉献”。华商如何顺应时代变革进行价值观更新？您是如何感受和理解核心价值观的？

曾铁山：华商的价值观从“保密、承诺、礼貌、沟通”到“讲政治、重专业、比奉献”，中间还有一个过渡，是 2003 年提出的“专业、诚信、和谐、共进”，为什么会进行这些调整呢？因为华商在不同发展时期有不同的发展目标，同时要结合行业发展动态和国家政策去布局。所以，我们价值观的整体构建就是通过自身的发展、行业的变革、社会的趋势进行调整。“保密、承诺、礼貌、沟通”是作为一个区域性中大型所的布局。一个中大型所，首先是要把自己的事情办好，所以那时的价值观更注重自身层面。现在，华商走向了全国所的布局，就要上升到社会责任感和对国家社会奉献的层面上，所以华商提出“讲政治、重专业、比奉献”。

“讲政治”是最根本的，我们要用全面适用新时代中国特色社会主义的法治思想来武装自己。“重专业”是立身之本，为什么社会飞速发展，华商还能做到为客户乃至整个社会所提供的服务与需求高度吻合，靠的就是专业，要像大国工匠那样本着工匠精神，保持专业，把自己的事情做好。“比奉献”有几个层面：第一，全体华商人要来比奉献，我们打造百年华商是要全员参与的，管理层起带头作用，进行协调；第二，在社会层面要有担当，要对社会奉献，比如参加公益，这是执业为民的理念。

总体来说，华商的律师们在专业建设上实现了“术”和“道”两个层面的圆满与成熟。法律是我们的人生职业，我们做好专业服务，尽到行业责任，即在“术”的层面实现圆满；但同时，法律更是我们所追求的人生事业，并努力实现在“道”这一层面的成熟。这也是为什么我们提出律师要“讲政治，重专业、比奉献”，这就是两种高度的结合。

王凤梅：随着律所规模的扩大，律所管理方面又作出了怎样的转型？目前华商的管理模式如何？还将进行哪些方面的改革？请介绍一下华商的管理架构和职能部门设置。

曾铁山：华商是最早一批的合伙制律师事务所，进行全国性布局以后，一直在探索管理模式。现在律所的管理模式有几种：一是合伙制，二是公司制，三是股份制。目前我们还在探索，试着兼顾合伙制和公司制。公司制有很多好的管理经验，公共服务、一体化运营等方面都很成熟；但合伙制也有它的好处，可以调动各个律师的主动性。但二者又都有弊端。总体来说，华商要取公司制优势，来弥补合伙制的缺陷。

所以，我们在管理层面进行了很多的改革。管理架构方面，华商进行职业化改革，将管理者从主任变为职业团队和经理人，要以行政的强有力作为抓手，将管理人才和业务人才分开。管理层包括执委会，执委会相当于我们的战略机构。

另外，华商 30 年来一直保持着无限的活力，因为它兼容并包。华商的 7 个执委中很多都是“80 后”，华商的管理团队非常年轻化，这最有利于适应深圳的新兴市场，最符合深圳城市的发展，同时也符合华商对年轻人的定位培养。对年轻人放权培养是非常不容易的，这也是华商管理模式的变革之一。

通常来说，律师行业发展分为两种模式，一是直投模式，二是合并、兼并的模式，就这两种发展模式看来，很多所之间的紧密性不强。华商总分所也存在这样的通病，因而我们选择适当控制规模化发展。第一，华商坚持在管理层面上总分所要一体化。这是一个庞大的工程系统，行政、人事、风控全部一体化。目前华商所有的分所风控总监均为总所指派的，要保证大所行稳致远，风险防控上不能出问题，这是很重要的。第二，华商以后会进行更多的总所直投，有利于协同发展。第三，在专业方面，为了加强总分所的知识共享和业务合作，华商成立了业务运营中心。

整体来说，华商前几年的发展是“猛跑”，先跑出去；但现在要回头来守，所以我们转变成“小步快跑”。华商以后会将公司制、合伙制、股份制三者结合起来，吸取三者的优势，变革成一种更新的模式。

王凤梅：华商自创始的 7 人团队，到 2019 年开始规模化扩张，迅速发展成有 44 家分支机构，各类专业人员 2000+ 的大所。请问华商的布局是否完成？

对接下来的规模化发展有何规划？

曾铁山：我们目前在全国排第十三名，和全国第十名在律师数量上相差约两百名。但是在 3 ～ 5 年里，我们还会持续规模化，这也是为了我们最终的目标。我们预想在持续稳定地排到全国前十后，华商的规模化才会告一段落。需要说明的是，我们是适度控制的规模化，开分所的速度可能会慢下来，不过我们会重点发展一批律师事务所，打造百人分所跟亿元分所的规模，我们的目标和重点不在数量，而在质量。

王凤梅：华商为许多世界 500 强的大型跨国公司、大中型国有企业和成长型民营企业提供服务，您认为华商的核心竞争力体现在哪里？优势业务领域如何保持领先优势？

曾铁山：华商的核心竞争力体现在专业品牌。

首先，品牌不是靠广告堆出来的。广告虽然有一定的效应，但品牌最根本的还是专业，是要受别人的信赖。客户和华商合作后，觉得华商优质高效，让他们感到满意了，他们才会继续选择和华商合作，并且一传十、十传百，现在在深圳，乃至广东，大家都知道华商的律师，华商也被评为深圳知名品牌。

其次，专业不是说强就能强的，是需要靠华商的核心价值观引导的，哪怕是刚进华商的新人，看见我们的价值观就知道要“重专业”，专业是立身之本。在华商，所有律师进入团队后，最多只能选择两个专业，一主一辅。而且华商在人才引进方面也有很多要求。华商想给年轻人塑造一个观念：要把律师作为一个事业而不是职业和工作，如果只是看作工作，那他做不到很专业，因为这只是一个谋生的工具；但是如果是作为事业，就会热爱它，不觉得累，会感到无穷的乐趣。专业引导是持续的，这是华商在激烈的竞争中保持优势的根本原因。

最后，华商倡导律师要从专业律师向行业律师进军。这也是为什么这么多企业，尤其是新兴产业的企业喜欢选择华商。无论是数字交易还是生物医药，华商要使律师既能懂这方面的法律法规和管制制度，又要懂相关专业知识，哪怕聊到细胞、血小板，都要能说出来、能够探讨，要能作为“风投投资人”的角色，知道企业的发展方向和行业的发展动态。把专业和行业结合起来，就能成为行业里非常厉害的律师了。

在打造行业律师方面，华商的布局比较好，在合规、区块链、数字经济、生物医疗等新兴行业和领域，华商都设立了研究院。律所要走在前面，要让律师首先知道这个行业，知道这个行业在做什么，它们在国际上做了什么，再去想适配的法律，甚至后续推动法律的制定或者改革。别人对华商天天弄“新的东西”觉得不可思议，但正是这套体系，让华商培养了一批很厉害的年轻人。现在，新型专业最能吸引年轻人，那么，如何在激烈的行业竞争下留住年轻人？根本的答案是要给他赋能，要使他强起来。

王凤梅：华商成立了全国第一家由律师驱动的合规中心、元宇宙研究中心、区块链及 NFT 业态研究中心。前沿领域的创新如何助力华商的专业化建设？

曾铁山：华商是深圳本土的律所，而深圳是一个创新的前沿城市，基因里就要求创新和改革。在律所层面，必须拥有自己的管理团队，要对行业、国家、国际的发展保持高度敏感性，要明晰自己要提供什么样的法律服务，进行统筹安排。管理层的思想不能老化、固化、僵化，在这个前提下，自然就会吸收新的东西，有了新的东西就会进行布局，这是自上而下的。

还有自下而上的。现在华商年轻人发掘了很多新的兴趣爱好，他们发现新东西，就会反馈上来，给律所提出建议，让律所有新的灵感。比如，华商的数据研究院、数据交易中心等，里面大部分都是年轻人。在不影响华商发展的情况下，我们基本都会同意他们的提议。自上而下和自下而上相结合，华商的专业布局就逐步构建起来了。

王凤梅：在中央电视台“发现之旅”频道中，我们了解到华商注重“传帮带”人才培养，“90 后”律师团队成功代理了全国首宗个人破产清算案。华商的人才标准是怎样的？在青年律师的录用、培养、晋升通道方面有怎样的机制？

曾铁山：华商的人才战略就是，我们需要把法律当作事业的年轻人。华商需要热心事业并把它当作毕生奋斗目标的人，这也是我们的培养重点。从律师助理、实习律师、专职律师等成长为合伙人的，在华商占比超过 50%。律师事务所就像一个池塘，如果进水多、出水少，它就留得住人；反之，就是人才流失。华商持续不断地学习、研究如何留住、培养和发展年轻人。

华商的定位是做培养年轻律师的摇篮，成就年轻人的律师梦想。从我们有大量从内部成长出来的合伙人上也可以看出，他们对华商的认同感很强。华商多年来发展迅速的重要原因之一就是基石没有动，走的是内生式发展。华商的合伙人、律师都对华商抱有一种忠诚感。

华商的管理理念是包容开放的，执委里也有很多年轻人。华商整体的氛围是：任何岗位都不论资排辈，有能力、人品佳，就可以上。年轻人大小场合见得多了，他自然就能镇得住场。另外，培养年轻人更有利于华商的发展。华商的发展是代际传承的，百年华商不是一代人能做到的，至少要三四代人，在这种传承之下，华商内部不会出现断层。华商现在的合伙人愿意把年轻律师培养成合伙人，一是因为很多现在的合伙人就是从华商成长起来的，他认同华商内生式发展的理念；二是因为年轻律师成长为合伙人之后，不脱离以前的团队，合伙人和合伙人牢牢绑定在一起；三是我们对律师的管理有积分制度，对高级合伙人来说，积分的一项指标就是他培养了多少合伙人。

2022 年，华商提出的“春笋计划”是专门针对符合国家涉外人才的。华商吸纳的人才既要符合国家战略，又要符合国际人才流动的战略，还要符合华商国际化发展的战略。还有针对证券市场业务培训的“梧桐计划”、给青年律师赋能的“鲲鹏计划”。将对人才培养的观念上升到国家层面，华商就是为年轻人扫清障碍，给他们专心学习成长的空间，解决他们的后顾之忧。

整体来说，华商的人才战略研究院，首先制定了一套专业的培训机制和管理机制，再制定了一套老的合伙人和新的合伙人之间、包括专职律师之间的矛盾解决机制，这三个机制解决了律所层面、个人层面会遇到的各种问题。

王凤梅：在党建引领发展、参与社会公益方面，华商有哪些成功的实践？

曾铁山：天下兴亡，匹夫有责。华商党委做了很多工作，我们倡导的是，党委党建工作不能搞虚的，一定要抓实，要通过党建促所建。律师事务所本身没有什么约束性，但是党章让律师心中有一根弦，它背后的管理体制很重要，这为华商的所建发挥了重要作用。

华商党委参与了非常多的社会公益，曾多次被评为广东省党建示范基地，在乡村振兴、疫情防控等方面都作出了自己的贡献。党建就是要让律师们都有一种责任感，自发承担社会责任。华商的党支部建在专业上，华商有 24 个专业委员会、6 个研究院、3 个中心，所有的支部都有专业符号，比如资本市场第一支部、刑事支部、民事支部等，把爱好相同、专业相近的人分到同一个支部，会让大家都有归属感，也能把大家的专长发挥出来。

党建对于华商的管理来说非常有用，但不能固化，不能天天只搞学习、念文件，文件确实要学习，但要把文件内容转变成实际效益，才有利于律所的发展。

华商也很重视普法教育，每年的 12 月 4 日宪法日都是华商宣传的重点。华商也致力于推动法律法规的完善，包括法律法规的修订。

王凤梅：粤港澳大湾区建设已上升到国家战略高度，深圳先行示范区、前海合作区的综合改革试点也在持续深化。华商如何将专业建设与地区发展战略相融合形成业务布局？未来，华商在助力区域发展中有哪些专业发展规划？

曾铁山：大湾区的法律形态比较复杂，要想在大湾区打通法律这一层面，或者出台一些适用文件，是非常具有挑战性的。

律师行业要抓住这个机会，看到它们融合的趋势，探索法律和意识形态方面的连接。华商一直在这些层面布局。比如怎么协助政府促进融合，华商律师发挥自己的特长，提前谋划布局，广东省的 9 个市基本上都有华商的分所。这也让我们得到了红利——司法部批准的第一批在大湾区执业的香港律师，深圳引进了 20 多人，有一半进入了华商。这都源于华商的提前布局。超前布局，等政策来了才能接得住，才能把它发展好。从这个方面来说，华商以大湾区为核心来布局的战略是非常正确的。

王凤梅：您如何看待现在国内和国际的律所律师评价标准？一家好律所的标准是怎样的？一位好律师的标准是什么？

曾铁山：现在的评级机构很多，我们要保持自己的定力，不过分关注，但也尊重。不过分关注是因为，各个评级机构的标准是不一样的，太关注会打乱自己的发展步骤。充分尊重是因为，他们列出的评级参数也是一个风向标，可以作为律所未来工作的参考。

我觉得评价一家好律所的标准，在不同阶段、不同律所之间都应该不一样。对于全国性的大所来说，首先是要有很强的社会责任感，因为律师不完全是商业化的，不能脱离政治、文化等意识形态层面。其次是专业性，专业强了，律所才能大，专业是立身之本。华商也在这个方面持续努力，进一步做大做强。再次是对年轻人的吸引力，如果年轻人不喜欢这个律所，那律所很快就会没落，这也是华商致力于打造培养年轻律师摇篮的原因之一。最后是要有充分的文化和价值观的认同感，这非常重要，要建立强有力的文化。这就是我认为的好律所的四个标准。

说到好律师，那就是个体层面了。首先，作为专业律师，要把律师的工作当成事业。其次，好律师要有宽阔的视野。律师有三个阶段，第一个阶段是站在当事人角度思考问题；第二个阶段是站在法官和仲裁员的角度思考问题；第三个阶段是律师的综合能力、综合视野、综合素质都会在工作中反映出来。最后，回归价值观，律师要有公益性，一个好的、发展全面的人，要保持大局意识，要有退让。专业、视野、公益性，这就是我认为好律师该有的几个方面。

杨国胜

结“地区、人才、专业、行业”之网 汇业汇俊杰启动登顶行动

如果把办律所比成登山，汇业人说，他们已经在5200米大本营，下一个目标就是登顶！创立于1999年的汇业律师事务所（以下简称汇业）是一家以商业法律服务见长的综合性律师事务所，目前全球已有37个办公室，2000余人。发轫于上海的汇业将包容细致风格不断与全国伙伴融合创新，结“地区、人才、专业、行业”之网，在“一路欢笑一路歌”中，不断向上攀登。如何在全国办公室中发展更多“百人所”？如何推进“两带两路”？如何保持“三颗心”文化？……汇业正在不断汇聚英才，蓄力C1、C2、C3营地，成为“最懂客户的律师事务所”，在成就客户的事业中成就自己。

对话时间　2022 年 12 月 14 日

对话嘉宾　杨国胜，汇业律师事务所管委会主席。毕业于武汉大学、华东师范大学，具有 20 余年中国律师执业经验，曾任教于华东政法大学，具有深厚的法学理论功底及丰富的诉讼和非诉讼法律服务经验，入选中国涉外人才千人库。作为团队总协调人、主要承办人，办理了多起国内外具有重大影响的仲裁、诉讼案件或非诉项目。杨国胜律师还积极参加相关社会活动，为法治建设、政府工作纳言献策，曾担任政协委员、人大代表等。

王凤梅：最近汇业携手“威科先行”举办了上海法务大会，举办了青训营、与上海大学联合开展“金专计划”教育合作等，创新亮点引起业界关注。请问应对外部不利因素的影响，汇业近期在专业布局及业务发展中的规划和思考是怎样的?

杨国胜：2022 年充满了不确定性，给我们带来了挑战。但是不确定性也带来了无限的新可能。法律人在选择法律作为职业时，就是选择了远方，选择了日夜兼程，选择成为一名“攀登者”。从汇业的发展来讲，我们从 1.0 到 2.0 再到 3.0，一直保持着既有的节奏。

汇业要结四张网，即“地区之网、人才之网、专业之网、行业之网”。地区之网——目前汇业在全国有 35 家办公室，未来还将进一步布局完善。人才之网——从内部培养人才，从外部引进人才，加强我们的长板，补足我们的短板。专业之网——继续精专，深耕专业。行业之网——在行业方面打造我们的明星团队。

我们秉持三个坚持：坚持发展，发展才是硬道理；坚持汇业基因，这是汇业走到今天、展望明天的奠基石；坚持专业和行业的“双轮驱动”，现在我们已经有了一些明星团队，未来我们要打造更多的明星团队，坚持把握自己的节奏，不能自乱阵脚。

王凤梅：自 1999 年您创立汇业以来，汇业经历了哪些发展阶段？汇业的核心价值观和发展愿景是怎样的？

杨国胜：我引用王国维的三句诗来回顾一下汇业发展的三个阶段：汇业的 1.0 时代，可以说是“昨夜西风凋碧树，独上高楼，望尽天涯路”。这个阶段从 1999 年汇业成立到 2006 年，这是汇业“汇流成河”的阶段，汇聚了志同道合的创始团队和主要成员，大家齐心协力，为汇业团队的稳定打下基础。

汇业的 2.0 时代，是从 2006 年到 2013 年，可谓是“衣带渐宽终不悔，为伊消得人憔悴”。在这个阶段，汇业也遇到了很多挑战，于是我们放慢节奏，梳理流程，建立了基础性制度。最重要的是，在这个阶段，我们合伙人收获了坚持、团结、担当等美好品质，这也成为汇业走到今天最坚实的基础。

3.0 时代是从 2013 年到现在，汇业开启了高速发展的新阶段——“蓦然回首，那人却在灯火阑珊处”。在这个过程中，形成了汇业的基因。

我觉得可以从汇业的基因来看汇业的核心价值观，我总结为三个关键词。第一个关键词叫“fresh”。汇业不管是作为一个机构，还是作为个体，都要有鲜活的形象，体现汇业鲜活向上的整体文化氛围，这是对内部而言的。对外，我们一直传递一种乐观积极向上的精神。我们把这种精神分享给我们身边的人，同时分享给我们的客户。第二个关键词叫“break”，就是突破。汇业非常强调要拥抱变化，勇于突破，勇于打破陈规。我们提倡律师要有创造性的思维，能够给客户提供创造性的方案，真正去解决客户的实际问题。第三个关键词叫“together”，就是在一起，我觉得有两层含义。第一层是合作，包括对内部伙伴和对外部客户，必须要有非常强的合作精神。现在，我们不仅讲合作，更重要的是学会“超越合作”。我们一直在追求将“超越合作”作为一种文化和灵魂，贯彻在每一个具体的项目和案件之中。第二层含义就是大家是一个共同体，包括我们和客户，我们是一个共同体，我们整个法律职业共同体，也是“天下一家”的。

汇业的这三个基因是在这么多年的发展过程中形成的。我觉得只要这些不变，外在的一些环境条件怎么变化都没有关系。面对不确定性，我们要把自己变成确定性，这是汇业的价值观。

在这里，我还想再跟大家分享一个概念。汇业经常提“两带两路”。“两带”反映了汇业在国内的一个布局，就是以东部经济带和中西部经济带，覆盖全国，响应客户在所有地区的呼应；“两路”是我们希望汇业是“一路欢笑一路歌”。所以我们的“两带两路”，也是汇业面对不确定性的一种精神。

王凤梅：汇业在管理决策机制上有何独特之处？请介绍一下汇业的管委会架构、管理理念和决策机制。

杨国胜：律所的管理对很多人来讲确实是一个难题，我不能说汇业有独特之处，但是我们也的确做了一些思考：我是把管理分为两个部分，一部分是“管”，一个部分“理”；我们更注重的是在“理”，而不是“管”。如果从名词来解释“理”的话，有三层含义：一是“道理”之“理”，二是“理性”之“理”，三是“条理”之“理”。以动词来理解的话，我们要做到三个方面——理出问题，理顺流程，厘清权责。相对应地，在事务所的管理层面，强调的是服务意识。比如，在2022年四五月，我们整个运营团队在理念上做了一个改革：“新洞察、新服务、新技术。”“新洞察”是要求我们的运营团队，不仅要熟悉自己的运营业务，还要洞察整个行业的发展和问题。“新服务”是要求变被动性的服务为主动性的运营。“新技术”是我们用技术手段提升运营效率，为运营赋能。

我们在决策机制上面，强调的也是几个关键词：高效、灵活、合议。高效：现在时代发展节奏很快，如果决策很慢的话，无法拥抱时代的变化。高效，意味着手段必须灵活。灵活，意味着不拘泥于形式，可以通过线上讨论、决策、解决问题。合议，是以协商为主，尽量避免对重大事件采取简单投票的方式来决定。另外，汇业在管委会下设立青年律师工作委员会，主要是让年轻人也参与管理，调动年轻人的主观能动性，从管理层面上也有助于更好地执行。汇业还设立了行专委。大部分律所的行专委仅限于内部学习交流和研究，而汇业赋予了其更多的职能和权限，希望未来它能承担更大的责任。

王凤梅：做“专业里的行家，行业里的专家”，汇业在专业建设中孜孜以求，追求卓越，并致力于洞悉商业世界的逻辑，以商业思维指导法律服务。请介绍一下汇业所内专业建设情况，汇业对所内律师、团队的专业化建设有怎样的保障机制？

杨国胜：首先，汇业有一个机制叫“以点带面”。比如在专业化和行业化方面，汇业花精力去打造明星团队、明星律师，在网络数据安全、合规管理、劳动人事、知识产权、生命医药等方面，我们其实都是以点带面，打造一些明星律师，然后让明星律师带明星团队，最后再扩大开来。这虽然听起来很容易，实际上，做起来确实有一定难度，其中最重要的是执行。

其次，我们要调动汇业年轻人的积极性和主观能动性。汇业的年轻律师占70%，我们非常鼓励他们在一些新的领域发展。在新领域上，年轻律师其实和资深律师没有太大差距，甚至会更有优势。我们鼓励他们在这个方面去发展，几年时间他们就会崭露头角，在这个过程中，事务所要给予他们充分的支持。年轻律师可能因为眼前的一些经济条件因素，什么领域的业务都去做，这是有一定问题的。汇业会在人、财、物，软件、硬件等各方面为年轻律师的发展提供运营支持。现在，汇业一共设置了 17 个专业和行业委员会，这 17 个专业行业，我们也会着重选择其中的一些重点打造。希望我们有若干个专业、行业领域能够领跑全国。

王凤梅：在律所规模化、国际化建设中，汇业主张“谋定而后动”，已经在北京、广州、深圳等国内外城市设立了 35 个办公机构，规模化发展成果令业界瞩目，请问汇业未来的规模化、国际化建设规划布局是怎样的？

杨国胜：汇业现在有 35 个办公室，我们称为“网点建设”。我个人认为规模化和网点建设不是同一个概念，虽然说他们有重叠的地方，但是在功能上还是有区别的。网点建设，其实我们更多的是从客户的角度去解决地区上的呼应问题，成就客户在其他地区的事业。规模化，更多的是通过发挥律所规模的经济效应和社会效应来增加竞争力。

对于网点的建设，我们在 2023 年 3 月之前还会增加 2 ～ 3 家，基本就完成了我们在国内的网点布局。但是规模化还要继续推进。我们现在的初步想法是，近几年在除了上海以外的其他城市，打造若干个地区“百人所”，发挥大规模的经济效益和社会效应。

在国际化的建设方面，如果用“攀登珠峰”来比喻，我们称为“第三营地”。

现在，汇业是在一个海拔 5200 米的大本营，经过的 C1 营地，是我们在除了上海以外的其他城市，打造若干个“百人所”；C2 营地是在专业和行业上做强，打造若干个能够领跑全国的领域；C3 营地是汇业国际化的建设，除了继续在境外设立办公网点外，同时加强和国外合作所的紧密联系，响应客户在全球的需求。

王凤梅：汇业将人才作为律所发展的重要源泉，2020 年，为助力疫情防控，汇业推出了“珞珈云生”人才定向招聘计划等措施帮助青年法律学子。又是一年校招季，请杨主任谈谈汇业的人才选拔标准是怎样的？如何对青年律师进行系统的培训和培养？

杨国胜：我先谈谈标准的问题吧，我还是用攀登来打个比方。我们需要什么样的“攀登者”？第一，他要有信念和兴趣。如果说没有信念和兴趣，我觉得是不适合做攀登者的。第二，我们非常强调合作精神，因为在前进的过程中，彼此一定要团结互助，否则你一个人走着走着可能就倒下了。大家要有这种合作精神，才能走得远，走得健康。第三，我觉得攀登者应该是一个乐观和善良的人。我一直认为，伟大的格局背后其实都是善良。你只要有这种乐观善良的精神，即使外面风雨交加，我们在大本营内还是可以“一路欢笑一路歌”。第四，我们的攀登者肯定需要有最基本的身体素质和能力。

为了对青年律师进行系统的培训和培养，汇业制订了“2049 优才计划”，建立了针对青年律师培训的“青训营”和针对独立律师和初级合伙人的“菁英特训营”。同时，汇业还有各专委会的月度专业精品课程培训、优秀律师留学深造、青年律师兴趣课程分享及青年律师发展论坛等内外部、多层级、丰富多彩的人才培训体系。

王凤梅：汇业在律所发展中一直具有很强的前瞻意识，请问汇业的数字化律所建设情况是怎样的？数字化建设在汇业的运营和业务发展中起到怎样的作用？

杨国胜：最常规的诸如管理系统的数字化工具，这里我就不展开了。很多事务所在 OA 系统的设计方面确实都下了一些功夫，汇业也很早就开发了自己的管理系统。我介绍一下汇业做得不错的三个方面：一是市场的数字化，二是运营的数字化，三是文化的数字化。

第一个是市场的数字化。我们抓住了 2013 年和 2022 年这两个时期。2013 年，社交媒体刚出现，我们及时推出了“汇业观察”这个公众号，抓住了这个窗口期。2022 年，我们感到必须和视频时代共舞。在事务所的层面，我们打造了自己的直播间；在个人方面，我们专门列出家庭直播间设备清单等，鼓励律师进行直播分享。

第二个是运营的数字化。我们通过数字化打通整个业务流程，2022 年四五月疫情期间，汇业所有的业务流程包括电子印章等都可以通过线上拉通，得益于此，保障了汇业还能获得同比去年 50% 到 60% 的业务。第二个方面就是数据的挖掘。事务所到了一定规模以后，做这个才有意义。我举两个例子。通过对数据的挖掘分析，我们发现汇业办公室打印机使用最多的时候是 17 时到 18 时。所以我们就调整了 IT 和部分运营人员，保证这个时间段必须要有人去服务我们的律师。还有一个例子，通过数据挖掘，我们也发现，一年之中，7 月到 8 月的案件量相对较少，收入也相对减少，所以我们就倡导律师、运营人员，尽量在这个时间段休假。

第三个是文化的数字化。我们有线下的文化，但是我们同时要打造线上的文化活动，比如说汇业举办了线上的歌会、内部的元宇宙酒会等。这些形式都是比较新颖的，同时给了大家一个概念，就是汇业一定要拥抱新事物。这个新事物现在给我们创造多少价值，我们不一定能马上明白，但是我们一定要有这种前瞻性！

王凤梅：请介绍一下汇业的品牌战略，执行落地的机构设置和保障机制。您认为律所品牌建设成功的关键点有哪些？

杨国胜：其实品牌战略确实非常专业，如果从管理学的角度讲，可能内容很多。但是汇业，包括我个人一直秉持这样的观点，就是“大道至简”。我觉得无论是品牌战略还是其他战略，要回答三个问题。

第一个问题是“why”，为什么？律所为什么要做品牌战略？我觉得有两个原因，第一，要让客户知道你；第二，要让人才认同你。对于律所来说，人才就是生产力，必须要吸引第一流的人才。我觉得三流的人才可以成就一流的公司，但是三流的人才是成就不了一流的律师事务所的。因为律所是一个咨询机构，产生的是非标产品，因此必须吸引一流的人才。

第二个问题是“what”，我们想成为什么样的律师事务所，我们想成为什么样的品牌？我觉得这是一个很值得思考的问题。汇业要给别人的印象是什么？我觉得叫作“择高处立，向宽处行”。换言之，我们必须要有高质量、一流的人才。首先要解决客户的实际需要，要比客户自己还懂客户。我们要了解行业，对专业能力进行提升。从人才角度而言，人才为什么喜欢到你这里来？首先他的主动性和能力可以得到发挥，而且有人帮助、协同他，最重要的是还要“一路欢笑一路歌”。

第三个问题是“how”，怎么去做？我觉得怎么让别人去识别你，这是品牌传播上的一个问题。品牌传播有两种形式，一种是口口相传，另一种是用现代的传播媒体，我觉得这两者缺一不可。这是我对于品牌战略的一个思考。这些问题想通后，接下来就是执行。我认为执行要有专门的团队去做，让专业的人做专业的事。当然，品牌战略是一个系统工程，其中每一个环节我觉得都很重要。

王凤梅：汇业高度重视社会责任、积极奉献社会公益，已经协助数十个中国社区建立了成熟的、制度化的基层矛盾化解机制；公益文化也是汇业律师特殊的气质之一。请问汇业律师为何具有如此强烈的社会责任感？汇业的公益精神一定也得益于您的大力支持和倡导，您对律所的公益奉献与品牌建设之间的关系有何思考？

杨国胜：谈到这个问题，我想给大家介绍一下，其实汇业有三种文化，讲的是汇业的“三颗心”。第一个叫“不忘初心”，第二个叫“心系未来”，第三个叫“关心当下”。

第一，不同的人对“不忘初心”可能有不同的诠释，汇业的诠释就是我们绝对不能忘了法律人的初心。我们的初心是什么？我们当初为什么选择法律作为我们的职业？我们不能丢失法律最基本的原则，不能丢失做人的基本原则，你办案的含义就是要去做对社会有益的事情。

第二，“心系未来”：作为汇业的律师，我们不能只看过去，我们更多地要去看未来。我们提到公益，提到和高校的联动等，就是我们“心系未来”的一种具体体现，我们要为汇业打造一个更好的未来做贡献。

第三，“关心当下”：就是我们还要关心当下的苦难，关心我们身边的朋友。我们为什么要去做公益？为什么给社区建立相应的法律公益服务项目组？因为很多人没有办法去获得正常的法律服务，我们必须要去关心。

这“三颗心”就是汇业本身的一个基础。我们通过这么多年的实践，发现在公益活动中真的可以教会年轻人做人、做事，去认知我们根本的良知和正义。在这个过程中，我觉得对他们来讲是非常有帮助的，对整个汇业也是很有帮助的。做公益肯定在客观上会对品牌有提升，但是，我们在选择做公益的时候，主观上并没有追求一定要对品牌有提升，我们更多还是强调汇业的“三颗心”。

王凤梅：您如何看待国外评价机构对中国律所的评价标准？您认为中国好律所、好律师的标准有哪些？

杨国胜：我个人认为国外评价机构对中国律师事务所的这种评级还是有一定的积极作用的，尽管不同的评价机构的评价标准可能侧重点不太一样。但是总体而言，他们对律所做了很多的研究，也提炼了很多律师事务所成功的元素。

我认为，国外评价机构在评价的过程中，把欧美律师事务所一些成功的管理元素也带入了中国，这是可以学习借鉴的。毕竟国外的律所发展了那么多年，这些评价机构有这么一群人，在专心地做这些事，我觉得要给予肯定。而且在此过程中，它能够传播很多东西让我们去学习，一定程度上也是对我们的一种鞭策。我也注意到，这些评价机构进入中国市场的过程中，也会加入一些中国元素。当然评价机构到底怎么样，今天我就不打分了，我觉得还是留给市场来判断。

我觉得我们心中也有一杆秤，就是我们怎么去评价自己。要看一家律所是不是好律所，一个律师是不是好律师，我用三个关键词从抽象层面上去概括：

第一个关键词是“激情”，我觉得好的律师事务所和律师一定是充满激情的，只有激情才会让生命有张力；只有生命有张力，你才能够全心全意去做一件事情，包括服务客户、管理事务所、协同同事，我觉得都是需要有激情的。

但是只有激情是不够的，第二个关键词就是“坚持”。要学会坚持，不能碰到问题就退缩。

第三个关键词是“担当”。无论是对一家事务所，还是对每一名律师，我觉得都需要有担当精神。

这三个关键词是我个人认为的在抽象层面的一个标准，是一个维度，当然也不一定完全按照这个来，但是我希望汇业要在这方面做得足够好。过去我们这么做，现在这么做，未来我也希望我们汇业还是这么做。

在具体事务层面上，对外，从客户层面，我们希望汇业能够成为一家“最懂客户的律师事务所”，能够解决客户的实际需要，真正去成就客户的事业。对内，对我们的人才而言，律师进了汇业，我觉要看他在这里是不是有进步的空间，能力是否能得到发挥，是不是能够“一路欢笑一路歌”。所以，我从这两个方面去判断一家律所是不是好律所。

王凤梅：传达生命的能量，满怀坚持的激情，这是今天访谈杨主任带给我们的特别感受。其实组织发展也需要这种精神。只有满怀坚持的激情，才能产生生命的张力，从而坚定把握生命的节奏，一路欢笑一路歌。再次感谢杨主任的精彩分享！我们将继续关注汇业 5200 米之上的登顶行动，希望汇业带大家共同领略山巅无限风光！

谢会生

逆势而动必有谋略，策略所的规模化“策略”

搬迁北京来福士中心顶楼整层办公室，增设西安、广州办公室……北京策略律师事务所（以下简称策略）很笃定地按自己的节奏走着，按计划启动规模化，正如之前十余年按策略积淀实力，走在属于自己的历史节奏上，策略人觉得很踏实。策略是一家主要为客户提供商事法律服务的综合性律所。以“打造最专业的律所，成就最受人尊敬的律师”为愿景，策略在资本市场争议解决与风险防范、金融合规与区块链争议解决、域名及数字资产管理等多个法律领域，尤其在资本市场纠纷解决方面形成了较为明显的品牌优势。在管理运营上，策略立足专业化、紧密团队化，正在加速规模化，近年来，从人员规模到业务拓展均稳健快速成长。策略规模化的背后，是怎样的战略规划和管理机制提供了有力的支撑？致力于提供有智慧的法律服务方案，助力客户不断开创事业新天地，策略看似“农村包围城市”的分支机构设立路径背后，有着怎样“大道至简”的发展思路？

对话时间　2022 年 12 月 19 日

对话嘉宾　谢会生，策略律师事务所主任。北京大学法律硕士、清华大学 EMBA，中华全国律师协会金融证券专业委员会委员，北京市 2012 ～ 2014 年度优秀律师，海南国际仲裁院仲裁员、北海国际仲裁院仲裁员，中国民主建国会会员。1999 年开始从事律师工作，处理过多起重大、复杂民商诉讼案件及刑事辩护案件、民刑交叉案件，对诉讼理论、诉讼策略有深入的研究和丰富经验。

王凤梅：策略这两年的快速发展成果有目共睹，2005 年成立的策略在强所环伺的高端商事法律服务市场实现逆势增长，并启动了适度规模化的战略，请问“策略”这个名字背后有何策划？

谢会生：我先聊聊为什么取名为“策略”，以及取名背后的“策略”。其实对于新兴律所而言，很多好听的名字都被大家抢先使用了，取名就显得比较难。

当初，我在给律所取名的时候，主要考虑了三个因素：第一，这个名字本身应该是一个词的组合，而不是两个或几个不相关的、比较好的字的组合；第二，这个词应该简单易懂，大家一眼便知；第三，这个词要与行业有关联性。律师行业作为专业服务业也讲究勤勉敬业。我认为，律师可以类比历史上的“谋士”，实际上也是在帮客户出谋划策，他一定要有谋略、有文化。所以基于以上三个因素，我们就选中了“策略”这个词，相信大家也觉得这个词简单明了、易于被记住。

谈到策略的发展基石，我个人的确主张“做事总体不求快，而求稳”。2011 年，当时我刚 30 岁出头，带着一帮比我更年轻的 20 多岁的律师创办了策略所。经过十多年的发展，律所的业务逐步成熟，许多小伙伴们也都可以独当一面了，加之近年来，策略也吸引了一批出类拔萃的律师加盟，更增强了我们发展的信心。当前，“红圈所”、老牌大所已经在高端商事法律服务市场的并购重组、上市业务等方面有明显优势，我们的竞争优势实际上是非常不明显的。作为一家年轻的新所，策略所选择了在资本市场纠纷解决这一领域进行突破。这些年来，策略在这一业务上做出了我们的特色，也赢得了不少优质的客户，并逐步将律所发展起来。

王凤梅：谢主任也办了很多的中国知名的案子，我在这里也大致介绍一下：谢主任主办了“中国负案上市第一案”“上市公司股东滥用股东权利纠纷第一案”等案件；对不少部法律条文熟读成诵。创办了策略之后，谢主任也将这种极致的专业精神带到律所中。策略连续 3 年出版《中国上市公司诉讼蓝皮书》系列专著，这系列专著对上市公司案件所做的量化洞察极具参考意义，请问您怎样看待策略的优势领域和专业特色？

谢会生：很多时候，往往是你走过的路，把你引导到现在这个定位上的。可以说是机缘巧合，我在 2007 年办理了一个相对经典的业务，就是所谓的“中国负案上市第一案”。在策略做了这块业务以后，我觉得其中既有资本市场的非讼业务，也有传统的诉讼业务。做资本市场业务本身并不是深不可测、高不可攀的，当你把它的特殊点理解了以后，也就是常规的、传统的业务。

策略这些年做资本市场业务实际上是一个客户定位，而不是专业定位，也不是行业定位。我们主要的客户是上市公司和一些金融机构，比如我们现在发展得比较好的一些特色业务，还有数据合规、区块链、互联网域名等，都是策略所的客户所需要的服务。当然，策略的业务也涵盖了诸如客户企业的刑事合规、常年法律顾问、劳动关系等，甚至涉及了企业主、高管的婚姻家庭与财富传承法律服务等。

王凤梅：最近几年，我们更深刻地感受到了科技等新兴领域不断兴起，刚才您也提到，策略有很多律师都是“80 后”“90 后”，年轻律师对新兴行业的敏感度比较高。策略及您个人，如何看待未来的产业变化及相应的法律需求变化？有哪些提前的规划和布局？

谢会生：未来律所应关注的新兴领域，一个是要关注新兴的法律服务领域，另一个是要关注新兴行业。在新兴法律服务领域，这两年大家都比较关注数据合规业务。策略在数据合规方面投入较多，所里有 15 位律师都参与了数据合规相关的培训并通过考试，获得了“数据保护官”和“信息安全官”双认证证书。我们在数据合规业务方面做了不少宣传，也赢得了许多客户。此外，在区块链业务上，策略有一个“链法团队”，经常针对区块链领域的大事件撰写专业文章，积极发声。策略也时刻关注新兴行业的动态，紧跟客户业务的发展，深耕专业。我们拥有几家紧密合作的新能源企业大客户，近年来，策略在新能源领域也进行了积极的业务拓展。

王凤梅：专业品质的服务离不开高端人才。策略的人才标准是怎样的？在人才的外部引进、内部培养和保留方面有怎样的机制？

谢会生：策略在人才招聘的过程中，没有因为我们需要拓展哪个专业领域，就刻意去引进某方面人才，而是采取了“海纳百川，唯才是举”的方式。人才来了以后，他属于哪个专业领域，就做这方面的事情，这是我们在人才引进方面的特点。

在打造人才、留住人才方面，策略主要依托于比较强的品牌宣传团队和业务研究团队。对需要拓展市场的人才、团队，事务所会在品牌打造上提供更多的支持和倾斜，如帮助他发表文章、做内外部分享、强化业务标签、开展媒体报道宣传等。

王凤梅：我们看到近两年，策略吸引了几位具有影响力的专业人士加盟，如黄晓主任等。在科学管理方面逐渐深化，策略如今的管理架构与以前有哪些不同？

谢会生：策略的管理模式，我们自己这么多年运行下来，正在逐步得到大家的认可，我也愿意十分坦诚地与大家交流运营管理模式。

策略的模式可以简单总结为“一个中心、一群精英，专业服务团队执行和数字化保障”。“一个中心”可以理解为创始人在所里的决策拍板权，作为策略的创始人，我拥有半数以上的表决权股份。当然，我也很清晰地知道我个人有许多短板、缺点和劣势。在策略发展的过程中，一方面注重培养有管理能力的律师，另一方面也引进了许多有管理才能的律师，由“一群精英”共同来进行律所管理。

比如，黄晓博士是中国人民大学的知识产权博士，早在1993年，他就获得了律师执业证书，也曾在光明日报社担任过机关党委副书记，在某地级市担任市委常委、副市长。可以说，无论是在法学知识、法学修养还是管理能力上，他都具有十分深厚的积累和能力。所以当他选择加入策略后，我们就非常隆重地聘请他担任管委会主任。

此外，策略的执行委员会和监事委员会成员，主要由“80后”及个别“90后”青年人才担任，他们是非常优秀的年轻律师的代表。总体而言，所内形成了群策群力、精英共同管理的模式。这也保障了策略在重大决策上的民主。

“专业服务团队执行”是指所里大部分具体的日常事务由所内授薪的专业服务团队来执行。这使合伙人、律师能够把主要的时间和精力腾出来，聚焦在业务、客户维护上。

“数字化保障”是指策略开发的内部数字化系统，该系统于元旦正式上线，它的功能非常强大，可以让律所的财务管理、业务管理透明化。相信律师和同行们都非常关心业务收入问题，因此，在研发数字化系统这个功能的时候，我就对研发人员说：“涉及资金的功能，要做到像银行的App一样一目了然，让大家打开系统，就能看到自己什么时候收了多少钱、什么时候支付了多少钱，账内余额多少。”我们的数字化系统里还配置了一些法律工具，后续还会根据大家日常的使用反馈持续升级。

王凤梅：“一体化”在不同人眼中有不尽相同的解读，“一体化”也是将来在规模化过程中一个非常重要的保障。策略在“一体化”建设上有哪些举措?

谢会生：关于“一体化”这个问题，确实，每家律所在不同时期会有不同理解。现阶段，策略对于“一体化”的理解可能有以下几个方面：

首先是律所重要规章制度的一体化。无论是总所还是分所，在重要的规章制度上应该保持一致。比如收案制度、利益冲突解决制度等。

其次是服务标准的一体化。由于地域不同，律师和客户标准的不同，在执行过程中，服务受客观条件影响，可能会打点折扣，但是我们尽可能地追求总分所的服务都贯彻统一的服务标准。

再次是文化理念的一体化。策略经过多年的发展，我们对自己的文化理念经过了很多思考，形成了策略所的使命、愿景、价值观等。我的理解是，文化理念需要真正贯彻落实，而非装点门面。比如在律师招聘上，无论是总所还是分支机构，我都跟大家说，哪些人不要招聘——开口闭口讲关系的人，不要招；吹牛没边的律师，不要招；自身形象管理不好的律师，不要招。总体而言，我们要通过文化理念的强贯彻，把策略打造成一个有品质的、精英律师共事的平台。

最后是财务一体化也非常重要。财务一体化不是说我们把钱放在一起共同用，实际上，策略每一个分支机构的财务核算都是独立的，但是，我们把资金汇集到一起，然后根据各个分支机构的特点和特色，由总所进行资金调拨。财务的一体化其实也是总分所管理中对分所落实总所管理要求的一种约束机制和管理手段。在数字化系统上线前，我们要求工作日中，总所财务要在 4 小时之内对分支机构提出的用款拨款到位。数字化系统建成后，财务人员就能像银行响应客户一样，予以更高效率的服务响应。

现在许多同行对“总分支一体化”的顾虑比较多，一方面是顾虑自由度的问题，另一方面是顾虑资金到了总所，总所能否及时拨款的问题。面对这些顾虑，策略现在采取了总所对分所高比例参投或 100% 直投的形式。分所合伙人可以以非出资合伙人的方式先加入进来，磨合一段时间，再决定要不要入股，这也加深了彼此的信任。

王凤梅：策略提出了“适度规模化”，我们看到，2020 年后，策略分所的开设速度明显加快，设立了海口、郑州、西宁、乌鲁木齐、太原办公室，还有正待获批的策略广州办公室。那么，您如何定位策略的“适度规模化”？

谢会生：我理解的策略的适度规模化应该体现在两个方面，一方面是“速度”，另一方面是“舒适度”。从 2021 年到现在，策略在加快发展，我们的人员规模增长了 1 倍以上。策略管理层的目标是未来的 4 ～ 5 年内，每年实现翻倍增长。到 2022 年年底，我们的总分所人员总数达到 350 人左右，2023 年我们的总分所人员有可能达到 600 ～ 800 人。

但在较快的增速下，我们又得考虑另外一个问题，就是我们的发展速度，律所本身能不能消化得了？如果因为发展速度过快，带来了意外，那肯定是不可取的；如果发展速度本身给律所带来了很多风险，那也是不可取的。所以我常跟大家说，我们既要有速度，也要讲究“适度”，不要因为速度，给我们的管理带来很大压力。

我认为，律师事务所规模化发展的方向，是行业内一个非常明确的发展大趋势。在当前的行业形势下，几百人上千人，甚至上万人的大所或者 10 人以下的精品小所，比较容易生存发展、管理成本较低，而要维持在 50 ～ 100 人的中等规模所，实际上是最难的。

关于策略未来规模化的目标，我没有很明确的人员数字目标。未来策略 5000 名律师的这个目标是有希望实现的，到那个时候，律所无论是从影响力、人才聚集效益，还是对客户的服务能力，都能更强。到了这个规模以后，就好比马拉松，如果我们还能跑，就继续往前跑；如果说这个时候我们该缓一缓了，那我们自然也就停下来。

王凤梅：策略在国内的地理布局上，明显“重北轻南”。在内蒙古有两家分所，而在长江以南已设立的仅南京、海口两处分所，相信这种局面不会太久。律新社很期待策略落子上海的那一天。能否请您剧透一下策略在南方乃至全球的布局策略？

谢会生：王老师对我们分所的布局观察得非常细致。其实，策略的机构布局首先是根据客户需求来定的，我们在内蒙古、包头、西宁等地有比较好的客户基础，又有比较合适的合伙人，于是很早就在这些地方开设了分所。经常也有同行开玩笑说，策略走的是“农村包围城市”路线。但开分所很多时候也是一种机缘，我们没有刻意地去追求在哪里开设分所。

最近，策略的布局也有了一定程度的调整，我们上个月启动了广州分所的建设，大约在 1 月就能办理完手续。也请大家期待和关注我们是怎么“进城”的（笑）。近期，我们也已经开始考察，计划在 2023 年把上海和深圳的分所办起来。

谈到国际化的问题，走向国际的确也是顺应客户的需要，是我们考虑中的一个规划。我们的客户现在在新加坡、越南、马来西亚积极拓展市场，为服务好客户，未来 1 ～ 2 年内，我们也必须做国际化的布局。

王凤梅：谈到“机缘”“人缘”的话题，许多主任也都谈到，找到合适的合伙人很难；大家在一起，价值观的磨合也非常难。在与谢主任的交谈中，我们能感受到谢主任是一个底蕴深厚、非常温文尔雅的人，您刚才也谈到一个“做事总体不求快”的原则，您觉得，您的性格和慢风格在与大家相处时是否更包容、更有优势？

谢会生：其实我这个人的表面有时候和内心的差别比较大（笑）。从做事的角度，我确实是能够做到“不急”，愿意花 5 年、10 年、20 年，甚至一辈子去做一件事。可能这也是小时候的生长、生活环境决定了我的这种性格特点。

我刚执业的时候，能把很多部法条从第一条到最后一条一字不落地背下来。我做事也是这个风格。比如做一家律师事务所，如果 10 年能发展起来，算不算成功？如果 20 年能发展起来，算不算成功？但实际上很多人一着急，花了 10 年、20 年也没有把这个律师事务所发展起来。

我们做业务也是一样，如果说我们花 5 年、10 年的时间，在某一个领域进行精耕细作，就一定会在这个领域做出影响力。可惜很多人今天做这个，明天又做那个，后天又改了，一直没有自己的特点和特色，也很难被客户接受。所以，有时候性格特点也决定了我们的发展路径。

实际上，我的内心也不像大家想象得那么温和。有些时候，我也比较刚直，偶尔急躁起来，可能也有点让大家不好接受。因此，我也在努力修正自己，尽可能做到表里如一。

王凤梅：策略的品牌形象，近年来也让业界印象深刻，您能否谈谈策略当下和未来的品牌定位？

谢会生：品牌产生的影响力，可能一时看不到，但是它又大得不可想象。策略在品牌定位和口号上也考虑了宣传性，希望它易于被接受。为此，我们将服务理念体现为“打得赢，靠得住，为客户创造价值”。“打得赢”肯定不是指绝对打得赢，如果说绝对打得赢，那一定是骗人的。当然，我们作为一个以纠纷、争议解决业务为主的律师事务所，要不遗余力地在合法的基础上，帮客户实现目标。

“靠得住”实际上是指靠谱。“靠谱”是一个人基本的素质要求。当今社会发展速度很快，我们也经常看到很多不靠谱的人和事。所以我们要强调一定要能“靠得住”，尤其是对客户一定要忠诚，不能怀有二心。

此外，策略也提出“打造最专业的律所，成就最受人尊敬的律师”的愿景，我们在品牌宣传上尽量简单化，形成一个让客户能接受、同行也能认同的品牌理念。

王凤梅：中国现在已经有60多万名律师，而这个数字还在增长。您刚才谈到了策略的规模化发展目标，面对中国律所未来发展中的两极分化趋势，您认为千人左右的规模所还会有很多发展机会吗？

谢会生：很难说现在律所应该向着什么样的规模去发展，这个问题也很难有准确的答案。我们只能用实践去验证。

这些年，我在做业务之余，有比较广泛的阅读兴趣，喜欢研读历史，从历史中学习组织机构发展的动力。正如我们5000年的华夏文明，周朝建立之后分封了许多诸侯国，分封制在初期，既帮周天子控制了广大的地域，也能调动诸侯的积极性。但是，这种模式发展到后期，就导致诸侯混战，最后周天子就被架空了。秦一统中国之后，就把诸侯分封制废除了，实行了郡县制。郡县制带来的强大管控力，包括集中力量办大事等优势，如修长城等，这些都是秦始皇大一统带来的好处。但秦缺乏管理大一统国家的经验，没有在文化、民意疏导上有所作为，导致了“秦二世而亡”。但这并不代表这种模式错了，汉代以后，基本上都沿用了秦代的郡县制。

从历史发展的趋势、经验来看，我个人认为，类似这种“大一统的中央集权的郡县制”模式的律师事务所，在未来是最有生命力的。在这种模式下，总所、总部对于分所的黏性比较强，才能促使律所真正发展起来。

王凤梅：很多境外研究机构会定期发布中国律所和律师的评价评级，您如何看待这些机构的评价标准？您认为好律所、好律师的标准有哪些？

谢会生：对于这个问题，如果我说真实观点的话，有可能会得罪同行，得罪评级机构；但如果不讲真实的观点呢，这就不是我了（笑）。

首先，我认为，律师的能力和口碑应该由客户和同行，尤其是客户来进行评定。

其次，我们这个行业里的确有很多评级内的律师是很优秀的，但是鱼龙混杂的情况也难免存在。有些法律服务机构自身对行业的了解，尤其是对中国几万家律师事务所、几十万名律师的了解没有那么深入，所以他们的评价很难说具备客观性和全面性。

最后，这些机构把律师评成一等、二等、三等、四等，作为一名优秀律师，被评为二等、三等、四等该作何感想？所以我自己没有参加过任何榜单的排名，也没有很鼓励律所内的同事参加。当然，人的需求是多样的，如果有律师觉得通过这个榜单能给自己加持一些分量，让本来就很有才华的自己得到更多的展示机会，我觉得，这也是无可厚非的。

对于好律师标准，我理解可能有两个重点：第一，你要真正能帮客户解决问题；第二，就是要忠于你的客户。如果不能真正帮客户解决问题，客户可以委托小的事情，一旦涉及大的事情，就无法委托了。但是如果你怀着获取不当利益的心，那可能给客户带来的伤害会更大。

好的律所，我想它更多的是一个平台，在这个平台，应该聚集了许多好律师；同时好律所要善于塑造、打造好律师。策略“打造最专业的律所，成就最受人尊敬的律师”这个愿景，我想也是与这个概念暗合的。

王凤梅：非常感谢谢主任今天给我们分享了策略的发展规划以及发展进程当中的一些思考。首先，谢主任展示了专业极致的“匠人精神”。以专业立身，是事业发展的根基。其次，谢主任还给我们分享了一个非常有意思的做事方法，就是“慢慢做”，把事情做稳、做好。凡事欲速则不达，要把握“速度”与“舒适度”之间的平衡。这不只是经验，更是智慧！最后，谢主任从历史中思考国家的发展模式，为律所治理提供了历史借鉴。其实，历史与现实都告诉我们，即使在充满不确定性的环境中，依然可以去坚守自己笃信的价值，在自己擅长的领域里做到最好，成为受人尊敬的专业律师，慢慢打造受人尊敬的律所。

童　新

坚持创新，用广和节奏“和达天下”

争取大湾区领先的律所，对创新必然有不同的理解。广和律师事务所（以下简称广和）成立于1995年，是国内最早成立的合伙制律师事务所之一。广和在华南地区创立了多个第一：第一家律师人数过百的律师事务所、第一家收入过亿的律师事务所、深圳律师行业第一家成立党委的律所、第一家获得省著名商标的律师事务所……从大湾区出发，正走向全国，面向世界，一个更加卓越的广和全球平台正在建设路上。立足于改革开放的前沿，作为华南法律服务市场的探索者与开拓者之一，28年来，广和秉持着怎样的理念和精神？致力于培养青年律师，广和有哪些特色机制？虽然最早启动规模化，但是广和一直保持着自己的节奏，目前全球仅设26家分所，背后有何布局逻辑？

对话时间　2023年1月4日

对话嘉宾　童新，广和律师事务所首席合伙人、主任，擅长房地产、建设工程、行政诉讼、公司法律事务领域。现任中华全国律师协会理事会常务理事、全国律师协会未成年人保护专业委员会主任、最高人民检察院民事行政检察专家咨询网专家、深圳市福田区第八届人大代表、中国海事仲裁委员会仲裁员、深圳国际仲裁院仲裁员、国家律师学院客座教授，曾任中华全国律师协会第八届、第九届理事会理事，广东省律师协会第十届、第十一届副会长，深圳市第五届人大代表，深圳市第五届、第六届人民代表大会常务委员会立法咨询专家。

王凤梅：广和荣膺ALB 2022“年度律师事务所大奖—本地”“年度房地产与建设工程律师事务所大奖—本地”“年度争议解决律师事务所大奖—本地”，您连续八年获评钱伯斯业界贤达，并且荣登2020年度《商法》“The A-List法律精英”榜单。您认为中国好律所、好律师的标准有哪些？

童　新：关于好律所的标准，不同的角度会有不同的答案。从当事人的角度来看，好律所能够为当事人解决纠纷，很好地维护当事人的合法权益；从司法行政机关和律协的角度来看，好律所、好律师是在执业过程中能够严格地遵守职业道德和执业纪律；从党和政府、社会角度来看，好律所是作为新时代法治的共建者，能够承担起社会独特的责任，去为维护社会公平正义作贡献。ALB作为一家国际法律评价机构，主要从行业角度评价，能够获奖的律所和律师，主要看其行业成绩和影响力。

从纵向来看一家好律所有五个标准：一是规范化。律师事务所首先要强调规范化，只有实现规范化，才能够行稳致远，规范化始终贯穿于律所发展的始终。二是专业化。我们每一位律师对于自己从事的法律服务领域要真正达到专家级水平。现在“万金油”律师已经不适应法律服务市场的要求。我们应该意识到，专业化发展的程度决定了律师在行业内是否能够获得更多的认可，或者是律师的服务能不能够得到市场以及相关方的认可。三是品牌化。品牌化可能是我们广东律师一个比较薄弱的环节。要实现品牌化，就是要“既会做，也会说”，也就是要有品牌意识。尤其现在这个自媒体时代，更需要我们去打造品牌。比如，北京的“朝阳律师”，上海的“浦东律师”，都是作为整体品牌来打造的，我们深圳也应该把“深圳福田律师”作为整体品牌来打造。四是规模化。我所指的“规模化”，是应该有一批规模化的律师事务所，形成规模化效应，成为律师行业的“领头羊”，担当起中国律师形象。随着大湾区经济向全国甚至向全球辐射，让我们的法律服务也跟着走出去。规模化是有质量的规模化，不认同粗放式、过于讲求数量的规模化，为了规模而规模化。五是国际化。我们应该加大对涉外法律的重视，响应党中央、国务院对于律师“走出去”的要求。国际化是比较艰难的过程，但我认为条件也是有的。广和已经成立国际法律服务中心，把各种能够提供涉外法律服务的律师聚集在一起，给他们更多的鼓励和支持。

关于好律师的标准。律师可以分为几类：业务律师、管理律师、市场律师、研究律师等。好的律师应该是几类律师的结合体，既要有专业性，也要会拓展业务，还要会写文章。我认为，好的律师要有一定的社会责任感，我们律师的工作本身并不是生产一个产品，而是通过我们的法律服务，让社会变得更加和谐和有序，让更多的人感受到社会的公平与正义。作为一名律师，无论是做一个诉讼案子，还是做一个非诉讼事务，都应该秉持“以事实为依据，以法律为准绳”的理念，要公平、公正、客观地去维护当事人的合法权益，而不是一味地要达到自己或者当事人的委托“目标”。从另一个角度来讲，律师还要主动参与到各种对社会有益的工作中去。比如现在很多律师参与“法治政府”建设，参与法律公共服务，参与法律援助，这些都能够充分体现律师的社会价值。

王凤梅：广和立足改革开放的前沿，在过去 28 年间信守什么样的理念、秉持什么样的精神，才使广和一直担当华南法律服务市场的“探索者”与“开拓者”？

童　新：我们也在经常思考，如果要持久保持探索者或者是开拓者的形象，充当“大湾区律所”这样的一个角色，那我们究竟应该遵守什么样的价值观？奉行什么样的理念？

首先，我觉得一个机构，一定要明确它有什么使命。换句话说，广和要有一个志存高远的目标。我们把广和的使命和目标，定位为我们要做“新时代法治共建者”的角色。

其次，我们的愿景就是希望“法治广宇、和达天下”。法治是人类文明进展到一定时候大家的共同追求，可以说是不分国界，也不分先后的。这也一定是我们人类走向更成熟、更文明的必由之路。所以我们希望广和的愿景应该是“法治广宇”。“和达天下”是说“和”的理念或者“和”的状态，能够在更广阔的空间、更久远的时间里面达成。“法治广宇、和达天下”最后要达到什么效果呢？希望我们能够形成一个法治的状态，然后在法治的状态下，大家都能和谐地相处，和谐地工作生活。

再次，广和的理念是“广聚英才、和达天下”。有的同事问我，怎么有两个“和达天下”？我说前面的“和达天下”的“和”是“和谐”，现在这个“和达天下”的“和”指的是“广和”。广和要实现自己的使命和愿景，一定要通过聚集非常多的优秀法律人才，也就是广聚英才，让广和的平台逐步做大，在我们有广和的范围之内都有广和人的身影。所以这个“和达天下”是希望广和所以后不仅在中国，而且在国外都有广和人的身影，这是我们的一个理念。

那么最后，要通过一种什么精神来实现它呢？要靠全体广和人，要靠大家一起参与，所以坚持“共建共享、你我广和”的精神。

通过对广和使命、愿景、理念和精神的梳理，才可能把这个平台上的人带到更远的地方去。我相信，只有这些“四观”相同才能完成使命，践行我们的理念和精神。

王凤梅：作为广和的首席合伙人、主任，您是如何带领广和保持“湾区领先，国内一流，国际知名”的？

童　新：要有良好的文化氛围，形成文化共识。广和始终以“法治广宇、和达天下”为愿景，以“新时代法治共建者”为使命，信守“广聚英才、和达天下”的理念，秉承“共建共享、你我广和”的精神，培育并践行尊重、包容、创新、奉献、诚信、勤勉、专业、实效的价值观。广和文化是广和发展的内核，也是广和取得现在巨大成就的原动力。在这种文化氛围下，广和一直努力争取保持“湾区领先，国内一流，国际知名”。

王凤梅：近年来，广和从规模大所到品牌强所，大力推行“律所平台化、律师团队化、团队公司化”的进展如何？

童　新：广和是2017年进行平台化建设的，2018年设立了12个工作委员会，形成了管委会领导下的工作委员会负责制。2019年是广和律师团队化建设年，2020年是团队公司化建设年。广和坚持律所平台化、律师团队化、团队公司化发展模式，已经从一个传统律所发展为逐渐往强所方向发展。在“三化”方面取得了一定的成就，但广和的“三化”建设仍然在路上，我们将一直坚持创新这种发展模式。

一家平台化的律师事务所，应该讲五个“一流”：一流的办公环境，一流的运营服务，一流的数字赋能，一流的专业律师、一流的品牌形象。

王凤梅：广和深耕粤港澳大湾区，布局全国、放眼世界，目前在全球设有26家分所和近40个境外合作联络机构，近些年在规模化建设方面还有什么规划？

童　新：大家都觉得做规模要适度，在做规模的同时一定要做品牌，或者说做大的同时一定要做强。特别是有一定规模的律所，应该把更多精力放到做强上来。广和的发展从来都是平平稳稳的，没有突飞猛进的发展，我们保持每年大概能设立两三家新分所。第一家分所是珠海分所，成立于2003年。到现在为止，广和只有26家分所，还有四五家在筹备，将来也没有打算全面铺开，因为我觉得，广和在全球平台的建设上现在还处于摸索的过程。做到这个规模之后，我们能不能保持一定的品牌影响力，以及能不能控制后面带来的负面效果，也是我们现在经常思考的一个问题，所以要稳步地规模化。

王凤梅：规模律所如何形成思想共识？广和如何培育并践行“尊重、包容、创新、奉献、诚信、勤勉、专业、实效”的价值观？

童　新：关于广和的价值观，我们认为它不是一个抽象的话题，而是一个具体的行为规范要求。“尊重、包容、创新、奉献”实际上是广和平台或者是广和所应该遵循的价值观；“诚信、勤勉、专业、实效”是广和律师要遵循的价值观。

前 8 个字里，我们第一个强调的是“尊重”，提出了广和精神。广和的所有律师、所有同事，都应该互相尊重，要以平等的态度对待彼此。哪怕你是一个二三十年的律师，对一个刚来的实习生或者助理都要以平等的心态对待。所以我们在具体的政策上面，比如，在广和办公环境的应用上并没有去区分普通律师和高级合伙人，大家都比较平等。而“包容”，实际上跟“尊重”也是相关的，每个律师身上都有自己的优缺点，一定要能够互相包容，看到对方的优点。尊重包容，这样就能够共建共享广和平台的氛围。

有的律师问我，“尊重、包容”是不是“平等、自由”？我说也可以这样理解。尊重就是要平等；包容就是说大家要自由一点，不要有太多约束。这是我们的一个理念，包括对律师不要有太多的规矩，不要让律师在所里有太大的压力，也不把业绩放在所里去比赛。我们不搞这个东西，让团队自己去考核。因为每个人情况不一样，年龄、各方面的情况都不一样。律师是一个自由职业，大家在这个平台上都要有一种非常“轻松”的状态。这是“创新”和“奉献”。我觉得一个平台如果要持久发展，就要不断创新，包括在管理上、业务上都要有一种创新。既然是一个大家一起打造的共建共享的平台，就要有这种奉献精神。从律所层面来讲，这就是我们在“创造”的东西。

至于说单个律师，第一，你必须是一个很诚信的律师；第二，你是一个很勤勉的律师；第三，才强调你的专业。我更多的是把律师的职业道德和执业纪律这方面的要求放在专业前面，实际上我觉得，客户在购买我们律师的服务时，他可能对诚信勤勉的要求，要大过专业上的要求。我个人认为，大部分律师从事业务在专业上都是没有问题的，律师之间的差别，更在于他的诚信勤勉。

最后的“实效”是我们广和在二十年前提出来的。我们律师是帮助委托人解决问题的，一定要从实实在在解决问题的角度去给委托人做事。换句话说，如果是一个诉讼案子，你就要达成人家的诉讼目标；如果是一个非诉讼业务，就要把法律事务的风险降到最低限度，做一个最规范的合同，或者是一个最恰当的交易模式。那是我们应该追求的实实在在的效果，不能说仅仅有一个勤勉诚信的过程，最后却没有让委托人得到实实在在的效果。所以，我们管委会的鲁潮主任给很多年轻律师讲诉讼策略时说，他的诉讼策略是从达成当事人的诉讼目标出发的，而不仅仅是说对这个案件分析得多么到位，要从结果的角度去制定策略。我觉得这也是我们广和律师追求的一个效果，或者我们要遵循的一个价值观。

王凤梅：广和在2018年推出“两委”模式：其一，所务线设立12个工作委员会；其二，业务线设立34个业务委员会。这种模式对广和的发展有何助力？

童　新：2018年之前，广和的日常管理是根据合伙人会议选聘组建管理委员会，管理委员会委员根据律所的运营板块进行职责分工，初步为工作委员会的构建形成了一定基础。2018年以后，广和成立了12个工作委员会，招募了一批律师加入律所的运营管理工作，共建广和平台，第一批工作委员会的主任基本上由管委会委员担任，重点是共建共享，群策群力，让律师更多地参与。工作委员会成立的目的是使广和平台更好地赋能于每一个律师团队，让每一个律师在这个平台上把业务做得更好。

业务线设立34个业务委员会、业务中心、业务部，落脚点在于律师通过业务委员会、业务中心、业务部开展的活动共同开拓业务、研讨业务、完成业务，同时吸收一些对该业务领域感兴趣的律师。这样，在某业务领域方面有专长的律师就能够带动整个所里做相似业务律师的能力提高。

王凤梅：我们注意到，广和在涉外专业服务上正在拓展葡语国家、“一带一路”沿线国家法律业务，广和近些年在拓展国际业务上还有哪些计划？

童　新：我们跟境外律所建立合作关系通常是以签署合作备忘录的形式进行的。我们在境外的联络处遍布欧洲、非洲、南北美洲、澳大利亚、中东、东南亚等地，大部分是“一带一路”沿线国家。我们在欧洲的英、法、德、意、西、葡等国家都有紧密合作的当地律所，跟北欧的瑞典、芬兰、挪威、俄罗斯等国的律师都有合作与交流。在非洲，我们的主要海外联络处位于肯尼亚、尼日利亚、乌干达、南非等国。在北美，我们在美国的纽约、洛杉矶，加拿大的多伦多都设有分所，在墨西哥设有联络处。在中南美洲，我们在乌拉圭的蒙得维的亚设有分所，在巴拿马、智利等国设有海外联络处。在中亚中东，我们的海外联络处位于哈萨克斯坦、吉尔吉斯斯坦、以色列、科威特、沙特阿拉伯等地。在东南亚，我们的海外联络处遍布东盟十国。此外，我们在日本、韩国、澳大利亚等国都有紧密合作的当地律所。

王凤梅：青年律师奠定了律所发展的基石，广和在青年律师的培养方面有哪些特色机制？

童　新：青年律师的发展代表着行业的未来，所以青年律师的培养是广和的重点，我们有几个独特的机制：

一是分级分类培养。在针对实习期律师助理成长方面，我们制订了实习律师成长计划，在推行过程中持续优化，相继加入了演讲、辩论、文书写作培训等模块。在针对执业 1 ～ 2 年的青年律师方面，我们建立新蓝团，定期组织案例讨论、成果展示、户外拓展等活动，2022 年度已举办了 14 场活动。在针对有一定业务基础、执业 3 年左右的青年律师群体方面，我们创建了业务创新营地，首期课程由在数字经济法律领域内的先锋律师担任辅导员，全程围绕业务定位与拓展的方法论展开，致力于激发学员法律服务创新意识和能力，我们计划 6 个月为一期，并在结营后集中展示成果。此外，广和争议解决学院也是广和培养计划的重点项目，青年律师在洽谈中高端商事诉讼时不知怎么出具诉讼方案，或者已经谈妥的案件但在诉讼策略上举棋不定的，都可以提交争议解决学院进行案件研讨或模拟辩论对抗，2022 年度我们一共举办了 41 期案件实战讨论会。

二是以激发内驱力、鼓励创新为核心原则。我们并不主张灌输式的培训讲座，而是更看重激发青年律师的自我学习能力，以及鼓励他们成果输出、自我展示。如上所说的每一个培养计划，都围绕青年律师自身需求和痛点展开，协助他们找到专业技能提升和业务拓展能力提升的方法。他们最终将获得一套属于自己的方法论，应对多变的市场环境。

三是打破执业年限限制，引入有才能的青年律师在律所管理中实现自我成长。管委会、执委会、工作委员会，是律所管理的核心及重要组织。广和在设定委员及主任或者副主任资格时，并没有将年龄、执业年限作为很重要的指标，相反，我们更看重不同领域的特长能力，从而给一批“80 后”“90 后”乃至“95

后”的青年律师参与律所管理创造了一条直升通道。他们在其中得到了极大的自我提升，包括提升组织管理能力、团队协同能力和个人影响力等。

王凤梅： 品牌建设是律所管理重要的外在表现形式，广和的品牌战略如何设计？

童　新： 广和的品牌战略可以概括为重传承、广聚才、强专业。第一是重传承。比方说我们拍摄了这个纪录片，刚好前几天中央发现频道一个叫“匠心智造”的栏目，播放了广和的纪录片，把广和在创办时期的重大项目做了一个记录，希望能够让新的广和人记住一些案例，或者一些理念，这可以说记录了广和匠心人过去的一个作为。当然“重传承”还有很多活动，包括书写传承发扬广和精神、法律人精神等。比如，每年的 6 月 8 日是广和的专门纪念活动。第二是广聚才。要不断开拓更多自媒体，联合更多行业媒体宣传广和平台。在这样一个基础上面，争取把我们的规模做得更大一点，影响力更大一点。第三是强专业。品牌宣传不是空洞的，这一点我们经常贯彻。特别是我们的广和公众号，我觉得需要一些品牌宣传文章。但是更多时候，我们应该把内容作为自己专业建设的一个展现。换句话说，我们的公众号应该更多展示广和律师在专业上的一些体会和案例，然后让更多的律师把主要精力放在不断提升自己的专业水准上面来。当然我们也特别扶持一些新兴法律服务专业。

王凤梅： 广和律师作为国内第一家纯民主、公益发动的社区基金会的理事，对深圳本土公益 NGO 的孵化、NGO 的民主化及合法合规化、区域性公共文化建设作出了积极贡献。您怎样看待广和律师的公益之路？

童　新： 广和的 NGO 公益—蛇口社区基金会是纯民主、公益发动的社区基金会，是深圳全市前十的 5A 社会组织，是中国社区基金会领域的标杆组织，2023 年已经是该基金会诞生的第 8 个年头了。基金会的使命是“传承蛇口精神”，即袁庚精神、改革开放精神，促进居民参与，实现社区自治。广和刘雪莹律师是这家基金会的理事长。这家基金会的理事会是通过公开演讲、公开投票的方式民主选举的，理事会的议事方式遵循罗伯特议事规则，民主决策。从制度的建设上，可以说传承了当年蛇口改革开放的风貌，从全国来看是很领先的。这个基金会不是传统意义上的“慈善组织”，不是以帮贫助弱为工作重点；

基金会的“公益”是指公共之益，简单来说就是“耕耘公共认知、建设公共秩序”。

基金会的三大任务是促进居民参与公共事务自治、孵化扶持社区公益组织、资助社区公益项目。基金会做了很多深圳历史记录、精神传承的工作，这两年拍摄了非常具有影响力的公益纪录片，包括《袁庚传奇》《中国证券市场深圳破土记》等；在公共秩序建设方面，做了很多居民共建的事务，比如“社区花园”——协助居民建立自治组织把小区公共绿地共同建设成公共的小田园；通过专家协助、居民协商等方式制作了老小区加装电梯的手册，帮助老社区改善公共居住情况等。

基金会组织的“无车日”是每年封一条路，在道路上做社区嘉年华，但并不是以休闲娱乐为主的，是通过各种形式传播新的公共观念，包括环保议题、儿童友好等；基金会的很多项目受到国内外关注。2022 年，广和几位律师成立了一个动物福利基金，还发布了国内第一份动物福利居民公约，“学习强国”也报道了这个新闻。广和律师建立公益组织、推动公共认知，组织居民共同建设公共秩序，持续性、引领性地体现了法律人精神。

王凤梅：“两委”模式、“三化”发展、“四观”筑就，16 字价值观……在童主任的分享中，我们看到了广和与众不同的创新精神。这是一个机构在不确定环境中依然可以抓住时代机遇的重要因素。广和的创新动力很强劲，当年取得很多“第一”，现在新一轮制度创新启动才四年，已经卓有成效，很多改革措施还在推行当中，按照自己既定的节奏稳步前行，我们也会继续关注广和模式，也祝福广和实现从粤港澳大湾区到布局全国、放眼世界的“和达天下”！

蒋 琪

未来理想律所的“0.618法则”与浩天新探索

北京浩天律师事务所（以下简称浩天）创立于1997年，拥有北京、上海、广州、深圳、香港等29家办公室和1家知识产权代理事务所，为全球客户提供一站式、多领域、跨国界的专业法律服务。在近年来不确定的市场中，浩天依然保持了强劲的增长态势。从0.618到0.818，为破解分配机制这一律所管理传统难题，浩天的管理者有何创新思考和探索？“赢球靠中场，律所需中台”，浩天如何把握中台建设中的关键，推动律所向“以客户为中心的律师事务所”转型升级？浩天如何评估深圳法律服务市场的巨大潜力？由蒋琪主任亲自挂帅的深圳分所发展规划及愿景如何？

对话时间　2023 年 1 月 5 日

对话嘉宾　蒋琪，北京浩天律师事务所全国董事局主席、浩天（深圳）律师事务所主任。毕业于对外经济贸易大学，获国际法博士学位，担任国际商会中国国家委员会商法与管理委员会（ICCCHINA）副主席、中国法学会国际经济法研究会常务理事、中国法学会律师法学研究会研究部主任、中国银行业协会法律专家库专家、北京市法学会国际经济法研究会副会长兼秘书长、深圳市优化营商环境咨询监督委员会委员、深圳市企业国际化经营合规专家等社会职务，同时担任贸仲、深国仲、上海仲裁委等全球 17 家仲裁机构仲裁员。蒋琪于 2020 年被《商法》列入“The A-List 法律精英”100 强榜单，2022 年荣登《钱伯斯全球指南 2022》（*Chambers Global* 2022）及钱伯斯《大中华区法律指南》（*Greater China Region Guide*）榜单。

王凤梅：蒋主任是律界的“网红”，我们经常在朋友圈看到大家分享蒋主任关于律所管理的一些思考，了解到浩天正在进行一场改革实践，有很多新的理论，为行业同仁所津津乐道。今天我们请蒋主任来一起深入探讨一下这些大家都关注的话题。首先我要问一下蒋主任，你现在在北京还是在深圳？

蒋　琪：我现在在北京，2022 年我在北京和深圳的时间各占 50%。

王凤梅：浩天今年落子深圳，由您亲自挂帅领导深圳分所，有何更深的布局和谋略？

蒋　琪：深圳有多少上市公司？有 400 家。全国 4000 多家上市公司，深圳占了 10%。随着整体经济重心的南移，长三角、大湾区成为国内两个经济最活跃的地区。经济基础决定上层建筑，也决定了法律服务市场的总量。2021 年，深圳的律师费总额为 90 多亿元。2022 年受到疫情的影响，全年整体的律师费可能会下跌 20% 左右。考虑到 2021 年律师费跨年到 2022 年入账的因素，我估计，2022 年深圳律师费的总数应该在 100 亿元左右。100 亿元律师费的市场容量，与深圳的城市地位、经济总量还是不相符的，我个人大胆预测：深圳实际上有 200 亿元的法律服务市场，而深圳律师才挖掘了 100 亿元，还有很大的拓展空间留给全国各地的其他律师。因此，作为一名北京律师的我，又拿到了深圳的律师证。

王凤梅：中国律师行业还处在蓬勃发展中，还有巨大的市场空间。讲到法律服务，组织支撑也非常重要。日前您在青岛市律协主任培训班分享的《赢球靠中场——以客户为中心的律师事务所的构建研究》的报告，受到了业界的普遍关注，您觉得此次演讲为何会红？

蒋　琪：这是一个非常好的问题。

我目前有 50% 的精力依然放在业务上，因为我深知，如果不明白业务最前沿的法律问题，不和客户打交道，就会慢慢丧失对市场的敏感度。我另一半时间和精力放在律所的发展和管理上。我本人在提成制律师事务所和公司化律师事务所都有过执业经历；在与京城律师相处的过程中，我又从不同的优秀管理者身上学到了很多经验，再加上我也参与发起过一个全球性律师事务所的联盟，与几百个律师事务所的主任、合伙人深入交流，得到了许多律所管理的经验、心得。律所管理是需要不断相互学习交流的，无法闭门造车。

长久以来，我一直在思考，如何通过管理让律师事务所变得更强。我想构建一家理想化的律师事务所，每个律师事务所的合伙人、律师基础不一样，客户群体也不一样，律师事务所的管理和发展一定要“量体裁衣”，才能使律师事务所健康发展。浩天是一家高品质、娱乐精神很强的律师事务所，参与浩天的流程再造是一件很有挑战性，但也很快乐的事情。浩天原有的制度其实已经比较完善了，但是我们追求再上升一个层次，对律所的制度体系进行“升维建设”。正如《三体》里的故事，律师事务所也有必要“升维”，如果你不“升维”，就很有可能会被身边的律师事务所弯道超车。

我为什么去青岛律协讲课？因为我的律师生涯从青岛开始，我在青岛执业了 13 年。本次讲课，我为家乡的律师们精心准备了许多我多年积累的“干货”，于是就有了那篇流传很广的《赢球靠中场——以客户为中心的律师事务所的构建研究》，获得了业界较高的关注，也成了律界的一个“流量”（笑）。

王凤梅：您提到律所管理主要需“量体裁衣”及“赢球靠中场”。近年来，行业关于律所中台建设、一体化建设、分配机制的探讨特别多，是律所的管理中一个很重要的一个板块。我们先问问这个难题，浩天是如何设计律所分配机制的？您对这一板块有哪些系统思考？

蒋　琪：浩天本身是一家传统型的律师事务所，实行团队制、累进制，大部分的钱分给了团队，对团队很友好，可以说“穷庙富和尚”。团队很强大，律师事务所不“剥削”合伙人、不“剥削”律师，基本上就是“取之于民，用之于民”。

我发现在传统的高提成比例的律师事务所，存在一个“确定性”的问题，这个问题需要在当下解决。很多律师事务所的管理者总是从律师事务所的角度来看问题，他们通常会说，“我收 10 个点的管理费、8 个点的管理费、5 个点的管理费，剩下的就是你们团队的”。律所的收益是确定的，很少从团队的角度来看问题，团队收益反而不确定。许多律所开始响应我的号召，开始建“中台”，但其中税、房租成本、后台（财务、行政、人事）成本，都是很多不确定性的问题。如果我们换位思考，用一个崭新的思路，从团队的角度去看待，很多问题就可以迎刃而解——团队需要什么？确定性。

什么叫“确定性”？在确定的年代，管理费是确定的，但律师费是节节上升的，没有亏损的担忧，律师只要一心工作，根本不用担心律师事务所会亏损。但是到了存在不确定风险的时候，很多律师就开始考量律师事务所亏损了会怎样，我是不是要承担相应的损失。所以我说，最好的管理就是管理者“把不确定留给自己，把确定性留给律师”。

管理者要从律师的角度看问题，正如我提出的“黄金分割线”概念，61.8% 也好、71.8% 也好、81.8% 也好，这个比例对团队而言是确定性的，就是把“确定性”都留给律师和团队，而不用考虑律师事务所的费用和盈亏问题。管理者为什么可以得到分红？因为他同时承担了巨大的亏损风险。如果这一年律所经营得特别好，律所的收费也没有滑坡，律所的后台非常高效，中台对于律师的赋能也非常好，那么，在此背景之下，律所产生了 1 亿元的利润，律所管理者分配就行了，团队已经拿到了 81.8%。特别是在当下，这是一种最好的选择。

关于0.618黄金分割的概念，源于我1个月前的阅读思考。大家知道，0.618是古希腊数学家毕达哥拉斯发明的一个数学概念。哲学家柏拉图说，0.618是一个优美的分割，希腊的维纳斯雕像也遵循了黄金分割线的比例，按0.618 ：1的比例画出来的画、雕刻的雕塑也是最优美的。我认为法律人也应该拥有一个0.618的黄金分割线，即团队拿到61.8%，律师事务所相应拿到38.2%，这是我心目中的黄金分割线。

可能有的律师会追问：律所拿走那么多，律所能为我创造什么？为此，大部分律所必须进行“流程再造”，要把这个律师事务所的后台做得很扎实，以大幅提升公共服务水平，并搭建有效的律所“中台”对团队赋能。每一个律师事务所合伙人团队都是前台，是一个“阿米巴”组织。“阿米巴”是稻盛和夫提出的经营理念。中国的律师事务所团队与稻盛和夫的理念差距在哪里？缺乏沟通，团队和团队之间缺少横向沟通。“阿米巴”第二个要素是“独立核算”，我们的每一个团队都是独立核算的。第三个要素是“绩效考核”。律所从团队创收中提取的38%左右，是用于前台、中台、后台的全方位流程改造，包括加大品牌建设经费的投入，打造以客户为中心的律师事务所，增加团队业务创收等，从而使律师事务所越来越强大。我认为0.618的分割比例，是一个既能“富庙”又能“富和尚”的黄金分割比例，随着中台、前台、后台的赋能，团队的收费可以“double”甚至“triple”，实现良性循环。

王凤梅：这听起来很完美，那第二个问题又出现了，把钱集中起来这么干，中间的运营设计是不是依然也是一个挑战？

蒋　琪：61.8%是我心目中理想的律师事务所的分配状态。在一些公司化的律师事务所，可能团队拿到的连30%都不到。我说的0.618这个数字，要根据每个律所不同的发展时期和状态而定。当前，这个扑朔迷离的年代，我们应该给团队分配更多的比例。今天的律师事务所团队应该分81.8%，那么明天这个比例可能是71.8%，后天是不是可以达到61.8%？这是可以动态调整的，这也取决于团队和律所管理层之间的相互信任。

我说过一句话：“很多律师事务所的管理者是没有薪酬的。没有薪酬的管理者，必然是低效的管理者。”当实现了团队提成 71.8% 时，律所可以形成一个中央利润池，可以优待律所的管理者。这时，律所的房租也不用合伙人承担了，律所就可以拓展办公面积，引入更多高水平的合伙人和律师。

当我们实现了“后天的律师事务所”，律所增加了 20 个点的费用，就可以把律所中台、后台和前台建得更加扎实，律所中央利润池也更加大了。此时，律所有能力建立一个公共律师团队，合伙人的助理等也可以由律所来统一配置。律所通过规范化人力资源工作招聘高水平的高校毕业生，以保持“基业长青”，这有点类似“公司化”律所的设计。

有人会质疑：“蒋琪律师不是一直倡导‘大道至简’的律师事务所吗，从 0.818 到 0.618，不是又变成‘大道复杂’的律师事务所了？”我觉得这就是因时制宜、因人制宜，不同的时期，律所管理会有不同的选择。面对未来的不确定性，浩天 2023 年将推出新举措，因时而动，顺势而为：一是由管理合伙人出资设立风险发展基金，签订发展责任状，率先担责；二是进一步调整薪酬制度，压低各项成本，使之更加确定性，减轻合伙人负担，解除发展后顾之忧。

王凤梅：您曾提到向着“以客户为中心的律师事务所”转型升级的目标，浩天如何实现向“以客户为中心的律师事务所”转型升级，有哪些举措可供业界借鉴？

蒋　琪：律师事务所的未来一定是以客户为中心的律师事务所。第一阶段的律师事务所是以律师为中心的，对律师特别友好。第二阶段的律师事务所演变为以律所为中心的律师事务所，对律所的管理者特别友好，一切人、财、物都以律所管理为核心。而未来的律师事务所一定是以客户为中心的，这个观点是我率先在中国律师界提出的。

以律师为中心的律师事务所，往往前台比较强；以律所为中心的律师事务所，后台比较强大；而以客户为中心的律师事务所，一定是中台比较强大，中台起到“为前锋喂球，帮后卫防守”的衔接作用。

95% 的中国律师事务所没有建中台，现在一些中型的律师事务所正在建立中台。在青岛律协讲课后，好多律所主任纷纷加我微信，让我指导、帮助他们建立中台。律所中台相当于一个人的五脏，在我的理解中它有五个要素，包括品宣、案管、客服、投标、风控。

律师事务所的品牌建设看不见、摸不着，但是与每个律师的发展休戚相关。有的事务所不重视品宣工作，但我个人觉得品宣特别重要。律新社的品牌影响力指数评价体系开创了中国律师界的先河，为我们 60 多万名律师做了一件特别大的好事，浩天一定积极响应、参与。现在，很多律师事务所开始当被告，有时一个金融交易的风险事件带来的损失，就会给律师事务所全部合伙人带来灭顶之灾，因此律所的风控十分重要，律所要建立发展风险基金。中台的案管，对防止律所的利益冲突也会发挥基础性的作用。

中台的重中之重是投标和客服。律所必须要建立一套精准的投标体系，客户服务中心应成为律师事务所“中台的中台”。那么，如何搭建一个客户服务中心？许多律师都是各大银行和私人银行的客户，大家可以观察一下银行是如何建立客户服务体系的，无论是客户服务的数字化还是定制化，我们可以寻标对标，按照商业银行的客户服务中心来搭建律师事务所的客服中心。以客户为中心的律所客户服务中心，就相当于中台这个“五脏”里的“肾”。

客服中心一方面要挖掘外生市场，另一方面是激发内生市场。挖掘“外生市场”就是客户服务中心要帮助每一个合伙人进行高效精准地投标，围绕客户做好客户研讨会、交流会、答谢会等客户为中心的“三会或五会”。提高一个层次看，客户服务中心还要协助团队进行“研发驱动”。浩天在 2022 年提出要建立“研发驱动型律师事务所”，这是一个全新的发展方向。我们成立了浩天研究院，形成课题组研发最前沿的法律问题，力求形成课题报告，并转化为法律服务产品。通过研发驱动、精准投标、“三会或五会”等一系列活动，使我们的前台能增加收费。

第二是开发“内生市场”，每个律师事务所就是一个统一的大市场，需要客服中心为这个大市场进行有效的资源配置。客户服务中心要有能力进行“客户的专业再开发”及“客户的地域再开发”。专业再开发：实现客户分类，统计现有客户、曾经客户和目标客户，把现有客户和曾经的客户进行专业再开发，挖掘曾经的客户有没有知识产权业务，交给知识产权业务中心去进行二次开发；挖掘他有没有潜在的上市可能性，交给 IPO 业务中心进行二次开发；挖掘他有没有海外的业务，交给海外业务中心进行二次开发。地域再开发：挖掘现有的争议解决客户在其他地域有没有客户组织形式，进行异地再开发。“客户再开发”这个工程，一旦成功落地，可能为浩天的合伙人增加 20% ～ 30% 的收费。

客户“再开发”落地的过程中，需要观念一致、步调一致和制度的支持，也需要经费的保障。内生市场是每一个规模化律师事务所的发展优势，但需要中台把它调动起来。内生市场也好，外生市场也好，都需要客服中心来进行有效的组织协调，使之为前台赋能。

王凤梅：浩天成立于 1997 年，并逐步发展为一家优秀的大所，浩天的文化、核心价值观和发展愿景是怎样的？其文化为何适合开展流程再造？

蒋　琪：浩天是一家历史悠久的北京所，今年是 25 周年。首先，浩天真是一家“藏龙卧虎”的律师事务所，很多合伙人“身怀绝技”，是自己相应领域的翘楚。此外，浩天是一家娱乐精神很强的律所，我们有一个 70 多人参与的高尔夫球队，拥有中国第一家律所交响乐团。刘鸿主任是我非常佩服的人，他真诚、有高度、对未来有超前的预见力，他提出了一个理念——“无兄弟，不合伙”。对于律师事务所的发展，他也是倾尽全力，让每一个人都变得很好，从生活、业务等方方面面给予浩天的每一位同事关怀，使浩天成为一个其乐融融的大家庭。“快乐”可能是浩天另一个非常明显的文化特质，这也是吸引我加盟的重要原因。

浩天具有可以进行“流程改造”的土壤，当前的规模大约在全国的规模化律所中排名第 19 位，共有 1200 多名律师，人均年创收 100 万元左右，是一家品质化的律师事务所。浩天成立了 12 个专业委员会、8 个行业委员会，完成了 1.0 版本的中台建设。面向 2023，我们以客户为中心的 2.0 版中台也将迅速搭建，随着业务流程、中台的搭建完成，未来还将会有更大的发展空间。通过这一年，无论是总所还是分所的合伙人，基本上都接受了“有规则，方远行”的管理理念，在浩天的核心价值观“快乐”的基础上，又增添了“进取”二字。2022 年 5 月 20 日，浩天召开了全体合伙人会议，通过了新章程，将

“进取”这一理念加入了浩天的价值观。

浩天的价值观里还有“平等、透明、公平、诚信”等要素。浩天很平等，刘鸿主任也没有一票否决权，他的投票权和普通合伙人是一样的。浩天没有账外账，律师事务所的财务十分透明。关于“公平”，当然，每一家单位都没有绝对的公平，但在浩天，我们看得到公平，对每一位合伙人、律师，我们都追求公平以待。浩天的文化特质有点倾向于“狮子文化”——“阳光普照的地方，都是我的地盘”。未来，希望把“狼文化”带入浩天，让大家奔跑起来，团队作战，更有组织性，将“狮子文化”与“狼文化”有效结合起来，形成更“进取”的文化。

我们进行的律所管理改革，是一心为公的改革。对于浩天的发展，我充满信心。在 2023 年市场形势整体低迷的状况下，浩天还是保持了整体 10% 的增长。未来 5 年，我们会加快发展和改革的步伐，争取在浩天 30 周年的时候，达到 3000 名律师、30 亿元总创收，成为一家适度规模化、高品质的、拥有强大中台的、共同富裕的律师事务所，稳步迈入全国前十行列。

王凤梅：这个蓝图描绘得非常诱人！刚才您提到了规模化，那么浩天未来的规模化、国际化建设规划的布局是怎样的？

蒋　琪：浩天的当务之急是把“北上广深”这四个基地做好，要四平八稳；其次是布局经济发达的新一线城市。但浩天不刻意追求规模化，而是顺其自然地推动适度的规模化，浩天对于新设所的起点要求很高。

浩天当前也在推动“国际化”，2023 年我们会开设一家美西分所。最近 10 年间，司法部、全国律协都在倡导中国律师事务所“走出去”，我国律所陆续在全世界各地开设分所，但是海外分所的盈利情况还有待市场的检验。我认为这不仅与分所的经营能力相关，还受到大陆法系、英美法系法律传统、国际政治经济形势等因素的影响。当中文成为世界语言时，中国律所将会真正成为全球顶流律所。

当前，内地（大陆）与港澳台之间的交流马上就会恢复，浩天将进军前海，与香港一家极具实力的事务所合作开设一家深圳前海联营办公室，以大湾区为桥头堡，进行一些涉外法律服务的全球拓展。

王凤梅：您亲自挂帅领导深圳分所的发展，浩天深圳分所在业务和运营机制上有何创新之处？在总分所运营上有何创新？

蒋 琪：我去深圳主要就是负责两件事：第一件是人才引进，我希望大湾区更多优秀的律师能加盟浩天深圳办公室。第二件就是客户的发展。我在深圳期间，不是在客户的办公室，就是在去客户办公室的路上，走遍了大湾区各大城市的许多工厂、机构。

关于深圳分所的管理权，我们有一个7位合伙人组成的管委会，每个人分管一件事，形成了一个非常高效的决策机构，真正做到大道至简。深圳分所2022年的发展还不错，2022年5月，我们搬到了华南第一高楼平安金融大厦的102楼。搬家之后，浩天将近3000平方米的办公区已经全部坐满了，我们引进了很多高水平的律师，收案收费也是稳步增长，这也是我们开办前海办公室的原因之一。

现在浩天总分所的关系非常融洽，这种融洽体现在两方面：一是合伙人关系的融洽；二是业务交流方面。作为总所派驻到深圳的主任，我致力于把很多北京的合伙人带到深圳，把深圳的客户介绍到北京，使交流更加便利。下一步，浩天将重点发展上海分所，我会有更多的时间去关注上海分所，关注长三角。目前，浩天北京总所有5亿多元的创收，通过努力，我们力争做到8亿多元；上海分所是按照3亿元的创收来设计的，深圳和广州都是按照2亿元的目标来设计的。

我认为2023年我们不能“卷”，中国律师业目前存在三大问题：粗放管理、分散客服、同行竞争。浩天必须通过团队的系统研发，推出满足客户需求的法律服务产品，把蛋糕做大，提升法律服务的质量，拓展法律服务的范围，挖掘潜在市场。

王凤梅：我看您的时间管理也很厉害，浩天致力于成为“中国最优秀的大型综合性高端商事律师事务所之一”，请介绍一下浩天所内的专业建设情况，浩天对所内律师、团队的专业化建设有着怎样的保障机制？

蒋 琪：我们成立了12个专业委员及8个行业委员会，全国的律师都划分到这12个专业委员会之下；行业委员会和专业委员会是按照“一纵一横”

的思维来构建的。不同于公司制的律师事务所，浩天还不能追求绝对的专业化。在目前浩天的制度下，我们要求“一专一行一辅”，每个律师可以各加入一个专业委员会、一个行业委员会，还可以选一个辅助专业。

浩天借鉴了许多头部律所的专业设置经验，形成了 20 个专业委员会（行业委员会）的设置。虽然在一些专业上，浩天已经取得了全国领先的成绩，但在专业化方面，我们觉得自己还有比较长的路要走。接下来，浩天将致力于补齐专业短板，让我们作为“商务型律师事务所”的专业门类更加齐全，相信浩天的专业建设在 2023 年会“渐入佳境”。

王凤梅：浩天的人才选拔标准是怎样的？如何对青年律师进行系统培训和培养？

蒋　琪：浩天的“青苗计划”致力于从在校学生里甄选优秀人才。浩天十分重视校招，每年我们都会派出高水平、高颜值、口才好、腹有诗书的合伙人参与各大高校的招聘宣讲，吸引优秀人才。浩天各地的办公室每年会收到大量“青苗计划”优秀学生的简历，人力部门择优向合伙人输送，由合伙人来决定最终的聘用。

此外，浩天还设置了一个帮助现有青年合伙人成长的“森林计划”，如降低青年合伙人管理费用；在各种评优评奖中对青年合伙人予以倾斜、赋能；从业务、客户方面，对青年合伙人予以扶持等。相信在未来实现了“0.718 或 0.618”律所后，我们可以给予青年律师更多的扶持。

王凤梅：我关注到您比较早就开始对团队、业务及律所治理的问题站在品牌的角度来思考，请您介绍一下浩天的品牌战略。

蒋　琪：浩天的品牌定位是希望打造成一个“高品质”的律师事务所，而非单纯打造成一个规模化的律师事务所。为此，浩天方方面面都是围绕“高品质”去进行的，其中包括人的品质化和物的品质化。

浩天合伙人的门槛较高，律所对他的教育背景、成功的案例、客户、人品等方面都有细致的考量。

在“物”的品质化方面，我们实现了高品质办公，每一家分所的办公条件都是顶级的。现在我所在的浩天北京办公室就位于繁华的东三环 CBD 的财富金融大厦，是北京房租最高的写字楼之一，现有办公面积 7000 平方米。在软件方面，我们也在思考和探索数字化律所的建设。浩天将从“人的品质化”和“物的品质化”两方面来打造和强化律所品牌，而非仅仅停留于一个单纯的规模化律师事务所的品牌。

王凤梅：蒋主任也是浩天的品牌代言人，您谈到，您现在 50% 的精力在做管理，50% 的精力在做业务，据您所知，能做到这样精力分配比例的律所主任多吗？您如何兼顾个人专业、业务发展和律所管理？

蒋　琪：好像不是太普遍，大部分的律所主任还是把更多的精力放在管理上。因此，我曾经提出一个理念：律师事务所的管理要专职管理，很多岗位应该固定让专职人员来进行管理，才能让管理更高效。

还有一个更深层的问题，律师事务所通过管理产生的业绩，对管理者要有一个合理、公平的分配比例。尽管对我个人而言，我可以“零薪酬”或者“一元薪酬”，但是我的观点是，律所管理者必须是一个有薪酬、有考核的管理，这才是真正的高效管理。律所的管理者不一定要选出最好的合伙人，但他一定要热心于律所管理。律所要给他一些保障，无论是前期工资也好，还是后期分红也罢。这样，找到最合适的管理者，竞争上岗，给予必要的薪酬，同时进行考核，才是律师事务所能够发展、基业长青的核心之所在。

“热爱”是最好的老师。对于我本人来讲，管理可以说是一种爱好；对于浩天而言，这是一种实践。我也希望通过浩天的探索，为中国律师界带来一些新思路。中国式现代化不完全等同于西方，中国式律所的管理也不能完全套用国际律所的模式。中国式律师事务所的管理仍处在不断摸索中。

王凤梅：您刚才也讲到了，浩天规模化的发展目标是 3000 人，是比较适度的，这个标准是不是参照了国外的标准？您如何看中国律所现在的发展状况及其在国际评价中的位置？

蒋　琪：国际律师事务所的收费，基本上相当于中国同等规模律所的 10 倍。中国律所的规模化上去了，但人均创收还没上去。真正标志着中国律所跻身全球律所前列的，应该是核心指标，如人均收费等。

英美律师具有天生的语言优势，英语在全球的普及程度远超中文；英美法系和大陆法系的法律思维逻辑也不同，一个是归纳思维，另一个是演绎思维，在律师的思维上体现出来的也完全不一样。总体而言，我们要在国际上超越英美律所，还有一段较长的路要走。在国际化道路上，我认为中国律所应该重点关注在拉美、非洲及“一带一路”沿线地区的机会，相信随着中国经济的发展、强大和走向世界，中国律师在国际市场上的机会将越来越多。

王凤梅：您如何看待国外评价机构对中国律所的评价标准？您认为中国好律所、好律师的标准有哪些？

蒋　琪：我觉得好律所、好律师的评价标准应该从客观标准和主观标准两个角度去看。客观标准是大家都熟知的，如律所收费、人均收费等；还有在客户的标准中，就是看律所的客户名单里有多少世界 500 强企业、中国 500 强企业，有多少金融机构；比如评选金融类的律师和律所，客户的因素可能占比较大。客户对律师的评价、对律所的评价，这可能也是一个客观标准。

另外，对好律师、好律所的评价中还应该加入主观标准，两者之间形成一个科学的比例权重，主观与客观相结合，形成一个有效的评价体系。

王凤梅：在今天的交流中，蒋主任给我们透露了很多浩天的创新规划和计划，相信这些经验，不只是对浩天的伙伴，也会给全国其他许多律所的同行，带来许多有益的借鉴和参考。特别是蒋主任解读了“0.618 法则”，更让我们思考未来不同于过去 20 多年粗放型律所管理的另一种可能。期待浩天未来在管理、专业、律所文化等方面的创新发展！

卫　新

拥抱“演化”，星瀚12年“不亦说乎”之路

2022年是上海星瀚律师事务所（以下简称星瀚）的“金钗之年”，经过12年的发展，星瀚逐渐成为行业中自带流量的精品所，能够为客户提供“一站式”、综合性的法律解决方案。包容星辰大海的“星瀚”之名有何寓意？作为一家提供多业务领域法律服务的精品所，星瀚将赋予“精品”何种内涵？珍视伙伴、关注人文，星瀚为吸引人才而提出的“造星计划”是一个怎样的机制？

对话时间 2023 年 1 月 10 日

对话嘉宾 卫新，上海星瀚律师事务所创始人、主任，毕业于华东政法大学法律系。专业从事商事争议解决、文娱体育、公司商事法律服务。擅长处理疑难、复杂的商事争议案件，尤其是股权类争议案件和债务追偿类争议案件，在文娱、体育行业具有专长，在公司商事法律服务、合规法律服务方面深受客户信任，是钱伯斯（大中华区）（Chambers and Partners）上榜律师，被《商法》（CBLJ）评为“The A-List 法律精英”及“The Visionaries 睿见领袖”。任上海市长宁区政协委员，华东政法大学兼职教授、硕士生导师，上海仲裁委仲裁员，入选上海青年法学法律人才库。同时，兼任上海市律师协会体育业务研究委员会副主任、上海市律师协会信息化工作委员会主任，上海市长宁区政府法律顾问，上海市体育局常年法律顾问，上海虹桥国际中央商务区管理委员会法律顾问等社会职务。

王凤梅：近期我们看到在星瀚的微信公众号“星瀚微法苑”中官宣庆祝律所成立 12 周年，这是非常不容易的一年，您觉得哪些词最能描绘当下自己的心情和团队的状态？

卫　新：过去的一年非常不平凡，在这样一个大时代背景下，确实让人产生很多感触。我想起纪伯伦的一句名言：“你无法同时拥有青春和关于青春的知识。”我进入职场时 20 岁，创立星瀚时 30 岁；而现实中，你在 30 岁时需要了解的生活真相和应该具备的知识，可能要到 40 岁甚至 50 岁时才能得到。

好在“朝闻道，夕死可矣”，我将创立星瀚的这 12 年概括为孔子的三句话：“学而时习之，不亦说乎！”“有朋自远方来，不亦乐乎！”“人不知而不愠，不亦君子乎？”

如果要我选择一个关键词，我认为是“学而时习之”。我们常常把这里的

“习”理解为“温习”，但更准确的理解应当是“实践”，就像老鹰把小鹰从高处推下去，让它独立飞行。如果不会飞，就会摔死。这就是“习”，它是独立操作，是实践。

同时，“学而时习之”当中的“学”字，如果按繁体字“學”的写法，下面的部分是“子”，指学的人，上面是两个“手”中间一个“爻”，这个“爻”字就是变化的意思。我们学习的目的就是去应对这个不断变化、演化的世界。在刚过去的 2022 年，这种变化和演化非常生动地诠释了世界的不稳定性，我们自以为学到的知识、自以为掌握的能力和自负的逻辑，在这样的一个时间段里是否能适应新的世界？回望我们的商业、专业，我们的安排是否恰当？我想大家都会有自己的感受。

王凤梅： 12 年的创业经历的确带来了很多智慧。再回看当初为律所起名为“星瀚”，有何特别的含义？

卫　新： “星瀚”二字取自“星空浩瀚”。当初就是希望每个律师都是一颗明星，我们这家律所汇聚了很多律师，这就是一个星空浩瀚的地方。

此外，它也取自康德的名言：“有两种东西，我们愈经常持久地思索，他就会使我们的心灵充满日新月异和与日俱增的敬仰和敬畏之心，那就是头顶的星空和心中的道德律令。”

我自认为是个理想主义者，创立星瀚最重要的初衷，是一个理想主义者想去做一次实践，想通过我自己的创业经历，在自认为“学”到了之后，去“习”一下。一个有实践精神的理想主义者的创业可能和别人有所不同，他对理性和法则有更多原则，总是会坚信应然事件的原则高于实然世界的得失。我们当初创所时也有一句话，叫“星空浩瀚，德法双馨”。法律人能够始终保持初衷和情怀并不容易，王尔德说，“每个人都生活在阴沟里，但总有人在仰望星空”。我们不奢求从不苟且，但始终希望自己能够不甘于苟且，并希望至少在星瀚这个组织中，每个人都能过得好，能够爬出阴沟，仰望星空。

回头再看，我认为星瀚的气质和基因没有变化。我们一次又一次地“学而时习之”也是一件快乐的事。哪怕 2022 年的大环境带来了从未遇到过的变化和挑战，我们也拥抱变化，并用演化的方式去应对。

王凤梅：您提到了一个细节：在创办星瀚前你曾经创业过，有过公司管理的经验，这段经历对星瀚选择做一体化律所有怎样的影响？

卫　新：确实有影响。我在大学时，实习单位一直是政府机关和事业单位，毕业时也拿到了法院的“offer”。然而，我最后选择了去一家初创的房地产公司。这家公司当时一共7个人，我深入地参与了公司的创业实践，迅速被商业的气氛与魅力感染，这改变了我的职业规划道路，也为星瀚的创立撒下了种子。

创业的环境很能锻炼人的商业素质，在组织中不断进步、发展。创业3年后，我成了公司的副总，管理着40多人，所有的运营体系都由我来搭建完成，包括财务、市场、人事、行政、IT等部门，以及我倾力打造的法务部。虽然很辛苦，但也很有乐趣。我感受到了洛克说的自由和财富，也更坚定地认为商业对于世界非常有帮助，它的演化过程是推动社会进步的最大动力。

作为一个法律人，我热爱自己的专业，但房地产公司的工作内容与法学专业渐行渐远，我就离开了，之后进入律师行业，并在30岁的时候创立星瀚。我想看看那些年我在商业上实践过的、学到的东西，在法律服务行业中是否仍然能够得到验证。

王凤梅：看来创业的确很磨炼人，让您与别人相比，能更早积累这些商业感觉和技能。

卫　新：是的，丘吉尔说“勇气是最宝贵的品质”，创业经历首先培养了我的勇气。当时我只是一个应届毕业生，能够自己把法务部打造出来，去把一条条新业务线设计出来，胆量和勇气都是不可或缺的，它最终融入了我和星瀚的基因。

其次是协作精神。我遇到过业务负责人突然离职的情况，还去客串过一段时间的业务负责人。这段经历让我发现，组织内部是需要协作的，协作一定能产生比单兵作战更大的力量。

进入律师行业后，我就一心追求用更好的、更有效率的商业逻辑去改造律所这一传统行业，所以星瀚采用了一体化的模式。举个简单的例子，星瀚的律师西装上都会别着一个小星星徽章，在我们成立的第一年，我们就戴着这个星星去参加了上海律师协会的辩论赛，给大家留下了很深的印象——“那个戴星星的律所”。这就是商业领域中的视觉识别系统，这其实是一件很简单的小事，但彼时很多律师还不重视这个事情。所以说，商业管理的经历让我获得了勇气，也学到了很多道理，但怎么串联起来，还得靠实践。

王凤梅：星瀚是一家精品所，不过与我们传统理解中的精专于某一业务领域的精品所不同，星瀚的业务领域比较广泛，除了商事争议解决，还包含了企业内控与反舞弊、海事海商、文娱体育、商事争议解决等领域。作为一家提供多业务领域法律服务的精品所，星瀚如何理解“精品”的含义？

卫　新：我认为每家律所都有自己的发展策略，规模所也好，精品所也好，都是发展策略的一种表达，这些策略都是围绕法律服务市场的现状和律所自身特点所做的一种选择。

像我这样的理想主义者，总想追求“帕累托最优”，即实现个人利益与组织利益的最大化。但在现实中，可能更多会面对“囚徒困境”。所以，在一个组织内，使用何种策略，是一种均衡的考量；不一定是最优解，而是稳定解，律师行业也不例外。因此，在选择策略时，会有很多的不得已，我们要找到自己的均衡态。

就如星瀚，刚成立时就是一家完全公司化的律所，当时我们所有律师都是授薪制的，以公司化为基础来搭建运营体系，这样的基因决定了我们后续的发展方向。

律所要找准自己的策略，离不开对于三个市场的问题分析和解决，一是外部的客户市场，二是合伙人市场，三是青年律师人才市场。就星瀚来说，作为一家 2010 年成立的律所，主任当时只有 30 岁，成立时只有 7 个人，很难马上在客户端去大量触达、建立影响，我们首要的方向一定是青年律师人才市场，因为律所是服务业，我的产品就是人。我一定要有好的人来为客户提供服务，才能解决自己的生产力问题。

所以星瀚从一开始就非常重视年轻人的成长，在青年律师市场中我们投入了大量的时间、精力和资源。2012 年我们刚成立时，立即就利用寒假招收了十几个实习生，并为这些实习生安排了 1 个月的课程，每天都有辅导，主任和资深律师都把业务放下，参与到带教工作中。这批实习生当中就有我们今天的首席运营官（COO）宋佳，她当初放弃了外企的“offer”，选择留在星瀚。如今，行业里对我们已经有了一个既定判断：星瀚是一家特别年轻、有活力的律所。这就与我们的策略有关。

当我们在青年律师人才市场的识别度和形象提升后，我们就可以去解决客户市场的问题。当然，内生化发展的周期是相对长的，年轻人的成长需要时间，而面对法律服务市场汹涌澎湃的高速增长，扩大规模、抢占市场份额显然也是一种可取的策略。这种策略首先解决的是客户市场，让自己的律所在客户市场内有更多的识别度。

而客户市场和合伙人市场两者是有叠加效应的，我们抓住了核心的合伙人，客户市场的识别度也会提高。但合伙人市场的吸引和流动是一个非常复杂的问题，需要律所有非常好的结构，它的协同性是要合伙人带合伙人的。这种吸引难度很高，能吸收非常有质量的合伙人的律所，往往原本的底子就足够强大。更多律所会采用吸引相对边缘的合伙人或有潜力的青年律师合伙人的方式，通过大幅降低合伙人的成本，提高收益比等方式把这批人吸引过来，再通过这些人把市场规模带动起来。

这是两种不同的策略，但无论选择哪一种，法律服务业要在今天的竞争中胜出，还是要解决信息不对称的问题。但法律服务业一直是一个很难被识别的行业。我刚开始做律师时，行业内对律师的需求还是“有就可以了”。但越发展，竞争就越激烈。行业内的律师、律所有好有坏，当客户难以识别时，他们会出现逆向选择。客户一开始碰到好律师和坏律师的概率可能各 50%，但一旦碰到坏的律师，之后客户对于法律服务付费的意愿就会下降，即使后来再碰到好律师，因为逆向选择，客户的付费意愿也会打折，所以好律师在这件事情上会吃亏。要解决客户逆向选择问题，就必须先解决信息不对称，博弈论给出了五种方法：

第一，客户自己去收集信息。例如，通过规模、场地、人员数量来判断这家律所是好是坏。

第二，通过专业机构来收集信息，再由客户判断到底是好还是坏。所以像钱伯斯、律新社一类的专业机构很重要，可以向客户直接传递信息。

第三，客户自己设计专业的选择机制，比如现在很流行的招投标。

行业内过去大部分信息的传递模式是前三种，但现在我们还有两种新方式。第四种是自己传递信息。即不断通过各种机制向外界传递信息，告诉大家“我是真的很好”，就像我今天接受律新社的访谈，就是这种方式。

但最终极的办法是什么？就是第五种方式——建立声誉机制和品牌机制。对星瀚这样的机构来说，在一个客户信息非常不对称的领域内，最重要的模式是建立声誉，建立品牌。建立声誉和品牌需要花很多时间和钱。要建立声誉和品牌，不仅要做“虚”的，通过花钱的动作告诉客户：我有钱，我有实力，我的组织是健康的，能够支持这样的投入；也要做“实”的，这仰赖于律所每一位律师做的每一个案件的结果不掉链子，这是声誉机制最重要的基础。

就星瀚而言，我们有市场部，每年有规划，有专人投入，有自己的媒体矩阵。

而在需要建立这样“虚实结合”的品牌声誉机制前提下，所有律所都要面临选择：是维持一个规模大、人数多的组织成本更高？还是维持一个相对紧密的组织成本更高？答案显然是前者。因此，律所在策略上就必须再次作出选择，在业务规模和业务质量上，要更侧重于哪一边？

我个人的看法是，重视自己声誉品牌的律所往往也会重视规模，因为规模有天然的吸引力。就像星瀚 2022 年的业绩创纪录，开设武汉分所时，无论是同行、司法局还是媒体来询问，我们都感觉这是一件很有面子的事情。但在战略选择当中，规模化同样是有成本的。

回到您关于精品所理解的问题，我对精品所的定义，是在业务规模和业务质量的权衡选择中，更倾向于优先选择业务质量的律所。这并不是指选择业务规模的律所就不在乎业务质量，而是在同等成本的情况下更加倾向哪一方面的选择，两者并无高低优劣之分，将规模发展放在首位同样是非常好的发展逻辑。

我给星瀚“精品所”的定义是：继承了上海人的谨慎，利润也还行，12 年过去了我们还很健康（笑）。同时，在面对规模和质量选择时，我们更偏重质量，并不断地演化和调整。

王凤梅：卫新从经济学的角度解读了法律服务机构做品牌的重要性，专业服务人士的水平和工匠精神仍是我们这个行业传统和经典的本质，星瀚在创立时也提出了“技术派”的口号，怎么理解“技术派”？“技术派”又帮助星瀚所形成了哪些优势专业？

卫　新：“技术派”是星瀚对外一个非常清晰的形象输出，无论是我们的品牌宣传，还是我们内部的文化，抑或是我们给客户传递的信息中，我们都有一句“slogan”——“热爱法律的技术派”。

“技术派”是星瀚的本质特征。今天，有的律所会以某个产品作为自己的特征，而星瀚是以法律服务的一个特征，或是提供法律服务的人群和组织与别人的差异点，来作为我们的一个识别度。我们的名片上印有这句话，打开“星瀚微法苑”微信公众号也会看到这句话，包括我们所内的考核、晋升、评优等都以“技术派”为标准。

我们对“技术派”的诠释是全方位的。第一，“技术派”是指我们非常欢迎市场竞争，拥抱市场经济，而市场经济发展到一定阶段后，保护产权就成为我们法律人的本质属性之一。而我们与他人最重要的差别就是法律技术，我们以技术作为星瀚拥抱市场经济、拥抱市场变化最重要的一个能力。

我们为什么不叫“专业派”？因为律师比拼的不仅仅是法律专业能力。“技术派”想传达的是一个律师应当既有专业能力，又有对行业的理解能力，对生态的整合能力，以及服务能力、协同能力、知识管理能力。今天一家律所能不能提供更高效的服务，不仅取决于律师的知识，还需要律所横向和纵向多维度的分工所形成的技术支持。

第二，法律其实是偏理科的文科。学文科、社会科学的人经常把事说得很玄乎。但我认为，法律人做事要有一个清晰的定义和逻辑，所以星瀚很务实，我们所有的服务在团队内部都有“三段论”流程：收集足够的信息，然后运用各种工具和方式去分析信息，最后交付成果。

星瀚从不主张把一个案子打输了、把一个事情做糟糕了，就去责怪环境，怪政策和各种不可抗力。我们始终遵照逻辑和技术做事情，这也是我们希望传递给客户和同事的务实风格。

第三，星瀚重视创新，拥抱变化。星瀚的律师大部分来自“五院四系”或知名高校，接受了非常好的法律技能训练，有非常正的价值观，更应该随着时代的变化发展拥抱每一个业务机会，去解决客户的痛点问题。

星瀚的优势领域，首先是在内控和反舞弊领域，我们在全国是非常领先的，拥有非常多头部客户，乃至我们的大量民商类案件，都是因为在内控和反舞弊业务上的优秀表现而导入的。

反舞弊是解决客户公司内部出现职务犯罪、利益输送，公司想去公安机关惩处犯罪嫌疑人或者在经济上挽回损失时，证据不足、司法资源不匹配的现实难点。以往，律师只解决后端法律判断的问题，在取证和调查阶段，要么做“掮客”，要么就完全不碰。星瀚就是发现了这样一个痛点，把法律专业和计算机技术、劳动人事、知识产权、公司法进行了一个组合，倾尽全律所之力，与第三方专业机构做了大量协同，来攻克这一痛点。我们 2022 年已举办了第四届行业峰会，每届峰会都有 300 多家企业参与，形成了一定的业务生态。

同时，文化、体育产业的法律服务也是星瀚的优势领域，我们不仅解决法律和知识产权问题，还解决很多客户的行业理解和需求问题、合作问题、财务管理问题、税务安排等问题。

为了说明星瀚“技术派”的风格，只要有足够的资源，只要发现了客户的痛点，我们就会努力缔造一个个产品化的解决方案。我认为，星瀚在很多领域上的信息和知识已经非常领先。当然，大家都在演化，我们也得不断进步。

王凤梅：我们注意到，星瀚通过多种方式打造业务生态，以便提升自身业务的综合性。星瀚在 2016 年与海商精品所铭汉合并，在 2019 年开设了星瀚税务师事务所。在这些战略性动作之后，星瀚在服务客户时，已经体现出了哪些成效？

卫　新：内生化的发展有其局限性，我们需要引进更多的品牌专业和服务能力，吸纳外部优秀合伙人或合并律所肯定是最快的方式。

我们与海商团队的合并，是因为大家有共同的基因，都是公司化、一体化的机制，所以星瀚的体制没有发生变化。当年我们合并的整体业绩，较前一年我们两方业绩之和还增长了 80%。

从经济学的角度来说，我们通过合并、使用同一套运营体系，不仅节约了成本，同时产生了团队效应，实现了“1+1 > 2”。星瀚通过纵向分工，通过秘书、人力资源、市场、行政、财务等中台的支持，使我们团队能够把主要精力放在业务上，市场和渠道还能够为团队的业务推广助力。同时，通过跨团队的协同，满足客户的不同需求，相互补位，提高服务效能。

王凤梅：星瀚是一家面向未来的创新型律所，创新有很多内涵，星瀚在哪些新兴业务领域进行了有前瞻性的布局？

卫　新：在业务创新方面，星瀚目前的主要方向是在现有的业务领域上演化。譬如反舞弊业务，过去主要集中在员工、高管身上；如今我们发现，某些特殊领域中的企业实控人、老板也会舞弊，因为公司利益和他的个人利益出现了分裂。这样的场景大部分集中在投资人投资了这家公司之后，老板发现帮投资人赚钱不如把这些钱捞在自己口袋里。

另一种情况是实控人在外部有更多的债务，我们发现了破产的业务中出现实控人舞弊的情况，这两个业务场景代表着新的痛点，在我们拿到了破产管理人二级资质后，正在沿着这个端口再往这一领域深挖。

又如体育产业法律服务，尽管受到疫情的一定影响，但我们判断一定会有向上走的势头，因此提前做了大量的布局，这也和我们原本的能力是匹配的。

王凤梅：星瀚是一家一体化管理、并向客户提供一体化服务的律所。请您谈谈一体化服务在专业分工方面有怎样的机制？为什么会特别强调服务的“产品化”？

卫　新：“产品化”是星瀚两大战略之一，另一个战略是“强运营”。对于“产品化”，我们第一是强调找到客户的刚性需求，并且能够持续增长；第二是强调我们的交付能力是可复制的；第三是要因此衍生出我们内部同事的技术能力以及协同的能力，尽量把门槛做高。

我们凭什么认为在内控与反舞弊业务上我们很有优势？因为这个业务的门槛确实很高，不仅有法律的门槛，还有大量技术的门槛，而我们是有数据取证和数据分析能力的。

同时，产品化也有助于律所进行协同，并在律所里作出合理的机制安排。如果这些东西能够理顺，既能保护那些愿意创新、开拓的人，又能形成合力突破客户重点的需求，那么这个产品就是成功的。

王凤梅：“强运营”也是星瀚的一大战略，我们知道星瀚在建所之初就有着完善的内部体系和部门划分，其中包括市场和运营部门。如果说专业化和产品化是星瀚战略的横向分工维度，那么“强运营”就是星瀚战略的纵向分工维度。请分享一下星瀚在律所在一体化运营上有哪些有益实践。

卫　新：星瀚是非常少见的在权益合伙人当中有非律师角色的律所，我前面提到的星瀚的首席运营官（COO）宋佳，她不做业务，完全负责中后台，而她的分配机制跟我们权益合伙人一样，实行点数制。

宋佳在进入星瀚时，我们就跟她讲，目前律所运营在市场方面有很大的缺口，而她既是法律专业毕业，了解律师行业，又对市场和宣传很有自己的想法，担任这个岗位正合适。很多律所主任到我们律所来交流，都表示像宋佳这样的人才很难找，这样的人才还得自己培养。同时，即便设置了这样的岗位，找到了相应的人才，也要有相应的机制对其进行支持。

另外，大家都知道律所运营重要，但提升运营需要实实在在的投入。第一，星瀚作为一家“强运营”的律所，在运营上投入的资金和资源，相对于自身体量来说，比例很高。我们目前运营人员对业务人员的比重约为 1 ∶ 5，这和很多“红圈所”几乎相当，高于很多规模比我们大的律所，这显然需要我们全体权益合伙人有足够的担当。

第二，我们的运营是一体化的，这能够实现比较高效的协同。因为实际上在秘书、财务、行政、市场等运营工作中有大量交叉，如果切分到各个分管合伙人去，难免出现不便。星瀚的所有运营工作统一由首席运营官管理，使上传下达更有效率。

第三，星瀚的运营同样走专业化道路。例如，此次税改，由于星瀚在财务上一直是高配，所以我们几乎没有遇到任何问题。我们的财务人员甚至可以为星瀚客户的税务合规问题提供一定的支持和帮助。星瀚的媒体矩阵，一直以来都由专门团队来运营维护，已经形成了模式。

律师行业最难的就是把律师服务的场景做一些切分，这个切分的好处一是提高效率，二是解决利冲的问题。所以新的一年，我们会在客户一体化和渠道建设上让市场部门发挥更多的作用，让业务部门更加专注，效能更高。就内控和反舞弊这个产品而言，星瀚的几个一年付上千万律师费的头部客户是怎么来的？就是看了我们的自媒体文章来的。因为他们是懂行的，看完之后他就了解星瀚就是做这个的。

我们的运营人员一直告诉我们的业务部门要写文章，一个系列、一两篇不会产生效果，所以要连续写文章。产生效果后，客户上门对接，然后出具体方案，客户最终选定中国区的供应商就是你。这些客户就是靠市场化运营做出来的，强运营会给我们的业务板块赋能。

王凤梅：星瀚在人才培养和人才引进时重视差异化和业务深度。为了吸引人才，星瀚提出“造星计划”，请您介绍一下这是一个怎样的机制。

卫　新：“造星计划”是我们在保有自身公司化基因的同时为吸引更多优秀人才而采取的探索。当前市场化的有流动的团队，大多还是采取提成的模式。我们当然希望直接引入接受星瀚文化的人才作为权益合伙人，但这样的人才可遇而不可求，“造星计划”是希望吸引更多优秀人才来到星瀚，为彼此的发展赋能。

星瀚的整体运营成本和机制是按照公司化的模式来投入的，不会在公共的部分中有那么高的结余，所以我们给出与市场环境相适应的提成比例，但更多的是让“造星计划”吸引到的人才能够享受到公司化带来的便利，他必须能够在星瀚有获得感，而这个获得感不是单纯的分成比例。

我们分析了哪些人适合加入我们。第一类是公司法务或公司高管，到了一定的时间，他想尝试一下律师行业，他既有自己独立执业的能力，又希望平台加持；第二类是在授薪团队服务了较长时间的律师，希望自己创业，但是现在的环境自己开律师事务所很难，加入星瀚，可以获得星瀚的支持和全方位辅助；第三类就是本就独立发展的提成律师，原来的平台可能在投入上或平台上有一定的局限性，希望换一个平台去获得更好的发展。

星瀚希望通过引进这些人才，和我们原有的合伙人有交互，有差异化，形成业务的交互协同，而星瀚运营体系的服务他们都能用到，比如办活动、搞直播，只要你有这个想法和能力，星瀚可以提供足够的运营支持。

王凤梅：律所管理还有一个难点不得不谈，就是分配，大家对一体化的犹豫多在于此，星瀚是怎么解决这个难题的？

卫　新：理想主义者总是会把原则看得高于现实世界的得失。要把团队拢在一起，核心的人需要作出一些牺牲。就星瀚而言，我们“造星计划”吸收的人才是可以选择提成制的，而我们点数制权益合伙人目前的收益比，其实是低于“造星计划”的提成律师的。

但账不能完全这么算，正是有了一体化的模式，星瀚才能打造出现在的运营体系，来为律师提供运营支持和协同。目前在分配上采取两种模式，第一种就是原提成制律所的律师，只要足够优秀，加入星瀚后依然可以选择提成制；第二种是点数制，我们也欢迎加入星瀚的优秀律师成为权益合伙人，实行点数制。当然这会有一个考核和门槛，点数制权益合伙人分配权重的 2/3 要看当年的业务收益，1/3 是通过律所整体部分来做调整，也会结合对律所发展作出的贡献。

王凤梅：星瀚目前拥有一家武汉分所，未来是否有规模化规划？

卫　新：星瀚当然会追求规模化，但随着法律服务市场变得越来越成熟，声誉机制、品牌机制会变得很重要，因此我们对于品牌上没把握、不可控的合并是比较谨慎的。要进一步规模化，找到基因契合的对象非常重要。

星瀚的武汉分所有它的特点。它原本也是一体化的，它的基因、成长路径和工作风格都与星瀚非常相似，分所主任也很年轻，有在星瀚总部的工作经历，有冲劲、有执行力。我们第一次去武汉分所时，从落地开始，行程全部被会议、校招宣讲等工作排满了。武汉分所的主任也是一位热爱法律的技术派，2023 年武汉分所逆势快速增长，增长数据可能达到 70% ～ 80%。

武汉分所其实代表着星瀚的规模化思路，我们非常希望能有更多志同道合的朋友来加入我们的事业。我前面提到了孔子的名言，第二句是“有朋自远方来，不亦乐乎？”这个“朋”指“同学”，但它的概念远不止于同窗读书过的同学，更指做同样的学问、有同样的价值观和做事方式、相互理解的人。这样的“朋”不好找，我们也仍在期待，仍在努力。

当然，孔子接下来一句话说：“人不知而不愠，不亦君子乎？”我年轻时不解，为何把“人不知而不愠”作为君子如此重要的品德？今天我能理解了，“学而实习之”是人的自处之道和自我修炼；“有朋自远方来”，是自己与他人相互理解、相互促进、相互扶持的快乐；“人不知而不愠”，是那些想做大事的人，不在意他人的不理解，不计锱铢的得失，不愠怒别人没有看到自己的付出与努力，我认为这是人生最好的一种“安顿”的境界。

前不久，我写了一篇回顾与展望，其中写道：“与时逐而不责于人”，这句话出自《史记》。我们不知道外界其他律所的策略和选择有何考量和不得已，我们也理解很多和我们接触、商谈过的人的特点和选择，同样，星瀚也有自己的一套逻辑和选择，并在不断“学而时习之”，不断演化，这就是我的感受。

王凤梅：最后一个问题，您如何看待现在国内和国际的律所律师评价标准？一家好律所的标准是怎样的？一位好律师的标准是什么？

卫　新：我认为目前中国律师的生态一定是由综合因素决定的。国家的政治经济结构、客户的产业背景、客户对专业服务业发展的认识逻辑，都在塑造着我们当下的业态。理想主义者可能想追求“帕累托最优”，而理性主义者更多会追求“纳什均衡”。从这个角度来说，我觉得律所可能没有好坏，只有对于环境的适应和动态均衡。

大自然的演化如此，人类社会也一样，始终在动态博弈中。商业社会最迷人的地方就是有足够的开放性和退出机制。2023年，星瀚的主题就是“演化”，在这个大规模变化的时代，我们的客户愈加成熟，法律服务产品技术化越来越高。当技术化程度很低时，品牌不重要；当技术化程度越来越高，我们的分工效率变得越来越重要的时候，我们的成本，如人力成本、提成成本、办公室成本，都需要作出许多调整，每家所都应当关注自己的演化，调整自己的策略。

我在律所里边也常常有一个“鹰鸽博弈”局面。一类人是鹰派，特别强势；另一类人是“鸽”，温和且喜欢合作。我们发现“鹰”和“鸽”在一起，“鹰”可以占很大的便宜，律所整体也有好处，因为“鹰”创造了更多价值。两个“鸽”碰在一起也很好，非常和谐，但是显然不如“鹰”和“鸽”在一起创造的价值更高。最差的结果就是“鹰”和“鹰”碰在一起，争夺资源，产生的可能是负效应。

博弈论专家告诉我们说，如果我们让“鹰”获得的报偿稍微大于一些“鸽”，让组织里 1/3 的人做“鹰”，2/3 的人做“鸽”，往往能取得整体利益的最大化。因此，对于好律师而言，应当善于判断，当一个组织里的“鹰”很少，你就应该做“鹰”，强势一点你就能够占到更多的便宜。当组织里全是“鹰”，大家打得不可开交的时候，像“鸽”这样的好人就会获得更多的合作机会。所以你说一个组织怎么样才是好，它的定义是不断演化的。星瀚显然是一个挺多“鸽”的组织，我们要吸引“鹰”，但是“鹰”也不能太多，它应当是一个演化均衡的结构。所以，最重要的是清晰识别现在的局面和环境，作出理性的判断，然后去“学而时习之”。

最后，对于星瀚而言，它有理想主义的部分，也有脚踏实地的部分，而最重要的是长期主义。星瀚的法律人现在的平均年龄是 32 岁，我相信假以时日，按照正确的逻辑和方法不断尝试和实践，星瀚一定能演化成一家非常了不起的律所。

王凤梅：顺势演化、平衡发展，这是星瀚在这个时代作出的选择，卫新主任也用很多名言和感悟，表达出了星瀚迈向卓越之道。“人不知而不愠”，这是星瀚目前正处在的阶段，品牌认知的建立，也是更多律所需要思考和解决的问题。以长期主义的视角观察中国律师行业，它一定会产生翻天覆地的变化，也会涌现出更多优秀的“鹰”与“鸽”，在法律服务生态中实现匹配与平衡。坚持长期主义或许要付出隐忍和牺牲，但我们依然应该相信长期主义带来的回报，相信能够收获更多“不亦乐乎”的职业选择和人生成就。

张利国

30载风华
国枫在“资本市场法律服务+”浪潮中挂帆直上

潮平两岸阔，风正一帆悬。作为深耕资本市场法律服务将近30载的行业领跑者，国枫律师事务所（以下简称国枫）在IPO、上市公司再融资、并购重组、资产证券化、公司债券等资本市场细分领域独树一帜。虽然在过去一年面临严峻而复杂多变的内外部环境，国枫依旧初心不改、迎难而上，坚持深耕专业与开拓创新，力求构建“资本市场法律服务+”的新发展模式。穿越2022年的寒冬，法律行业将迎来新的机遇和挑战。在“合伙制”和“公司制”之间，国枫将如何寻找平衡点？作为一家在资本市场法律服务领域实力超群的律所，国枫是如何建立有温度的机制，又是如何保持持续成长创新的？

对话时间　2023 年 2 月 3 日

对话嘉宾　张利国，国枫律师事务所主任、首席合伙人，中国证券与资本市场领域知名法律专家，曾担任上海证券交易所第一届科创板股票上市委员会委员、深圳证券交易所第七届上市委员会委员、上海证券交易所第一届上市咨询委员会委员、上海证券交易所第四届理事会复核委员会委员，现任中国证券投资基金业协会资产证券化专业委员会专家顾问、国家科技成果转化引导基金理事会理事、科创中国投资联合体副理事长、第十一届北京市律师协会监事会监事、北京市东城区律师协会监事会监事长、中共北京市东城区律师行业委员会党委副书记、北京市法律援助基金会理事。

王凤梅：资本市场一直被誉为法律服务的高端服务板块，您如何评价 2022 年这个领域的发展？2023 年会有什么变化？

张利国：资本市场板块相较于国内的其他部分业务板块来说，受疫情影响较小，但是在 2022 年疫情防控和经济下行的大环境中，资本市场的法律服务还是受到了一定影响，遇到了一些困难。比如，有同事为了项目，驻场工作长达 6 个多月不能回家。总体而言，我觉得疫情对资本市场业务板块有影响，但影响有限。

与 2022 年相比，我认为，2023 年会有若干因素使资本市场有更多的机会。经济发展上行的主基调是确定的，经济整体呈现出恢复和发展的态势。这几年的资本市场，特别是国内的资本市场，始终处在上升趋势中，包括最近推行的全面注册制改革，也体现出即使在经济下行的大环境中，资本市场依然存在较强活力。

坦率地说，日后资本市场法律服务会对律师提出更高的要求，个人很辛苦，行业本身也有一定的风险。几年前，一些大型律所对资本市场法律服务这一块不太重视，特别是涉外业务。随着这几年国内国际形势的变化，国内资本市场法律服务板块也受到了前所未有的重视并迎来了很大的投入，从这个角度而言，以资本市场法律服务作为支点的国枫确实面临前所未有的挑战和压力。

另一方面的挑战来自规则的变化。随着注册制改革的全面推行，证券法、刑法等与之相关的内容都有了变化，这在专业上和责任上，都对提供法律服务的机构提出了更高要求。律所要有更敏锐的洞察力和更好的分析解决危机的能力，助力真正优秀的、符合资本市场要求的企业进入市场。

王凤梅：明年是国枫成立30周年，国枫人数已经超过500人，国枫未来的规模化布局如何？

张利国：作为一家30年的律所，国枫在规模化发展方面相对谨慎，其中有两个原因：一是国枫的专业特色是为资本市场提供法律服务，在扩大规模时，既要保证对客户的服务质量，又要规避风险，包括律所本身可能存在的风险和客户可能出现的风险。所以，我们不一味地求大，而是谨慎，甚至有些保守。二是国枫对分所的管理始终采用统一的管理模式。2022年，国枫增设了杭州分所。杭州分所的设立顺应了国枫这两年的发展趋势，同时顺应了国枫与资本市场相关的其他领域的拓展需求，如知识产权、争议解决等。国枫不断引进相关领域的优秀人才，增加为客户提供法律服务的深度和广度。今后，随着经济和市场的变化，还会适度增加分所的数量。

我个人认为，设立分所有点像“谈恋爱”，“缘分”也是一个重要因素。首先分所所在地的市场要符合国枫的发展，其次选择的合伙人和主要律师要认同国枫的文化理念，有合适的专家、律师队伍，国枫才会考虑设立分所。我认为，分所要做得好，不能只靠总所的合伙人去工作，更主要的要有本地合伙人和律师的加入，这需要一点“缘分”。

王凤梅：国枫在管理上实行的是合伙人制度，但在团队考核中也参照了“公司制”的一些模式，国枫的管理特色是什么？如何在合伙制和公司制之间寻找平衡点？

张利国：我认为合伙制律师事务所的基础是“和”，尽管现在对“合伙制”与“公司制”的讨论很多，但我仍然觉得合伙模式是保障律所存在和发展的一个非常好的制度。它在国内外运行了这么多年，在国外，特别是在一些发达国家得到了验证。所以，我觉得合伙制是符合律师行业发展的一个基础性制度，但是随着律所规模化发展到一定程度，也需要添加一些“公司制”的因素进来。如考核模式等方面的借鉴，但是我认为，发展得特别好的律所，从根本上都没有丢掉合伙制的精髓。

不同的律师业务可能适合不同的模式，律所不同的发展阶段适合不同的模式。作为为资本市场提供法律服务的律所，实行彻底的合伙制是有问题的。国枫把两者结合在一起，中后台管理完全统一，如业务管理、财务管理等方面；同时，在分配方面，在合伙制的基础上加入了公司制的因素，以保障各个团队、合伙人、律师在符合事务所整体发展的基础上，都能获得充分的利益。

中后台统一管理的难点在于寻找合伙制的分配模式和公司制统一管理之间的平衡点，统一管理不能挫伤合伙人和律师的积极性和责任感，但又要求大家在必要时舍弃一些东西，来服从事务所整体的发展。这个平衡点是要靠摸索得出的，不同律所、不同业务、不同发展阶段的平衡点都不一样，但合适的，就是最好的。

王凤梅：国枫的文化如何定义？这和国枫的愿景和使命有怎样的关系？

张利国：国枫的愿景，同时也是贯穿事务所发展过程中的一个文化特点，就是我们希望国枫是一个生命力和活力兼备的发展平台。

在这个平台上，我们的律师和合伙人都要有活力，同时，它也必须有生命力。从内心而言，我们希望将国枫做成一个“百年平台”，而这种生命力和活力的愿景，就要求大家将自身的提升与事务所的长远发展结合起来。我们也希望未来有越来越多的优秀人才加入到国枫的平台，并且在这个平台上有更好的提升。大家既能在这个平台中感受到生活的充实和幸福，又能在他们各自的专业领域发挥自身能力，为资本市场、为中国的法治建设做更多的事情。

王凤梅：您认为文化对一个律所而言有怎样的作用和价值？对您刚才提到的活力和生命力有怎样的帮助？

张利国：对任何组织而言，文化都是很重要的。要建立一种文化，在我看来，首先要在律所内部建立起一套良好的运行机制。行之有效且能使人变得越来越好的规则和制度体系非常重要，这是形成文化的基础。

文化不仅包括内部，比如乐于共享、互助的氛围；还包括外部，比如对社会的责任。这些年国枫一直很提倡为社会做公益服务。公益服务不只是一个门面，做有效的公益服务很重要。国枫与弘慧教育发展基金会合作，深入湖南、河北等地的偏远乡村进行资助、支教等，这能让国枫的同事真正参与到慈善活动中，与当地的老师与孩子建立长久直接的互动，这样才能真正将慈善做得有效。

国枫的同事们对做公益这件事有很强烈的使命感。在上海疫情最严重的时候，国枫不仅提供了一些物资上的捐赠，还有很多同事参与了公益法律服务行动。这些活动有些是事务所统一组织的，有些是律师自发去开展的，这都说明国枫的合伙人和律师具有为社会做贡献的情怀。国枫希望建设这样一个有温度的平台，为客户提供有温度的法律服务，为中国法治建设有所贡献。

王凤梅：青年律师奠定了律所发展的基石，国枫在青年律师的培养和晋升方面有哪些特色机制？

张利国：培养年轻人对事务所来说确实是一个重要的话题。想要建设有生命力且有活力的事务所，就必须要有传承，让越来越多的年轻一代进入国枫，让少壮派的律师合伙人不断涌现。国枫对于青年律师的培训非常用心，这一方面源于业务的要求，另一方面展现了国枫对律师行业的理解。律师行业是一个专业化的行业，这对年轻人的培养提出了很高的要求。国枫结合自身业务的特点，给年轻人提供了很多机会：

首先是培训，一是在平台上的培训，即使在2022年疫情严重时，国枫也采用网络直播的方式进行了30多场全员培训。二是拓展培训渠道，经过一定的培训后，国枫会安排律师进入一线工作，因为对于法律服务而言，除了理解规则，实践经验也很重要。我经常对同事、朋友们说，律师有点像中医，不光要有知识储备，还要有经验，经验是非常重要的。

其次是“师徒制”，国枫通过有经验的合伙人带着年轻的律师做项目，保证了年轻律师能够较快得到发展。国枫的“师徒制”和业务特点有关，资本市场法律服务往往需要一个团队来完成，团队可以有大有小，但都是新老搭配，这种搭配不是业界传统理解中的师徒制，而是会经常调整，也就是说，一个徒弟可能会有若干个师傅，随着项目的不同进行调换，每个师傅擅长的领域不同，这会对青年律师的提升更有好处。

最后还有“内核机制”。在主管部门没有要求的情况下，国枫主动建立起了内核机制，是全国第一家建立内核机制的律所。这套完善的内核机制帮助一线律师、合伙人等分享经验、分析问题。在这个过程中，既提高了法律服务品质，规避了风险，也直接提高了相关律师的专业水平和分析问题的能力。

王凤梅：国枫在资本市场法律服务领域实力超群，以 IPO 为例，无论是数量上还是规模上，都处于国内律所的“第一方阵”。国枫是怎样确立专业定位的？未来将在哪些专业领域发力？

张利国：首先我们选择的主要方向，即资本市场法律服务本身在不断变化和延展，不仅仅包含 IPO、对上市公司的股权激励等，随着全面注册制改革的推动，资本市场的法律服务有前端，也有后端诉求。比如资本市场要健康发展，上市公司就会有进有出，它是个活水。国枫服务的上市公司走到后端的很少，大多是中间大量发展得很好的上市公司。但是在未来，我认为，资本市场的破产重整、退市、争议解决等，都属于大概念下的资本市场法律服务，甚至包括合规服务等。实际上，按照我的理解，资本市场法律服务的链条越来越长了，服务的内容也会越来越多。

其次是因为规模的扩大，国枫为上千家公司提供过或正在提供法律服务，也致力于为他们提供更深入、更广泛的法律服务。国枫确定的目标一直是“有限、多元的综合性律所”，我们不想做成“综合性医院”，但是“专业医院”里也要有“其他科室”。国枫围绕资本市场相关的客户提供尽量全面的法律服务，不断滚雪球似地增加客户量，也在不断引进相关领域的专家去拓宽相关的法律服务。总之，不能失去专业性。

王凤梅：从 2023 年的法律服务市场出发，您觉得用怎样的思维方式来看待法律服务市场，可以更好地找准自己的出发点和定位？

张利国：谈到对 2023 年法律服务市场的整体研判，应该是谨慎乐观。总体而言，我觉得是比较乐观的。

我们要找准自己的定位和出发点。第一要顺应形势变化，努力适应，外部法律和市场的变化要求我们要增加法律服务的深度和广度。第二要不断提升，利用现有的科技手段，特别是互联网技术和人工智能来提高律师服务的效率和质量，利用最新、最前沿的科技手段来武装律所和律师，以提供更好的服务。

技术元素对资本市场法律服务的推动已经体现出来了，这两年，国枫在信息化方面做了很大投入。人工智能的发展对资本市场的法律服务有很明显的帮助。

外部法律规则的变化让律师在提供法律服务时要付出更多的工作时间，工作量也大大增加，精准度的要求也不断提高。在这种情况下，我所说的“谨慎乐观”就体现在做好业务的同时要控制人力成本。人工智能和信息化的优势在这方面体现了出来，它可以提高工作效率，降低人力成本，满足精准化的需求。但我认为，人工智能和法律服务业的深度结合还需要一定时间。这两年，国枫积极地与相关机构合作，推动数字化落地。目前在法律服务的过程中，国枫律师对于一些软件的使用还是很有心得的，我觉得这是未来的一个趋势。

法律服务像是给病人看病，它也具有一定的个性化，因此人工智能想要在短期内完全替代人是不太可能的,但是越来越多的工作会通过人工智能来实现。目前而言，人工智能还只是个辅助性的工具。

王凤梅：品牌建设是律所管理重要的外在表现形式，请问国枫的品牌战略以及在品牌建设中的投入保障机制是怎样的？

张利国：国枫对于品牌建设有一个认知过程，并且经过了一个发力过程。早期并不重视品牌建设，一直认为只要练好内功、提供好服务就可以了，当时抱着“好酒不怕巷子深”的心态来看待品牌建设，业务来源更多是靠客户之间的口口相传。

现在，我们充分感知到了品牌建设的重要意义。品牌建设分为两个方面：一方面要有内涵，专业能力被信任和认可是最重要的，品牌不能脱离实际。另一方面围绕着资本市场的变化，在市场化的过程中，品牌建设也越来越重要。

这些年国枫越来越注重品牌建设，并且投入了大量精力。当然，品牌建设始终离不开专业建设，要注重以提升自己的专业水平、展示自己的专业能力来加强品牌建设，如创办内部期刊，鼓励律师通过写文章梳理工作中的认识体会；

在国内外媒体平台和专业网站发表文章；与一些机构合作开展相关论坛。在提升自身专业水平的同时，也通过这种模式让外界更多地了解国枫。

王凤梅：您如何看待国外评价机构对中国律所的评价标准？您认为中国好律所、好律师的标准有哪些？

张利国：一些评价机构的评价方法我比较认可，因为他们很注重客户感受和体验、同行评价等。但是这些榜单上也有未被反映的领域。总体而言，我觉得对一个律师或者律所的评价，就应该看客户、看同行，其中看客户的比例应该高一点，因为我们本质上还是在为客户提供法律服务。

谈到好律师，第一，他一定要具有很高的专业性，这是最重要的；第二，有职业道德，对客户要有责任感，要发自内心地去帮助他，为他提供有温度的法律服务；第三，要具备一定的智商和情商，这不完全是纯粹的技巧问题，律师要有很好的交流能力，要善于沟通。

一个好的律所，一定是有生命力和活力的，它要能吸引和培养出越来越多优秀的律师人才，这是最重要的。

王凤梅：您今天在分享中一直强调国枫的“温度”。作为一家专注服务于资本市场业务将近 30 年的大所，国枫在专业服务当中有温度，在律所的建设当中有温度，在专业和文化传承当中更是赋予了律所生命的温度。未来，我们也希望国枫的版图能够稳健拓展，实现“资本市场 +”业务的升值，同时实现律所温度的升值和传承发展，赋予品牌文化更新的内涵！

杜爱武

28载求索，平台张力源自何方

2023 年 3 月，曾是中国名字最长的律师事务所改名成功，正式更名为上海邦信阳律师事务所（以下简称邦信阳），引起了业内刷屏。邦信阳成立于 1995 年，28 年发展过程中，几度强强联合，一路做大做强，如今拥有 80 余名合伙人，400 余名执业律师。邦信阳紧扣国家发展战略和产业发展趋势，形成了涉外法律事务、房地产与建设工程、金融事务、竞争与反垄断、知识产权等优势业务，发展为一家综合型大所。

邦信阳自 1995 年创所以来，经过 28 载求索，不断做大做强。“专业王道、平台赋能、有责有为”“金种子计划”“养老金制度”诠释了邦信阳怎样的发展思考？邦信阳如何持续提升平台的服务能力？如何通过“四六开”分配机制努力解决平台建设与投入不足的行业性难题？邦信阳有“体育大所”的美誉，又曾荣获“黄浦区区长质量奖”，在律所内部治理方面有哪些探索性尝试？第四次科技革命浪潮汹涌，守正创新，邦信阳投入大量资源打造“法立方”平台，在推进中台与数字化建设的探索中有何收获？

对话时间　2023 年 5 月 12 日

对话嘉宾　杜爱武，上海邦信阳律师事务所主任，上海市市场监督管理局反垄断专家库成员，江苏省市场监督管理局公平竞争审查和反垄断专家，上海市法学会竞争法研究会副秘书长，上海市涉案企业合规第三方监督评估机制专业人员名录库（第一批）成员。同时，担任上海交通大学硕士生校外导师、华东政法大学兼职教授，上海国际仲裁中心、上海仲裁委员会等多家仲裁机构的仲裁员，上海市黄浦区人民政府法律顾问等职务。杜爱武长期致力于竞争法律与政策及政府法律事务等方面的实务与理论研究，曾参与国家市场监管总局公平竞争相关标准评价体系课题评审、各级政府公平竞争审查第三方评估、政府重大行政决策后评估，对标国际领先经验为政府营商环境建设提供建议，提供疑难复杂行政执法案件法律咨询，并深度参与反垄断私人执行。曾出版专著《公平竞争审查制度理解与适用》《反垄断诉讼典型案例评析——律师视野下的中国反垄断法私人执行》等。

王凤梅：2023 年 3 月，邦信阳做了一件圈内高度关注的事，就是将曾经全国名称最长的律师事务所更名，请问品牌名简化后所内外反响如何？品牌名简化前后有何思考和品牌战略？

杜爱武：我们能感受到律新社这么多年对法律服务行业的专注与投入，让法律服务，尤其律师服务有更多发声的机会。刚刚提到的名称优化问题，其实困扰邦信阳已久。按照之前的设想，预计合并 4 年后就要完成优化，因此，本次名称简化只是完成了合并当初设定的目标。

之前由于律所名字太长，相关领导、法官宣读时会产生困扰，读起来不自然。此外，在品牌推广宣传时也不利。2023 年做了优化，但邦信阳对品牌的追求依旧不变。

王凤梅：邦信阳于 1995 年创所，历经二十八载风云变幻，其间几度强强联合，立足上海，放眼全国，一路做大做强。邦信阳发展历程中经历了哪些里程碑式的事件？哪些是必须坚守的？

杜爱武：邦信阳能发展到现在的规模和体量，第一是顺应了中国经济高速发展的二三十年，享受了时代的红利。

第二是邦信阳主动抓住了几次合并机遇。律所最早的合并发生在 2010 年前，那时，规模就是品牌的象征。2010 年中汇与中建合并，2014 年中汇中建与邦信阳合并。在 2014 年的合并前期，邦信阳的创收已超过了 1 亿元，是当时为数不多的创收过亿的律所，通过合并的方式，律所迅速做大做强。

第三是邦信阳一开始就坚持了平台和律师之间资源 4 ∶ 6 的配置。律所利润分配有提成制和公司制，邦信阳在初期探索时选择了资源相对均衡的四六分：40% 的资源在平台，60% 绩效用于激励团队或合伙人，此模式确保了邦信阳的平台能有所作为。

王凤梅：当前中国律师行业竞争日益白热化。群雄逐鹿的时代，您如何理解律所的核心竞争力？您认为邦信阳的核心竞争力是什么？

杜爱武：在多年平台的搭建过程中，我感觉，目前律所普遍面临的困境是既要实现律师绩效最大化，又要平台服务更多，这其实是一对矛盾。律所的核心竞争力是平台如何为律师服务到位。尤其在目前竞争加剧、行业面临大变局的背景下，要把重心集中到平台赋能上，吸引优秀人才自发汇聚到律所平台，而非仅仅是简单的聚集和成本分摊。这样才能保持事务所的可持续发展。

王凤梅：邦信阳十分重视平台建设，不遗余力投入平台发展。正是因为有着强大的平台支撑，使律所在市场及行业发展的激流中勇立潮头。邦信阳是如何充分利用平台的优势的，您能给我们具体举几个例子吗？解决了哪些困扰律所发展的难题？

杜爱武：平台要有所作为，还是要通过律师，把资源分配到平台，平台再用各种方式反哺给律师。例如，邦信阳最早实施的“金种子计划”，为了增强律师，尤其是从业 3 ～ 5 年的律师的归属感，在其成长过程中有这样的规划：为邦信阳认可的从业 3 ～ 5 年的律师分配一笔资金，用于购房或买车，迅速从外在形象上建立起其成功律师的人设。这有利于其自身和邦信阳品牌的市场推广。再通过 3 ～ 5 年，帮助他成长为邦信阳的合伙人。目前为止，在这项金融计划的帮助下成长为邦信阳合伙人的已有二三十位，他们对事务所的忠诚度与黏性非同一般，这是平台有所积累后，对律师所做的投入。

律所不仅要照顾年轻人，也要照顾到过往的功臣。与此对应，邦信阳建立了养老金制度。邦信阳投入 2000 多万元交由长江养老保险股份公司专业运营，为从平台退休的合伙人、律师，乃至行政人员，发放上海市平均工资 1 ～ 2 倍的补充养老金。

通过“短期”和“长期”两种反哺，非定点而是从面上解决律所中从业人员的共性问题，这体现出律所的一视同仁和公正性。这种情况下，律所内部慢慢形成了人人都能接受并遵守的习惯和文化。经过近 30 年的发展，已退休的人员也确确实实享受到了福利。

此外，怎样让律师从繁杂的事物中解脱出来，投入到他最擅长的专业中去，是目前律所的重点课题之一。邦信阳正在通过打造一个综合资源汇集的中后台，帮助解决律师的这一痛点。但如何更好地整合各方资源，也是邦信阳目前迫切需要解决的困难。

另外，行业亟待创新和突破。在以往经济高速发展的时代，行业形成了粗放型、野蛮生长的路径依赖。当前形势下，这种模式已显老化和钝化，不可再复制。我们应该顺应信息化、数字化潮流，通过品牌营销实现创新和突破。

王凤梅：我们都知道，平台建设说起来简单，做起来可不容易。其中最为关键是巨大的成本投入，长期的、巨大的成本投入会使得许多律所无力招架。邦信阳如何解决平台的建设投入问题?

杜爱武：邦信阳创建伊始就确立了中台制度，对于配置在平台的 40% 的资源采用预算制和项目制管理。律所管委会 7 人有明确分工，分管律所内所有事务；两周一次会议，落实已通过预算制的项目。如果出现偏差，能够及时应对、纠偏、调整。

2008 年时，邦信阳开始尝试无纸化管理。由于需要与泛微软件对接合作，需要一笔资金投入，需求传递至负责行政运营板块的管委会成员后，我们通过内部预算表决，进行了 3 ～ 5 年的费用分摊，不但可以将这笔支出对当年合伙人的分红影响最小化，同时能在 3 ～ 5 年后评估该项目的效益。邦信阳目前就是通过预算制、决策制、专人负责制，进行项目的运营与评估。

此外，邦信阳拥有相对独立、强大的中后台人员。目前，律所总人数为 591 人，律师一共只有 400 多人；包括全国各地分所在内，邦信阳的行政办公人员有 140 ～ 150 人；上海团队仅秘书就有近 30 人，此外还有其他各个部门的专职行政辅助人员（包括运营、风控、市场、管委会秘书人员等）。通过让专业的人做专业的事，一定程度上为分管具体事务的管委会牵头合伙人赋能，避免他们因事务繁杂而分身乏术，保证项目在平台上落实推进。

即便如此，邦信阳最终的绩效并不比其他律所差。当然，这是因为有特殊的原始积累。早年邦信阳通过集资的方式买了一栋楼，大大降低了租金分摊成本，起步时可以腾出更多资源投入到平台建设中来。

王凤梅：解决了成本投入的问题，剩下的还有内部治理的问题。如何建设好一个律所平台，专业、高效的内部治理必不可少。我们了解到，邦信阳曾荣获“黄浦区区长质量奖”，这是一个表彰卓越绩效的管理奖项，想必邦信阳在律所内部治理方面有很多探索与经验，可以简单和我们分享一下吗？

杜爱武：今天直播的栏目叫“卓越之道”，该奖项的关键词就是“卓越”二字，十分切题。其评奖标准名为《卓越绩效评价准则》，称得上是 ISO9000 的升级版，更关注组织内部追求卓越的驱动力，同时针对产业方向、高层意识、团队精神、企业文化、战略执行、关键绩效指标体系等方面，进行测评打分。

邦信阳 2016 年首次参与评奖，与设定标准略有差距，获得了提名奖。2018 年，邦信阳从制度、人员、经费保障等各方面根据评奖标准进行了内部调整，最终拿到了该奖项。参评过程对邦信阳的整个体系，包括内部合规体系、管理体系的梳理大有裨益，同时特别强调过程管控中的绩效评价，在评奖过程中获得了正向激励。

对于积极投身管理的合伙人，邦信阳内部会授予管理奖。虽然金额不大，但这是对付出时间、精力参与管理的合伙人的认可。管理是一种责任，也是一种自我磨炼。

邦信阳对进入管理层的律师有几大考核标准：一是有公心，不能任人唯亲。

二是有责任心，律师属于智力密集型行业，每人都很有个性，很难被管理，要通过激励和引领，当他在工作中遇到难题时给予实质性帮助，久而久之也就更愿意配合律所事务性工作。三是沟通说服能力，虽然律师的口才普遍不错，但某些律师可能会“知难而退”。管理层需要锲而不舍地将“做正确的事”的理念，传达给律所的成员，让人人心服口服，愿意配合，才能事半功倍。

邦信阳管委会中约有半数人员是从“金种子计划”中成长起来的，因而邦信阳的管委会默契度较高，协同各项事务时也更容易达成一致。

王凤梅：支撑平台发展的有制度的构建，同样需要律所文化的支撑。我们了解到邦信阳有许多很有特色的文化，能否和我们聊聊邦信阳的文化建设与律所发展的关系，是如何推动文化建设反哺平台的?

杜爱武：邦信阳被称为“体育大所”，在招聘时如候选人有体育特长可加分，特别突出的是需要整体协同和配合的团队项目——篮球和足球。邦信阳在上海市律协举办的 11 次篮球比赛中，9 次获得冠军；邦信阳足球队即将在 6 月 5 日至 14 日第二次代表上海去法国参加“律师世界杯”。

这类大型赛事增强了邦信阳的内部凝聚力，加上球类运动也是所内不少人的兴趣所在，已然形成了内部文化。目前所内有几项固定日程，每周三练习羽毛球，周六、周日分别练习篮球和足球，都在专业场地配备专职教练，多年来从未中断过。

邦信阳非常重视制度建设，哪怕运动也是如此，体育社团内的队长对无故缺席者有惩罚机制。平台既要给律师创造良好的条件，也要对大家有一定约束力，督促其积极参与，形成双向良性互动。

得益于这些日常活动，我们积累了丰富的活动组织经验。在组织大型会议时，能做到流程有序；对于一些专业的大型论坛，我们也有充分的信心，能够独立举办。

邦信阳非常注重专业的整合建设。业内对于“专业”有多种不同理解，有人把专业理解为行业，把自己标榜为懂金融、懂医疗或是懂建筑的律师。我个人认为这是迷失的表现。一名专业律师应该既能处理医疗纠纷，也能处理建设工程合同纠纷，只是把法律运用到不同的场景而已。法律人的专业是理解并运用法条的方法论，这才是核心竞争力，必须得回归法律人的本源。

如果以庭审情况来判断律师是否专业，那就是如果法官在庭审时因参与庭审律师的表现而感到惊讶甚至惊吓，则说明该律师不够专业。因为按照所掌握的证据，匹配相应的法条，得出的结论理应是具备稳定性和可预见性的。如果律师所撰写的法律分析建议书里的内容与法官的判决完全不相符，就证明律师不专业。

房地产律师不应是“律·房地产·师”，而是应站在律师的立场、更侧重于法律层面。之所以律师与法官、律师与学者之间的意见经常不一致，就是因为观点的输出不在一个体系内。如果能围绕法条的适配性、法条的运用与解释、法条的漏洞填补等层面思考，就能提高预判的准确性，为客户进行法律服务时也会更有底气。

王凤梅：多年来，邦信阳一直秉持敢为人先的创新精神。我们了解到，近年来积极推动中台建设与平台数字化转型，在平台的科技运用以及法律服务数字化升级上有哪些探索与尝试？

杜爱武：邦信阳很早就提出要打造像大脑一样的中台，核心理念是让专业的人（中台）做专业的事，让专业的人（律师）去做非标的事。运用法律科技、人工智能等技术手段将律师从草拟聘请合同、证据清单打印、拟定招投标文件等重复性劳动中解救出来，以此体现邦信阳平台的服务能力。

邦信阳在法律科技方面做了诸多探索：结合区块链、大数据、智能化等先进技术，联合有这方面志向的律师成立了“法立方”平台，该平台中有合同自动审核功能，例如，一份三五百页的 EPC 合同，多人审核修订后就变得纷繁杂乱，通过该系统大数据检索的方式，就能将审核意见从原有数据中调取出来，如果修订结果与原有合同有 10 处不符，律师与客户沟通时就主要围绕这 10 点来进行。同时，系统将读取本次的结果并学习，逐步进化后，复杂的合同也无须客户投入大量的时间与费用，甚至不再需要外部律师就能解决问题。

我觉得，以后技术会取代律师原有的标准化服务，让律师有更多精力用于满足客户的定制化需求。比如，现在企业签订劳动合同时基本不会找律师，但如果要裁员了，可能就会有需求出现，今后的服务需求更多的是在非标领域。

在搭建法律科技平台中我们也遇到许多难点：一是技术要求非常高；二是需要数据的积累，需要用户端真正使用。这又涉及产品出品之后，如何迅速打开市场，单靠一家律所的力量是比较有限。法律服务行业的体量还比较小，许多大厂看不上，所以需要发挥协会的力量，发挥行业组织的力量，整合法律行业的资源，共同化解供需之间的矛盾。许多客户，尤其是外企，对一些文本合同自动生成、审核的需求量非常大，只是我们目前还没有这样的产品来满足。

邦信阳服务的客户包括世界 500 强企业、央企等，其信息化、自动化水平已非常高，相对而言，律所在这方面显得落后，因此，迫切需要提升全行业的数字化服务能力。

王凤梅：邦信阳高度重视党建、公益与社会责任工作，荣获上海市、黄浦区多项荣誉，与国内很多知名高校都有着长期的互动与合作，可谓是有很深的“高校情结”，请介绍公益理念与实践情况，如何实现公益建设与业务发展的良性循环？

杜爱武：邦信阳做公益建设的理念是主观为自己，客观为他人。做公益也是品牌建设的一部分。项目选择上，我们会着重考虑如何结合律师特长而非纯公益，这样才能持久。

从 2003 年开始，邦信阳就和西南政法大学共同创办了《中国不动产研究》，一年两期，是律所 20 年的长期投入形成的成果。《中国不动产研究》每期聚焦一个主题，如“深化宅基地制度改革”“农村集体产权制度改革”等前沿话题，契合整个社会的发展要求。通过律所自身的专业能力，以点带面，整合高校资源，输出邦信阳与高校教授、专家学者共同研究的成果，将行业思考提供给相关决策部门，推动该领域的建设。

邦信阳与上海的高校也有类似的合作：与上海交通大学合作的是反垄断、反不当竞争法方面；与上海财经大学合作的是金融法方面，加入了邦信阳在信托法方面的诸多研究成果；与华东政法大学有好几项合作，侧重于民商法；与同济大学在知识产权方面合作。邦信阳还携手宝山区政府成立了宝山宝智知识产权创新转化研究院，推动长三角一体化知识产权相关项目的落地。

此外，邦信阳多年来担任了上海国际信托慈善信托的信托监察人，对慈善信托给予了积极支持。其中，有一个项目是邀请教育和医疗条件相对落后的中西部地区的校长和医院的院长，来上海复旦大学和第二医科大学接受培训。我们律师也在推进该交流项目的过程中学习到了许多知识，包括慈善基金会架构的搭建、信托的运营等，律师自身的能力也得到了大幅提升。

邦信阳曾向上海市慈善基金会捐赠 100 万元设立公益专项基金。同时，还坚持举办公益论坛，以实际行动言传法律人的“善良”之精神。

我再补充一项邦信阳宣传较少的公益：4 月 19 日，上海市长益公益基金会入驻上海新天地公益园，上海市民政局相关领导出席活动并致辞。该基金主要用于关爱留守老人。我们所内长期践行公益的龙陈律师担任该基金会理事长，在其中起到了关键性作用，邦信阳也为该项目贡献了不少力量。该项目得到了中宣部、民政部的肯定，还曾被央视报道。

我们一直认为，法律公益与其他公益不一样，应该在制度上做规划和设计，以便解决问题的根源。其实法律人有专业能力，将专业能力与公益机构做对接，让公益机构去做公益，双向得益。

王凤梅：平台的建设面向过去，面向现在，也面向未来。最后，请您和我们聊聊未来的平台战略。邦信阳将如何布局下一个 10 年，您认为新一轮推动律所基业长青的密码是什么呢？

杜爱武：我们正处于世界百年未有之大变局，邦信阳坚持三个方面：

第一，就客户而言，要坚持专业化的道路，为客户解决问题的“最后一公里”。律师要熟悉行业，熟悉不同的应用场景，但核心竞争力仍是用法律去解决问题的能力。

第二，平台赋能，做能服务好律师的律所。把合伙人当成客户，把律师当成客户，争取在 10 年内能使律所平台直接服务到客户。目前律所服务不到客户，一个律师离开平台，他就把客户带走了。公司制的律所可能会好一些，但类似的情况也会发生。就是因为平台服务客户的能力占比可能都不到 1%，我们希望通过增强平台的服务能力之后，能往 50% 甚至 80% 的目标转化，增强平台的影响力。

第三，坚持长期主义，保持战略定力。任何的经济发展、行业发展都不可能一路高歌猛进，也会有一定的周期。一方面不急功近利，不想着抄捷径，力保组织的韧性，通过平台的积累，对抗风险，形成较好的正循环。顺应社会发展的大趋势，客观地评价邦信阳在行业中的位置。要适度规模化，遵循事物发展的底层逻辑，不盲目求大。另一方面在遵循规律的同时，也要保持相对的灵活性，抓住机遇，无论是业务领域，还是地域扩张，乃至合并机会，甚至跨行业，通过技术赋能，快速抓取此类机遇。

邦信阳坚持投身公益和慈善事业，这显示了我们的开放性。律所往往相对封闭，我们要把自己打开，在与慈善机构、高校、立法部门及其他行业组织的交流过程中，发现新的机遇。邦信阳未来的定位是保持韧性，穿越周期。

在有条件、有精力的情况下，邦信阳将继续布局全国，甚至布局海外。许多客户都有本地化服务需求，异地服务在沟通和服务上容易产生偏差，而全国化布点就是为了像章鱼一样抓取有效客户的市场信息，根据信息配备最合适的团队在当地提供服务，实时作出响应。虽然目前沿海地区是中国经济高速发展的区域，但中西部的未来发展也不容小觑，因此，适度规模化的同时，邦信阳也不放弃全国布局的战略，全国化的网络将成为为客户更好服务的平台。

王凤梅：今天我们共同探讨了邦信阳的平台张力与活力。在律所管理中最难的平台建设投入、运营管理、成效评估等几点中，我们都看到了邦信阳探索的足迹以及成功的经验，得到许多启发。

邦信阳未来的方向是专业化，让律所真正服务客户成长，让律师回归本质。律所平台现在是以律师为客户，未来将进化到以律师的客户为客户。在不确定性和非连续性已经成为常态的形势下，对职业的坚守、对利他概念的理解，或许将成为未来律所能在行业里走多远、做多大的根本原因。

邓传远

广信君达30年，认准了律师的这四个属性

作为目前广东省规模最大的律所，广信君达律师事务所（以下简称广信君达）正在进入新一轮发展势能。30年前，广信君达的前身——广东广信律师事务所成立，成为广东省首批5家不占国家编制、自主经营、自负盈亏合作制试点律所之一。历经三个“十年”的凝聚和发展，广信君达已发展成为海内外拥有26家办公室、员工总数1527人的广州第一大所。2023年，广信君达迎来了自己的30岁生日。回望30年发展历程，广信君达善于将律师政治属性、社会属性、专业属性和经济属性有机结合，历经深化改革的积极探索，实现强强联合的聚力突破，最终迎来高速发展。2022年7月6日，香港特区立法会议员何君尧被批准成为首批粤港澳大湾区执业律师，获得编号为“NO.90000001”的首张粤港澳大湾区律师执业证，并在广信君达执业，目前已有30位粤港澳大湾区律师加盟执业，广信君达正依托粤港澳大湾区这一中国经济发展的重要引擎，将强大的专业势能转化为发展动能。建所30年，广信君达走出了怎样一条特色的发展之路？前行30载，广信君达律师以何种理念始终赢得客户信任？倚靠大湾区，广信君达将在下一个发展阶段如何施为？

对话时间　2023 年 5 月 18 日

对话嘉宾　邓传远，广信君达律师事务所主任，拥有高级律师、高级经济师职称和上市公司独立董事任职资格，担任广州市律师协会副会长，中山大学法学院研究生导师，广东省法学会民商法研究会副会长，广州市人大监察和司法委员会咨询专家，广州市中立法律服务社理事长，广东股权交易中心审核专家委员，广东国际经济协会常务理事，广州科技服务业协会理事，汤臣倍健股份有限公司独立董事。邓传远律师主要研究和从事证券与资本市场、投资与跨境并购、重大与疑难案件、国资与国企管理、能源与公共产品、合规与风险管理、法律适用研究等领域法律事务，具有丰富的法律服务项目管理经验。

王凤梅：请您给我们讲讲，广信君达 30 年的发展历程中，有哪些是特别值得纪念与总结的？

邓传远：广信君达于 1993 年 1 月成立，至今已走过 30 年的历程。这 30 年也是我们见证中国律师制度深化改革的 30 年。回顾这段历程，我想将其以 10 年为一个阶段进行回顾：

第一个 10 年，即 1993 年至 2002 年，是广信君达“积极探索的十年”。南方谈话后，各行各业都在深化改革，律师制度也不例外，开始了合作制律师事务的试点。彼时广东省有 5 家律师事务所在进行合作制试点，广信君达的前身广东广信律师事务所（以下简称广信）就是其中之一。1993 年，国家允许探索成立合伙制律师事务所，从此中国律所就有了“合伙人”这个说法。在 1993 年，广信改革成为合伙制律师事务所。这是我们管理体制的确立。在业务上，广信主要在证券、资本市场、房地产等领域发力，成为相关专业的领先律所。在这一阶段，广信的实践也为律师行业提供了一些经验和借鉴；1996 年《律师法》制定时，广信等先行试点所的经验起到了一定的参考作用。我们也向行业输送了一批业务骨干和管理人才。

第二个10年，即2003年至2012年，是广信君达“突破困局的十年”。2005年，我国的律师管理体制开始进一步改革。此前律所的管理单位有的是省司法厅，即“省直所”；有的是市司法局，即“市直所”。2005年以后，所有的律师事务所全部转为属地管理的“市直所”；广信也是在此时从广东省直管的“省直所”转变为了广州市直管的“市直所”。与此同时，广信开始利用广州的地缘优势，强化涉外法律服务。在第二个10年中，我们成为第十六届广州亚运会唯一的常年法律顾问，展示了广州律师的涉外法律服务水准。然而也就是这十年中，来自京、沪的一些优秀律所也开始南下，进入广州布局分所，广州法律服务市场的竞争格局和人才流动也随之发生变化。面对全新的竞争格局，如何整合资源、做大做强、突破发展困局，让广州的整个律师行业都陷入了沉思。而广信的破局方式，是联合3家广州当地的十佳律所，以及5个来自其他律师事务所的优秀团队共同改制，合并成立了广信君达律师事务所，也成为广东省首家特殊普通合伙律师事务所，为迈向规模化奠定了基础。

第三个10年，即2013年至2022年，是广信君达“快速发展的十年”。在这十年中，我们高度重视党建工作，将党建写入了律所章程。加强党建对律所的引领，这在律所合并过程中起了很大作用。原本发展理念、思路、方法不同的律所和律师们聚到一起后，要想快速把大家凝聚起来，党建引领是非常有效的方式，这是广信君达通过实践得出的经验。2016年，广信君达成为广东省首家成立党委的律师事务所。这10年间，我们的律师人数、业务收入、办公面积和境内外布局都在不断扩展，专业化水平显著提高，包括何君尧律师在内的30位大湾区律师也加入广信君达，以国家粤港澳大湾区律师身份执业。10年中，广信君达办理了多个全国首宗项目案例，有百余个案件获得了各级律师协会的业务成果奖，被各级主管部门、司法机关评为典型案例或优秀案例。在我们党成立100周年之际，也就是2021年，广信君达党委获得了广东省先进基层党组织称号，律所也跻身中国律师品牌价值100强，位列第七，且在当时是北京律所之外的第一位。因此这第三个10年，的确是广信君达快速发展的10年。这三个10年，也概括了我们走过的30年发展道路。

王凤梅：在广信君达官网的首页有段话：“信任是一把钥匙，打开我和你的心门；信任是一座桥梁，缩短你与我的距离；当信任成为彼此的信念，信任的力量将生生不息。”广信君达是如何理解“信任”的？它体现了怎样的理念与文化？

邓传远：“信”是我们最宝贵的理念之一。在合并成立广信君达律师事务所的广东广信律师事务所、广东信利盛达律师事务所、广东安道永华律师事务所三家律所中，有两家将“信”写入了自己的名字。可以说，“信”是我们三家共同推崇的文化。在设计广信君达的标志时，我们也将“信”作为了共同的特点——广信君达的标志，就是对“信”字的演绎，它就是从我们几家前身所的文化和价值观中提炼出来的。

在广信君达的文化中，我们提出了“效率、信任、责任”的理念。这个排序是有深意的，在我们中国人的排序习惯中，如果是将三件事物并排排列，就以中间为首。我们把“信任”排在核心位置。基于法律服务的性质，律师与客户之间的关系应当是信赖关系；律所内合伙人之间，要把不同的想法凝练成共同的意志，也需要信赖的关系。以此类推，合伙人与普通律师之间，律师与行政运营之间，都需要相互信赖的关系。

因此，广信君达把“信任就是力量”作为一个重要的发展口号，将信任体现在律所的服务文化和管理文化中，融入律所的党建、所建工作中，贯穿律所的战略决策、业务执行过程中。通过“信任”文化，结合党建统领、民主管理、专业提升，就能从宏观上部分解决人们对律所规模化后“人多而不聚，所大而不强，面全而不优”的担忧。

王凤梅：对接粤港澳大湾区建设国家战略，广信君达如何看待这一区域的法律服务发展前景和业务潜力？如何把握机遇，进行业务布局和未来谋划？

邓传远：广信君达的发展和改革开放整体的形势，和我们国家经济发展的趋势，和我们国家中心大局的战略部署，都是一致的。从我刚才梳理的三个10年走来的历程，也很好地印证了这一点。如今，大湾区的发展成为国家重要的战略部署，广信君达同样会利用好这一政策及区域优势，部署好我们在大湾区的整体法律服务。

广州毗邻香港特别行政区、澳门特别行政区，通过港澳可以连通海内外，区域优势显著。广信君达此前已围绕大湾区的战略位置，在深圳、东莞、中山、珠海、南沙部署了分所。从 2022 年开始，广信君达充分利用粤港澳大湾区律师带来的优势，加强对粤港澳大湾区律师的吸引；以何君尧律师为代表的 30 位大湾区律师的加入，就是这一阶段的成果。前不久，我随广州市律师协会到香港、澳门进行交流学习，也是力图向更多港澳律师介绍粤港澳大湾区法律服务建设的前景，希望吸引更多港澳律师来广州执业。

粤港澳大湾区建设给区域内的律师们带来的机遇，我认为主要有以下几点：

一是通过连通大湾区九大主要城市，和香港、澳门律师进行沟通交流，获取更多国际法律服务信息。

二是通过与港澳律师之间的合作，加强内地律师对普通法的认识，以及港澳律师对中国特色社会主义法治的认识，并进行部分规则的对接。这有利于我们“走出去”后对接其他普通法地区的市场主体并提供服务。

三是进一步为内地企业“走出去”提供便利。过去内地企业到某个国家去投资或进行贸易时，往往需要在当地找律师，现在可以通过委托广信君达由大湾区律师直接进行办理。我们很多大湾区律师都拥有欧洲、美洲当地的律师资格，可以直接承办相关业务，或是通过他们的国际网络开展相关业务。例如，我们有多位大湾区律师，既拥有香港特区的律师执业资格，也拥有新加坡、马来西亚、英国、美国、澳大利亚等地的执业资格。曾经不太方便找到这些律师，如今在广州，就可以满足内地企业的相关需求。利用这些优势，就能更好地帮助中国企业“走出去”，更好地践行涉外法治，做出律师应有的贡献。

王凤梅：专业化、品牌化亦是广信君达追求的方向。专业优势领域有哪些？与哪些重要客户有长期或深度的合作？未来将在哪些专业领域加强布局？

邓传远：目前广信君达正根据粤港澳大湾区的特点，对律所的法律服务产品进行整体的资源整合。通过提供多领域、多方位、多语言的一体化法律服务，打造一批拳头产品。目前，广信君达已形成以“海陆空、人财物”为特点的法律服务产品优势。

关于“海陆空”，“海”是海商海事，“陆”是土地不动产，“空”是空港航空。我想特别提一下“空”，广信君达的空港航空法律服务案例被选入了最高人民法院、广东省、广州市三级法院系统以及各级协会系统的典型案例，也是“一带一路”倡议提出以来的首宗案件。我们曾在广州空港中心设立法律服务站，为的是更好地提供法律服务，现在该项目已经圆满结束。

至于“人财物”，“人”是劳动人事，“财”是金融证券，“物”是物联物流。这里的“物”不仅仅是简单的物流运输，而是广信君达利用知识产权物流以及贸易的优势，形成物联网法律服务。

同时，广信君达也对涉外知识产权、跨境数据合规、碳交易这些既属于新领域、新业态，又适应粤港澳大湾区特性的特色法律服务产品进行了重点研发。有了这些法律服务产品，再加上与大湾区律师充分合作，我们在大湾区法律服务的各领域都能有所作为。

王凤梅：优势业务领域的背后必然离不开高专业度的律师团队。广信君达的专业力量是如何打造的？专业团队是如何构成的？

邓传远：当下广信君达在境内外设有 26 家办公室，已拥有 1500 多名员工，其中律师大约有 1000 名。广州总部目前有约 1100 名员工，其中律师 760 多名，包括大湾区律师 30 名，拥有博士学位及以上律师 26 名，拥有留学背景的律师 52 名，同时持有境内外执业资格的律师 26 名，入选全国及省市涉外法律人才库的律师 52 名。这便是广信君达当前的人才存量情况。

对于专业力量的打造，我们主要有以下三点措施：

第一是吸引人才。2023 年年初，广信君达获得了博士后创新实践基地，之前已有法律硕士研究生（涉外）联合培养单位的资格。广信君达存量人才与博士后创新实践基地的结合，以及我们与中山大学、暨南大学、广东外语外贸大学等高校联合培养硕士研究生，为我们带来了人才方面的优势。近期，我们将发布招收和培养博士后的公告。

第二是培养人才。广信君达的博士后创新实践基地不仅是培养几个博士后这么简单，我们同时利用基地聚合成的智慧资源，并充分利用与高校合作形成的学术资源，以及通过我们参加各种法学会、行业协会所获得的社会实践资源，这都为广信君达人才培养整体效能的提升提供了动力。

第三是留住人才。广信君达为留住人才做了很多努力。如今的年轻人喜欢将工作与生活分开，不喜欢“996”和“007”，喜欢工作就是工作，生活就是生活；干就是干，玩就是玩。广信君达尊重并赞赏年轻人的工作方式。“90后”和“00后”律师不是来“砸场子”的，而是来帮我们提升管理的。广信君达为青年律师设计、组织了许多活动，如和芒果TV合作的综艺节目、青训营、律政先锋实验室等活动。我们还在事务所大堂搭帐篷，把现在流行的露营玩法搬到了高级写字楼上来。如今，广信君达希望能够培养出一批面向未来的“00后”律师，我们非常欢迎更多年轻人来广信君达体验“工作就是工作，生活就是生活；干就是干，玩就是玩”的氛围。

王凤梅：那么广信君达的人才观是怎样的？引入人才的标准是什么？

邓传远：广信君达的人才观离不开律师行业的特性。我们认为，律师有四个属性是不能丢的：一是政治属性，二是社会属性，三是专业属性，四是经济属性。律师应当时刻把这四个属性作为自我衡量的标准。广信君达青睐的律师应当同时具备这四个属性。

第一是政治属性。这要求律师有良好的政治敏感和正确的政治方向，以及对道德的正确认知。

第二是社会属性。律师要清楚，我们的服务对象是政府机构，是市场主体，也是普通民众，是社会基层中急需法律服务的人群，而不只是局限于某一些市场主体。

第三是专业属性。律师作为专业服务者，任何时候都不能把专业属性丢掉。

第四是经济属性。所谓“经济属性”不是指律师个人要多赚钱，而是律师应当通过法律服务促进社会经济的发展，为整个社会财富的增加助力。当整个社会取得良好的效益，律师的效益自然就得到了提升。

以上四个属性，是广信君达衡量人才标准的第一大方面。

第二大方面，是律师的品行品德。其中，“善良”是排在首位的。“善”和“良”这两个字眼在我国法律中的出现频率之高，大家可以自行检索一下，如“善意取得”和“公序良俗”。因此，善良构成了律师道德品格的基础，它不是一个“好不好”的价值判断，而是一个“有没有”的事实判断。善良对于律师来说是必须要有的，没有是不行的，而不是有了它会更好的问题。

至于律师的专业水平，就广信君达的律师而言，都是经过了层层筛选的。先是考上法学院学习至毕业，再通过法律职业资格考试获得执业资格；加入广信君达后，又经过师父的带领，进行一年的实习，通过律协的考核，最后取得了执业证书。因此，在智力方面，我相信大家都是非常优秀的，无须担心。有人曾说，当一个人在某件事情上花费 10，000 个小时，他就能成为这件事情的专家，对于律师也是同理；只要端正工作态度、服务态度，用心去给客户提供服务，通过每年 1800 ～ 2000 个小时的专业训练，经历 4 ～ 5 年的工作，他就能够成为一名优秀的律师，成为专业领域内的专家，这是水到渠成的事情。

王凤梅：品牌建设是律所管理重要的外在表现形式，广信君达的品牌战略是什么？品牌力如何构成？品牌又如何为律所发展赋能？

邓传远：我个人认为，律师的品牌价值不仅仅是外在的，它还是内在价值的外部体现，要树立这个价值，就要树立好品牌，而当中首先就是要练好“内功”。

广信君达为了体现出我们的品牌价值，内部从四个方面进行了努力。第一个方面是坚持党建先行。正如我之前提到的，通过党建能够把更多的律师的心凝聚在一起。

第二个方面是统一思想认识，塑造共同的文化信念。广信君达将“效率、信任、责任”确立为核心理念。“信任”我们刚才已经谈过。“效率”则是指在对客户的法律服务中，在合伙人会议决议过程中，在事务所管理的具体举措中，广信君达都要突出高效率。

而“责任”则是指律师要勇于承担责任。在为客户提供服务时，要给出具体明确的法律意见和规避法律风险的建议，而不是模棱两可的。比如，我是事务所的主任，我在工作中得到了事务所其他合伙人的支持与信任，那么我就应当勇于承担责任，这个责任是管理责任，甚至是经济责任。如果我违反了事务所的章程或管理规则，我首先就要承担责任。在律师对客户的服务中，以及律所对律师的服务中，也是一样，必须遵循承担责任的理念。

第三个方面是广信君达一直坚持的公益法律服务。律所如果不去做公益法律服务，就没有实现好律所的社会属性和律师个人的社会属性。只有体现了社会属性，我们才能得到社会的认可、支持和信赖，才能得到真正的好评。这个好评，其实就是律所品牌价值的外显。

第四个方面则是文化建设，它包括了律所内部组织和文化活动，包括广信君达设立的女律师工作委员会、青年律师工作委员会、公益法律服务中心等内部组织，也包括我们为年轻人打造的、深受年轻律师喜爱的各类品牌活动，比如刚才提到的“律政先锋实验室”。通过这些组织和活动，我们把整个律所的文化工作做活了。广信君达总部有两层半的办公楼，每一层都设立了文化长廊。文化长廊中既有广信君达历史的介绍、对未来的项目规划，也有广信君达律师的优秀作品，包括法律服务的产品展示等。

总而言之，通过党建引领、核心理念、公益服务、文化建设四大方面的工作，我们为广信君达的品牌建设提供了内在的价值。有了内在价值后，我们再通过一系列活动、平台、桥梁和机会，将其体现出来。这个体现的过程和体现出的结果，就是我们理解的品牌。

王凤梅：的确，在2023年年初律新社举办的品牌盛典上，广信君达有多个别具匠心的案例获得了品牌案例奖，深受大家的好评。邓主任在专业建设和律所管理中，都强调了党建工作的重要作用，广信君达在党建促进所建方面应该很有心得，邓主任可否与我们分享一下？

邓传远：在广信君达合并成立前，其三大主要前身——广信、信利盛达、安道永华，都很重视党建工作，各自设有党支部。在合并后，广信君达的人员一下增长了很多，而大家此前的理念和文化都有所不同，我们开始探索如何将如此多的律师更好地融合在一起。最终我们认为，通过党建的方式最为有效。

中国共产党拥有强大的组织纪律和组织原则，许多人力资源学、组织管理学，都比不上我们党治党管党的经验。无论是从组织架构的设计，对人才的选拔、培养、任用以及对矛盾的解决，我们党都有一套系统完整的经验。如果能把这套经验有机地借鉴到事务所的管理中去，对于事务所的发展是非常有利的。

广信君达在2016年成立党委之后，设立了6个党支部，后来又增加到8个。我们将原属不同律所的律师党员分配在同一个党支部当中，通过党支部组织的学习会、批评与自我批评会、民主生活会等活动，加深党员律师之间的了解。

不仅在生活上相处出良好的关系，在工作中也开始主动进行专业合作、专业互补，原本显得有些生分的团队，通过党建工作，很快就凝聚了起来。

同时，广信君达把党建工作写入了律所的章程，成为广信君达组织机构遵循的规则之一。即使有个别合伙人或律师在办案中、服务中或律所内部管理中，出现了一些不妥当的言行，我们也能够通过所内党组织的负责人和管理负责人，从不同的角度与他谈心，帮助律师更好地与组织融合在一起，有效减少摩擦，提升决策效率。

此外，广信君达的党委会和事务所的合伙人会议签署了联席工作机制，律所一些方向性、关键性、涉及面广的决策，要主动征求党委的意见和建议，有一些关键决策须由党委来决定。相应地，党委也得到行政系统的大力支持，包括我们的党委办公室、专职人员和活动经费等，党务工作与行政工作也很好地融合在一起，党委在表彰优秀党员时，也要充分听取行政部门的意见。

从这个例子可以看出，广信君达真正形成了党建文化。对于律所而言，我们也就能很好地掌握律师的职业道德情况，特别是有无被投诉或纪检监察的相关线索。

而在具体的项目工作中，如果广信君达的某个项目持续时间超过 6 个月，而这个项目的负责律师中党员律师达到 3 名，就要设立项目临时党支部。这种临时党支部的设立，无论是对党建工作还是业务处理，都能够起到很好的促进作用。广信君达还将党建工作的成果延伸到对客户的具体服务当中去，这是我们的一大创新，也得到了行业和上级党委的肯定。切实落实党建工作，对保障办所方向，落实执业为民，促进事务所发展，都能起到切实作用，而不是为了党建而党建。

王凤梅：律新社在同律所的交流中也发现，但凡党建工作做得好的律所，公益都做得很好。广信君达是如何践行社会责任的？

邓传远：广信君达一直有一句口号，叫“公益法律服务一直在路上”。因此我认为还没有到“总结”的时候，因为公益法律服务是要一直干下去的事业（笑）。不过，对于过去做过的公益服务，我们也进行了一些梳理。

第一，广信君达制定了激励政策，鼓励大家以专业和时间来做公益，而不是简单的捐钱捐物。这能够体现律师做公益的特点和优势。

第二，广信君达全体律师参与公益的范围很广，包括法律援助、公安执法维权、普法宣传、乡村振兴、精准帮扶、防疫抗疫等。其中还有以律师个人名字命名的调解工作室，比如我所设立的刘穗珊物权保护纠纷人民调解工作室。广信君达还先后为263个村居提供了驻点法律顾问服务，协助政府打通法律服务的“最后一公里”，为基层综合治理提供法律支持。

同时，我们还在广东省的平远县，以及西藏自治区的工布江达县设立了分所，帮助解决欠发达地区律所不足的问题，助力国家解决“无律师县”。2023年4月，我与所内其他几位管理合伙人一同前往西藏工布江达县，拜访了其所属林芝市的司法局局长，以及工布江达县的干部同志。他们对于广信君达在工布江达设立分所再次表示了欢迎，也非常满意我所的服务工作。

我们此次拜访没有和相关部门事先通报，是临时起意的。令我感触很深的是，工布江达县的白县长临时得知我们到访，立刻与我们见面。他对我们在当地的服务情况非常了解，甚至清楚地知道我们派驻律师的姓名。这证明了过去一年广信君达在当地的法律服务是切实有效的，得到了当地政府的认可。广信君达工布江达分所，以及分所的派驻律师，在入驻后不到一年的时间中，已得到西藏自治区司法厅、律师协会和当地政府的多次表彰，这证明我们的年轻律师切实为当地人民提供了法律服务、普法教育，做了一些有益的工作，这也让我们总所的老同志们倍感光荣。我们也与当地公安、法院、检察院等机构的代表，就工布江达分所下一步如何继续为当地提供法律服务进行了座谈，深入了解了当地需求，并对当地派驻的律师进行了慰问和鼓励。

总而言之，如果我们要得到社会的认可，就必须要先对社会付出。没有付出，就没有说服力。没有社会性的公益法律服务，就不可能得到社会的承认和美誉。

王凤梅：邓主任带队亲赴西藏林芝，可以看出作为主任，既要管内也要管外。您个人具有法律学、经济学、管理学等学科理论和从业背景，拥有律师资格和高级经济师资格。在您律所管理实践中，这三方面的知识哪方面用得最多？

邓传远：就目前来说，在这三方面，应该是各占1/3。作为律师，专业知识自然非常重要，但无论是进行律所管理，还是为客户提供法律服务，仅有法律知识是不够的。正如我常说的一句话，“律师的功夫在法律之外”。在我个人的专业方向中，经济学和管理学知识也为我提供了很大的帮助。经济学不仅仅是一个涉及如何赚钱的问题，它更多解决的是人参与社会活动的规律问题，只要了解人参与社会活动的规律，都可以用经济学的原理加以分析，为我们找到新的出路。律师都是和人打交道的，只要是人参与了社会活动，无论是法律服务还是律所管理，经济学都能起到很大的作用。

王凤梅：但大家都知道，律所管理很难，也很烦。邓主任已经有 27 年的律所管理经历了，您在律所管理中又总结出了哪些秘诀或规律?

邓传远：在工作中，管理学知识不是“为了用而用”，而是需要结合律师事务所的特点，应用管理学的一般规律。对于这个问题，我有以下几点思考。

第一是建立合理的组织体系，包括组织架构、人员构成、岗位职责等。比如在广信君达，我是主任，下面设有管委会，有管委会主任；管委会之下还设有执行层。每一个职位，每一个组织机构，都有自己的职能和议事规则。我作为主任需要做好我自己的职能工作，管委会主任要做好他自己的职能工作，执行层面要执行好他的职能。各个层面要按照各自的议事规则去做，不能够“一竿子插到底”。“一竿子插到底”看似能提高效率，但领导层最终会疲于奔命，也不可能解决所有问题。同时，如果主任、领导层“一竿子插到底”，执行层就会没有参与感和获得感，积极性、主动性和能动性就不能调动起来。如果每个人都能按照每个人的职责去管事，就能充分发挥组织的作用，而不是个人的作用。

广信君达作为一家千人大所，有合伙人，有普通律师，律师里还分为授薪律师和绩效考核律师。行政人员也划分了行政中心、财务中心、信息中心等。在人员如此多的情况下，一个人即便再能干，他的时间也不允许他什么都管。更何况人的认知总是有限的，人都是有缺陷、弱点的。如果我们能正确认识自己的缺陷和弱点，就能知道哪一位律师、哪一位管理人员，在这方面正好是强项。世界上不可能存在没有缺点的人，但能够努力打造没有缺点的组织。

第二是律所必须充分调动和发挥年轻人的作用。我想起 30 年前广信君达所的创始人们，他们当时都只是 30 岁左右的年轻人。30 年前，30 岁的年轻人能够创立广信君达的前身，那30年后30岁的年轻人就不能把这个接力棒接下去吗？当然是能的！

很多律界前辈可能不放心把接力棒交到年轻人手中，但如果我们能够大胆地放手让年轻人去做，把律所交给那些政治属性、社会属性、专业属性和经济属性都出色的青年律师，我相信律所只会越来越有活力，创造出有能量、有发展的未来。

所以我和管委会委员们聊得最多的，就是我们的青年律师。尤其要抓住30～40岁阶段的律师，不仅在专业上，更要在律所管理上发挥他们的作用。我们甚至已经把目光投向了"00后"。我们已经走过30年的路，下一个30年，正是"00后"发挥他们聪明才智的时候。因此，我们现在就要储备人才，要带好他们，要给他们机会。我们说要锻炼人，光靠嘴上说是不行的，只有把他们放到那个位置上，才能锻炼出那个位置上的人。

所以，广信君达通过"联席"，通过"助理"，通过"负责"，来带动培养青年律师，把他们放到这些管理岗位上去。年轻就是资本，给他们去做，错了，还有改的机会。但如果不给年轻人锻炼的机会，他们不仅没有参与感、获得感，还可能会离开，律所也不能获得未来前进的动力。

王凤梅：在看过了这么多律所的发展和律师的发展后，如果让您给我们的律师行业做一些评价，您认为好律师和好律所有怎样的标准？

邓传远：可以用一句话来总结：对律师行业、律师事务所和律师个人身份而言，能够称他们为"好"的标准，就是看他们能否充分体现律师职业的政治属性、社会属性、专业属性和经济属性。

王凤梅：感谢邓主任以其近30年的执业和管理经历，将广信君达这家30年大所的发展历程娓娓道来。我们了解了广信君达如何将"信"凝练为自己发展的总纲，看到了如何进行专业塑造、组织建设、文化沉淀和队伍传承。更重要的是，在广州这个连接中国和世界的涉外法律服务桥头堡，在粤港澳大湾区这片生机勃勃的热土，我们看到了一家中国律所的使命担当和广阔未来。目前，广信君达上海分所也已入驻了虹桥国际法务区，相信在新一轮发展中，广信君达的经验与精华，会成为法律服务行业值得学习和借鉴的样本。

段祺华

段和段“十大魔盒”全新发布 启动独立总部及“法治文化”运营计划

中国律所总分所管理之难如何解？段和段律师事务所（以下简称段和段）创始主任段祺华律师再出奇招！继2022年开启3.0时代，广发“英雄帖”，推出“八大魔盒”招贤纳士，乔迁上海中心大厦58层，以上海之巅的3000平方米崭新空间开启段和段新的30年……不到1年时间，段和段的“八大魔盒”已然升级为“十大魔盒”。从“八大魔盒”升级到“十大魔盒”，新增的两大魔盒将如何赋能律所管理与律师发展？作为中国涉外法律服务的领先律所，段和段成为全国首个省级涉外法治研究会——上海市法学会涉外法治研究会的会长单位；段和段全球培训中心又于2023年6月在西安挂牌，在涉外法律人才培养中，段祺华主任有怎样的规划？针对总分所管理难，段和段推出全球总部、加大总所的建设，在管理机制中不断创新的背后，段和段有何思考？将为行业带来怎样的创新探索？

对话时间 2023 年 6 月 21 日

对话嘉宾 段祺华，著名涉外律师，曾任第十一届、第十二届全国政协委员，全国工商联常委，致公党中央委员，上海市工商联副主席等，从业 30 多年，在国内外打赢了一系列重大案件。曾受聘于美国西雅图著名律所——威廉·克斯诺及吉布斯律师事务所，并于 1991 年成为美国华盛顿州最高法院的首位外国法律顾问。1992 年回国创办中国第一家由回国留学生投资的合伙制律师事务所，时任美国总统比尔·克林顿寄来亲笔信祝贺，当时国家人事部门颁发给他的第一张出国留学人员短期回国工作身份证也被中国国家博物馆收藏。2011 年起，段祺华跨界影视业，成为著名的律政剧和法治电影的出品人和编剧，他参与投资的《华胥引之绝爱之城》成为电视台和网络的热播剧。他编剧投资的《金牌律师》（2014 年）和《继承人》（2017 年）两部高口碑收视律政连续剧曾获国家的飞天奖银奖。段祺华亲自编剧、投资和导演的最新院线电影——梦境悬疑治愈电影《梦境人生》于 2021 年全国上映，并成功入围第十三届澳门国际电影节，入围第十一届西班牙马德里国际电影节最佳外语片、最佳外语原创剧本、最佳场景设计三项大奖，入围第十七届中美电影节“金天使奖”并荣获年度最佳新晋制片人奖。

王凤梅：段和段创始合伙人、创始主任段祺华律师将与我们畅谈“十大魔盒”及段和段未来的发展。6 月 16 日，段和段全球培训中心在西安正式挂牌，您也参加了揭牌，请介绍一下段和段涉外特色和全球布局。

段祺华：除了段和段全球培训中心之外，涉外法治培训中心也在西安落地。择址西安，也正因西安这座城市的国际影响力与重要度在日益显现。2023 年 5 月，中亚五国峰会在西安举行、“一带一路”倡议将西安作为重要节点城市、中欧班列从西安始发。作为内陆城市，西安的涉外法律业务虽然少于许多沿海城市，但近年来，西安在构筑“涉外法治保障新高地”中进展迅速，在西安国际港务区建设了“一带一路”国际商事法律服务示范区。

此外，段和段西安分所业绩突出，将全球培训中心设立于此，实际上也是对我们之前推出的“八大魔盒”之一——“文化大魔盒”的深化。在西安市司法局支持下，涉外法治培训中心成立了一个民非组织开展运营，并通过与西北政法大学合作，为包括陕西省在内的西部5省的企业家、法务、涉外律师等提供培训。

作为中国首家在乌兹别克斯坦设立办公室的中资律所，段和段还在香港、美国、欧洲等国家和地区设立了办公室，积累了丰富的涉外法治经验，能为相关人士在涉外领域遇到的实际问题提供有效的解决方案和培训。

王凤梅：自2022年段和段广发“英雄帖”，开启“八大魔盒”招贤纳士以来，业界反响强烈，目前总所律师团队、业务发展有了哪些新变化？您对律所的规模化如何定义？

段祺华：从2022年10月至今，“八大魔盒”产生了显著效果，新加入的团队数量已近百。段和段是专业化的涉外律所，我们引入的团队均为涉外团队或具有一技之长的专业化团队。人数优先、快速扩张的规模化绝不是段和段追求的模式。在段和段3.0时代，我们要创造一种科学、合规的适度规模化。

我在律所半年工作报告中指出，2023年总所要达到300人的规模，2024年争取达成400人的规模，3年内成为拥有500人规模的律所（不含临港分所与虹桥分所的100多人）。从全国布局来看，段和段仍将有选择地继续设立分所，未来，总分所规模将达到3000人左右。

王凤梅：从“八大魔盒”升级到“十大魔盒”，背后是怎样的战略思考和发展目标？

段祺华：两大魔盒的升级将触及中国绝大部分律所的管理痛点，也是对中国律所目前普遍管理模式的一次升维冲击。

两年多前当我回归律所的管理工作时，发现国内规模律所分所的野蛮开拓，也带来了风险控制、利冲、办案质量控制等方面的多重潜在风险。部分国内大所已采用了总分所一体化管理模式，走在了前面，但绝大多数中国律所实行的仍然是加盟模式。在此背景下，段和段也在寻求改变，如果不进行改革，长此以往，风险控制将越来越难。只要分所某一名律师出现负面事件，总所品牌及其他分所也将连带受损。对此，我们有深刻教训。因此，我提出“现在要停一停，步子太快了”，要“等一等我们的灵魂，让我们的灵魂跟上身体”。为了在目前存在加盟分所的情况下，最大限度实行总分所的管理“一体化”，我提出了“过三关”的概念：

第一关是“规则关”。段和段耗资上千万元，经过10多年打造了律所的数字化管理系统。总分所的所有律师从发展客户、立案、办案到结案，一共18个流程全部都要在系统中体现；用印安全、立案安全、风控安全、利冲安全、案件质量检查，都可以在线上完成，这实现了远程办公的一体化。对于部分难以通过系统回避的漏洞，段和段设立了专门的风控委员会、规则委员会予以把控。

第二关是“专业关”。段和段是带着涉外基因诞生的。在专业团队引入上，我们希望招募到有涉外业务、涉外基因的律师，同时，也接纳在某一领域“术业有专攻”的律师。

第三关是“价值观关”。中国的律所大多采用提成制，基本都没有过好“价值观”这一关。律所管理中最大问题是，个人拿提成的时候倾向于留给律所的部分越少越好；然而涉及赔付时，却是由律所全体合伙人承担。许多律所没有太多的资金积累，甚至都没有储备风险金。中国律所管理上的最大痛点是责任的无限连带和利益的各自分享。

为了落实共同的平台价值观，就需要实现总分所一体化。这既能解决团队各自提成，公司制被削弱的问题，也能解决总所与加盟分所之间的管理问题。段和段在实践中已成效初显，但在价值观上、利益分配机制上还未达成目标。除了缴纳管理费共享品牌之外，建立全所共同的价值观至关重要。这是段和段建立总部的目的，也是段和段的第九个“魔盒”。

该制度已经过前期讨论，预计将于下半年正式推出。段和段总部的概念是：总部既不是总所也不是分所，它是总分所的一体化，上海总所只是段和段的众多办公室之一；符合条件的总分所合伙人都可以加入总部。段和段未来的架构是总部至上，可以独立地投资和管理，实现一体化的总部结构，一体化管理、一体化整合。这对总所的合伙人来说也是个挑战，如果不努力、不达标，很有可能被优秀分所合伙人替代，无法进入总部管理层，但这也有利于总分所之间的良性竞争。

王凤梅：您刚才提到，有的律所起步就是一体化，但目前段和段是从加盟为主转为一体化，新增总部架构，这个过程中会遇到什么困难吗？

段祺华：困难是肯定存在的，目前段和段已尽量不再新增加盟所。段和段的国内外分所目前已达 30 多家，除了少数直投以外，大多数是加盟所，总部的设立必将是一条艰难之路。如果部分分所希望按照原合同继续加盟，我们也允许。因此，改革中会存在一段“双轨制”的过程。目前我们也无法完全预测直投直营的最终效果，但不探路怎会知道能否成功呢？

王凤梅：确实，律所做好管理架构非常重要，这样在人才发展上才能实现战略。在人才战略上，如果说“英雄帖”是吸引人才的有力手段，那在留住人才、增强律所的凝聚力等方面，您又用了什么“高招”？

段祺华：那就要提到更精彩的第十大“魔盒”了。中国的律师事务所以提成制为主，在这样的背景下，容易存在“短板效应”，只要合伙人中有一个“小气鬼”，某些项目就无法推进。我曾听说，某家律所几十位每小时收费达数百美元的合伙人坐在一起，吵了一上午，只为讨论一笔 5000 美元的预算支出。这种现象的背后，就是缺少共同的价值观。

因此，段和段既要照顾每个合伙人的利益，又要在此基础上建立一个利益共同体，要将律所做好，思想就需要高度统一。这就是第十大“魔盒”——集团化的法律文化产品投资。

总部成立以后，段和段会进行集团化的经营。投资管理的将不仅是律所，我们还要打造“法律文化生态圈”，打造律政剧、法宣短视频等“法律文化产品”，或可称为“法宣产品”。这些产品将成为与律师相关，但又区别于律师费的法律产品。未来，我们希望做的产品线，其容量要远超现在的律师费。

比如当下火热的 ChatGPT，目前，其应用还主要在语言文字上，但许多欧美公司已开始布局短视频与 ChatGPT 结合的产品。这也是我想做的，用短视频来答疑解惑，提供法律服务。但这需要投入大量的财力、人力、物力。我本人拍过 8 年的影视剧，乐于尝试各种新鲜事物。我们希望通过集团化经营，将这个平台搭建起来，为律师在律师费之外，创造可能远超律师费的收益，大家共同盈利，拥有共同的价值观。

有一位美国律所的合伙人曾告诉我，他们律所在20世纪五六十年代，为了解决合伙人的退休问题，在加州大学附近买下多间公寓，出租给加州大学的学生，用租金去补贴那些退休的合伙人。当时购入这些公寓的价格不高，房租也不多，但七八十年过去后，这些房子不仅租金翻了多倍，房屋价值也更是直冲天花板。每年的租金不仅养活了退休合伙人，地产的价值也已远超过整个律师事务所。这说明律所除了律师费、提成等概念之外，要有长期计划。

段和段也有退休金制度，这是原先的“八大魔盒”之一。目前，中国的大多数律所尚处于“第一代”，刚开始向“第二代”传承。像欧美的事务所或段和段这样提前筹划解决退休问题的律所还是少数。

王凤梅：这种制度设计确实很独特，把这么好的计划运营出来，也需要实践考验。司法部刚刚公布了2022年律师业数据，全国执业律师数量已超过65万人，在日益激烈的竞争中，律所需要怎样的运营策略保持脱颖而出？

段祺华：我觉得律师很难成为优秀的经营管理者，因此，我支持高薪聘请具备优质管理能力的职业经理人来做运营。段和段也在考虑招募相关人才，在合适的人尚未到位之前，我就是职业经理人（笑）。

我最想做的是在管理好事务所的基础上，集中精力实现总分所一体化，进行统一投资和管理，打造“法律文化生态圈”，最终实现上市目标。此外，我曾提过，目前律所的弊病在于各自为战，因此，段和段要集中力量建立一个公共平台——客户案源平台。

我们希望能够在较短的时间内，把客户案源平台做成所内的“法律淘宝”，真正实现平台上的案源分享和专业分配。每一位合伙人、律师都是店主，既可以在线上展示自己的服务，也可以把自己无法处理的案子挂出来招标。挂出案源的律师和提供法律服务的律师都会拿到相应的报酬。

通过该平台，配套相应的打分机制，我们希望逐步把各自为战的团队和分所凝聚起来，成为一个整体。当然，律所层面开发的案源，也会按专业、地域来进行分配，建立统一的内部市场。该平台能解决三大问题：（1）避免了各自为政的“山头主义”；（2）用专业化来保障办案质量，避免律师硬接自己不擅长领域的业务；（3）避免不公平的分配机制。这就是我们“十大魔盒”中专业化的进一步细化措施，当下还在测试过程中。未来，这个机制将促进律所公司制平台的建设，消灭山头，促进融合，达成一体化目标，塑造段和段的统一品牌。

王凤梅：2023 年 4 月，全国首个省级涉外法治研究会——上海市法学会涉外法治研究会成立，您担任首届会长。请介绍一下研究会的主要工作内容及未来的工作规划。您在培养涉外法律人才等工作中有怎样的思考和规划？

段祺华：段和段历来重视涉外法治培训。在海外，段和段与剑桥大学合作，每年推出为期两周的“锻剑”之旅——英国剑桥大学访学项目；在国内，段和段通过香港、上海、西安三地组合而成的“铁三角”，来构建涉外培训网络。

我非常感谢陆家嘴管理局的大力支持，让 4 月 8 日举办的首届陆家嘴涉外法治高峰论坛冠以“陆家嘴”之名。本次高规格的论坛邀请了上海国际问题研究院学术咨询委员会主任杨洁勉、上海社科院法学研究所副所长李建伟、华东政法大学国际法学院院长杜涛、欧华全球律师事务所亚洲联席高级合伙人李强等嘉宾发表了主题演讲，反响热烈，得到了上海市法学会主要领导的表扬。

由律所主任担任研究会会长很少见，这是对我个人的信任，也让我深感责任重大。2023 年我们研究会共提出了约 30 余个专著、学术论文、智库建言课题，围绕中国涉外法治建设的重点、难点问题，特别是一些实际操作的问题，进行深入的课题研究。例如，“中国企业家在国际旅行中的人身安全”等热点话题，也是涉外法治研究会将深入研究的重大课题之一。我们希望能做出一些成绩，为国家涉外法治发展做出一点贡献。

王凤梅：涉外领域服务确实是段律师以及段和段积累多年的重要资源！段和段正在进入全新一轮发展中，段和段的同城分所无论是在临港，还是在虹桥国际法务区，都在发力中，也希望能够看到段律师带领段和段摸索出一条创新之路，用新模式引领整个行业的变革，让律师更幸福，让律所管理更轻松！

张　合

30年厚积薄发
天驰君泰无论多大都以专业守道为第一价值观

当45岁的张合主任发出“天驰君泰应该是我执业旅程中的最后一站了”的感慨时，我们能感受到他在寻寻觅觅之后的一种扎根的决心。这个决定既是一种时代选择，也是一种个人夙愿。即将迎来而立之年的天驰君泰律师事务所（以下简称天驰君泰），近年来在规模化、品牌化、专业化建设方面的成绩引起业界瞩目，作为其内生动力的民主管理机制正在进一步生发，需要有一群价值观相同的人不断推进，展开新一轮进程。2024年即将迎来30周年庆的天驰君泰经历了哪些发展阶段？在2023年的全国合伙人大会上，天驰君泰特别强调要积极探寻更高质量的一体化发展道路，具体有哪些举措？天驰君泰完全执行民主制的章程，在财务制度上采取透明公开的原则，在律所管理运营、行政服务、文化关怀等方面又有何独特之处？

对话时间 2023年7月5日

对话嘉宾 张合，北京天驰君泰律师事务所管委会主任、高级合伙人，朝阳律协律所管理与合规委主任、朝阳律协医药与健康法律业务研究会副主任。张合律师曾担任中国山水水泥集团股份有限公司总法，长期服务于制药、化工行业，先后处理了中国山水水泥上市公司控制权争议案件和北京科兴控股股份有限公司控制权争议案件，为北京科兴新冠疫苗紧急授权使用等相关问题提供法律意见，参与处理深圳康泰新冠疫苗香港特区政府预采购谈判及协议签署、深圳康泰和阿斯利康签署新冠疫苗独家授权合作项目、北京民海新冠灭活疫苗与马来西亚政府境外三期临床及商业化项目等一批在制药领域、生物制品行业内具有重大影响的项目或案件。

王凤梅：回顾天驰君泰近30年的发展，您认为经历了哪些阶段？

张　合：在过去29年的发展过程中，随着国家经济的蓬勃发展，天驰君泰与大多数同行一样，经历了由小变大、由点及面，逐步成长为规模所的发展历程。主要分为三个阶段：

初创时期：秉持用专业报效国家、深耕法律服务行业的愿望，20世纪90年代，两家合伙制律所——天驰律师事务所和君泰律师事务所创立；经过十几年的发展，均已成长为北京市内具有良好口碑和一定影响力的、规模较大的律所。此前，天驰律师事务所已与洪范律师事务所合并，更名为天驰洪范律师事务所。在时代发展契机和规模化浪潮的推动下，2015年7月4日，天驰洪范律师事务所与君泰律师事务所达成合并意愿并签订协议；双方经过初期磨合，于2016年正式合并为天驰君泰律师事务所。

快速发展期：在“民主协商”这一共同文化理念的主导下，两家律所合并后，很快在人员、理念、管理思路、发展模式上达成了一致，天驰君泰进入快速发展阶段。2017年和2018年，在全国先后设立了十几家分所；截至2018

年年底，国内分所数量已将近 20 家，人员规模达到千人。

稳步发展期：根据 2023 年 3 月的统计，天驰君泰总分所执业律师人数超 1500 人，另有实习律师 510 人，总人数已突破 2000 人。目前，天驰君泰在国内已完成审批的分所有 28 家，还有数家正在审批中，国外分所的设立也在顺利推进中。同时，天驰君泰也在同步推动总分所业务管理的一体化进程。

2024 年，将正式迎来 30 周年庆。届时，天驰君泰的整体规模、业务承办数量、客户管理水平等都有望向头部大所看齐。

王凤梅：在 2023 年的全国合伙人大会上，天驰君泰特别强调要积极探寻更高质量的一体化发展道路，具体体现在哪些方面？将有哪些举措？

张　合：2019 年之前，天驰君泰采取了与大多数合伙制律所类似的内部分配模式、案件承接模式和预决算财务制度。随着中国企业对法律服务的专业性、综合性要求不断提升，为之提供服务的律所势必也应作出相应的调整。只靠单一律师团队就能服务同一家企业几年甚至十几年的情况，已转变为不同律所、不同团队为同一家客户的不同业务需求提供相应的法律服务，律所必须通过内在的变革来应对市场的变化。为此，天驰君泰采取了以下措施：

第一，调整律所内部的案源管理模式。从原来的合伙人各自为政，转变为由律所层面统一管理，将不同的案源分派给相应业务领域的团队。

第二，拿出更多的预算用于律所平台建设。大平台的财务预算更充足，能更有力地为律师赋能。

第三，规模化不仅是国内法律服务市场的需求，也成为律所拓展国际市场的必然要求。随着中国企业不断拓展国际业务，律所也需要走国际化道路，设立国内外分所是律所在规模化发展过程中的必然之举。

经过近 10 年的规模化发展，国内许多律所已成为千人乃至万人规模的大平台，天驰君泰也是通过不断设立分所发展到目前的规模。但光靠野蛮式扩张是不行的，为了避免出现分所各自为政的状况，需要建立总分所一体化的管理机制。当下，金融机构、大型跨国企业在选择法律服务时，会关注律所在不同地区的分支机构在承接案源时是否会出现利冲问题。这也倒逼我们必须要实行一体化管理，从而解决所内 2000 余名律师在业务承办过程中遇到的实际问题。

同时，天驰君泰对总所和分所有统一的品牌要求。不能单纯地把品牌建设理解为在公众号上发几篇文章、在不同平台上做几期直播就能完成的简单任务。我认为，品牌建设首先要能让同行知道：天驰君泰是如何发展的？律师有何特点？其次要能让客户知道：天驰君泰为什么能发展到如今的规模？选择天驰君泰能获得怎样的法律服务？服务质量有何保障？这些都是品牌建设需要达到的效果。

此外，行业的监管要求，如合规建设（尤其是财税的合规建设）等，也要求律所进行一体化建设。天驰君泰在北上广地区的分所在风险控制、合规管理等方面已经积累了丰富的经验，可以分享给全国各地的分所。可以说，一体化建设是当下蓬勃发展的法律服务业对律所的必然要求。

王凤梅：确实，规模所必须进行精细化管理，才能实现高品质发展。您曾提到，天驰君泰完全执行民主制的章程，重大事项表决时采取一人一票的平等机制，并严格遵循任期制。请您介绍一下天驰君泰的管委会架构、管理决策机制和管理理念。

张　合：与其他行业相比，律师行业的管理是一个复杂的工程。因为律师行业是由拥有专业技能的高知人士组成的，而且需要与各行各业打交道，和普通公司的管理很不一样。天驰君泰的管理有自己的特点，我们没有实控人，也没有投资人，完全由所有高级合伙人秉持着认真做业务的理念在进行管理，整体上没有那么复杂。

我们的管理体系建设经历了从不成熟到成熟的过程，这也是一家有着 30 年历史的律师事务所的发展理念和文化理念在新老交替间取得共识的历程。

在合并之初为了相互融合而建立起来的民主制的章程，保证了天驰君泰在合并后能够沿着制度设计的方向发展。比如，在章程设立过程中，对律所至关重要的财务决策体系和管理层交接时的一些特别规定，都需要在合伙人大会上获得超过 4/5 的票数才能生效。这项制度一直延续至今，2023 年年初，我们对其进行了进一步的完善。

在管理架构的设计上，天驰君泰曾和很多律所一样设立了管委会，并为解决高级合伙人会议不能经常召开的问题而设立了常设会，但二者在工作中确实存在许多矛盾和冲突。于是，我们的第二届管委会就将其改为由管委会和监事会共同向合伙人大会负责的机制。后来，我们又注意到，监事会的事后监督机制在很大程度上不能有效解决合伙人对于相关决策持有不同意见的问题。于是，第三届管委会在任期期间成立了考评与监督委员会，专门负责考评工作，从而解决管委会既作为决策机构又作为执行机构，会在合伙人考评过程中造成冲突的问题。

通过一届又一届管委会的不断努力，天驰君泰的内部管理架构不断完善。第四届管委会组建后，天驰君泰在律师人数、分所数量、业务类别等方面都得到了显著的提升。我们也有信心到 2024 年届满时，让天驰君泰在各方面更进一步。

王凤梅：制度明晰确实对律所规模化发展有明显的促进作用。在规模化建设与人才引进方面，天驰君泰完成了西安与泉州两大办公室的设立，香港办公室的设立也已获得批复，并且新设立了国际业务部。天驰君泰未来的规模化、国际化布局如何？

张　合：天驰君泰是根据业务的发展进行适度的规模化发展，而不是无休止地扩张。在吸引律师加入的过程中，我们并没有采取特别商业化的手段。律师会选择天驰君泰，无外乎看重了以下三个方面：

一是以业务发展建设为目标的合伙人文化。许多加入天驰君泰的律师都是在各自的业务领域中有所建树，希望通过律师专业实现自我价值的专业人士。天驰君泰以业务发展建设为目标的合伙人文化吸引了一批希望通过专业奉献社会的同行们，大家都是实打实地在业务中进行研究和探索。

二是民主机制。许多人问我："你已经做了两届管委会主任，做管理工作不累吗？"人人都知道律师很难管，每个人都能发表自己的意见和想法。但我并不觉得累，因为其他行业的老板需要催着员工工作，而律师行业无须如此。每天晚上的加班是天驰君泰各地办公室的常态，这也是由律师行业的特性所决定的。从管理者的角度来看，能够管理一群不需要催促就能主动工作、加班的律师，不也是一种幸福吗？

真正让我感到辛苦的，是满足律所同仁们对于平台的需求。天驰君泰的民主机制并非泛民主的概念，而是能形成有效改革机制的民主。这是我们合伙人队伍经过多年的不断思考和探索，认真分析之后得出的结果，这种民主机制对业内律师具有相当大的吸引力。

三是清晰的财务制度。天驰君泰的所有合伙人在每年3月的会审结束后，都会拿到一份汇总全所合伙人业务创收成本分摊以及税收比例的财务表，能看到每一名合伙人的业务收益与税收比例之间的关系和对律所的贡献等，做到对内的扣缴和对外的税收缴纳保持一致。

一家能够让律师专心做业务，尊重律师的权利，并通过透明的财务制度保证律师收益的律所，自然会获得律师的青睐。天驰君泰能够有今天这样的发展，离不开上述文化和制度的支撑。

王凤梅：这确实是一个新老文化传承的典范。您特别强调了天驰君泰"以业务为先"的特色，最近，天驰君泰新设立了包括文化娱乐与传媒、网络与数字经济专业委员会在内的6个专业委员会，在专业化建设方面的发展规划是什么？所内有哪些机制支撑和保障专业化建设？

张　合：2023年，天驰君泰新设了6个专业委员会，同时在泉州和西安设立了分所，这并非临时起意。早在2016年年底，天驰君泰就已确定所内的业务部门划分规则和分所布局方案。

所内的业务部门按照公共法和行业法进行划分。在17个业务领域中，既有争议解决、银行金融、资本市场这样的公共领域，也有生命科学、航空航天、建设工程和房地产这类专业性非常强的领域。作为一家综合性的律师事务所，天驰君泰希望能够在公共法律服务领域为客户提供多元化的法律解决方案。

党的二十大报告确立了"高质量发展"的要求，具体到律师行业，我们除了需要通过党建引领来形成自己的价值观，更要将其落实到实际业务中。我们在服务过程中发现，新兴领域、新兴技术、新兴行业对法律服务有迫切需求，随着医药、数据、生命科学、芯片、互联网金融等领域的蓬勃发展，新兴产业、新兴领域衍生出大量分支。而这些领域的发展不仅涉及国家监管规范要求，还有创新经济发展过程中交易习惯的改变等，需要律师有更广泛的知识储备并不断加强学习。

针对天驰君泰的传统强项，如知识产权领域，我们新设了文化娱乐与传媒、网络与数字经济专业委员会。这些新设立的委员会并非拍脑袋的决定，而是在服务过程中不断总结、梳理后的结果。

天驰君泰希望能够站在行业的前端，为客户提供更有价值、更先进的法律服务；希望牵手相关的企业客户、行业协会和院校，共同为行业监管、法规制定、司法实践、交易结构设计、交易谈判等提供有效的建议和服务。

王凤梅：说到专业与行业，业内普遍认为，律师光做专业不行，还需要了解行业。作为医药与健康领域的资深专家，您是如何锻造自己的专业能力的？在您眼中，真正的行业化律师需要具备哪些特质？

张　合：每次讲这个问题，我都觉得有点“老王卖瓜”的意思。我自认为是一名经验相对成熟、年纪尚轻的“老”律师，对于律师发展有过自己的思考和想法，也在执业过程中切身领教过因知识结构不够宽泛而在服务过程中吃亏的情况。所以，这也是我在担任天驰君泰管委会主任任期内，决心进行业务部门调整和设立专业委员会的动因。

我选择自己的专业方向是在 2003 年，当时正值“非典”时期。因为疫情，我在当时执业的律所办公室里无所事事，就在网上持续关注国家在疫情防控和应对方面的进展。2003 年是中国应对公共卫生事件的元年，我有幸在那个时间点上注意到这一变化，通过自己检索资料找到了国外相关领域的经验，并将这些内容整理后提供给卫生主管部门。通过这一契机，我与公共卫生领域的专家和学者有了交流的机会，随后就一步步地进入了疫苗行业。

从 2004 年开始，我兼任了我国 2/3 以上疫苗相关企业的法务，也经历了我国几乎所有的公共卫生事件。其中，比较著名的有 2009 年震惊全国的狂犬病疫苗造假事件、2013 年乙肝疫苗事件和 2015 年山东疫苗事件。之后，我参加了《疫苗管理法》和疫苗流动管理体制的制定等。我们团队每年都要处理几十起与疫苗相关的公共卫生事件的争议解决，为这个行业的立法立规贡献了自己的力量。

除了疫苗企业外，我们也是较早为制药企业的技术引进开展法律服务工作的律师团队。国家药监局最新的公开数据显示，2022 年，我国药品制造业营业收入已达 4.2 万亿元。中国已成为制药大国，正向着制药强国迈进。我们律师作为一线的参与者，能够将制药行业争议解决端形成的社会问题反馈给监管部门。

我认为，作为一名律师，能够帮助客户打赢官司不算什么本事，而通过拟定的商业合同解决客户与其合作方之间可能产生的争议，进而推动客户的商业目的有效实现，才是律师应有的价值。相信在不久的将来，各行各业中会出现更多拥有不同学科专业背景的专家型律师，能够为中国企业的“走出去”和各个行业的监管贡献律师行业的力量。

王凤梅：天驰君泰的专业化建设不仅包括设立专业委员会，在法律服务产品大赛方面也多有创新。天驰君泰第二届青训营暨法律服务产品大赛引起了业界的广泛关注，青年律师培养与法律服务产品打造之间存在怎样的关系？在这两方面有何规划和举措？

张　合：律师是一个解决复杂问题、化解社会纠纷、传递价值理念、帮助客户有效成长的职业，行业内十分关注青年律师的发展。客观坦率地说，尽管我们做了很多事情来推动青年律师成长，但最终能否帮助青年律师迅速成长为成熟的律师，我认为很难。

目前各类法律服务产品大赛更侧重于教青年律师如何打官司，天驰君泰在青年律师的培养上则更注重多元性：一方面，我们希望能够强化青年律师的法律专业素养；另一方面，我们也希望能够端正青年律师的价值取向，让他们明白打官司，包括通过激化矛盾来解决法律纠纷，并不是律师的目标。

因为我国各地的经济发展状况不同，不同地区的客户在价值取向上的差异也较大。在此过程中，真正能够向客户输送价值观的往往是其身边人和律师。所以，我们希望通过价值观的培养，让律师为客户找到一条可以实现多方共赢的纠纷解决之道。

此外，我们也希望通过法律服务产品大赛训练青年律师的专业技能，提高他们的法律服务水平。单一的法律服务产品并不能解决企业在对外合作中所面临的纷繁复杂的法律问题，但通过打磨一个又一个法律服务产品，可以推动青年律师结合实践进行更深入的思考。

天驰君泰通过青训营进行法律服务产品的研发，通过合伙人的言传身教带动青年律师成长，告诉他们如何传递正向的价值观。天驰君泰要培养的应当是能够为客户解决法律问题的好帮手，而不是在法庭上运用各种法律工具和知识进行博弈、争最终胜负的辩手。

我们都在寻求进步，既有平行进步，也有垂直进步。平行进步是在“术”的方面，通过各种诉讼技巧、谈判技巧帮助客户获得短期收益，是进行专业技能的提升。但律师行业更需要通过垂直进步获得进一步的发展，树立律师职业在客户心中的良好形象。在青年律师的培养过程中，坚持专业技能和价值取向两方面并重。

王凤梅：天驰君泰在公益领域的品牌建设中投入了大量精力，“先心病儿童救助”等特色公益项目得到了社会的广泛好评。请您介绍一下天驰君泰日常是如何开展社会公益活动的？所内有哪些机制为做公益的律师提供支持？

张　合：我发现，履行社会责任的使命感在律所的“80后”“90后”律师身上体现得最为明显。与一些大企业在公益领域的投入相比，我们所做的微不足道。但我经常对天驰君泰管委会和分所的同仁们说，奉献社会不应以提供资金的多少来衡量，而应该结合律师专业的特长及能力范围去帮助那些最需要关爱的人群。

帮助先天性心脏病患者是社会责任，扶持困难大学生也是社会责任，包括我们出具的每一份法律建议书、提供的每一次法律咨询，为客户提供法律帮助、减少社会纠纷等，都是在尽社会责任。天驰君泰结合律师的行业特点和职业属性，一方面通过捐助帮助那些经济上有迫切需求的群体，另一方面希望发挥律师的专业价值，帮助有法律服务需求的人群。我认为，律师行业更应该开展与职业相关的精神层面的建设，尤其是在推动社会主义法治建设、关注弱势群体、关注校园暴力问题、帮助青少年树立法治观念等方面作出努力，真正把践行社会责任落到实处，走出律师奉献社会公益的一条创新之路。

我国持续了几十年的扶贫工作在不同的发展时期和阶段有不同的任务和目标，开展社会公益也是如此。在艰苦困难时期，我们慷慨解囊，解决大众与衣食住行相关的切身需求；在发展相对稳定时期，我们参与希望工程，参与教育工作；在如今发展良好的阶段，进行法治化建设、讲好中国律师故事则是律师行业新的社会责任。

王凤梅：品牌化是天驰君泰的发展方向之一，2023 年更是提出了“品牌三年启航计划”，刚才提到的公益是否也是这个三年计划中的核心之一？您能否介绍一下该计划的具体内容以及天驰君泰的品牌战略？

张　合：最近，司法部党组对广大律师提出了五点希望，其中提到“做人民满意的好律师”，而品牌建设的一个重要方面也是成为客户心中尽职尽责的好律师。我们要按照《律师法》对律师职业的规定，结合律所的文化来开展品牌建设。

天驰君泰品牌建设中最重要的一项工作是把控好律所文化的输出，让总分所能够继续发扬合伙人共同构建的文化，减少内部因为管理、利益分配、业务承接等产生的矛盾，让全体同仁认同这种“和”文化，并吸引有同样想法的律师加入我们。另外，我们也希望通过品牌建设，让客户知道天驰君泰有一群价值取向正派、专业技能高超、法律素养深厚的律师。如果能做到以上几点，我们进行品牌建设的目的就达到了。

王凤梅：品牌律所的建设也是一个长期工程，需要强大的文化基石。您曾说天驰君泰应该是您执业旅程中的最后一站，为什么发出这样的感言？

张　合：这句话不是开玩笑。我先后在三家律所执业过，我想很多青年律师在选择律所时是迷茫的，我自己也是在经历过“只要管理费收得低就是好律所”的第一阶段和“能够为我带来业务支撑就是好律所”的第二阶段，直到加入天驰君泰后，才了解到一家律所在发展过程中真正的内生动力和吸引人的独特之处。天驰君泰目前的文化、合伙人制度和财务制度完全符合我对律所平台发展的期待。

我认为，青年律师在选择律所时，只有了解其真正的文化内涵和价值观，看清合伙人代表的发展方向，才能作出正确的选择。因为非常认可天驰君泰的文化制度，所以我只要还在管理岗位上，就会将这些制度一以贯之地执行下去。我也希望能有更多的同行少走弯路，选择一个适合自己发展的平台。

王凤梅：在张主任的阐述中，我们看到了天驰君泰特别棒的理念，尤其是以价值为核心来驱动律动发展。只有把专业、行业和律师职业的价值渗入律所的价值理念中，找到适合中国律师业的价值发展之路，才能让律师愿意在行业内安身立命、奋斗终身！

付海平

十年一跃成为重庆头部律所
“四有”内驱力勇担社会责任

“扎根重庆、立足西南、辐射全国、走出国门”，坤源衡泰律师事务所（以下简称坤源衡泰）自2013年整合以来，仅用3年时间就实现了百人、亿元的跨越；2018年第一个五年规划期满，律所人数增加5倍，创收增加10倍，一跃成为重庆头部律所；2023年，坤源衡泰被钱伯斯评为西部地区公司/商事领域一等律所。作为具有国际视野的优质律所，坤源衡泰将社会责任视为律所基因和核心竞争力的重要组成部分，将责任担当融入律所使命、愿景和价值观之中，致力于将坤源衡泰打造成为“有专业、有格局、有担当、有情怀”的“四有”律师事务所。坤源衡泰自2013年整合以来，已发展为重庆乃至西部业界领先的大所，在发展历程中经历了哪些里程碑式事件？在设立成都、两江新区、昆明、贵阳、黔江分所的基础上，坤源衡泰未来在规模化、国际化建设中将如何布局？如何理解坤源衡泰建设“四有”律师事务所的使命、文化和价值观？在党建及社会公益方面有哪些经验和特色做法？

对话时间　2023 年 7 月 6 日

对话嘉宾　付海平，坤源衡泰律师事务所管委会主任，重庆市律协刑民交叉专业委员会副主任，西南政法大学研究生专业实习指导教师，重庆市新型犯罪研究中心研究员，全国律师协会合规委员会委员。毕业于武汉大学、西南政法大学，法律硕士研究生。2007 年开始就职于某高院，曾任审判长。2017 年 5 月加入重庆坤源衡泰律师事务所，现任重庆坤源衡泰律师事务所合伙人兼管委会主任。

王凤梅：坤源衡泰自 2013 年整合以来，已发展为重庆乃至西部业界领先的大所，坤源衡泰发展历程中经历了哪些里程碑式事件？您如何理解坤源衡泰的发展模式与核心竞争力？

付海平：坤源衡泰自 2013 年整合以来，围绕专业化、规模化、品牌化、数智化发展道路，迅速发展成为西部业界领先律所。2014 年尝试提倡专业化，成立十大专业中心，并于 2016 年推行“一主两辅”，有意识地推进律所专业化建设；到 2016 年，就实现了百人所、亿元所的跨越；2018 年第一个五年规划期满，律所人数增加 5 倍，创收增长 10 倍，一跃成为重庆律师行业头部律所；2020 年，继成都、昆明办公室成立后，贵阳办公室的成立标志着坤源衡泰在西南区域的市场布局完成，为“成渝地区双城经济圈”及“西部陆海新通道”的建设贡献法治力量；2021 年至 2022 年，律所围绕品牌建设，开展《民法典》征文大赛、鲲鹏计划训练营、法律服务产品大赛等，律所规模、人均创收等各项综合指标均已位居西部地区大所前列。2023 年，坤源衡泰被钱伯斯评为西部地区公司 / 商事领域一等律所。

坤源衡泰的发展模式和核心竞争力可以从以下几个方面来理解：

追求适度规模化。坤源衡泰追求适度规模化、高质量发展之路，以西部地区为核心市场，通过布局西南区域省会城市办公室及成渝地区重要节点城市办公室，加深西南区域的纵向拓展。

团队建设和人才培养是核心。坤源衡泰注重团队建设和人才培养，通过人才分层培养体系和人文活动等建立高效的团队和优秀的律所文化，不断提高员工的素质和能力，为事务所的发展提供强有力的支持。

坚持专业化发展道路。坤源衡泰在发展过程中始终坚持专业化发展道路，通过成立专业中心，建立专业法律服务团队，提供专业法律服务，不断提高自己在业内的竞争力和影响力。

注重品牌建设。坤源衡泰注重品牌建设，通过提高服务质量和加强品牌传播，不断提升律所在客户心目中的品牌价值和形象。

坚持诚信经营。坤源衡泰坚持诚信经营，遵守职业道德和法律法规，不断提高诚信度和公信力，赢得了客户和市场的信任和认可。

坚持创新和进步。坤源衡泰坚持创新和进步，通过不断引进先进的管理理念和服务模式，不断提高自己的创新能力和竞争力，为客户提供更优质的法律服务。

上述六个方面的优势和支持，为坤源衡泰在律师行业的竞争和发展提供了强有力的支撑和保障。

王凤梅：坤源衡泰的业务发展根植于成渝经济圈，围绕成渝经济圈的经济发展和法律服务市场的特点，形成了怎样的业务布局？有哪些优势业务领域？

付海平：作为一家西部领先的律师事务所，坤源衡泰的业务发展根植于成渝双城经济圈建设和新西部大开发，围绕西部地区经济发展和法律服务市场的特点，形成了以诉讼仲裁、公司法律事务、金融证券保险法律事务、房地产与建设工程法律事务、破产法律事务、知识产权法律事务、刑事辩护为主的业务布局，能够为客户提供全方位、专业化的法律服务。

在优势业务领域方面，坤源衡泰在以下几个方面具有较为突出的表现：

在诉讼仲裁领域，在民事、商事、行政诉讼及仲裁等领域具有丰富的经验和卓越的实务能力，尤其民商事领域连续多年获得钱伯斯、IFLR1000、《商法》、ALB 等专业奖项认可。

在公司法律事务领域，为企业提供公司治理、股东权益保护、公司投融资等法律服务，具有丰富的公司法律事务处理经验和实践能力。

在金融证券保险法律事务领域，具有深厚的知识和经验，能够为企业提供项目融资、银团贷款、融资担保、融资租赁、不良资产、新三板挂牌、资产证券化、债券发行、基金事务、信托事务、保险事务等全链条的金融法律服务。

在房地产与建设工程法律事务领域，能够为房地产开发、建设、运营等各个环节提供业内领先的全流程法律服务。

在破产法律事务领域，作为在破产领域一直走在西部地区前列的律所，坤源衡泰为企业提供破产清算、重整、和解、预重整、重组以及企业破产并购等相关领域的专业法律服务，其中聚丰房地产重整案、新天泽系破产重整案、诚投再生新能源公司重整案等在业界颇有影响力。

在知识产权法律事务领域，坤源衡泰在知产领域经验积累丰厚，能够为企业提供专利、商标、著作权等立体化的知识产权法律服务，连续 4 年有 6 个案件被评为中国法院五十大知识产权典型案例。

在刑事领域，也拥有专业的律师团队，能为客户提供全方位的刑事法律服务。

王凤梅：如何理解坤源衡泰“专家型团队、专业化服务”的律所理念？通过哪些机制支撑和保障律所的专业化建设？

付海平：“专家型团队、专业化服务”的律所理念，强调的是以专家型团队为基础，通过专业化服务，为客户提供专业、优质、高效的法律服务。在这一理念下，坤源衡泰注重打造专业化服务团队，提高服务质量和水平，不断加强自身的专业化建设。

为了支撑和保障律所的专业化建设，坤源衡泰通过以下机制来实现：

人才引进和培养。以法学“双一流”院校为主要生源地，建立人才培养体系，并定期组织开展内部培训和外部培训，不断提高员工的素质和能力，律所现拥有法学博士学位者 60 余名，法学硕士及双学位者 200 余名。

专家顾问团队。专家顾问是宝贵财富，坤源衡泰十分重视专家顾问团队的合作，聘请了数十位来自西南政法大学、重庆大学、西南大学等高等院校的专家学者，充分发挥专家顾问在促进律所建设中的独特作用，实现资源共享、优势互补。为此，还专门设立了专家顾问聘请制度，并写入律所章程，严格考核机制，确保其学历、资质、背景等匹配于律所所需。

专业化团队建设。通过建立多个专业化的部门和团队，在业务实践中采取“集体作战为主、单兵作战为辅”的业务模式，即对于重大的服务项目，会由合伙人律师、主办律师（出庭律师）、辅助律师（辅庭律师）、团队秘书组成工作团队，形成三级负责的工作模式，既能够及时回应客户的询问，又能高效、高质量地为客户提供服务。如遇复杂疑难案件，律所会整合各个团队的优势资源，共同研判，协同解决。

服务质量监控。建立各团队服务质量监控体系，对服务过程和服务质量进行监控和管理，不断提高服务质量和水平。

品牌建设。加强品牌宣传和推广，提高律所在客户心目中的品牌形象和影响力，增强自身竞争力和吸引力。

合作与交流。通过与国内外多家律师事务所和法律机构合作，交流和学习先进的法律服务理念和管理经验，不断推进自身的创新和发展。目前，坤源衡泰已与美国、法国、德国、意大利、西班牙、荷兰、比利时、新加坡、马来西亚等国家和中国香港地区的知名律所建立了战略合作伙伴关系。

王凤梅：在设立成都、两江新区、昆明、贵阳、黔江分所的基础上，坤源衡泰未来在规模化、国际化建设中的规划是怎样的?

付海平：本土化是坤源衡泰在分所建设过程中坚持的重要原则之一，分所在创办、发展过程中，结合当地实际，真正融入当地文化和经济活动之中；律所发展以内生力量为主，吸纳合并为辅，对纳入的外来律师进行全面综合的把关尽调，同时通过各种活动，招募培养愿意在分所所在地发展的律师。坤源衡泰积极拓宽发展思路，找准发展定位。抢抓机遇、主动作为，积极融入“成渝地区双城经济圈”“西部陆海新通道”等重大战略规划部署，奋力开拓业务发展新空间。

未来，坤源衡泰在规模化、国际化建设中的规划如下：

适度规模化，深耕西南。坤源衡泰将继续提升在西南地区的市场份额，深耕重庆、成都、贵阳、昆明，并逐步下沉到区县等二级市场。适时向外扩展至西安、武汉等区域，以覆盖更广泛的法律服务市场。

逐步辐射全国市场。在深耕西南区域的同时，加强与北上广大所的深度合作，逐步辐射全国市场。

扩大国际合作。坤源衡泰涉外法律实务中心近年来持续与各类机构加强合作，尤其是与西南政法大学共同举办了西南政法东盟博士生研究院学术活动，在东南亚地区提升了影响力。未来，坤源衡泰将在与现有国外战略合作伙伴交流的基础上，继续深入业务合作，共谋发展，提高律所在国际法律服务市场的竞争力和影响力。

王凤梅：良好的专业服务需要内部管理及中台支持，坤源衡泰的管理机制有怎样的特色？

付海平：坤源衡泰的管理机制具有以下特色：

专业化分工。在“专家型团队、专业化服务”理念引领下，充分发挥律所专家教授多、实务专家多、资深律师多的特点，形成十一大专业中心，律所专业矩阵初具雏形，专业分工逐步推进，业务领域更加聚焦，内部二级市场日益活跃。

民主化管理。秉持民主、平等、传承的理念，自2018年增设执委会以来，决策趋于高效，形成了由“合伙人大会、执委会决策，管委会日常管理，监事会全面监督”的齐抓共管局面。

制度化保障。律所出台30多项管理制度，并推出预决算制度及预算资金使用管理办法，在预算内充分发挥各业务板块的主观能动性，同时合理使用资金，推动律所持续、稳定、健康发展。公平、合理、可持续的制度保障，促进和推动了律所近几年快速发展。

数智化赋能。坤源衡泰积极推动数字化转型，利用互联网、大数据、人工智能等技术，从过去使用数字化软件逐步升级为知识管理系统，将典型的裁判文书、代理意见、优质讲座等数字化、云上化，沉淀“智慧”资产，提高法律服务质量和效率。

王凤梅：人才是律所的核心竞争力。坤源衡泰引入人才的标准是怎样的？与高校有哪些合作与互动，对青年律师的培养和发展有哪些具体措施？

付海平：人才是坤源衡泰的核心竞争力之一。引入人才的标准主要包括以下五方面：

学历要求。以“五院四系”及海外优秀人才为主要来源，具有法学硕士或研究生以上学历。

专业化能力。具有精湛的专业知识和丰富实践经验，尤其是在特定领域有深入研究和造诣的律师。

职业素养。具备良好的职业道德及素养，包括诚信、敬业、负责、团队合作等品质。

潜力与发展。着重挖掘具有潜力与发展空间的律师人才，尤其是那些具有创新精神和自我驱动力的年轻人。

综合素质。综合素质较高，包括沟通能力、人际关系处理能力、领导力等。

坤源衡泰与多所高校建立了良好的合作关系，通过多种方式与高校进行互动，以共同推动法学教育的创新和发展。具体措施包括：

实习基地建设。为多所高校设立实习基地，为学生提供实践机会和指导，帮助学生更好地融入法律行业。如律所建立了韩国东亚大学法学专门大学院研究生实训基地、西南政法大学教学科研基地、西南政法大学博士硕士研究生实习基地等。

学术交流。与高校合作举办学术研讨会、讲座等活动，促进学术交流和合作。与西南政法大学共同举办高端学术论坛——坤源衡泰·民法成长论坛，共同建设常态化、品牌化的公益普法社会服务工作项目；与重庆咨询集团共同成立 PPP 法律与政策研究中心，联合进行横向课题研究等。

职业规划指导。为高校学生提供成长指导和职业规划指导，联合学校推进法学实践教学课程建设，联合打造全国民商事律师职业能力赛事，共同推进东盟法律人才培养，共同建设东盟法治研究院等，帮助学生更好地了解律师行业的职业发展路径和要求。

多渠道招聘方式。坤源衡泰通过多种方式招聘人才，包括校园招聘、社会招聘、律师事务所官网、招聘 App 等。

随着律所进入高质量发展新阶段，律所将有计划、有体系地推进与高校的各项合作，严格按照流程报批，使律所高校之间的合作从松散化走向系统化。

在青年律师的培养和发展方面，坤源衡泰采取了多种措施。

系统培训：包括专业知识、职业技能、职业道德等方面。

导师制度：为优秀新员工安排一位资深律师作为导师，提供为期 1 个月的一对一指导和帮助，每年两次。

实践机会：提供参与项目和案件的实践机会，提高实际操作能力和解决问题的能力。

职业规划指导：帮助青年律师了解律师行业的职业发展路径和要求，制订适合自己的职业规划。

交流与合作：鼓励青年律师参加各种学术交流和行业活动，提高自己的综合素质和竞争力，并为其提供支持和帮助。

总之，坤源衡泰注重人才引进和培养，与高校建立良好的合作关系，通过多种方式为青年律师提供培养和发展的机会和支持，以共同推动律师行业的创新和发展。

王凤梅：如何理解坤源衡泰建设“有专业、有格局、有担当、有情怀”的“四有”律师事务所的使命、文化和价值观？在党建及社会公益方面有哪些经验和特色做法？

付海平：“有专业”，是指坤源衡泰注重提高自身的专业水平和服务质量，以客户为中心，为客户提供最优质的法律服务；“有格局”，是指坤源衡泰强调开放包容、海纳百川的胸怀，以全球化的视野和思维，汇聚人才，共谋发展；“有担当”，是指坤源衡泰主动承担社会责任，积极参与公益事业，为社会做出贡献；“有情怀”，是指坤源衡泰注重人文关怀，关注员工和客户的情感需求，致力于打造一个有温度、有情感的法律服务品牌。

在党建和社会公益方面，坤源衡泰始终坚持共产党的领导，将政治建设放在首位，严守政治纪律和政治规矩。积极履行社会责任，为社会发展做出贡献。具体来说，在党建方面的经验和特色做法包括：

第一，强化思想建设、推动组织建设。坤源衡泰积极开展党史学习和“三会一课”，用理论武装头脑，提升党的政治建设质量，提高党员律师的政治素质；聚焦支部建设，提升基层组织建设质量；着力生态发展，全面落实中央、司法部、市司法局关于律师行业突出问题专项治理重大决策部署，开展专项治理，并及时提交自查报告。坤源衡泰的党建是重庆市的一面旗帜，是重庆市唯一一家“全国公共法律服务工作先进集体”，并被评为“全国律师行业先进党组织”。

第二，以公益为抓手，创新党建特色。创立了“前端+后援”的全所援藏模式。律所遴选政治素质和业务能力双过硬的党员合伙人律师和优秀党员律师作为援藏律师，并发动全所力量作为后援，集中全所力量做好援藏工作。自疫情以来，律所再度创新，建立了线上援藏模式，所有党员律师入驻昌都市司法局公共法律服务平台线上提供咨询。

组建了坤源衡泰民法典宣讲团。由党委书记亲自带队走进机关、企业、园区、乡镇街道等，累计宣讲200余场次。

搭建了“1+X”党建联建共享平台。充分发挥大所、强所人才优势、管理优势，通过联建活动，对远郊区县的律所进行帮扶，分享党建工作经验，推进结对党组织间党建工作的标准化、规范化。

联手政府打造“法治小镇”。与江北区五宝镇联手打造“法治小镇”，选派优秀党员合伙人为五宝镇的政府决策、项目引进等提供法律服务。

积极开展党员公益服务。要求每位党员每年至少做一件公益，鼓励党员律师积极参与普法宣传、法律援助、助贫扶弱、志愿者等公益活动，为每位党员建立公益档案。

爱心捐赠。坤源衡泰踊跃参与爱心捐赠活动，向地震灾区、贫困地区和需要帮助的人群提供资金和物资的帮助。

志愿服务。积极组织志愿服务活动，鼓励党员参与，为社会做出贡献。

第三，建立党建费用预算制。充分保证党建工作的有序开展，加强了党建引领作用。

坤源衡泰秉持“专业、格局、担当、情怀”的价值观，通过在党建和社会公益方面的积极行动，展现了一个有社会责任感、有温度的法律服务品牌的风采。

王凤梅：坤源衡泰积极拥抱新媒体，在数字化品牌传播中令外界印象深刻。请介绍律所是如何进行新媒体品牌传播的。律所对品牌建设有哪些投入和保障机制？

付海平：坤源衡泰积极拥抱新媒体，通过数字化品牌传播提升品牌知名度和影响力。

官方网站和社交媒体平台的升级建设和维护：坤源衡泰注重官方网站和社交媒体平台的建设和维护，通过发布专业文章、案例分析、沙龙活动、开庭公告等内容，提高品牌的专业影响力。

线上推广和宣传：坤源衡泰通过开通抖音号、视频号、头条号、网络直播、举办法治讲座等方式，积极拥抱新媒体，与专业的 MCN 机构进行合作，对客户进行画像，提升对客户的精准服务，扩大品牌影响力和知名度。

借助热点事件和话题进行品牌传播：善于抓住热点事件和话题，通过及时解读和分析，提高品牌的关注度和影响力。

为了保障品牌建设，坤源衡泰建立了以下投入和保障机制：

品牌传播团队：设立了品牌建设委员会，对品牌建设进行系统性提档升级，适应律所高质量发展阶段。充分发挥合伙人引领作用，倡导每个合伙人都应该为品牌建设作出贡献。同时，将原来的信息部升级为品牌运营中心，负责品牌战略的落地推动。

品牌管理制度：建立了品牌管理制度，规范了品牌使用、宣传和推广等方面的行为，保护品牌形象和声誉。

品牌形象设计：注重品牌形象设计，通过升级 VI 视觉形象，增强品牌识别度和印象。

品牌宣传预算：设立了品牌宣传预算，确保在品牌传播方面有足够的投入和支持。

王凤梅：您认为好律师是标准是什么？好律所又应该符合哪些标准？

付海平：好律师的标准因人而异，但一般来说，好律师应该具备以下四个方面的素质和能力。

职业道德：遵守职业道德规范，注重诚信、公正、客观、保密等方面，尊重客户权益和隐私。

专业素质：具备扎实的法律专业知识和丰富的实践经验，能够为客户提供专业的法律服务。

沟通能力：具有良好的沟通能力，能够清晰、准确地向客户解释法律问题，并与客户建立良好的沟通和合作关系。

实践能力：能够灵活应对各种法律纠纷和案件，并能够在法庭上取得良好的胜诉结果。

好律所应该符合以下五个方面的标准：

专业能力：具备专业的法律服务能力和丰富的实践经验，能够为客户提供优质、高效的专业法律服务。

品牌声誉：具有良好的品牌声誉，能够在市场上赢得客户的信任和认可。

组织管理：建立科学的组织管理和完善的管理制度，保证律所的持续、稳定、健康发展。

社会责任：积极承担社会责任，参与公益活动，为社会发展做出贡献。

创新能力：与时俱进，顺应时代发展变化，拥有大格局和全球化视野。

总之，好律师和好律所都应该以客户为中心，致力于专业型向服务型升级，遵守职业道德规范，注重专业素质和实践能力，并积极承担社会责任，为客户提供专业、优质、高效的法律服务。

赵黎明

海普睿诚彰显“海魂精神”
打造全国一流区域性强所

“利他是一切经营和服务最好的模式。”

自成立以来，陕西海普睿诚律师事务所（以下简称海普睿诚）一直坚持文化引领，历经30年风雨，始终“所如其名”，拥有大海般的胸襟和气度，为陕西乃至整个西部地区的法律服务业发展作出了卓越贡献。海普睿诚立足陕西，放眼全国；既用心培养所内青年律师，也关心全行业的人才成长，心系法治中国建设；既深耕专业，更着眼未来新赛道的布局。

立所基于文化，律所发展战略也基于文化，文化如何为海普睿诚的发展赋能？实现了价值理念、制度、文化、管理等各方面的一体化，所谓的“现代一体化”如何践行？反复提及的“利他”和“共享”如何实现？

对话时间　2023 年 7 月 24 日

对话嘉宾　赵黎明，陕西海普睿诚律师事务所创始合伙人、主任，陕西律协名誉会长，陕西省政协常委及社会与法制委员会副主任。同时担任陕西省人民政府法律顾问、省人大常委会咨询专家、省政协立法协商咨询专家、省委政法委决策咨询专家、省法官检察官遴选（惩戒）委员会委员、西安仲裁委员会仲裁员、上海仲裁委员会仲裁员、中国人民大学特邀教授。执业以来代理各类案件 3600 余起，多个案例作为判例刊载于《最高人民法院公报》，代理了多起重大疑难案件。先后荣获“全国优秀律师”、“全国优秀仲裁员”、“三秦十佳律师”、陕西省律师行业“突出贡献奖”、省十大法治人物、省五一劳动奖章、“钱伯斯”大中华区业界贤达等奖项，系法律行业领军人物。

王凤梅：海普睿诚自 1993 年成立以来，砥砺奋进，持续发力，已发展为全国一流区域性强所。在这 30 年中，海普睿诚经历了哪些里程碑式事件？规模化的发展历程和发展模式是怎样的？

赵黎明：时光不语，见证不凡。30 年栉风沐雨，海普睿诚经历了初创、成长、合并做大、夯实做强、再出发等不同阶段。1993 年成立之初，我们只有 8 名律师、5 名辅助人员，办公场地仅 31 平方米，更像是“小房子里的小作坊”，但机制灵活。1995 年，海普睿诚已成为陕西省屈指可数的创收百万元的律所之一。2000 年，我们通过引进人才和探索先进的管理模式，人员扩充到 50 余人，办公场所扩展到 1000 余平方米，并由合作制改为合伙制。2014 年，海普睿诚通过合并重组实现了百人律所规模，目前人数已达 300 人，拥有国际化的办公场所 4000 余平方米，发展成为公司制管理、部门化为主、团队化运作的专业性、综合性律师事务所。2023 年是海普睿诚成立 30 周年，以“三十而励　筑梦百年”为主题的系列庆典活动正在举办中。

王凤梅：海普睿诚是一家“现代一体化”管理的律所，不同律所对一体化的理解和实践有不同程度的差异，海普睿诚的“现代一体化”是怎样践行的？在管理架构、决策机制、分配机制等方面是如何设计的？

赵黎明：目前，发展得较好的律所都在实行“现代一体化”管理。海普睿诚的一体化，不仅体现于理念、价值观、制度、文化的一体化，更是实现了成本、核算、分配、评优奖励上的一体化。

在管理架构上，我们的最高权力机关为合伙人大会，下设管理委员会、合伙人考核委员会和监事会。其中，管理委员会为主要决策机构，管理委员会下设的执行机构为主任办公会，设有八大业务部门，各部门内建多个专业团队，律师通过部门和专业团队能够实现有效组合。

在分配机制上，海普睿诚实行年底统一核算、统一分配，但每月预发一定比例的办案报酬（含用人成本），同时有案源分配机制、主协办分配机制和二次奖励分配机制等。

正因为分配机制的一体化，海普睿诚在举办类似“30周年庆”等大型活动时，才能够做到既不影响个人收益，也不会面临资金短缺的难题。

王凤梅：海普睿诚的专业优势主要表现在哪些领域？未来是如何定位的？

赵黎明：“专业立所”是海普睿诚的基本发展方略。律师提供的是一种计时的智慧服务，对律师而言，遇到问题解决不了，是智慧不足、专业力量不够的体现。“创造思维、提供思想”是海普睿诚独特的、专有的办案理念，更是服务理念。

近年来，海普睿诚除了在传统的刑辩及民商事诉讼代理业务上有显著的成绩之外，在公司财税、建工房产、企业破产保护、并购重组、国企混改、涉外业务等领域也有优秀的表现。

西安是“一带一路”起点、中欧班列重要城市、中亚五国峰会召开地，设有第二国际商事法庭和国际商事仲裁院，有巨大的涉外法律服务需求。为此，海普睿诚特别设立了涉外业务部，将紧跟国家发展大势，系统培养既懂国际私法又懂国际公法，涵盖跨境并购、跨境投资、跨境破产保护等领域的涉外律师人才，以响应国家发展战略、匹配市场需求。同时，在互联网数据安全、网络侵权保护、环保生态、企业合规等新业务、新赛道上，海普睿诚进行了充分的提前谋划和准备。

在我看来，如果一家律所、一个律师只做传统业务，满足于当下的收入，而没有用未来的眼光制定长远规划，那这家律所、这个律师是没有后劲的，最终必然会被市场淘汰，失去社会的认可，不利于长久发展。

王凤梅：人才是律所的核心竞争力。海普睿诚在引进人才方面是怎么做的？有哪些实践经验？

赵黎明：“人才兴所”也是海普睿诚的基本发展方略，在人才的引进和培养上分为四个层次：一是行业领军人物，二是专业领军人才，三是青年杰出人才，四是青年后备人才。实践至今，成果卓著，不仅已涌现多位行业和专业领域的领军人物，也有许多青年杰出人才已发展为律所合伙人，更有大量青年后备人才形成了律所的人才梯队。我们在这些方面制定了相应的标准和考核机制，通过优秀合伙人引进制度以及即将出台的合伙人退休年金机制，保证我们引进人才的制度优势。

王凤梅：海普睿诚的文化、价值观和基本方略在实践中是如何应用和体现的？

赵黎明：海普睿诚的文化在于发扬“海魂”精神——海魂是海纳百川、包容万物，是大视野、大格局、大气度。“海普”音译于英文单词“help”，是“帮助”的意思；“睿诚”音译于英文单词“reaching”，是“达到”的意思。帮助客户实现目标是海普睿诚的理念，具体体现为“温暖、快乐、共享、利他”的文化内涵。海普睿诚的文化理念通过合伙人们的融会贯通，逐渐渗透于律师及员工中，使文化点滴深入人心。

“专业立所、人才兴所、品牌铸所、文化强所”是海普睿诚经过30年的不断发展而总结出的基本发展方略。同时，在统一的价值观上也有所迭代，比如将原价值观“诚信、笃行、责任、共赢”中的“笃行”变为“创新”，将“责任”更新为“引领”，就是要起到引领西部律师行业发展的作用。

王凤梅：据权威报道，目前我国律师人数已达67.7万人，未来几年还将快速增长。为了提升律所在法律服务市场中的竞争力，海普睿诚有哪些战略规划？将聚焦在哪些方面？

赵黎明：海普睿诚的战略规划和定位是全国区域一流强所。这个区域不仅指陕西，而是整个西部。未来几年，我们将聚焦于发展涉外业务，培养涉外人才，树立陕西律师的国际形象，这是国家战略在为律师做后盾。在开拓新赛道、发展新业务上，如环保生态、数据安全、企业合规、国企混改、跨境并购等方面，海普睿诚将在未来 3 年专门设立一个基金来进行新业务的培育。只有把握新的赛道，才能有新的竞争力。现在的市场竞争很激烈，这时更需要沉下心来，因为每一场所谓的业务危机或市场危机，都蕴含着新的挑战和机遇。

从传统业务升维到新业务，我用互联网领域的“TOE”一词来形容——“T”是核心技术，“O”是组织和规模，“E”是生态环境。律师的核心技术是极致的专业，这就需要专业的人才和智能化的辅助设施；团队和规模的大小主要体现在组织上；生态环境主要表现在客户、资源和营商环境上。我们只有通过在“TOE”上下功夫并不断进步，才能进入新的赛道，真正挖掘出新的优势领域，开拓出核心市场，深耕出核心业务，培养出核心团队，发展出核心客户。

王凤梅：我们关注到海普睿诚十分重视党建的引领作用，您能否谈谈海普睿诚在党建及社会公益方面的经验和特色做法？

赵黎明：律师本身不是商人。商人是通过资本运作，甚至投机运作来谋取巨大利润，而律师则是通过法律服务来获得合理的报酬。律师的责任是维护当事人合法权益，维护法律正确实施，维护社会公平正义。此外，律师通过公益服务促进了社会的行为规范。比如，过去打电话是双向收费，通过律师的努力，电信部门改成了单向收费；类似的还有公厕收费问题等。在我看来，社会的文明、民主和法治的进程都离不开律师。

无公益，不律师。履行社会责任，坚持做公益，是律所做大做强的基本要素。30 年来，海普睿诚始终重视并践行社会公益责任。1995 年，海普睿诚曾为国企下岗的职工减免法律服务代理费；近几年，我们通过办希望小学、抗震救灾、疫情防控时捐款捐物等行动，积极践行律师的社会责任。同时，海普睿诚不忘发挥专业优势，用专业拥抱公益，包括制作防疫相关的法律手册、发起并实施“百名律师进百村”宣讲《民法典》、村居法律帮扶等活动。

以党建促所建，以所建谋发展，是海普睿诚创新“党建＋公益”的法律服务模式，很多公益活动都是在党总支的领导下完成的，这充分发挥了党员的带头作用，也确保了活动在政治上、思想上的正确性。

王凤梅：您在担任陕西省律师协会会长期间，曾创造性地提出了律师为人大代表和政协委员担任法律顾问，此举后来被司法部在全国推广。请问您当时提出此举的思考是什么？

赵黎明：作为中国律师，不仅要做好经济建设服务，也要积极参与政治建设，律师在参政议政上表现更多的是公益性。当时，我是这样思考的：在部分没有法学教育背景的人大代表和政协委员的提案、议案中，违背法律常识的情况时有发生，这就需要律师帮助提高代表委员参政议政的质量。同时，很多代表委员来自企业界，律师可以通过提供法律服务获得代表委员的认可，进而取得其他业务上的支持。此外，这样的服务是依法治国在地方上的有效举措，党委和政府也很欢迎。

这项举措自 2009 年实施至今，效果一直非常好。海普睿诚每年都会挑选优秀律师为代表和委员们提供免费的法律服务。该举措被司法部积极推广，得到广大律师同仁的有力支持。

王凤梅：前不久，司法部党组专门召开“做党和人民满意的好律师”座谈会，会上提出了“五点希望”，对新时代新征程律师工作高质量发展作出了具体安排部署。您对此如何理解？

赵黎明：司法部党组对律师提出的“五点希望”正当其时。“五点希望”不仅是国家对律师的要求，也是律师对于中国特色社会主义法治事业的崇高期盼。

司法部党组的核心要求，就是希望广大律师能够摒弃商人的思维，坚定正确的政治方向，坚持执业为民的理念，积极践行社会责任；并通过每一个案件的承办，去寻求哪怕是极细微的进步，一点点地形成边际效益聚合，从而取得巨大的进步和成效，努力做党和人民满意的好律师。所以依照我的理解，好律师不仅要服务好客户，更要服务好国家在新时代的法治建设。

王凤梅：得青年律师者得天下。对于律所来说，做好“老带新”也是一个挑战，您觉得在与青年律师交流的过程中有代沟吗？另外，有什么留住人才的好方法可以分享？

赵黎明：我和青年律师之间没有任何代沟，因为我现在也还在长江商学院里“上学”。海普睿诚设有青工委，建立了青年律师的日常化工作机制，出台了《支持青年律师发展的十条意见》，从政治引领、业务支持、人文关怀、表彰激励等十个方面对青年律师进行全方位的关心、培养和支持。

为了打开青年律师的国际化视野，我们设立了专项基金，从 2018 年起每年选派 10 名青年律师先后赴新加坡、美国等地研学 1 个月。虽然这项活动因疫情原因暂时中断了 3 年，但当时机合适后，我们将重启海外研学活动，为未来的“走出去”和全球化法律服务做好准备。

也有人质疑，海普睿诚花了大价钱来培养人才，如果人才以后离开了怎么办？我觉得，即便如此也无妨，整个法律服务行业终究是多了一位人才。如同我前面提到的，海普睿诚的文化就是“海”的文化，就是要有大格局、大视野和大气度，利他是一切经营和服务的最好模式。打造海普睿诚的品牌，就是打造利他文化，从而彰显海普睿诚的品牌实力。

王凤梅：共享是现代社会的发展趋势和时代精神，也是未来大型律所的成功之要。作为全国一流区域性强所，海普睿诚正在打造数字化共享中心，具体是如何做的？

赵黎明：为了提升在法律服务市场中的竞争力，海普睿诚实行“倒三角架构”的运营模式——最下端是客户（老板），上一层是直接服务于客户的律师，再往上的各层分别是服务于律师的各个行政、业务部门、专业委员会以及管委会等。我们通过“倒三角架构”的服务模式，提供一体化的法律服务，实现律所为律师赋能，让律师更好地服务客户，最终体现以客户为中心的服务效果。

律所能否发展和强大，关键在于律师的竞争力。因此，律所一定要为律师赋能，尊重律师的发展规律。律所的强弱主要由律师来决定——律师强，律所才能强；律师富，律所才能富。因此，律所要千方百计地设计出更符合律师职业发展规律的制度体系和配套的运营机制，让律师有更多的分享、更多的收获和更好的发展。

无共享，不律师；无共享，不律所；无共享，不未来。未来律所可持续发展的最大源泉就在于充分共享、相互赋能。我们打造全方位、数字化、多层次的律所共享中心，就是为了践行“互助共享”的文化，使广大律师在这个平台上既能充分成长，又能高效合作，还能获得满满的幸福感。

王凤梅：赵主任分享的律所发展思路和管理思维模式都非常前沿。发展理念的前瞻性、制度的先进性，都化为海普睿诚强劲的驱动力。我们从中不仅可以看出海普睿诚作为区域强所的实力，更能看出未来海普睿诚面向全国的雄心和布局。

马靖云

品牌矩阵助力高质量发展
海派大所海华永泰“三段式”飞跃之路

2022年是殊为不易的一年，复杂多变的形势和诸多艰巨挑战给许多律所的发展带来了阻力。上海市海华永泰律师事务所（以下简称海华永泰）却逆势而上，各方面的工作并未受到大环境太大影响，上半年已有数个合伙人团队转入海华永泰，还有多个合伙人团队透露出合作意向。从精品所到全国规模所，再到进军海外、建设国际化大所，海华永泰根据自己的战略目标，每一步都走得很稳健，品牌化建设成绩斐然。“品牌先行”的理念推动海华永泰构建品牌矩阵，而品牌矩阵的日渐成熟，也正在助力海华永泰下一阶段战略目标的实现。

从1995年初创时不到5人的精品所，到如今超过千人的综合规模大所，28年中，海华永泰经历了哪些发展阶段？“一体化”已成为律所发展的大势所趋，作为一家合伙制律所，海华永泰如何克服阻力，进行一体化建设？海华永泰高度重视品牌化建设，创新提出并身体力行地实践“律所品牌指数”方法论，还特别设立了品牌与国际化战略委员会，海华永泰的品牌战略有何“独门秘籍”？

对话时间　2023 年 7 月 26 日

对话嘉宾　马靖云，上海市海华永泰律师事务所主任兼党委书记，法学博士后，上海市法学会律师法学研究会会长；获《商法》百名中国精英律师、全国律师行业优秀党员律师、全国优秀共产党员、上海市律师行业优秀党员律师、上海市第四届优秀女律师、中国知网人工智能 Top100 影响力作者、中国法学会学术论文二等奖，其法学论著入选《上海律师文丛》，担任上海交通大学、华东政法大学等多所高校兼职硕士生导师、客座教授。

王凤梅：海华永泰作为一家海派大所，从创立时不到 5 人的精品所发展为如今超过千人的综合规模大所，中间经历了哪些发展阶段？有哪些独到的律所文化？

马靖云：自诞生起，海华永泰经历了三次变革。1995 年刚成立时，海华永泰是一家合作制的律所，起名为“古北”，坐落于长宁区的一幢小楼。2002 年，律所更名为“海华永泰”。2006 年，海华永泰规模扩大，律所体制变革为普通合伙制。2015 年，进行第三次体制变革，变成了如今的“特殊的普通合伙制”律所。体制的变革基于律所的战略发展，也映射出一家海派小所慢慢发展为规模大所的成长之路。

2011 年前后，海华永泰决定走上规模化的道路。次年，在北京设立了第一家分所。随着越来越多的分所在全国各地相继设立，海华永泰的合作团队数量、工作人员数量持续上升。2015 年，制定了国际化战略，加入在国际上排名前三的 TAGLaw 联盟，随后分别于 2017 年和 2018 年先后设立洛杉矶分所和西雅图分所；2022 年至今，海华永泰设立了巴黎、伦敦和悉尼分所。目前，已在全球设立 35 个办公室、办事处，并正与我国香港特区、新加坡、瑞士等地洽谈合作。

回顾海华永泰的发展历程，绝非走一步看一步，而是依照缜密的短、中、长期规划有序进行。设立海外办公室，不仅是规模化的一个进程，更是打造国际化大所的品牌形象的契机。这意味着海华永泰正朝着继“打造上海精品所”“打造全国规模大所”之后的第三个战略目标——“打造海派国际化大所”迈进，我们的最终目标是实现“建设海派百年品牌大所”的愿景。

王凤梅：面对世界百年未有之大变局，“一体化”已成为律所发展的大势所趋，作为一家合伙制律所，海华永泰如何克服阻力，进行一体化建设？

马靖云：面对“打造海派国际化大所”的战略目标时，无论是合伙人团队还是管理团队都感到了压力，但同时，大家也都充满了信心。规模化不是目的，只是手段，规模化效应才是海华永泰的目的。基于规模化效应的诉求，海华永泰必然要实现全国的一体化建设。但对于一家拥有很多加盟制分所的合伙制律所来说，想要打造一个全国一体化建设的规模大所很有难度。海华永泰既不希望打破原有的战略规划，也不希望打破已有的业务合作和信任情感。在考虑规模化效应、做好律所风险控制的前提下，正一步一步、有条不紊地推进一体化进程。

海华永泰的一体化建设主要包含以下几个方面：第一，要求国内外分所紧跟总所步伐，按照统一的战略目标，推进自身的规模化、品牌化、专业化建设。第二，实现制度上的一体化。2022 年，海华永泰对制度进行了全面梳理，对包括人才引进、人事晋升、内部合作、全国各办公室的管理等在内的多项制度进行了修改、补充和完善。第三，实现专业上的一体化。海华永泰有 12 大业务板块，分别对应 12 大业务委员会，希望能够在所内打造一个合作共赢的内部市场。第四，实现品牌上的一体化。海华永泰在这方面已做得比较完善，自 2013 年成立品牌与国际化战略委员会起，就已经开始了品牌一体化建设。随着在上海总所设立党委，并要求各分所设立党支部，同时接受属地党委和总所党委的管理，海华永泰形成了以总所党委为核心，全国党建一体化建设同步开展的局面。

除此之外，在人才培养、风控等方面，海华永泰也在进行一体化建设。未来，海华永泰还会在更多层面实现更紧密的一体化；现有的一体化建设已经对海华永泰第三阶段的战略推进起到了积极作用。

王凤梅：海华永泰在发展过程中，每三年要制定一次战略规划。今年是2022～2024三年战略规划中的第二年，在这承前启后的一年中，海华永泰已达成哪些规划目标，还有哪些规划目标亟待实现？

马靖云：2022年作为2022～2024三年战略规划中的第一年，因疫情的影响，我们的战略规划在推进上遇到了些许阻力。但庆幸的是，基于全所的共同努力和多年来的积累，海华永泰形成了向前发展的韧性和惯性。哪怕是处于经济下行、国际关系紧张等复杂环境中，我们仍然取得了相当不错的成绩。

在制度一体化建设方面，海华永泰修改和完善了近200条制度，新增制度30余项；在专业、品牌、风控、内部合作机制等方面，对总所及各分所进行了统一规范；在规模扩张方面，依照每年新设五家分所的战略规划，已完成国内五家分所和伦敦、巴黎、悉尼三家海外分所的设立；在业务创收方面，增量稳定，2023年上半年，业务创收增速喜人，一些专业领域甚至实现了逆势增长；在人才培育方面，海华学院持续发力，全方位对青年律师进行培养；在专业精进方面，在知识产权、房地产、金融、刑事等多领域赢得数十项专业奖项，获得了法律媒体的一致好评；在品牌化建设方面，一改之前低调内敛的风格，迅速在市场上打开知名度，并依托品牌效应为第三阶段战略目标的达成增添动力。

总体来说，海华永泰各方面的工作没有受到大环境太大影响。疫情结束后，2023年上半年已经有数个合伙人团队转入海华永泰，还有几个合伙人团队透露出合作意向，目前正在洽谈中。

王凤梅：许多优秀的合伙人、团队主动选择加入海华永泰，哪些特质造就了这种人才虹吸现象？人才加入律所后，海华永泰会提供哪些赋能和培训措施？

马靖云：海华永泰不仅要做规模大所，还要做专业强所；要实现这个战略目标，人才是根本。大家愿意加入海华永泰，是因为一直推崇“民主、包容、共享”的文化。“海华永泰”中的“海”字包含了海纳百川的精神，海华永泰也一直以海纳百川的胸怀和格局来容纳律师团队在个性、思想等各方面的多元化。海华永泰“民主、平等”的理念吸引了很多处于成长期的合伙人及青年律师加盟，他们可以在这里自由地发挥自己的才能，并获得行政服务和专业合作上的支持。海华永泰希望可以一直延续这种宽松、自由、舒适的工作氛围，让大家能够安心发展自己的事业。

除此之外，海华永泰还有两点特质吸引着青年律师：

一是完全透明畅通的人才晋升通道。如果一位年轻合伙人的品行、专业、潜力都足够优秀到与权益合伙人的能力要求相当，那么他就可以直接进行跳跃式晋升。

二是聚力打造内部合作市场。从制度、分配等多角度出发，全方位促进所内律师的交流合作，实现律师间的资源共享，对存量客户进行二次、三次挖掘，共同开拓新的服务市场。律所一旦规模化后，律师间很容易产生陌生感，小圈子活动依然存在，但往往会失去大范围的合作与信任。为此，海华永泰搭建资源共享平台，倡导大家敞开胸怀、放宽眼界。同时，也会通过举办交流沙龙、专业讲坛、青年律师训练营等活动，促进所内律师间的合作与交流。

合伙人加入海华永泰后，他们的业务量往往都会倍增，甚至有的合伙人加入后，其业务量实现了 3 ～ 4 倍的增长。我认为，这与平台赋能有很大的关系。合伙人们在海华永泰这个大平台中找到了更合适的合作机制，海华永泰也给了他们更多展示自我的机会，以此助力他们形成更强的竞争力。

王凤梅：“专业赢得尊重、携手成就理想”是海华永泰的核心价值观，优势专业覆盖 11 大领域、20 余个行业，共设有 12 大业务委员会。海华永泰所以哪些机制支撑和保障律所的专业化建设？

马靖云：首先是抓住人才效应。最开始，海华永泰的目标是成长为一家精品所，因此专注于公司上市、房地产和投融资这三个业务板块，在上海律所中占据了一席之地。后来，海华永泰变为合伙制，随着不同专业领域优势的律师团队加入，优势业务板块相继增加，直到形成如今的 12 大业务领域。

其次是做好律所的战略规划。海华永泰会根据市场变化和战略目标，有意识地进行专业领域的扩张。比如，中国加入 WTO 后，我们意识到知识产权一定会成为一个井喷式的业务领域，因此开始有目的地吸引知识产权方面的人才，重点吸纳和扶持该领域的青年律师。

最后是根据国家战略和有关经济政策对行业进行评估。海华永泰时刻关注着国家的相关战略和政策，并及时对相关业务领域进行适当的填补和加强。比如，国家重点扶持的行业，包括科创、新能源领域等；国家可能出台的司法政策，如企业合规等，在未来都可能成为律所业务的增项。海华永泰在疫情影响下仍实现了业务的逆势增长，与我们服务思维的转变、服务产品的创新有很大关系。比如，由诉讼领域向非诉讼领域转变传统刑事业务产品的拓展方式、呈现方式和宣传方式，就可能会寻得新的业务来源。

海华永泰不断增强专业品牌的推广宣传，在提升获客能力的同时，也让服务产品和经典案例能够真正对接市场。近年来，海华永泰的各项业务都获得了持续增长，包括刚刚兴起的文化传媒和新能源领域业务，都在业内收获了很好的口碑，赢得了一定的市场竞争力。

海华永泰学习国外优秀律所和国内头部律所的经验，实行“一主两辅”的专业定位，倡导律师团队选择一个主要业务领域精耕细作，并且在内部合作和团队的品牌宣传方面强调其专业领域，以此迫使律师在专业上深耕，从而满足律所的专业化建设要求。

王凤梅：您觉得专业律师如何才能更好地把专业和服务相结合，以顺应市场的需求，抓住市场发展的新机遇？

马靖云：过去我们说“酒香不怕巷子深”，但在现在这个时代，“酒香”也有可能害怕“巷子深”。要想更好地将专业与服务相结合，顺应市场需求，首先要有“以客户为中心”的服务理念。法律人的思维大多非常严谨，拥有很强烈的法律信仰和法治精神，但这也导致他们形成了固有的思维模式。比如，律师会按照学科进行专业分类，但没有法学背景的客户很可能根本看不懂律师的专业分类是什么。

其次，律所平台要为律师赋能。正如我前面说的，律所要深入了解国家战略和经济形势，了解行业的动态，这样才能更好地了解客户的需求。律师使用专业技能的最终目的是给客户提供最专业、最精准、最有效的法律服务，因此律所在专业定位、专业服务产品介绍、专业品牌推广等各方面都要符合客户的思维，满足客户的需求。律所和律师只有真正了解市场，才能抓住市场发展的新机遇。

王凤梅：海华永泰十分注重品牌化建设，提出了“律所品牌指数”方法论，还特别设立了品牌与国际化战略委员会。海华永泰的品牌战略以及品牌建设中的投入保障机制是什么？如何通过品牌化促进“国际化专业强所、百年品牌大所”战略目标的达成？

马靖云：关于品牌建设，首先要从理念上作出转变。第一，评价品牌建设的作用不能只看它带来的直接效益，品牌建设不等同于市场营销；第二，品牌服务于律所的战略规划，因此律所在不同的发展阶段会有不同的品牌战略。

刚开始进行规模化扩张的时候，海华永泰延续了之前作为精品所时使用的品牌宣传战略，通过创办期刊、创建网页、设立微信公众号、制作宣传册等方式聚焦对专业的宣传，还设计了律所的中英文 Logo，进行统一化的品牌管理。到品牌宣传 2.0 时期，海华永泰提出了“律所品牌指数”，通过 5 个核心指标、49 个一级指标和 111 个二级指标呈现律所在两年内的发展情况。这些数据可以清晰地呈现出海华永泰的成绩与不足，并推动下一步工作的改进。

如今，海华永泰的品牌战略进入 3.0 时期。“建设海派国际化大所”的战略目标要求我们多维度建设品牌。因此，海华永泰构建了包括学术品牌、专业品牌、明星律师品牌、党建品牌、社会公益品牌等在内的品牌矩阵，共同为未来的战略目标服务。由此可见，品牌的升级，包括对全国品牌一体化的管理和建设，都是为了助力战略目标的实现。

最初提出“品牌先行”的理念时，海华永泰内部有过不同意的声音。因为我们是一家合伙制律所，想要统一所有合伙人的想法十分困难；但又因为秉持民主、包容的文化理念，海华永泰内部形成了少数服从多数的决策机制。当遇到不能达成共识的问题时，我们就采用匿名投票的方式来决定。在这样的机制下，海华永泰的品牌化建设得以推进。

王凤梅：海华永泰创新性地提出“时尚党建 +”模式，在此模式的主导下，举办了哪些值得分享的活动？如何彰显一家海派大所的社会责任与时代情怀？

马靖云：早在 2003 年，海华永泰就设立了党支部，并开始探索开展党建活动。随着律所人数的增加，海华永泰党支部升格为党总支，2019 年又升格为党委。在此过程中，海华永泰的党建活动也逐渐变得更加系统化、规范化，更加与律所发展的战略规划相契合。基于国家对整个律师行业监管的加强，海华永泰的党建活动在这几年里逐渐形成了品牌，目前在全国范围内都具有一定的影响力。

海华永泰刚提出做党建品牌的时候，部分合伙人并不十分支持。但在实践过程中，由于创新了呈现方式，党建活动吸引了大量年轻人参与，为青年律师的培养、律所文化的建设和社会公益活动的开展提供了支点。因此，大家都认可了党建为海华永泰带来的正面力量，客户也对海华永泰的党建品牌给予了很高的评价。在客户看来，海华永泰的党建搞得好，说明内部管理规范、政治方向正确，他们也更加信赖海华永泰了。

党建要符合律所整体的发展战略，把党建和所建有效结合；此外，党建也要与社会公益有效结合。海华永泰关注自闭症儿童近 10 年，并通过党建活动对他们进行长期资助；疫情期间，海华永泰第一时间设立疫情公益小组，不到 3 小时就为疫情严重地区捐助近 100 万元，并利用全球资源从 5 个国家进购医疗物资；海华永泰还在华东政法大学、复旦大学、上海交通大学等多个高校设立了奖学金……一系列与公益结合的党建活动，展示了海华永泰的情怀和社会责任感。

拆解“海华永泰”四个字，“海”代表海纳百川的精神，“华”阐述了“业专气自华”的信念，“永泰”二字则寓意“助力依法治国，实现国泰民安”的美好愿景。因此，自诞生之日起，海华永泰就带着承担社会责任的使命，并且在发展中代代相传。

王凤梅：海华永泰的初心也是所有法律人的初心。在今天的交流中，马主任带领我们回顾了海华永泰的发展史，并为大家分享了一家大所在发展中的战略规划、文化理念和品牌打造思路，最重要的是分享了将海华永泰的初心精神与律师的职业发展相融合的经验。

李超峰

打造有温度有力量的创新型律所

“我目前将80%的精力投入律所管理，剩余部分投入社会公益案件办理。”作为一位高度重视社会公益的律所主任，李超峰以身作则，引领更多汇祥律师加入公益法律服务事业。

北京汇祥律师事务所（以下简称汇祥）成立于2016年7月。“公益铸所”是汇祥在发展过程中始终坚持的方向，也是这家新生代律所在短短7年内就能迅速壮大的秘籍之一。通过坚持“以人为本”的文化理念，以“诚信、创新、卓越”为宗旨，汇祥已成长为一家拥有400余人的综合性律师事务所，业务范围涉及房地产与建设工程、公司、国际与区际、行政、金融与资本市场、民商事、刑事、知识产权法律事务等21个专业领域，并开始了国际化、规模化的布局，致力于建设成为全球百强律师事务所。

自创立以来，汇祥经历了哪些发展阶段？律所的文化与核心价值观是怎样的？汇祥的发展方针中提出“数智化”建设，与一般意义上的“数字化”有何区别？未来的数智化建设如何规划？继2022年在悉尼成立首家海外分支机构后，汇祥2023年又与广东深天成律师事务所签订了战略合作协议，未来如何布局规模化、国际化建设？

对话时间　2023 年 8 月 3 日

对话嘉宾　李超峰，北京汇祥律师事务所创始合伙人、主任、管委会主任。法学博士后，特聘法学博士生导师，仲裁员，全国优秀律师。研究及擅长领域：政府法律顾问、合同法、公司法、刑民交叉、多元纠纷解决等。先后担任 100 余家政府机关、企事业单位的常年法律顾问、首席法律顾问律师，司法实务经验丰富。执业 17 年来，承办了多件有较大社会影响的案件。法学理论基础扎实，研究功底深厚，在 SCIE、CSSCI 及全国中文核心期刊发表专业论文 30 余篇，参与编写专业著作 5 部。

王凤梅：汇祥近两年的发展速度令行业瞩目，我们先了解下汇祥快速发展的历程，再探讨其背后的原因。请问自 2016 年创立以来，汇祥经历了哪些发展阶段？律所的文化与核心价值观是怎样的？

李超峰：汇祥自 2016 年创立以来，经历了 1.0 的萌芽时期、2.0 的崛起时期和 3.0 的浪潮时期。

在 1.0 的萌芽时期，汇祥正式迁至北京大成国际中心，办公面积扩展到 10，000 平方米，并正式确立了“党建引领、管委会领导下的执行主任负责制，监事会负责监察”的基本制度和“二十一个一”的总体发展理念，业务方向也逐渐开始由传统业务向新型业务转型。

在 2.0 的崛起时期，汇祥坚持将“具有自身特色的专业化发展之路”作为律所持续发展的核心驱动力，逐步强化体系完善、优化发展创新，确保制度科学规范；正式开启了专业化、团队化的全新运营模式，并持续进行律所内训和律所建章立制，为律所的高质量发展夯实了基础。

在 3.0 的浪潮时期，汇祥的发展进入了全新纪元，人才结构逐步完善，专业分工日渐明确，律所整体迈向高质量发展的快车道，正逐步朝着专业化、规范化、数智化、国际化、品牌化的方向快速发展。

汇祥坚持“以人为本”的文化理念，具体可归纳为六个字：专业、合作、卓越。“专业”即对专业的追求、极致、匠心，以专业为本，以专业兴所；“合作”即合作共赢、同心协力、群策群力，为客户提供高效满意的法律服务；“卓越”即追求卓越、不断探索、勇于创新，朝着建设全球百强律所的方向不断前行。

王凤梅：汇祥在管理决策机制上有何独特之处？请您介绍一下汇祥的管委会架构、管理理念和决策机制。

李超峰：汇祥采用了“一种机制、两种管理、三方融合”的管理决策方式。

“一种机制”，是指建立一套科学的民主集中的决策机制，在广泛征求民主意见的基础上，由汇祥管委会作出决定性意见；

“两种管理”，是指汇祥在管理决策中采用分层管理的方式，即涉及所内重大决策的事项由管委会各成员通过管委会会议共同决定，日常事项的决策则实行执行主任负责制；

“三方融合”，是指汇祥自成立以来始终坚持“党建带所建、所建促队建”的发展理念，在决策中采用党总支、管委会、执行主任一体化的决策管理工作机制，三方融合，多角度、全方位推动汇祥的高质量发展。

汇祥的管委会由律所主任、管理合伙人、管委会委员共同组成，分别负责律所发展战略、宣传推广、人才引进、党建工作等事务。同时，管委会下设青年律师工作委员会、女律师工作委员会、公益与社会责任委员会等，旨在让更多的律师参与到律所发展建设中来，最大限度地发挥潜能，真正成为汇祥的一分子。

王凤梅：2022 年 9 月，汇祥悉尼律师事务所成立，成为汇祥首家海外执业机构，标志着汇祥迈出了“国际化”战略目标的第一步。2023 年 3 月，汇祥与广东深天成律师事务所签订战略合作协议，为设立前海粤港澳三地联营所奠定了坚实的基础。请问汇祥未来如何布局国际化和规模化建设？

李超峰：汇祥一直将“国际化”作为律所发展的重要战略目标之一，致力于将汇祥律师打造成能提供全球专业法律服务的涉外律师。汇祥立足中国本土、着眼全球布局，不断加强高精尖涉外律师人才培养，制订了一套具有完整体系的涉外法律服务人才专项培养计划；并凭借专业的业务能力和过硬的综合实力，与国内多所知名法学院校携手打造涉外法治人才培养实践创新基地，先后与中国政法大学、北京外国语大学、中国矿业大学（北京）、北京建筑大学、北京中医药大学等高校建立了合作关系。

2023 年 2 月，为优化汇祥涉外法律服务体系，提升海外法律服务的广度和深度，经合伙人管理委员会研究决定，增设了“国际交流与合作工作委员会”。

此外，汇祥积极参与各种形式的国际交流活动，深入了解不同国家的文化和不同的法律制度，深层次促进国际法律交流。2022 年 9 月，汇祥受邀出席“中欧可持续发展青岛论坛暨 2022 国际健康与环境产业发展论坛”；2023 年 4 月 25 日，汇祥受邀参加“2023 年（第六届）驻华使节与商贸企业家新年对话会”，以全球化视野助力法律服务国际化向广度拓展、向深度推进。

2022 年 9 月，汇祥悉尼律师事务所正式设立。作为汇祥海外布局的桥头堡，汇祥悉尼分所立足澳洲、服务中国，搭建了多条联通中外的发展线路，并积极与总部协同联络，用多元化思维及时抓住发展机遇。汇祥悉尼律师事务所的成立对汇祥迈向国际化具有重要的历史性意义，实现了汇祥从律所国际化道路上的“参与者”到“推动者”的实质性转变，为真正走向国际舞台、成为全球化的综合性律师事务所打下了坚实的基础。

目前，汇祥在国内外法律服务市场上已经形成了一定的发展优势，正以更加积极的姿态融入世界，并构建全球法律服务网络。未来，汇祥计划与泰国、马来西亚、越南等“一带一路”沿线国家的律所签订战略合作协议，并在香港、深圳、上海、沈阳、呼和浩特等地布局国内分所建设，全面拓宽国际化和规模化布局的深度与广度，打造成一家“优势互补、交叉共赢”的跨区域综合性律师事务所。

2023 年 8 月 1 日，汇祥与中国商业联合会对外联络工作委员会、福建省对外经济合作中心共同举办了“传承丝路精神　共建法治文明”交流座谈会，接待了来自 11 个国家的 21 名优秀青年领袖，就中国涉外法治发展及“一带一路”多元化纠纷解决机制等法律问题进行了交流探讨。

王凤梅：作为合同法、公司法、刑民交叉、多元纠纷解决等领域的资深专家，您是如何不断锻造自己的专业能力的？汇祥有哪些机制支撑和保障律所的专业化建设?

李超峰：古语有云：“操千曲而后晓声，观千剑而后识器。”一名律师从优秀走向卓越，不仅需要日积月累的积淀，还需要持之以恒的专业化提升。从我自身而言，提升专业能力的过程可以归纳总结为四个关键词：输入、输出、借力、创新。

“输入”非常容易理解。当今时代，突飞猛进的科技发展改变了律师的工作方式，同时给律师工作带来了极大的挑战与冲击。律师要具备终身学习的理念，不断学习和更新法律知识，及时了解最新的司法解释和指导性案例等信息，构建自己的知识体系。以合同法律师为例，在执业的过程中，要紧跟权威脚步，第一时间掌握合同法的具体规则和实务操作中的细节变化等内容，不断更新自己的法律知识体系，为当事人提供全面、综合、系统的法律服务。

“输出”是指一名专业律师不仅要储备丰富的专业基础知识，还要具备优秀的输出能力，通过撰写专业文章、参加行业交流活动等方式，用输出倒逼输入。律师通过输出，一方面可以扩大自己的专业影响力，另一方面也能够提升自身的专业水平，加快、加深专业化发展步伐。我平时有时间就会写一些专业文章，最大的爱好是看书。即使工作繁忙，我也会坚持阅读专业书籍，同时极力倡导所内的青年律师多撰写文章，提高写作能力。

“借力”即要学会借助平台的力量。尤其是青年律师的发展，除了靠自身能力的提升和身边同行的帮助外，平台的力量也非常重要。律所就是一个很重要的平台，选择一家适合自己的、有助于专业提升的律所，将会为律师的专业化发展带来极大的帮助。我平时会积极主动地参加一些专业性和行业性交流活动，借助更多平台的力量来提升自己的核心竞争力。

“创新”始终是律师专业能力提升过程中的一个非常重要的关键词。作为新时代的律师，要学会创新、勇于创新、善于创新；通过及时学习新的知识和规则，转变自身思维，将思维的发展与新时代的特色相结合，谋定而后动。反之，如果我们不进行持续的创新学习、忽视自我提升，那么可以预见的是，未来一定会被他人甩开很长一段距离。

汇祥在支撑和保障律所专业化建设方面具有“三板斧”——专业领域辐射、

专业平台搭建、培训体系打造。

2022 年 4 月 12 日，汇祥成立了“汇祥律师研究院”和“汇祥刑事辩护研究院”两大专业平台，破除以往松散型的培养模式，架起司法理论学习与实务联系的桥梁，以专业精神滋养律师成长，以专业平台助力律所建设。

汇祥还打造了“课程体系完善、学术实务并举”的高质量专业培训体系，针对中青年律师群体，采用“因人而异、分层培养”的模式，多层次开展律所专业化建设。目前，汇祥已推出“汇祥法律大讲堂”“汇祥名家讲堂”“模拟法庭系列活动”等常态化培训体系，全力保障律所的专业化建设。

王凤梅：我们注意到，汇祥从 2022 年 12 月起加大了人才引进力度。请问汇祥在吸引人才方面有何秘诀？后续将如何进行人才培养？

李超峰：人才是律所最重要的资本。汇祥自成立以来，便将人才引进、人才培养作为律所重点工作之一，坚持把人才作为第一资源，并放在律所高质量发展的优先位置。

在吸引人才方面，汇祥采取“一对一”的人才引进措施，即根据律师的执业需求、执业困境等实际问题推出针对性措施，解决律师的后顾之忧，全力助力律师事业的健康可持续发展。

当前，很多青年律师在执业发展过程中普遍面临执业成本高、缺乏案源等困境。在深入了解律师执业困境的基础上，汇祥根据律所发展现状，融会贯通，推出办公位、办公室免费使用政策，为青年律师执业发展“减担子、添活力”。同时，制定了《公共案源管理规定》，以申报入库、接续接洽、联合办案、业务合作等方式对青年律师发展进行帮扶，解决青年律师案源不足、收入较低的难题。

汇祥在吸引人才的过程中也关注到律师在专业能力提升方面的需求，将“筑巢”和“引凤”相结合，先后成立了为青年律师执业成长赋能的青年律师工作委员会和汇祥律师研究院、汇祥刑事辩护研究院等专业平台，全方位解决青年律师在专业能力提升方面的需求。汇祥秉承“关注人才、引进人才、培养人才、发展人才”的理念，设立了“因人而异、分层培养”的人才培养模式和“课程体系完善、学术实务并举”的专业培训体系，全力保障律师人才培养工作的有序进行。

王凤梅：汇祥的发展方针中突出了“数智化”建设，并配备了“Law Wit”云端办公系统。请问汇祥的“数智化”与常规的“数字化”有何区别？如何规划未来的数智化建设？

李超峰：常规的数字化本质上是数据化，从基础的官网建设、自媒体矩阵、各类线上直播活动到线上审批、大数据检索等数字化工具，通过大数据、云计算等技术，拓展律师执业的空间性和时间性，用数字技术为律师业务赋能。

汇祥的数智化是在常规数字化基础上的转型升级，即在线上审批、大数据检索等数字化工具的基础上，深度挖掘数据价值，进一步进行资源整合，建立“点面结合”的集约化、菜单式线上系统。例如，汇祥律师日常工作中使用的“Law Wit”云端办公系统能够满足律师办公时的多种需求，提高业务办理的水平和效率，让法律服务工作更加简洁、高效。

接下来，汇祥将加速推进数智化律所的转型和升级，推出更多数智化产品，构建属于我们自己的数据库，为全球范围内的客户提供及时、高效的一站式自助法律服务。

王凤梅：作为一家“诚信、创新、卓越”的综合性律所，汇祥在律所运营、行政服务和文化关怀等方面有何特色？

李超峰：汇祥始终坚持“以人为本、以律师为本”的服务理念，打造了专业、高效的行政服务平台。除了提供日常的专业服务外，汇祥行政团队还为律师们提供形象照拍摄、宣传推广等增值服务，打造汇祥律师专属的行政管家，让汇祥律师可以更加专注地为客户服务，实现律所与律师的双向赋能。

汇祥还在律所内设立了咖啡厅、乒乓球室、网络直播间、更衣室、爱心妈咪室等区域，定期开展“读书汇·会读书·读好书”活动、茶文化交流会等多元律师文化活动，以强大的硬件基础和独特的文化关怀，让律师工作更加便利与高效；打造“家”一般的律所氛围，让每一位汇祥律师都能在律所收获满满的归属感、获得感、成就感和幸福感。

王凤梅：汇祥高度重视社会公益，申报的案例曾荣获《法治日报》“首届律师公益（社会责任）典型案例”中的“律所公益品牌十大典型案例”。汇祥如何常态化开展社会公益活动？用哪些机制保障“不能让做了好事的好人吃亏”？

李超峰：“公益铸所”是汇祥在律所建设中始终坚守的风向标和指南针。新时代的律师不仅要解决创收等基本的生存问题，更要努力做新时代法治中国建设的践行者、奋斗者、推动者、守护者和维护者；要通过对法律知识和技能的娴熟运用，用实际行动承担社会责任、践行公益使命，争做党和人民满意的好律师。

社会公益始终是汇祥的一项重要工作。从政策规定、平台支撑到榜样引导，汇祥真正把公益法律服务刻在骨子里、糅在发展中。在政策规定方面，汇祥将“每名律师每年应当提供不少于240个小时的公益法律服务”要求写进律所规定中；在平台支撑方面，为更好地组织和规范公益法律服务工作、整合法律志愿服务资源、提高整体工作效能，汇祥设立了公益与社会责任工作委员会，以专业能力搭建公益平台，以奉献精神创新服务方式，推动汇祥常态化社会公益活动深入开展；在榜样引导方面，汇祥创新公益法律服务形式，通过“党建＋公益”的形式，积极发挥党员律师的先锋模范作用。

汇祥还对热心公益事业的律师予以一定程度的政策扶持，如减免部分工位费、提供资源支持等，培育新生公益力量，激活律师参与公益法律服务的发展动能。目前，汇祥有近百名律师主动参与公益活动，并组建了一支政治素养、执业纪律、专业能力过硬的汇祥律师公益法律服务团，发挥榜样律师的带头作用，引导更多律师加入到公益法律服务事业中。汇祥积极开展的常态化社会公益活动包括12348公共法律服务值班，法律服务村居行，乡村振兴帮扶，政府信访值班，司法部、市、区三级法律援助案件办理等。为响应司法部及全国律协号召，我们在西藏无律师县建立了北京汇祥（洛扎）律师事务所，成立了全国第一家设立于律所的商事诉源治理工作站等。

王凤梅：品牌化是汇祥的发展方向之一，请问汇祥的品牌战略以及在品牌建设中的投入保障机制是怎样的？

李超峰：汇祥注重专业化建设，秉持“专业兴所”的理念，坚持将“具有自身特色的专业化发展之路”作为律所持续发展的核心驱动力；以“建设全球百强律师事务所”为目标，围绕科学规范的制度、运行有效的管理、开放共享的交流、先进保障的科技，整合优质资源，循序渐进开展专业化建设；通过专业分工和团队协作，最大限度地发挥集体智慧，为客户提供更加全面、专业、高效、精准的法律服务。

汇祥在创所之初就树立了品牌开发战略意识，并制定了一系列带有长远规划的品牌战略，将品牌建设作为律所可持续发展的一项根本来抓。目前，汇祥已经形成由 1 个律师研究院、1 个刑事辩护研究院、16 个专业委员会和 5 个工作委员会组成的专业化建设布局。专业化是品牌化战略的核心，汇祥将法律服务领域进行细分，先后打造了覆盖刑事、民事、行政、知识产权、数字经济、婚姻家事等多个领域的 16 个专业大部门，并借助律所品牌先后推出了知识产权闪聚沙龙、模拟法庭等系列品牌活动，打造汇祥品牌范围内的专业化。

在品牌化建设中，汇祥全方位、多层次开展宣传推广，借助官网、微信公众号、今日头条、学习强国等宣传平台，丰富宣传内容形式，扩大宣传覆盖范围；加强与《法治日报》、《人民政协报》、律新社等各类专业法律媒体的合作，提升公众对汇祥律师的认可度、美誉度和行业整体形象；推出“汇祥法律大讲堂”“汇祥名家讲堂”等学术研究平台，构筑汇祥品牌大厦的发展基石；积极参与 12348 公共法律服务值班、法律服务村居行、政府信访值班等公益事业，进一步扩大汇祥品牌的影响力。

品牌建设是一个长期且持续的过程。在品牌建设初期，汇祥率先在思想认识上高度重视，在战略层面上科学规划，在工作产出上倾注心血，设立了专门的领导机构与执行系统，品牌运营直接受汇祥管委会领导；设立了汇祥文化品牌部，负责汇祥品牌的具体建设与推广；同时还围绕品牌建设出台了各项管理规定，如接受媒体采访规定、网站信息发布规定等。

王凤梅：您如何看待现在国内和国际的律所和律师评价标准？您认为好律所的标准是什么？好律师的标准又是怎样的？

李超峰：我认为，无论是国内还是国际的律所和律师评价标准，都不能简单地用律所营收等具体数据进行量化。律师行业是一个特殊的行业，数据只能代表律所和律师在发展过程中的一部分成绩，其他很多成果则无法通过数据来衡量。例如公益，我们不能简单地以开展或参与了几场公益活动来衡量律所和律师的公益成果；只有真正解决了群众的法律服务需求，提升了群众的满意度和幸福感，才算是真正完成了一次公益法律服务。

律师是中国特色社会主义法治工作队伍的重要组成部分，大力开展公益法律服务、推进法治中国建设是律师执业过程中举足轻重的一项工作。而律所以律师为主体，所以评价律所和律师时，公益都是不可或缺的一项标准。

王凤梅：感谢李超峰主任为我们分享了汇祥从 2016 年成立至今快速发展的秘籍。更重要的是，让我们了解到汇祥是一家规划驱动型律所。通过创新，汇祥形成了一个有活力、有实力的组织，在规划、管理、文化、专业培育等方面全面发展，为行业提供了值得借鉴的范例。

第三章

行道：律界品牌实践

随着数字时代浪潮的到来，品牌化建设对法律服务行业而言势在必行，以客户和行业视角为主题的数字化品牌建设正成为新一波潮流，构建细分领域的品牌认知正成为下一个战略高地。

专业服务业品牌化也是市场刚需。法律专业服务的特征决定了其服务质量难评价，且信息了解成本高、不对称现象严重。随着律师人数逐年增长，行业竞争日益激烈，大量客户已经不满足于仅仅找律师，而是“货比三家后”找合适的律师。因此，品牌成为用户甄选判断法律服务的重要参照，显性且精准的品牌客观上减少了用户的选择成本，也提升了专业服务的价值。品牌是专业服务机构和团队在专业软实力和服务差异化上的集中体现，承载着用户对机构及服务的信任，也是打动市场的必然工具。

为了更好地彰显品牌价值（Value）、提升品牌视野（Vision）、赢得品牌成就（Victory），2022 年，律新社联合多家机构推出“V 品计划”，并于 2022 年 6 月和 2023 年 2 月分别主办了两场行业品牌发展论坛，邀请数十位行业品牌运营专家和律所品牌建设先锋分享各自精彩的品牌建设实践。本章摘录了各位行业精英在两场论坛上的演讲精华，沉淀品牌建设方法论，前瞻律界品牌建设未来。

法律服务业数字化品牌发展论坛暨“V品计划”启动仪式嘉宾发言纪要

2022 年 6 月 24 日，由北京律师法学研究会指导，中国政法大学律师学研究中心、华东政法大学公共法律服务研究院、律新社、独角新闻主办的“法律服务业数字化品牌发展论坛暨‘V 品计划’启动仪式”于线上成功举办，吸引万余人在线观看。大家一同见证了律新社“V 品计划”的正式启动，共同探讨了中国法律服务品牌发展和数字化品牌运营之道。

北京律师法学研究会会长、北京市隆安律师事务所创始合伙人徐家力是律所佼佼者的代表，经历了风云激荡的 30 年，他总结出“中国律所品质化发展核心八要素”：（1）规模化。隆安律师事务所经过 30 年的“跑马占地”，已经从创所之初的 3 人发展至如今的近 3000 人，在全国拥有 31 家分所，这说明任何事物的发展都必须进行规模化。（2）国际化。隆安律师事务所于 1994 年迎来司法部正式批准的第一位在中国律所执业的美国律师，并在成立 10 年后开始与美国的律所合作，而中国律所真正“走出去”是在 2001 年中国加入世界贸易组织之后。律所想要走得远、走得深，必须国际化。（3）品牌化。品牌是塑造出来的，不是吹出来的。律所发展到一定程度后，便需要通过自身一点一滴的累积来铸造品牌。品牌化虽然是外部表现，但实际上是律所经过多年对内功的锤炼而形成的。（4）专业化。专业化是当下律所发展的必由之路，甚至是唯一的路径。无论是律所、团队还是律师个人，都必须进行专业化发展。因为现在的客户太专业了，律师自身专业不过硬就无法向客户提供高质量的法律服务。（5）数字化。当今社会正处于数字时代，所有的行业都在进行数字化变革，律所的服务方式也需要“在线”，而这种“在线意识”必须通过数字化显现。律所在专业化方面也需要数字化表达，用数字化提供服务的律所、用数字化宣传的律所、用数字化显现的律所等，正是我们新时代需求的新要素。（6）知识化。律所之所以拥有可信赖的品牌，就是源于其所拥有的知识。一是办案案例，需要把律师的案件都总结成一种知识输出，律师卖的就是自身的知识。二是对法律的理解，一位律师之所以能成为行业专家，是因为其拥有丰富的专业知识，并在某一个领域内深耕多年，对该领域的研究深度不亚于大学教授。（7）特色化。特色化常与律所文化联系在一起，是律所在未来发展中能让人记得住的地方或者自身可依赖的路径，也是律师生存发展、在市场上立足、在行业内立标杆的关键。（8）精品化。也就是说，律所提供的服务非常小而精，能够提供其他律所无法提供的更为标准、深入、独到的服务。也有一部分律所的管理特别精品化，甚至连律师穿戴的服装都是定制的，律所内部管理得十分细致且有条理。八大要素中，前四个是徐家力在 10 ～ 20 年前于一个会议上提出的，现已为行业所认同和实践；后四个则是他结合数字时代提出的律所发展新方向。因此，这八大要素是律所成功的经验之路，也是律所未来发展的必由之路。

天达共和律师事务所创始合伙人、合伙人会议主席李大进作为已经执业 40 年的资深律师，在“律所卓越品牌方法论”主旨演讲中表示，中国律所的品牌建立还有很长的路要走，他对此谈了三点心得。第一，关于律所品牌的评价标准，他认为需要考虑五个方面：一是委托人评价。中国律师行业能够走到今天，离不开委托人的信任和托付，委托人对律所品牌的认识、感知和评价应是律所最为核心的品牌建设标准之一。二是官方评价。法律事业与中国特色社会主义伟大事业息息相关，党和政府对律师行业的看法非常重要，党和政府表彰优秀律所和律师的标准是律所品牌建设的重要参考。三是第三方评价。法律服务行业从来不缺第三方观察者，他们对于律所有着与委托人和官方不尽相同的评价标准，如专业化、团队建设等。四是社会评价。社会的评判标准会更加具象化，通过一起事件、一个案件、一位律师的形象等，社会公众都会对律所品牌产生讨论和评价。五是其他法律职业共同体的评价。法院、检察院、供方等司法机关队伍对律所和律师的评价也很有参考意义，不容忽视。第二，律师行业中客观存在两种完全不同的追求。律师在追求个人品牌和个人美誉度的时候，每个人的标准和方法是不一样的，而律所经营自身品牌知名度的方式又与律师的品牌塑造方式不同。当然，律师个人的知名度越高，就越可能提升其所在律所的知名度；反之，一家律所的品牌知名度越高，也越能够推出知名的律师，二者相辅相成。那么在建设律所时，能不能找对一条很好的路径、能不能建立一个很好的机制、能不能培育出与律所美誉度相匹配的能力，乃至能不能走得更远、走成百年大所，都需要找到和律师个人发展并不完全一样的目的和标准。他建议律所可以关注两个数据："慕名而来"的案件有多少？在当年的比例占多少？在这两个数据背后还要研究：是什么样的案件、什么样的当事人慕名而来找我们？是跨地区的、跨省的还是跨国的？这项数据非常有助于大家找到新的增长点，也是律所品牌建设的一个重要体现。第三，天达共和律师事务所如今已发展成一家综合的规模所，有自己的品牌建设，也成立了专门的机构来制定品牌策略，主要包含四个方面：一是通过多年的积累开始建立律所的品牌体系，如品牌认证、品牌定位、品牌理念、品牌基因、代表性客户群、品牌产品结构等；二是一直在实时升级和调整品牌传播策略，进一步发挥动态的控制；三是一直在考虑创建律所品牌的资产改革，品牌是有价值的，律所经营好自身的品牌资产非常重要，要尽力增加品牌曝光度和品牌功效、完善品牌结构，然后明确它的价值；四是实时地调整和升级、整合运营计划，主要包括打通律所内部的运营流程，以及不断清晰、完善客户关系管理。

深圳市律师协会会长、广东卓建律师事务所创始合伙人张斌在"以文化建设推动律所品牌建设"主旨演讲中表示，律所的文化建设和品牌建设是双向互动的。目前，法律服务市场竞争非常激烈，但各家律所产品的差异化并不是很大；若想让产品和服务得到客户的认同、引起客户的共鸣，律所就要进行品牌建设。而文化能使品牌具有持久力、穿透力、吸引力，是品牌的底蕴、厚度和深度。律所内部的文化建设是其外部品牌传播的基础，文化建设要像植树一样不断地培植，一旦成材之后就会在律所内部形成一种稳固的、有价值的、符合期望的文化生态，并且外化于行、内化于心，真正成为律所的软实力。一旦文化成为一家律所的核心竞争力，那么品牌自然而然地就有了影响力。卓建律师事务所对于文化建设有八大措施：一是成文入册，即把律所的文化建设和品牌建设历程全部梳理成文字和各种可视化图表，如出版律所文化建设专著《一棵树的森林——卓建文化巡礼》。二是触目可及，即把律所的文化体系搬上墙，让律师和律师助理们能够随时感受到文化的氛围，同时让来访的客户感受到律所的文化是可触摸的。三是培训宣导，即通过各种各样的活动和培训来进行文化宣导，让律所的文化理念深入人心。四是机制保障，如每五年修订一次律所文化建设纲要；由文化与品牌宣传委员会专门负责全所的品牌和文化建设，领导十余个工作小组开展各板块具体的文化建设工作；设立公共积分制度，积分与管理费、评优评先甚至合伙人身份挂钩，激励大家积极参与律所的公共文化建设活动。五是参与评优，即通过参与知名品牌评选活动和各种行业品牌建设活动，提升律所的引领力、感召力，提高品牌的知名度、曝光度，促进律所管理体系升级和文化体系迭代，增强客户对律所的认知。六是标杆示范，通过每年评选律所文化建设突出贡献奖和律所大庆上的各种表彰，推选出一批律所文化的宣传者和推动者，为全所人员进行文化示范。七是仪式强化，即在每年的律所年会上，由主任带领所有新人进行集体宣誓，通过庄重的仪式感来强化律所文化，并让大家接受律所文化体系中的一些制度和文化的约束。八是互动参与，即让全体成员都参与律所文化建设活动并让大家能在其中有所收获，从而形成良性互动机制，如将大家关于律所文化的征文以及办理的优秀案例编印成册，形成《文心卓建》《匠心卓建》等并赠送给客户。

上海市建纬律师事务所主任邵万权作“专业化、品牌化、规模化——建纬发展之路”主旨演讲。众所周知，建纬律师事务所（以下简称建纬）自 1992 年成立后始终专注于建设工程和房地产专业领域的法律服务，在全国办理了非常多该领域的业务，因此在业内也获得了一定的荣誉。正是基于此，建纬全国各个办公室的核心合伙人都有一个共识——专业化是建纬发展的基础。建纬的专业化建设从两个方面来展开：一是专业化研究，建纬全国各个办公室的律师花了非常多的时间，一起撰写了很多建设工程、房地产领域的相关书籍、专业专著；二是建纬所的律师有比较多的机会参与到行业内一些国家立法示范文本和相关课题的研究主持工作。在专业品牌的基础上，建纬开始了对规模化和管理模式的探索。从 2002 年至今，建纬经历了“一年一家，快速开分所——暂停开分所，聚焦内部管理模式探讨——重启开分所，形成总分所年会制度”三个规模化发展阶段，并在此过程中形成心得：作为一家专业所，建纬的规模化不追求分所的数量，而是追求分支机构、分所布局点的选择；建纬更多地关注专业人员，关注专业板块的业务分布和规模；建纬的目标是深耕选定的专业领域，而不是牺牲专业标签去追求规模化。因此，建纬规模化发展的战略选择可以理解为“比精专所更有规模，比规模所更精专”的差异化竞争战略，并结合建设工程和房地产法律服务的属地化特征及相关国家政策进行分所布局。此外，为了解决总所与分所及不同分所之间缺乏资源融合的问题，2021 年，建纬全国管委会成立，下设 6 个专门委员会——风险控制委员会、品牌运营委员会、市场拓展委员会、财务预算和税务委员会、职业发展委员会、建纬研究中心，基本涵盖了建纬在总分所一体化管理模式设计上最迫切、最需要沟通解决总分所资源共享问题的六大板块，大家在统一的章程范围内来统筹建纬的全国一体化发展。目前，建纬正在以客户为切入点，聚焦向专业化、行业化进一步拓展的发展策略，希望能够形成在建设工程和房地产领域的全行业、全生命周期的法律服务。未来，建纬也会更加关注客户需求。精专所的一项重要竞争力就是要比客户更早地意识到问题并作出相应的分析和研究，这也是建纬今后战略发展的一个总体策略。

北京金诚同达律师事务所主任杨晨在“制度为舟，文化扬帆”主旨演讲中表示，在成立至今的 30 年里，金诚同达律师事务所（以下简称金诚同达）一直在坚持不懈地修炼内功，其中最关键就是两件事情——完善制度、总结文化。金诚同达有一套完整的制度和管理体系，其中由高级合伙人会议和管委会批准通过的制度可能就有百余项。但制度的执行实际上是一件非常困难的事情，因为每个合伙人、每个律师可能都会有一些个性化的要求。因此，律所在制度建设中要把制度执行放在高位，一定要以制度为准绳，没有人可以超越制度来处理任何事情。与此同时，律所的文化建设也不容易。金诚同达从 2010 年起陆续多次在合伙人会议中专门提案来总结律所文化，于 2018 年形成了文化和发展纲要，并在成立 30 周年之际由全体权益合伙人投票决定出律所的核心价值观——进取、合作、诚信、包容、创新。围绕这一核心价值观和律所30周年庆，金诚同达做了系列的品牌设计和优化，比如修改律所Logo和域名、设计律所专属表情包等。除了外在的体现，律所的内在文化中也要体现三重关系：一是合伙人之间的关系，金诚同达所的11位创始合伙人在30年间无一离开，并且其中3人已经在律所正式退休，这在律所中可能是唯一的一例；二是员工之间的关系，金诚同达非常注重员工之间的互动交流并有计划地坚持培训，如针对初、中、高不同年级的律师分别有“金石计划”“金鹰计划”“金牌律师计划”，还有专门针对合伙人和职能部门的培训，以及正在打造“文化周”这一品牌活动；三是律所和社会的关系，金诚同达与上海的辅读学校进行了结对共建，将学校里孩子们的画作用于律所宣传物料及在律所活动中进行拍卖，让孩子们能够逐渐感受到自己作品的价值。杨晨认为，律所除了在内部继续完善制度、总结文化外，还应更多地与社会形成互动，更多地展现自身的社会责任和担当。

北京浩天律师事务所全国董事局主席蒋琪在“从无为到有道——浩天所品牌发展之路”主旨演讲中表示，浩天的文化是一种“狮子文化”，其中无为的因素多一些。其发展方法论有点像庄子讲的“闻在宥天下，不闻治天下也”，即这家律所是在非常怡然自得、安然自在地发展。他希望浩天未来的发展叫“有道”——大道至简，无为而无不为；同时能在“狮子文化”中植入一些“狼文化”的色彩，比如在“透明、公开、平等”等浩天原有价值观的基础上再植入一些“专注、进取”的文化色彩，这便是他理想中律所的样子。他从四个层面阐述了浩天所品牌建设的逻辑。首先是律所品质，律所的品质是品牌的基础，也叫“基因”，主要包含律师品质、客户品质、有形品质和无形品质四个方面。其中，律师品质决定了律所品质，包括合伙人和执业律师的教育背景、律师产生的案件业绩、律师在律界的地位（包括政治地位）等；客户品质能从侧面反映出律所的层次；有形品质即律所的办公品质，包括但不限于高档写字楼的租赁装修等；无形品质则包括律所的品牌、管理能力、中台建设、文档系统、案件系统、客户管理系统、知识管理等，即律所的“知识财产”（Intellectual Property，IP）。其次是律所品牌，品牌的打造需要实打实的投入，不同律所的区别仅在于投入的多和少、投入的重点在哪儿。每家律所在不同的时期会有不同的品牌发展需求，比如浩天就在成立 25 周年之际花费约 50 万元重金打造了自身的 VI 体系。因此，对律所品牌的投入需要全体合伙人形成共识，理解品牌建设的意义并给予资金支持。再次是品牌指数，中国律师行业需要多维度的评价体系，包括国内和国外的、官方和民间的，从而帮助中国律师更好地打造自身的品牌。最后是浩天品牌，浩天全国的分所未来都要按照“共有、共治、共建、共享”四项基本原则来开创新的发展，并用制度自信、专业引领来完成未来浩天品牌的打造。对此，浩天已经有了三个方面的规划：一是通过 12 大专业委员会和 8 大行业委员会引领律所的专业体系建设；二是以强大的中台作为律所发展的重要基石，通过对品牌、中台、客户、制度、薪酬、利润的统一规范与管理，逐步实现总分所之间的一体化发展；三是把“以客户为中心”作为律所未来 5 年发展的重要目标，实现客户分类、把握客户需求、提升客户体验、解决客户问题。

万商天勤律师事务所管委会主任张志在“律所品牌建设的‘靶心战略’”主旨演讲中认为，一家律所的品牌只有在知名度、美誉度、识别度三个维度上均达到足够的水平，才能够称得上卓越。他提出律所可以采用“靶心战略”来实现这三个维度的提升，即“寻找靶心，确定路径”——先找到问题的根本点，再确定路径来实现它。首先，知名度的“靶心”是律所要考虑清楚自身的区域、专业和规模定位，比如，是做综合所还是专业所、是做规模所还是精品所，都需要仔细考量；提升知名度的路径从传播角度考虑则包括自媒体、公共关系和群体传播三类，自媒体是当前律师行业最具传播力的推广方式，公共关系运营的好坏涉及律所的社会形象，行业媒体、政法院校学生等第三方群体的关注和传播也有助于提升律所的知名度。其次，美誉度的“靶心”是细致和可信赖，律所提供的是专业服务，律师职业肩负了很多责任、期盼，不容马虎敷衍；提升美誉度的路径包括团队筛选、质量控制和风险控制。万商天勤律师事务所在打造美誉度方面一直强调专业和品位，包括进一步提升专业度，在最有竞争力的传统业务领域保持领先地位，并通过不断扩张新领域来形成和保持自身的优势地位；律师作为专业人士要有品位，与客户接触时要显示出自身的专业性，显示出与律所文化相结合的读书人的气质。基于此，万商天勤律师事务所由合伙人平行持股成立了一家管理公司，聘用一支六七十人的职业经理人团队来管理律所；同时特别注重产品创新能力和对团队、律师的品牌塑造，通过优秀的群体形象体现律所的品牌价值。最后，识别度是律所品牌要达到的一个基本功能，其“靶心”是律所的形象和基因，提升路径则包括识别体系的塑造和文化强植。万商天勤所进行了识别体系的标准化，从律所Logo、装修用色到供应商选择、会议室里纸笔的摆放等，都有非常细节、具体的要求。万商天勤律师事务所的文化特色是“读书人·家文化”，具体可以总结为“八大观”：晨鸣勃兴的创新观、专业立身的竞争观、认真负责的服务观、容融和合的家庭观、持节笃行的士人观、精耕细作的勤业观、聚贤天下的包容观、诚信铸业的营商观。张志认为，律所管理就是“制度流程管一半，文化强植管一半”。所谓的文化强植，即通过不断的宣讲，推动律所文化入心入脑，从而形成律所的基因。

上海市律师法学研究会会长、上海市海华永泰律师事务所主任马靖云以“律所品牌建设与管理”为主题，介绍了海华永泰的战略脉络、品牌管理模式和现阶段的品牌定位。海华永泰成立于1995年，是一家地道的海派律所，早期专注于办理经济类业务，在2011年正式明确从精品所向规模所进行战略转化，并于2015年确立国际化战略，由此形成了“精品小所—规模大所—国际专业强所”的一条非常清晰的战略脉络，其最终目标是成为百年品牌大所。随着律所战略目标的逐级进阶，海华永泰的品牌管理模式也从最初的1.0版升级迭代到如今的3.0版。其中，1.0版主要服务于规模化战略，强调以专业为依托；2.0版加入了发展指数，即用一系列综合指数来评价律所的品牌管理有没有真正服务于战略规划、有没有起到正相关的积极作用，同时提出了“时尚党建”的理念；3.0版一是进一步扩充品牌的内容、升级品牌宣传路径，二是确立了更多品牌评估的参照维度。具体到品牌管理的要素，马靖云认为，一是要制定服务于律所发展规划的品牌战略，律所每年的品牌工作都应根据当年战略工作的重点作出相应的调整；二是要有效地管理和评估律所的品牌资产，包括品牌项目的实施、多方面的品牌活动等，随时调整不合适的品牌战略，使品牌更具有美誉度和市场效应。在品牌宣传方面，海华永泰目前有五条路径：一是注重律师个人品牌形象宣传，并制定了一系列制度规范；二是要求律师团队按照“一主两辅”选择专业标签，并侧重于宣传团队的主专业；三是进行律所品牌舆情管理，实时处理和消化负面信息；四是通过内部品牌产品优化提升律所品牌形象，如官网建设、自媒体矩阵运营，以及海华吉祥物、微信表情包等 VI 体系的衍生宣传品等；五是通过内外结合的方式扩大传播面，如与行业媒体或第三方机构进行深入合作、加强参评国际奖项等。海华永泰现阶段的品牌定位是要做富有活力的海派大所，为了实现这一目标，律所对内会通过培训、学习、宣传品等手段塑造品牌文化，对外则利用传统媒介、新媒体、自媒体、五大线下渠道（政府、高校、媒体、商协会、客户）的资源营造品牌效应；近两年也越发强调专业品牌活跃度和市场品牌活跃度，以及考虑品牌到底能够为律所带来多少市场效益。

北京市道可特律师事务所创始合伙人、主任刘光超分享了“坚持做难而正确的事情”。得益于对品牌工作的重视和不断投入，近年来，道可特律师事务所在规模成长、服务领域、客户结构、行业认可和媒体评价等方面都得到了显著提升。基于这些年道可特所的实践和个人对品牌工作的思考，刘光超得出了五点认知：第一，律所品牌是知名度和美誉度的结合，但美誉度更重要。因为知名度相对好打造，而美誉度一旦破坏了就很难修复。第二，律所品牌的三项基础打造维度分别是品质、差异化和传播。其中，品质是基础，差异化是核心，传播是手段。第三，品牌工作是一项系统性的工作，真正传播品牌的不是文章、活动、短视频，而是这些事物背后的人和事情，是律所的业务、管理、文化等，这些才是品牌背后的内涵。第四，律所品牌是由同行、客户、媒体及相关方、社会及一般大众四类群体所处的不同认知维度构成的一个立体画像，而道可特会更注重同行和客户的评价。第五，每一个好的品牌故事后面一定有一件难而正确的事情在坚持，且这个事情一定有其品质和差异化。那么对于律所来说，哪些事情是难而正确的呢？一是基础建设，如制度建设、信息化建设、管理队伍建设、青年律师培养等，这些工作实际上很难做，却又是品牌建设的基础；二是品质，律所需要保持人员的品质、产品的品质、客户的品质、服务的品质和管理的品质；三是差异化，律所要做到真正的创新，包括业务创新、架构创新、服务创新和数字化时代的管理创新，并且真正的创新是要有别于他人，而不是单纯地模仿；四是一体化，任何机制的律所都应当且能够引入一体化的元素，一体化实际上是指更多地以律所整体为中心，而不仅是以律师为中心；五是风险控制，这可能是律所最难做的事情，也是对品牌影响最大的事情；六是知识管理，这是很多律所都不愿意做但又必须做的事情，关系到优秀律师对律所的忠诚度和青年律师的成长，最终会影响到客户服务的质量；七是文化培育，一家好律所应当是有思想和灵魂的，它是根植在每一位合伙人内心的文化的精髓和内核，这才是品牌打造最核心的内容。律所坚持做这些难而正确的事情有三个底层逻辑：一是行业价值的需要，一家律所的存在能否给整个律师行业带来改变和进步，是这家律所在行业中存在的价值；二是律师赋能的需要，律所对于律师的价值在于能够帮助其开拓案源、促进所内律师之间的合作；三是客户服务的需要，一家律所能否满足客户的需求，实际上要看其团队、合伙人、服务、产品等能否对应客户真正的、深层次的、系统化的需求。一家律所如果在行业、律师、客户、社会四个维度上都形成品牌，就一定会进步，而且会逐渐形成自身的文化积淀和品牌积淀。

青海树人律师事务所创始合伙人陈岩在“一体化律所品牌建设之路”主旨演讲中表示，品牌是战略选择。树人律师事务所（以下简称树人）在成立之初就确立了自身的管理机制、业务类型、业务领域、客户选择、人才选择和利益选择，由此奠定了树人品牌的基础。树人的一体化围绕愿景、使命和价值观，战略，人力资源管理，客户及客户管理，业务管理及协同，运营管理，财务管理七个方面展开，并总结出一体化律所在品牌建设上的三大优势：一是一体化能够保障人才梯队的合理搭建，而合理健康的人才梯队是律所实现基业长青的根本保障。正是基于一体化体制，树人才能够在人才规划、素质模型、精准选人、人才培养、薪酬绩效、导师制等方面实现标准统一、全局谋划、全体投入，雇主品牌也是通过这些工作得以逐步建立。二是一体化能够更好地实现资源的调动和聚合，从而打造优秀的专业品牌。树人一旦确定一个专业方向，律所与之相关的所有客户、业务、人才、资源等都可以汇集到该领域，没有任何障碍；然后通过大量实践积累经验，以战养人，再以人促战、扩大业务，如此循环往复，不断打造专业品牌。三是一体化律所能够通过团队协同为客户提供综合服务。

因为客户是律所的，不是律师的，所以客户能够享受到律所提供的多元化服务和跨专业、多维度的综合解决方案。此外，坚持和聚焦是打造品牌的两大重要手段。律所品牌建设要有掘井及泉的毅力和决心，只有通过不断积累，品牌的形象才能慢慢建立，品牌的作用才会慢慢显现。同时，律所的专业方向和发展目标越聚焦，就越容易产生辨识度，也越容易建立客户心智。成立至今，树人一直坚持为矿业行业的企业客户提供全生命周期的综合法律服务，并朝着成为百年律所的目标稳步前进。总之，一体化永远在路上，品牌建设永远在路上。

上海靖予霖律师事务所主任，浙江靖霖律师事务所（以下简称靖霖）创始人、终身荣誉主任徐宗新在“品牌战略在专业所规模化中的作用”主旨演讲中表示，作为一家刑事专业所，靖霖非常重视打造专业品牌，并且确立了六大品牌标准：一是专业人才要多，靖霖近400名律师中很多出身自实务部门或是高校老师；二是专业产品要全，靖霖所有刑事辩护、刑事代理、刑事合规、接待、会见、阅卷等一套完善的刑事专业产品；三是专业影响要大，不仅要在律师界影响大，还要在公检法界、社会层面都影响大；四是专业口碑要好，口碑差的律所谈不上有品牌；五是专业辐射要广，好的专业品牌必然要匹配更强的辐射力和更广的辐射面，若只局限于一个区域，律所的业务获取必然受限；六是专业目标要远，并且这个目标要与律所的发展、律师个人的发展、律师行业的发展和法治事业的需要相结合，从而提升律所品牌的价值。而品牌归根结底是由人创造的，律所最重要的资源也是人才，所以律所必须考虑人才品牌战略。靖霖所一贯的人才战略是全力打造专业人才，并要求所有新人都必须首先学习和掌握靖霖刑辩技能。然而，尽管花了很大的心血作培训，靖霖的原则却是从不留人。“哪怕做好人才留不下来的准备，也要铁了心把来到靖霖的人打造成人才”是靖霖独特的人才观，也是靖霖品牌、文化的一部分。关于规模所的品牌战略，徐宗新认为，发展分所和对分所的要求非常重要。靖霖对分所有很明确的要求：一是要认同靖霖的理念，二是专业必须过硬，三是意志要坚定。靖霖总所会在统一宣传、统一培训、资源共享等方面为分所提供全力支持，而分所也要充分发挥自己的主观能动性，利用好总所的资源，打造好当地的团队。总分所要互动，要充分进行品牌共建。靖霖吸收分所时不收取品牌加盟费，而是收取品牌共建费，数额为该分所创收的1%（最高不超过15万元），用于律所整体的品牌发展。最后，徐宗新提出了刑事专业所“专门化、专业化、标准化、职业化、普惠化、高端化、事业化、习惯化”的“八化”品牌目标。其中，专门化即一心只做刑事业务，专业化即办好每一件刑事业务并获得相关方的认可，标准化即为刑事辩护的各个流程都制定相应的标准，职业化即刑辩律师的业务能力每年都应有所提升，普惠化即通过向法律援助队伍输送标准化刑辩产品来普惠社会，高端化即拥有解决高端刑辩问题的能力，事业化即把刑辩工作当成一份事业，习惯化即始终如一地保持刑辩律师的事业心、公益心和标准化、精细化的业务操作流程，从而在客户心中形成稳固的专业品牌形象。

11位律所主任的精彩演讲结束后，论坛来到圆桌讨论环节。4位分享嘉宾围绕“数字化品牌运营之道”，从法律科技产品应用及法律人社群生态建设等诸多方面发表了真知灼见。北京市律师法学研究会常务副会长、北京瀛和律师事务所主任孙在辰表示，瀛和的品牌之道一是创新、二是向善、三是生态，通过推进数字化律所建设，整合律所内外资源，实现品牌力。四川卓安律师事务所首席律师、庭立方刑事律师平台核心导师、四川省律师协会刑事辩护委员会副会长成安提出通过数字场景再造，尽可能把线下的法律服务场景线上化，让律所的法律服务可触、可感、可信，让无形的服务有形化。法律先生创始人彭帅强调了品牌的两个功能——增强信任度和降低客户选择成本。品牌体系建设有一套方法论，需要理解内部运营逻辑。其中，内容是品牌运营的关键，只有有流量的内容才能带来品牌。WeLegal公司法务联盟联合创始人王刚从公司法务的角度，提出了评价律所品牌的新标准。他指出，品牌之于律所最大的价值，就是“人走茶不凉”。只有围绕律师同行圈、专业客户圈、纯商业客户圈这“三圈”来设计不同的品牌策略，才能真正有效地打造品牌。瞰法创始人徐晶在本环节的主持及点评中表示，法律人的数字化品牌建设是一个新课题，需要具有跨界思维和智慧，以及不断试错的勇气。作为在实践中取得了丰硕成果的专家，4位分享嘉宾各自构建的产品和服务品牌为行业品牌建设开创了先河、奠定了良好的基础。在疫情冲击下，所有行业都在进行产业链的重新整合和线上化，律师行业亦然，相信不久后一定会有百花齐放的行业生态。

论坛最后，欧盟中国委员会理事会副主席，大成律师事务所终身名誉主席、研究院院长王忠德进行总结致辞。他一一点评了各位嘉宾发言中的亮点，指出本次论坛及“V 品计划”启动抓住了律师行业目前存在的痛点、重点、焦点，从品牌的价值创造到品牌价值的支持系统、传递系统、获取系统等各方面的重要环节，展开了系统、深刻、充满前沿认知的交流，并对前沿实践成果进行了展示，为律师行业在数字化时代实现品牌价值提供了路径和方法。同时，用品牌化策略启发大家对标卓越品牌，客观上也助力了行业的高品质发展，能够帮助社会公众更好地认识到专业品牌和专业行业化的价值。相信律新社的“V 品计划”推行之后，行业内会有更多品牌之星冉冉升起。

卓越之道　洞见未来

首届法律服务业品牌发展论坛暨律新社2022年度品牌盛典嘉宾发言纪要

2023 年 2 月 18 日，由上海陆家嘴金融城发展局、上海市法学会律师法学研究会指导，中国政法大学律师学研究中心、律新社主办，上海市企业法律顾问协会、上海市法治研究会、上海市浦东新区法制宣传志愿者协会、盈科律师事务所、律兜科技联合主办，大成律师事务所、段和段律师事务所、道可特律师事务所、浩天律师事务所、君合律师事务所、坤源衡泰律师事务所、兰台律师事务所、天达共和律师事务所协办的“卓越之道　洞见未来”——首届法律服务业品牌发展论坛暨律新社 2022 年度品牌盛典隆重举行，一众律界大咖分享了自己对于法律服务品牌发展的见解与实践。

盈科律师事务所创始合伙人、主任、全球董事会主任梅向荣在“建设全球领先律师事务所”主旨演讲中表示，盈科不只是一家律师事务所，更是一个提供商业机会、促进商业交流、创造价值和解决问题的平台。“盈科”二字源于《孟子》中的两句话：“原泉混混，不舍昼夜，盈科而后进，放乎四海。”盈科始终将自身的发展与国家融合在一起。“流水之为物也，不盈科不行；君子之志于道也，不成章不达。”这句话一直激励着每位盈科人为了自己的梦想而不停追逐。如今，盈科的规模已经发展为全球最大，下一步的目标则是要做到全球领先。在盈科的战略布局中，党建引领始终被置于首位。党建的最高标准是律师职业、律所事业要与行业、国家的大局深度融合。盈科早在 2008 年就确立了“规模化、专业化、品牌化、国际化”的目标，并于 2021 年全面开启“国际化、专业化、数智化、低碳化”的高质量发展新阶段。其中，国际化已经成为律师行业目前面临的最大挑战，让全球华人共享祖国发展成就、建立健全涉外法律服务布局、促进海外法律服务的本土化是整个行业的重大使命，因此盈科未来 10 年的发展重点都将是国际化；专业化是专业机构的基石，盈科已经建设了 30 个全国专业委员会、20 个综合性法律中心、1000 余个专业部门，并积极参与立法、促进依法行政，积极推进与高校交流合作，加强区域一体化建设；数智化意味着普惠化，尤其是当前 ChatGPT 等人工智能技术的迅速涌现，更加说明趋势不可改变，数智化时代的到来一定会给律师行业带来巨大变化；低碳化则是顺应国际趋势，盈科积极践行绿色低碳发展理念，深入贯彻落实党中央、国务院关于碳达峰、碳中和的重大战略决策。未来，盈科将在欧洲、北美、亚洲、非洲设立全球法律服务中心，完成在“一带一路”、上海合作组织、G20 国家沿线的业务布局，并希望能够提供“全球一小时法律服务”。也就是说，在全球范围内，无论客户在哪里，只要遇到法律问题，盈科都能在一小时之内了解其需求并对接专业律师协助解决。相信随着数智化的不断进步和盈科全球网络布局的不断完善，这些都可以实现。

德禾翰通（成都）律师事务所主任、知名法律博主“法山叔”李昆蔚在“崭新的人，崭新的想法，崭新的所”主旨演讲中，首先回顾了自己做法律博主的历程。他于 2016 年开始在知乎上写法律评论文章，2017 年入驻微博法律垂直领域写深度评论，2020 年则开始进入视频平台做深度内容。其团队会围绕当下的社会热点，以事实为依据、以法律为准绳，在 10 ～ 15 分钟的视频内深度剖析事件相关的法律问题，公正、客观、理性地发表看法。正因如此，“法山叔”吸引了很多法律专业相关人士的关注，塑造了自身专业、值得信赖的品牌形象，并得以与中央政法委、最高人民法院、最高人民检察院、腾讯新闻、微博等机构和平台合作。关于做法律博主的初衷，李昆蔚表示：一是因为自己热爱写作，天然地就有很多观点想要表达；二是希望传递法治精神，向公众普及权利意识、理性精神和规则意识，这也是作为法律博主应当承担的社会责任。而“法山叔”IP 的成功运营也为其带来了行业内外的大量关注和流量，他希望将这种关注分享给身边更多的优秀律师，尤其是青年律师，所以决定自己开一家律所。在走访了很多律所之后，德禾翰通律师事务所的服务精神和“家文化”让他深受触动，并最终决定以分所的形式加入。由于“法山叔”影响力的加持，新所成立后即获得了相当可观的流量，但李昆蔚却说“没人比我们更警惕流量”，因为高关注度往往也意味着高风险，此时一条负面评价对律所口碑造成的影响比平时更大。所以，“在聚光灯下起舞”的德禾翰通（成都）律师事务所必须通过更加扎实、严谨、认真的律师服务来打响品牌、塑造口碑。作为这家年轻律所的主任，李昆蔚也用三个词语提出了自己期待：一是“新领域”，即专注做一些全新领域的业务。目前，律所中的主力都是有着大所背景、专业能力突出的青年律师，大家会着重开掘新业务，在新领域内发挥自己的法律专业价值，比如，在成都政府的支持下建立四川天府元宇宙法务政策研究院。二是“新形式”，即在律所层面采取多种新形式来介绍和推广每位律师。比如，一如既往地做视频内容，后续也会考虑做法律直播，在线上为大家提供扎实、严谨、靠谱的法律服务。三是“新气象”，包括平等精神、服务意识和公益价值。其中，平等精神即有意识地削弱律所内的阶层感，推崇大家平等交流，因为平等才能诞生自尊；服务意识即真正把律所经费投入到服务律师中，比如，帮助律师定制西装、拍形象照，以及组建公共案源中心帮助新律师增加曝光率等；公益价值即律所和律师都要真正服务于社会，坚持开展线下公益普法活动、制作线上公益普法节目，进一步践行律师的社会责任。

律兜科技创始人兼董事长、中国法学交流基金会智慧法务专项基金管委会主任金为铠曾做过 15 年律师和 10 年律所主任，但最终发现其所在的区域市场已被知名大所牢牢占据，于是开始思考“弯道超车”的可能性，并于 2012 年投身“互联网 +”潮流，随后创立了律兜科技。他在“智慧法务建设与律所业务数字化转型机遇”主旨演讲中回顾法律科技行业 10 年来的发展时表示，在律师行业做“互联网 +”的过程是矛盾而艰难的，很难通过与互联网技术的结合实现行业的突破性飞跃。2014 ～ 2015 年，全国的法律科技企业有 8000 余家，但如今大都已泯灭。律兜科技也曾经历过诸如被当地投资机构拒绝和投入 50 万元推广 App 最终年收入 7000 元的艰难探索阶段，但也有幸赶上了移动互联网普及和全面推进依法治国的好时机。在总结了所有失败的经验后，律兜科技最终探索出一条“构建应用场景”的行业破局之路，并为之做了三项准备工作：一是提升应用场景服务核心能力，互联网服务强调效率，于是律兜科技提出了“即时法律服务”，即平台律师必须在15秒内响应客户的需求；二是为线上服务设定明确的标准，律兜科技构建了律师评价体系并进行积分排名，客户评价高的律师可以优先获得案源推送；三是扩大线上服务的律师规模，律兜平台上的律师体量已经支持律师和律所之间跨区域的远程协作。为了帮助律师连接客户，律兜科技构建了四大应用场景：一是通过API接口开放，将服务接入各大企事业单位的法律服务平台上；二是与政府公共法律服务需求相结合，如目前已为江苏、上海、湖北、重庆等8个省（自治区、直辖市）的“12348”法网后台提供支持，以及在一些司法行政机关的大厅内设立互联网无人律所，方便群众遇到法律问题时及时咨询；三是通过在西藏、新疆、四川等偏远地区的乡村、社区投放“村居法律助手”硬件终端，为当地群众提供远程法律服务，助力国家乡村振兴和基层法律治理；四是帮助律所构架数字化法律服务体系，通过数据化方式对平台上的业务资源、服务能力和用户需求进行有效追踪，并将数据分析结果反馈给律所和律师，助其提升服务质量、修正发展方向。法律科技企业需要用科技赋能行业，挖掘增量业务，律兜科技目前正在全国各地建设智慧法务产业基地，希望能够促进区域内的产业成长，促进律师行业与科技和服务的融合。

大成律师事务所（以下简称大成）中国区董事陈峰在“数字化时代下的律所品牌化创新——兼谈大成律师事务所的品牌发展”主旨演讲中，首先谈了数字化时代下的律师行业发展。他认为，律师很难被人工智能完全替代，与其说当下最火热的ChatGPT诞生的目的是替代人类，不如将其理解为解放人类生产力的一次创新。数字化的目的是助力行业发展，在这个万物互联、数化万物的时代，未来所有的知识都会数据化。法律人一方面不能停止追求新知，另一方面仍有必要也无法避免地需要面对即将到来的新纪元，密切关注最新的数字化趋势，最大限度地利用数字化成果，才能使其成为辅助法律行业长期可持续发展的工具。接着，陈峰介绍了大成的品牌发展历程。他表示，大成品牌是大成品牌律师、大成品牌服务产品与大成模式的集合体，经历了初创阶段、“五化”阶段、国际化视野和数字化时代品牌新布局阶段。在初创阶段，大成的主要目标是求生存、求特色、求发展，集聚人才、搭建平台，于是形成了“志存高远，海纳百川，跬步千里，共铸大成”的核心文化理念。进入“规范化、规模化、专业化、品牌化、国际化”的“五化”阶段后，大成开始理解“五化”之间的内在逻辑关系——规模化、规范化、专业化是品牌化发展的基础与内核，在品牌化发展的过程中要利用国际化为未来打开拓展疆土的空间。2015 年，大成与 Dentons 的合并为大成品牌插上了国际化的翅膀；此后，大成的市场和品牌建设能力、其律师在业内的专业认可度都得到了大幅提升。同时，大成还通过一体化建设实现了中国区 48 家办公室的品牌联动。在数字化时代的品牌新布局方面，大成积极重塑和调整运营管理模式，不断更新客户服务的工具和手段。例如，推出“NEXTLAW”项目，包括下一代法律实验室、下一代法律全球转介网、下一代法律全球公共事务网等，目前已有 163 个国家的 300 余家律所、19，000 余名执业律师加入该平台并免费享用服务。此外，大成在 2022 年成为中国第一家在百度希壤元宇宙购置虚拟土地的律所，建设了属于自己的元宇宙大厦，并在其中召开了盛大的 30 周年庆典。元宇宙跨地域的强大交互性和身临其境的超现实特点对律所来说极具吸引力：一是带来了品牌营销的新空间，可以预见的是，元宇宙空间将成为律师和客户在商业或社交场合会面和分享信息的重要场所；二是将重构人与人的连接方式，有助于律所更好地与律师、客户联系；三是可能带来创新业务的探索能力，元宇宙作为一个新兴领域，目前迫切需要建立起与现有法律相衔接且适应其平台特殊属性的秩序和规则，需要重点关注数据安全及个人信息保护、虚拟财产保护、知识产权保护、元宇宙运营平台的主体资格及运行合规问题等实体法律问题。最后，陈峰分享了大成对数字化时代律所品牌建设的思考：一是律所开展数字化的最终目的是要实现业务的增长；二是数字化转型并非一蹴而就，要始终立足于律所业务的需要，根据律所发展情况和行业现状制定策略；三是在竞争日益激烈的当下，律所在做好法律专业服务的同时必须高度关注自身的品牌建设；四是品牌推广和所建设的基础一定是专业，将专业能力结合市场需求进行产品化是需要花时间、花精力的事情，最好在律所层面上有制度引领。律所内部做好分析、调整、优化工作，让品牌动态地、渐进地成长，这样的品牌才具有更加长久的生命力。

北京市道可特律师事务所创始合伙人、主任刘光超在“新一代品牌所的运营管理能力建设”主旨演讲中提出了三个问题。第一，新一代律所会不会涌现？他认为，新一代律所正在涌现，但今后开律所会越来越难。因为法律服务行业已经到了一个集中度比较高的阶段，向头部集中是行业成熟的标志。相较于传统律所，新一代的品牌律所在发展环境、发展模式、管理模式、业务模式、发展推动因素等方面各具特色，并拥有由行业整合、客户变化、社会变革和技术变革等因素带来的发展机会。在此基础上，新一代品牌律所比拼的是运营管理能力，即让律所更有价值、更有核心竞争力的能力。第二，谁负责律所的运营管理？目前，律所中存在三种运营管理模式：一是由律师兼管，二是由律师和职业经理人共同管理，三是交由职业经理人管理。刘光超主张第二种模式，因为律师是真正了解行业的，能够作出符合行业规律、方向正确的决策，而律师的主业是办案，因此可以把很多具体的运营管理事务交给职业运营团队来完成。同时，律所运营管理包含战略力、品牌力、市场力、文化力四大维度。其中，决定一家律所发展上限的是战略，文化则关系到律所的发展是否可持续、能否让所内律师有归属感。第三，律所运营管理的核心是什么？刘光超表示，是组织、赋能、共享、放大。好的律所组织体系要对客户赋能，要放大律师的能量、放大整个组织的力量，这是律所运营管理的魅力所在。其中最重要的是共享，道可特律师事务所在整体层面上追求平台共享、资源共享、机会共享，在业务层面上追求业绩共享、资质共享、知识共享、客户共享、团队共享，能做到这些共享的律所一定是非常好的律所。最后，刘光超分享了其对律师行业的三个基本判断：一是全国性、适度规模化、品牌所的时代已经来临，这是律所发展需要同时具备的三个要素；二是创新型律所大有可为，目前一些传统律所正处于转型阶段，但由于体量大、涉及关系复杂，其转型的过程有一定难度，这就给创新型律所留下了发展空间；三是一体化管理将成为行业发展趋势，过去一些管理较为松散的律所目前也正在追求一体化的改造。这三个判断代表着律师行业今后的发展方向，也是道可特今后的发展目标。

君合律师事务所主任华晓军在“大变局时代的律师行业发展之道”主旨演讲中表示，外部环境正在发生深刻的变化，律师行业需要做好相应的准备。过去30年，中国律师行业在改革开放、建设社会主义市场经济的大潮中收获了时代的红利；但经济发展是波浪式的，有波峰必然就有波谷，律师行业未来需要接受并学会如何在波谷中生存。所谓的“大变局时代”，浮在表面的变化可能因所而异，每家律所根据自身立足点的不同，观察的角度和关注的重点会略有不同；但内在的变化对整个行业而言都是一样的，那就是更激烈的市场竞争和更同质化的服务。在当前环境下，后起之秀的优势在于能够避开先行者走过的坑，可以借助前人的经验获得自身的发展。为了应对这些内在和外在的变化，可以从律所和行业两个层面采取措施来确保实现可持续发展。律所层面需要关注四个方面：一是经营模式，无论是公司化、一体化还是传统合作制，并没有一个放之四海而皆准的模式，与其把关注点放在管理模式上，不如将重心放在平台建设上。以前的商业模式是“公司 + 渠道”，经营成本高，回款周期长；互联网时代的商业模式则是“平台 + 个体”，成本低，见效快。律所可以借鉴和吸收现代商业模式的优点，通过加强平台建设，把律师在执业过程中遇到的一些杂务琐事做成标准化的服务，让律师能够更专注地发展自己的法律事业。二是法律服务市场正从供方市场向需方市场转变，“一块蛋糕十个人分”已成为行业常态，因此律所要与时俱进，对外要加强品牌营销，对内要推动业务合作和交叉销售。三是要关注国家政策变化并理解其精髓，国家如今发出了“实现高质量发展”的号召，并且明确提出“高质量发展是创新驱动的发展”“要以科技创新作为畅通国内大循环的关键”。四是要继续深入业务创新，开拓新兴业务领域，在国民经济发展及产业循环过程中为客户提供其所需的、全新的、开创性的法律服务产品，同时要关注科技的进步。一家律所想要更好地适应时代的变化、谋求更好的发展，就必须正视数字化、智能化带来的挑战，启动数字化转型工作，通过数字化管理手段和数字化业务工具来提升运营效率和服务质量。在行业层面，相关监管部门应当顺应建立“全国统一大市场”的政策动向，在全国范围内完善律师行业的合规体系，目前迫切需要建立三项制度：一是全国统一的律师责任保险制度和保险体系，律师行业面临的执业风险越来越大，虽然一些经济发达地区的律协已经作出前瞻性的安排，但保额往往非常有限。二是全国统一的利益冲突规则，目前全国各地的利冲规则宽严不一，内容上看似大同小异，但在实务中给律所带来了不少难题，对规模所的影响尤为突出；同时，对于律所的利冲查证责任不应没有边际，只要律师在利冲查证过程中做到了合理、审慎，即使范围不够全面，也不应适用严格责任。三是不正当竞争的认定和处罚机制，律师行业的竞争日益白热化，最突出的表现就是价格战，如果允许这样的竞争持续甚至成为常态，对于行业的未来有百害而无一利。

段和段律师事务所创始合伙人、主任段祺华在“涉外法治的实践为中国律师打开国际视野”主旨演讲中表示，加强涉外法治建设是习近平法治思想的重要内涵。党的二十大报告提出，要加强重点领域、新兴领域、涉外领域立法，统筹推进国内法治和涉外法治。对于律师来说，进入涉外法治领域需要修炼“十八般武艺”，段祺华重点分享了其中的两招。首先是管辖权问题，长臂管辖法、美国引渡区等已经存在多年，世界上绝大多数国家与美国建立了引渡关系。中国律师要想对付长臂管辖，必须加强对域外法律，特别是对美国法律的研究和理解。例如，《出口管制条例》规定任何企业不得将美国生产的管制设备（如军事器材）出口到美国禁运的国家；《海外反腐败法》管辖适用的范畴包括在美国任何证交所或柜台交易机构上市的公司，任何美国国民、公民、居民，任何受美国联邦或州法律管辖的实体，以及任何主要营业地点在美国的公司；《萨班斯法案》要求上市公司必须设立独立会计监管委员会，明确公司的财务报告责任和财务披露义务，并大幅加重了对公司管理层违法行为的处罚措施。如果当事人已经陷入了引渡区，即将进入审判环节，律师首先要面对的是庭审中的举证问题。国际案件审判以“活证据”为主，律师不仅要对利于己方的证据进行举证，也必须对不利于己方的证据进行举证，且文件证据必须经过对证人的交叉盘问才能被采纳。国内庭审以律师口头辩论为主，较少传召证人作证；国际案件则以证据调查为主，证人作证时间占庭审时间大半以上。因此，庭审中的交叉盘问是中国律师需要练就的另一项技巧，要通过盘问对方证人找到漏洞，同时要特别注意对己方证人的培训。此外，“打围墙”战术也可帮助律师创下辉煌战绩。目前，段和段律师事务所已经启动涉外法治培训，比如，在西安这座“一带一路”重要节点城市建立段和段涉外法治全球培训中心，将与海外著名大学的法学院合作，免费为律师提供境内外著名法学院和律所的进修和工作机会。段和段希望为反制外国涉华不当措施和法案建言献策，为中国企业参与国际竞争保驾护航。

兰台律师事务所创始合伙人杨光在“机制与管理，提升律师事务所的社会价值”主旨演讲中表示，品牌凝聚着律所的价值观和使命，体现着律师及律所的社会责任。具体而言，一家律所的品牌是由其运营机制和管理落地带来的一种认知、一种氛围、一种文化、一种品质、一种责任。对外以客户为中心，体现服务品质或服务质效；对内以律师和合伙人为本，涵盖律师的幸福感、合伙人的满足感，从而激发内心、重塑个体活力。律所品牌围绕客户、律师、合伙人发生作用，是以信任和信赖为基础的“以人为本”。综合上述对品牌的理解，兰台律师事务所品牌价值的核心目标是提升律所的社会责任，实现方式则是审时度势机制的选择和管理之道，具体分为三个方面：一是律师的职能，包括为客户提供具有实践意义的咨询意见和提升社会公平正义的质量、维护自由与诚信的价值。二是律所的职能，与律师的职能相对应，首先包含“一升一降”——“一升”即通过有组织、有约束的专业分工提升作业质效，提供更有实践价值的解决方案；“一降”即通过有需求、有内在激励的专业协作降低客户的交易成本，提升客户体验。兰台一直在实践“一升一降”，这也是一体化的过程。此外，律所要让律师和合伙人成为一个幸福的职业群体，幸福感和尊严感是二者执业的基础，也能够帮助律所真正从内在得到提升。三是律所职能实现的路径，在对律师的管理上要做到数据评估、主观评价、精准激励、提高待遇，强调差异化的绩效分配；在对合伙人的引导上要做到数据评估、质价匹配、全面开发、提升专业，即推行一体化。机制选择好之后，就是一个落地的过程。先行和后发的律所都要有自己的画像和模型，用数据模型引导律所内部的管理落地。

浩天律师事务所全国董事局主席蒋琪以“抱朴守正　至诚四达”为题作主旨演讲。“抱朴守正”化用了《菜根谭》里的“抱朴守拙”，是浩天律师事务所全体合伙人的创造；“至诚”源于《中庸》，“四达”则源于《庄子》中的“精神四达”。2022 年，浩天所进行了全新的 VI 体系建设，浩天律师们设计了“浩浩荡荡，天天向上”的更加口语化的品牌口号，蒋琪对浩天品牌的理解则是“存浩然之志，立天地之间”。未来，浩天将重点打造两个方面的律所品牌形象：一是要打造“以客户为中心的律师事务所”，将律所的发展重点从“以律师为中心”和“以律所为中心”转换到“以客户为中心”；同时追求“大道至简”的律所管理模式，要把 80% 甚至 100% 的努力转移到为客户提供更高品质的服务上来，要时刻把客户研讨会、客户交流会、客户答谢会这“三会”作为浩天律师全部工作的中心。“以客户为中心”的基本逻辑是帮助客户创造价值，浩天将朝着实现客户细分、把握客户需求、提升客户体验、解决客户问题的方向不断努力。二是要做研发驱动型律所，研发驱动和“阿米巴模式”都是浩天所的经营理念和方向。蒋琪借用“蜘蛛侠”的形象表达了对浩天律师的期待：希望浩天律师做专家型律师，像蜘蛛一样张开知识的网，深度粘连每一位客户。

坤源衡泰律师事务所创始合伙人、主任何洪涛在“律所品牌建设‘五步法’——以坤源衡泰为例”主旨演讲中介绍了坤源衡泰律师事务所的品牌建设“五步法”。第一，民主的品牌基因。坤源衡泰是由坤源律师事务所和衡泰于 2013 年合并而来，合并之初，17 位创始合伙人在 4 个月内召开了 6 次会议，敲定了律所的章程及合伙协议。其间，也学习考察了北京的许多大所，重点学到了民主与传承，并在实践中独创了一套民主管理模式，将“决策、执行、监督”三套相互分离、相互制约又相互配合的民主运行机制落实到位。坤源衡泰的最高决策权属于合伙人大会，为便于高效决策，合伙人大会将部分决策权授予执委会行使；管委会负责律所日常的管理工作；监事会则代表合伙人对执委会、管委会的工作进行监督。主要管理合伙人均实行任期制，每届任期为 3 年；管委会成员每届更替不低于 1/3；凡是涉及决策需要投票的，均为无记名投票……通过这些制度，坤源衡泰实现了良好的传承，让有能力、愿付出的合伙人有机会担任律所的管理合伙人；特别是很多优秀的年轻合伙人得以走上管理岗位，施展他们的才能。民主管理的目的是尽可能让大家感到公平，正是因为这些民主的理念，坤源衡泰近年来吸引了大批优秀律师加入，如今已有合伙人近百名。第二，专业的品牌价值。律所的竞争力体现在专业为王，坤源衡泰有“三多”——专家教授多、离职法官/检察官多、资深律师多，并因此确定了“专家型团队、专业化服务”的发展理念，逐步组建起一支具有过硬专业实力的人才队伍。为了更好地推进所内律师在专业领域的持续深耕，为委托人提供更加专业的服务，坤源衡泰根据市场发展规律和律所专业方向组建了11个法律实务中心，并通过内部市场化引导，确保行政、知识产权、涉外、破产等专业案件由专门团队办理，助力所内二级市场发展。为了助力青年律师的专业成长，坤源衡泰搭建了完善的培训体系，开办系列讲座、活动、沙龙，帮助青年律师快速开阔视野、积累执业经验、提升职业素养。第三，人和的品牌魅力。律所是人和组织，最重要的资源是人才。衡量一家律所是否优秀的标准主要是看其对人才的吸引力。因此，律所的制度建设必须以服务人才为中心。对于合伙人，坤源衡泰通过民主管理给予其充分尊重及行使决策权、参与权、监督权的平等机会；对于非合伙人律师，坤源衡泰为其打通成长的路径，支持符合条件的青年律师晋升为合伙人，给予其“看得见的未来”；对于行政团队，坤源衡泰将年创收的一定比例作为奖金池，让所有行政人员都可以享受律所发展的红利，充分激发其工作积极性。此外，坤源衡泰成立了青工委、女工委、工会等组织，安排各种节日活动、社团活动、生日会、运动会等。第四，制度的品牌落地。坤源衡泰围绕“民主议事”制定了合伙人、执委会、管委会、监事会议事规则及选举管理办法，还制定了律师议案提案管理规定；围绕“专业”制定了专业中心和专业团队管理办法、业务拓展规定、收结案管理及合同管理、公共案源管理等10余项管理制度；围绕“人和”拟定了青工委章程、女工委章程、专委会管理办法，并出台了人事相关的薪酬绩效、培训管理等数十项制度；围绕“品牌”出台了文章发表奖励、接受媒体采访、所刊管理、网站信息发布等各项规定。这些制度的贯彻实施为律所的发展提供了规范和指引，坤源衡泰也得以发展成为重庆头部大所和西部地区强所。第五，创新的品牌赋能。坤源衡泰品牌创新的重要内容是搭建“公众号+视频号”媒体矩阵，并且一直主张“把专业的事交给专业的人”，主动引入第三方专业机构，专门辅导、培养律师的自媒体素养和技能。同时，坤源衡泰还主动探索运用今日头条等互联网公域平台广泛开展普法宣传，并将“坤源衡泰大讲堂”活动由内部培训逐步衍生为对外沙龙，为更多的律师同行提供交流、探讨的机会。随着互联网、数字化思维不断深入法律行业，未来，数智化赋能将成为品牌塑造、市场开拓、大中台构建、专业培养等律所管理多个方向的重要支撑。坤源衡泰正在探索建立强大的知识管理系统，将典型的裁判文书、代理意见、优质讲座等知识数字化、云上化，为律所后备优秀人才培养提供资源；通过数字化管理系统，实现所务工作的公开化、透明化，通过探索可复制的管理模式为分所赋能；利用信息化的优势，实现“开门办所、开放办所”，汇聚全国先进律所的优秀做法，取长补短，为我所用。同时，通过改变观念和工作习惯，将数字化融入客户、案件、律所的全生命周期中，扎实做好客户资源管理和运营，通过服务好律师办案推动律师更好地服务客户。最后，何洪涛总结了三条品牌建设心得：品牌是律所的灵魂，是核心资产；品牌建设必须坚持长期主义；品牌建设永远在路上。

天达共和律师事务所主任汪冬作“‘老字号’律所，如何传承再出发？”主旨演讲。成立 30 年来，天达共和律师事务所不断顺应市场与行业发展大势，从管理端、业务端求新求变，以“理念先行、制度保障、专业兜底”为原则，在反复探索、试错之后摸索出今天的发展路径，塑造了一群人不可复制的基因底色。天达共和多年来坚守的文化内核既源于“百年愿景”——创始团队对打造百年律所的坚定信念，中坚力量对基业长青的理念共识，年轻一代对坚守长期主义的高度认同；“成功，始于助人成功”的利他文化也是天达共和人始终互信互助、互融互通、共创共赢的力量源泉。如今站在三十而立的新起点，天达共和也在思考：在激烈的市场竞争和变化的内外部环境中，律所靠什么与不确定性共舞？面对一系列“老字号”律所传承与发展中的困惑和挑战，汪冬从人和制度两个角度分享了天达共和的探索与实践。首先，人才是一家律所最宝贵的财富，律所在发展过程中要不断沉淀“正确的人”。一是价值观趋同的人，只有与志同道合的人在一起，才能在不确定的环境中找到确定的方向。天达共和在规模化发展过程中始终保持适度原则和有节制的扩张，其实也是一直在寻觅和挖掘合适的人——吸纳合伙人时，看重其是否真正认同一体化的理念；委任分所负责人时，看重其能否真正理解区域版图的战略要义。二是高技能专业人才与高水平管理人才，其中最宝贵的是懂管理的专业人才和懂专业的管理人才，这是律所发展最重要的动力。当然，“正确的人”的标准需要随着律所所处的不同发展阶段、面临的不同问题和挑战进行动态调整并优化。“正确的人”要挖掘、更要培养，这是由律所的组织特性决定的，前提是以组织的力量满足人的需求、挖掘人的潜能。其次，“文化传家久，制度继世长”，天达共和在制度建设方面也做了大量工作，并将制度体系的“6+1 模型”作为建设目标——创始团队和管理层是制度的缔造者、推动者、执行者和变革者，引领着律所的六类制度：企业宪章是根本性规范，约束的是制度本身；运营流程是程序性规范，管的是过程；业务规范管的是业务行为；机构职能属于部门性规范，管的是组织；岗位责任管的是个体；衡量标准管的是赏罚。有了根本性的制度作为保障，组织的适应性与韧性才会更强，也才有可能把不确定性变为机会点。例如，天达共和顺应国家的大湾区战略提出了大湾区办公室战略，分别于 2021 年重组深圳办公室、2022 年设立广州办公室、2023 年设立香港办公室，三个办公室的人、财、物全部打通，由大湾区办公室管委会统一管理，并委任一位具有“红圈所”管理合伙人背景和全球化专业服务机构从业经验的合伙人担任天达共和大湾区负责人。这其中，清晰的战略框架助力吸引一流人才，一流人才的加入助推区域版图计划成功落地，二者相辅相成。此外，有未来的律所一定是“共生型组织”，这种共生性强调个体与组织之间、个体与个体之间、组织内部与组织外部之间的“强链接”关系，这种协同能力或许可以帮助专业服务机构避免在新技术浪潮中被颠覆的命运。“共生逻辑”是回归客户价值、创造和唤醒客户新需求的商业底层逻辑，以客户为中心的组织才是有竞争力的组织。天达共和自 2005 年进行一体化改革之后，一直是一体化的坚定执行者，无论是“以人为本”还是“以制度为基”，目标都在于构建共生型组织的生态系统。但面向未来，如何构建组织边界更开阔的生态网络和与客户共生共赢的价值创造体系，还需要进一步探索和尝试。以变应变，以不变应万变，或许就是“老字号”律所制胜未来的法宝。

德禾翰通律师事务所管理合伙人邱文宇在“新海派规模所的快速崛起与思

考”主旨演讲中，首先回顾了德禾翰通律师事务所（以下简称德禾翰通）的发展历程。德禾翰通由成立于2006年和2009年的两家律所在2016年合并而来，此后才真正走上规模化的道路，开启快速发展阶段；目前已在全国范围内设立10余家办公室，上海办公室的执业律师人数已经超过300名。但是德禾翰通的全国布局进程并不激进，只有当找到了在理念和发展规划方面特别匹配的合伙人时，才会考虑在当地设立办公室。德禾翰通一直以来的愿景是打造一家有温度、有影响力的律所，为此主要做了三个方面的工作：一是设立行政服务中心，为所内律师提供一站式服务，从而解除他们的后顾之忧，使其能够更高效地为客户提供服务。二是坚持“家文化”建设，如开展迎新见面会、新执业律师授袍仪式，成立自驾、徒步、篮球、乒羽等各种文化俱乐部。2022年上海疫情封控期间，德禾翰通在10天内自费为近300名员工配送了两批蔬菜包，并投入上百万元设立年轻员工帮扶基金，缓解了几十余名年轻律师的短期经济压力。三是重视开展专业化建设，对内开设了业务培训“鹰”计划——“雏鹰计划”定位于执业2年以内的实习律师和执业律师，以专业知识、专业技能的教授培训为主，辅以市场开拓、商务礼仪和团建；“菁鹰计划”定位于执业2～6年的律师，专业技能和商业领域知识培训并重；“老鹰计划”定位于执业6年以上的律师，更多的是邀请国内商业领域的专家授课，开阔大家的眼界，同时注重执业律师之间的横向经验交流和讨论。对外，德禾翰通于2016年合并后设立了200万元的公益基金，用于资助各大高校法学院发放各类奖学金和开展优才计划，并一直坚持在云南开展公益行动。最后，邱文宇总结了德禾翰通在品牌塑造和品牌发展方面的三点思考与实践：一是把品牌发展放在与专业化发展同等重要的地位，律所的品牌工作由管委会的五位成员共同负责。二是律师个人品牌和律所品牌相辅相成，律所品牌依赖于各位律师在成长过程中逐渐树立的个人品牌，但又不是所有个人品牌的简单汇总；律所自身的品牌建设也很重要，能够反过来加持律师个人品牌的发展，最终实现二者的共同进步。三是通过在文化、公益、专业等方面的努力，实现与其他老牌规模所、精品所的差异化发展。比如，在专业方面注重挖掘、钻研新兴业务领域，同时注重利用新媒体等渠道进行宣传推广。

第一场圆桌讨论的主题为“如何用公益与社会责任打造律所文化内核”。

建纬律师事务所主任邵万权用三个“结合”介绍了建纬所对于公益的思考：一是将公益与法律本职工作相结合，比如鼓励律师利用专业技能开展法律援助、普法活动，编写普法文件等；二是将公益与党建工作相结合，通过在党建和社会责任方面的切实行动连接大型企业客户；三是阶段性和长期性相结合，律所应当开展一些长期性的公益项目，沉淀自身的公益品牌。打造文化内核有助于律所对律师个人价值观的塑造进行适当组织和引导，建纬通过“以老带新”的形式将公益的传统传递下去。建纬还会组织、引导所内律师参与行业的立法、示范文本或课题的相关研究，这部分工作需要投入非常多的时间，且大部分是无偿投入；但这部分工作一方面是律师践行社会责任的体现，另一方面也有助于律师提高业务能力，是律师的专业价值被行业认可的一种体现。

京师律师事务所主任张凌霄认为，拥有社会责任感是一家律所成熟的标志。京师在2014年重组时确立了“一体两翼”路线，其中的“两翼”即是党建和公益。目前，京师北京总部已建立党支部16个，有党员约500人，一直坚持通过党建引领加上品牌理念开展公益服务。此外，公益和社会责任一定要成为律所的价值观，并将这种价值观融入律所的发展和品牌理念中。京师的公益与社会责任工作已经呈现出长效化、规范化、制度化的良好运行态势。专业和公益则是相辅相成、相互促进的关系，律师要用专业技能开展公益服务，普法的过程也是对个人知识进行重组学习的过程，有助于锻炼执业技能、积累工作经验。一个有社会责任感的律师会将社会责任融入专业实践，并在日渐成熟的职业化过程中更加乐于奉献，用专业知识让公益更有质量。

广信君达律师事务所高级合伙人、合伙人会议联席主任苏东海认为，凡是能够做到一定规模并且社会评价比较好的律所，都把公益服务、社会责任当作自身的使命。广信君达不仅把开展公益服务、承担社会责任作为律所的愿景和使命，而且将其制度化，从而在全所范围内形成自觉参与公益服务、践行社会责任的氛围，并且一代代地传承下去。此外，个人心中善良、感恩和助人为乐的品质是支撑公益服务持久开展的精神内核，能够让践行社会责任成为律师的一种自觉行为；律所的激励机制则是另一重重要保障，广信君达会对热心公益的年轻律师给予适当的案源倾斜，在选拔管理层时考核合伙人的社会责任践行情况等。总之，通过律所倡导、氛围营造、制度激励、管理层带头等系列措施，推动律所的公益事业不断前行。

汇祥律师事务所创始合伙人、主任、管委会主任李超峰表示，汇祥高度重视社会公益，对所有汇祥律师都有承担公益责任的具体要求。真正的公益打造需要有可持续性，还要密切联系律所的实际情况。汇祥倡导“快乐公益”，将党建和公益有机结合在一起，从党员律师做起，带动全所律师真正发自内心地参与公益奉献，更好地发挥律师的专业优势。青年律师能够通过做公益提高自身的职业荣誉感，“不能让做了好事的好人吃亏”则是汇祥的原则——对于热心公益的律师实行政策扶持，予以减免部分工位费、管理费，对于服务西藏“无律师县”公益项目的律师也会给予额外的补助。鼓励青年律师做公益，让青年律师在做公益的过程中不断成长，是汇祥“公益铸所”理念的真正内涵。

盈科律师事务所中国区执行副主任、盈科所上海执行主任李举东从五个方面总结了盈科的公益工作：一是把公益和社会责任放到律所发展战略的重要位置；二是有组织地开展公益活动，从律所层面组织品牌性公益项目；三是盈科律师积极参与公益活动；四是通过发布律所社会责任报告等形式总结展示公益成果；五是加强公益品牌传播。关于打造律所的文化内核，李举东表示，律师行业的发展要融入国家发展大局，履行社会责任是律所融入时代潮流的有效方式；公益与社会责任在律所运营管理过程中的作用巨大，践行社会责任可以提升组织的理念和文化内核。

邦信阳律师事务所管理合伙人赵亮波介绍了邦信阳的公益实践：一是搭建逻辑架构，由律所党委牵头公益工作；二是将公益作为品牌来打造，初步形成了“律 · 责任”公益品牌；三是设置专项基金投入公益事业；四是组建了有50余名律师的志愿者队伍，一旦有公益需求，马上可以投入服务；五是将公益行动的重点明确聚焦在教育领域并持续投入。虽然公益与组织发展之间没有必然关系，但是当组织发展到一定程度后，做公益就成为一种责任。做公益能够帮助律所解决发展过程中最核心的一些问题，有助于构建律所文化，从而促进所内律师之间的合作。当加入互帮互助的公益思维后，律所管理中的一些难题可能就会迎刃而解。

第二场圆桌讨论的主题为“如何用律所品牌一体化助力专业服务升级”。

海华永泰律师事务所主任马靖云认为，品牌是提升律所核心竞争力的手段，要与律所的战略目标紧密结合才能真正发挥其作用。海华永泰近 10 年来最大的努力方向就是规模化、品牌化，这是全体合伙人达成的共识；最近 5 年则是海华永泰品牌建设迅猛发力的阶段，即使在疫情期间，律所也一直保持着比较稳健的发展态势。目前，海华永泰已经形成了一个品牌矩阵，包括专业品牌、文化品牌、党建品牌、学术品牌、公益品牌、明星律师的个人品牌等，对其在全国范围内的一体化建设形成了很大助力。但海华永泰的一体化建设也存在难点，因为其是合伙制律所，许多分所都是以加盟的方式加入总所，所以推进一体化建设必然是一个循序渐进的过程。近几年，海华永泰结合自身的特点和优势，已经在制度一体化、专业一体化、品牌一体化、党建一体化等方面卓见成效。

天驰君泰律师事务所管委会主任张合表示，天驰君泰自 2015 年合并后，在公益品牌建设方面投入了大量精力。律所的品牌建设涉及客户评价和律师评价，天驰君泰一方面结合自身的客户类型，选择了一种大家都能够接受的管理模式和财务分配制度；另一方面通过树立公益品牌吸收认同天驰君泰文化理念的律师，与志同道合者共谋发展。此外，一体化和合伙制是相向而行的体制。天驰君泰目前已经具备了一定的规模和体量，未来会继续遵循行业规律、吸引专业律师，并顺应国家经济发展趋势，重点发展涉外法律服务等专业领域。

联盛律师事务所主任范凯洲表示，联盛经合并成立后，确定了专业化、品牌化、规模化的发展方向，并且特别强调专业委员会的实体化，规定每位执业律师的专业领域不能超过三个；专业委员会要带领所内律师加强学习、共同提升，尤其要注重学习最新的科技和金融知识。联盛目前有 11 家分所，以南京为中心，辐射苏南、苏中；同时，联盛主动与 1600 家没有分所的上海律所合作开展江苏地区的业务，服务上海的金融机构把业务落地江苏，并将上海作为律所涉外业务的中心等。这些都是一体化建设带给联盛的价值和效益。

策略律师事务所主任谢会生认为，品牌最终要服务于律师职业，正如律师最终要帮助客户解决问题一样。律所品牌宣传的关键，一是要有个好名字，二是要选对品牌传播的手段，三是要传递价值、固化形象。策略有两句宣传语，分别是“打得赢、靠得住，为客户创造价值”和“唯靠谱，真策略”，策略最终是用品牌来塑造律师、服务客户，并实现专业服务能力的升级。品牌一体化即通过强管理和代理人制度建立起全国体系的律所，这种模式能使律所真正发展壮大。

四川明炬律师事务所党委委员、执委会召集人、高级合伙人霍子诗表示，十年前，一线城市的品牌大所纷纷进驻中西部，让当地的中小所感受到了严重的生存危机，明炬就是在这种背景下由成都的30余家中小所合并而来。当时，大家根本没有“品牌”的概念，只是在求生存的道路上被迫走向品牌一体化和专业化升级。但品牌一体化确实带来了非常明显的好处。经过磨合，明炬所仅用了不到5年时间，总创收即从合并前的不到3000万元直升至上亿元。在品牌一体化的推动下，明炬也将开启二次创业。此外，当下的青年律师都拥有非常好的学历和资质，优秀人才向大所集中已是大势所趋，律所的品牌建设恰逢其时。

律兜科技总裁兼联合创始人丁毅斌表示，律兜科技尝试结合数字化，提升律所的业务获取能力，将律师个人品牌建设与律所的品牌建设同步推进。无论是获客也好、效率提升也罢，个人品牌也好、律所品牌也罢，数字化都将是未来的一个趋势，也是可以化解很多坎坷的关键要素。律兜科技并不仅仅是帮律所做内容的数字化，更关注律所对外的品牌展现，因此致力于打造一个整合律所核心特色和数字化工具，乃至整合全国律师资源的产品，让客户真正感受到律所品牌的升级。从趋势来看，律所一定是通过强强联合的方式进行品牌化发展，律兜科技接下来也将与不同的机构一起探索律所品牌建设、数字化建设的未来。

品牌是手段，不是目的；品牌建设是律所平台建设和运营的一个缩影，包含着组织发展的价值观。毋庸置疑，品牌建设能够促进律所的专业服务升级，助推律所规模化、专业化建设。“品牌第一，营销第二”的理论在律师行业得到了充分印证。从专业化建设的角度来看，律所的专业建设是其品牌建设的内核，品牌效应又能助力律所的专业建设与业务拓展，形成了一定规模和品牌效应的律所也可以在投标等过程中通过品牌力反哺专业建设。此外，品牌建设水平较高的律所更易于吸引优秀的合作者加盟，推动规模化进程；同时，全国分所的律师可以共享品牌，享受律所平台和品牌的赋能。不同规模、不同地域、不同类型的律所如何在“品牌”和“专业”建设中平衡与互动，实现良性循环，未来依然有待业界不断实践与总结。